KB194110

조선후기 향촌사회사 연구

조선후기 향촌사회사 연구

박용숙 지음

혜안

책머리에

　이 책은 필자가 그 동안의 연구를 정리한『조선후기 사회사 연구(늘함 께, 1994)』와 재직 시절에 쓴 몇 편의 연구 논문을 모아 약간의 수정을 하여 엮은 것이다. 따라서 이 책의 제목을『조선후기 향촌사회사 연구』 라고 한 데는 다소 문제가 있을 것이다. 조선후기 향촌사회의 전체상을 조명하기 위해서는 統治運營과 賦稅運營 및 社會勢力의 동향 등과 관 련된 종합적이고도 체계적인 연구과정이 이루어져야 하지만, 그러한 분 야에 대한 글을 제대로 발표하지 못하였다. 이는 학계에서 활동하고 있 는 후학들에게 보완을 요청하는 바이다.

　제1편의「戶籍大帳의 분석을 통해 본 향촌사회구조」는『慶尙道丹城 縣戶籍大帳』과『慶尙道彦陽縣戶籍大帳』을 중심으로 조선후기 향촌사 회구조에 관한 연구 논문 9편을 종합하여 작성된 것이다. 필자가 호적대 장 연구에 관심을 갖게 된 것은 지난 1975년 동료 교수였던 金錫禧 교수 와 함께 丹城戶籍大帳을 발굴·조사하는 과정에서 비롯되었는데, 그 후 1982년 필자는 金錫禧·蔡尙植 교수와 함께 彦陽戶籍大帳의 발굴을 시 점으로 본격화하였다. 사실 단성과 언양 두 지역의 호적대장 발굴과 이 에 대한 기초적인 연구는 1980년대 이후 이 방면의 보다 많은 연구가 이 루어지게 된 출발점이었다. 이로써 호적대장은 조선후기 사회사 연구의 일정한 진전을 가져온 하나의 계기가 되었다.

　戶籍大帳은 국가에서 군역 등과 같은 각종 역을 民의 신분에 따라 정 확하게 부과하기 위해 전국의 군현을 단위로 하여 마련된 對民統治의

6

기본 장부인 것이다. 그러므로 이 같은 기초 자료에 대한 연구는 조선후기 향촌사회구조와 그 변동의 과정을 살피는 데 있어 가장 먼저 이루어져야 할 일차적 작업의 의미를 갖게 된다. 필자는 단성과 언양의 호적대장을 중심으로 기존의 大邱·蔚山·尙州 등의 호적대장 연구 성과를 참조하면서 다각적인 연구를 진행하였다. 본서의 제1편은 바로 이러한 연구 성과를 나름대로 집약한 것이다.

제2편의 「조선후기의 사회변동」은 조선후기사회의 운영과 변동에 관련된 논문 5편을 誤·脫字의 정정과 일부 문장의 부분적인 수정을 하여 구성하였다. 모두 당시의 필요에 따라 필자 나름대로의 문제의식을 가지고 정성껏 쓴 것이었고, 또한 조선후기 사회변동에 대한 기초적인 연구가 될 수 있을 것이라는 점 등에서 나름대로의 의미를 갖는다고 생각한다. 그러나 이 논문들은 하나의 주제 하에 작성된 일관성을 갖지 못하고 있으며, 서술면이나 논리의 전개 등에서 미흡한 점이 많다. 제2편에 수록된 논문의 제목·게재지·간행 년도는 다음과 같다.

    Ⅰ. 李夢鶴亂에 대한 고찰(『釜山大教養課程部論文集』 4, 1974)
    Ⅱ. 조선왕조의 納粟策考(『釜山大論文集』 19, 1975)
    Ⅲ. 조선후기의 僧役에 대한 고찰(『釜山大論文集』 31, 1981)
    Ⅳ. 조선후기 分財記考(『韓國文化研究』 2, 1989)
    Ⅴ. 조선왕조의 救荒制度(『日本研究』 9, 1991)

제3편의 「보론」은 필자가 학자의 길을 들어선 시점과 마지막 시기에 쓴 논문들을 모은 것이다. 필자로서는 이들 논고가 한국사에 대한 초년과 노년의 시각을 엿볼 수 있다는 측면에서 애착이 가는 글들이다. 물론 오래된 글이라 약간의 고어적인 문장을 현대적인 문장으로 수정을 가했다. 제3편에 수록된 논문의 제목·게재지·간행 년도는 다음과 같다.

    Ⅰ. 공민왕대의 대외관계(『釜大史學』 2, 1971)

이상의 내용으로 구성된 이 책은 자료의 제한도 있었지만, 무엇보다 필자 자신의 능력 부족으로 제목만큼의 총체적인 의미의 향촌사회사를 정립하지 못하였음을 자인하지 않을 수 없다. 많은 批正을 바라마지 않는다.

끝으로 이미 정년을 한 지 10년이 지난 시점에 다시 책을 엮으면서 먼저 金錫禧 교수께 깊은 감사를 드린다. 선생님은 필자와 함께 丹城·彦陽戶籍大帳을 발굴하여 공동연구도 하였고, 필자의 연구에 도움을 아끼지 않았던 분이기 때문이다. 그리고 학교에서 한국사 동료 교수로 재직하였던 蔡尙植·尹用出·金東哲 교수에게도 여러 가지 도움에 대한 고마움을 전한다. 책의 출판에 힘써 준 한국민족문화연구소의 관계자와 원고의 입력과 교정을 맡아준 李宗峯 교수와 여러 후학들에게 심심한 사의를 표하며, 아울러 도서출판 혜안 편집진에게도 고마움을 전하고자 한다.

2006. 4.
금정산 아래에서 羅汀 識

목 차

12

제1편

戶籍臺帳의 분석을 통해 본 향촌사회구조

머리말

18·19세기의 조선사회는 봉건사회가 급격히 해체되어 가는 시기로 이해되고 있다. 그러므로 이 시기의 실태를 파악하는 것은 매우 중요한 과제로서 그동안 다각적인 면에서 활발한 연구가 이루어져 왔으며, 특히 1960년대 이후 사회·경제적인 시각에서 조선후기에 대한 停滯性論·他律性論을 극복하려는 노력이 시도되어 현재에 이르기까지 많은 성과를 얻고 있다. 그 중에서도 사상사 분야에서는 실학사상 연구가, 사회경제사분야에서는 농업사를 비롯하여 상공업사 연구가 활발히 진행되고 있다. 그러나 이들 연구는 주된 자료를 연대기나 일반 저술에 의존하는 경향이 강하여 당시의 사회성격을 究明하는 데 충분한 검토가 이루어졌다고는 볼 수 없다. 따라서 앞으로 보다 새로운 자료의 발굴과 방법론에 의한 연구가 더욱 진행되어야 될 것이다.

한편 조선후기사회의 연구에 있어서 호적대장을 이용한 연구도 활발하게 진행되어 왔다. 이 연구는 1930년대 日人학자 四方博이 사회사적인 방법으로 大丘戶籍을 연구한 데서 비롯되어 그 후 1970년대부터 활발한 연구가 이루어지고 있으며1) 그 성과는 近年 우리 학계에서 많이 받아들여지고 있는 실정이다. 그런데 이러한 연구의 주된 경향은 신분계층의 변동, 村落의 신분구성, 그리고 호구의 구성 등 신분문제에 관한 것이며, 연구의 대상이 된 지역은 몇 개의 郡縣에 불과한 실정이다.2) 때문

---

1) 本書 제1편의 附錄 참조.
2) 종전에 研究對象이 되었던 지역으로는 大邱·蔚山·尙州·山陰 등이었으나

에 그 결과를 가지고서 전국적인 현상으로 단정하기에는 미흡한 점이 있으며 더욱이 각 지역에는 제각기 특성이 있기 때문에 문제성을 갖고 있다. 그러므로 戶籍研究에는 새로운 자료가 발굴되어 이를 이용한 지역별 연구가 이루어져 그 성과가 종합이 된다면 조선후기사회를 새롭게 이해하는 데 큰 도움이 될 것이다.

본 연구에서는 현존하는 戶籍大帳 중 시기적으로 봉건사회 해체기에 해당되며 그 자료적 가치가 높고 지역적으로 특성이 있는 18·19세기의 경상도 丹城縣과 彦陽縣의 戶籍大帳을 주 자료로 삼아 이에서 연구될 수 있는 鄕村社會에 관한 제문제를 연구하여 기존의 일반화된 결론을 검증하고 또 새로운 문제를 밝혀 丹城·彦陽과 같은 조선후기 鄕村의 사회상을 재구성하여 보려는 데 목적을 두었다.

그러나 戶籍大帳의 연구에 있어서 문제가 없는 것은 아니다. 즉 大帳의 信憑性 문제로 이 자료가 당시 사회의 실상을 어느 정도까지 전하고 있는가라는 근본적인 문제점이 제기될 수 있다. 이 문제점은 戶籍大帳이 1차적인 사료이면서도 그 연구에 있어서 언제나 등한시할 수 없는 점으로 지적되고 있다. 원래 戶籍大帳의 작성은 호주의 신고에 따라 작성되는 것이기 때문에 戶役·身役 등의 諸賦課에서 벗어나기 위해 기재 내용의 허위, 특히 身分職役의 冒稱이나 漏籍·漏戶가 심하였으며, 또 戶籍大帳 작성과정에서도 戶籍事務를 담당하는 監官이나 色事들의 奸僞가 행해지기 쉬웠다.3) 이에 관한 사례는 왕조실록을 비롯한 문헌사료에

筆者 등이 丹城과 彦陽戶籍을 발굴함으로써 그 대상이 확대되었고, 1983년 日本 學習院大學 東洋文化研究所에서 鎭海縣에 관한 연구가 나왔을 뿐이다.

3) 이 점에 대해서는 戶籍大帳 말미의 「已上·都已上」條와 실제로 大帳의 내용을 분석한 결과와는 차이가 나며, 또 前式年에서 今式年間의 雜頉條, 즉 「逃亡·流亡·合沒」등에서도 虛僞로서 나타난다. 이 같은 문제는 다음 사료에서도 살필 수 있다.
『備邊司謄錄』第204冊, 純祖 14年 甲戌 2月 30日, "黃酒牧使洪遇燮疏陳民弊 ………… 一家而十口並 則合沒也 一戶而四散無迹者流亡也 己庚饑瘟 非不慘矣 而豈至於合沒者比屋 流亡者匝境耶 吏奸久而愈巧 民習窮則生謀 一經染疾

자주 보이며 이런 점으로 미루어 大帳의 분석 연구에는 사료적인 한계가 있다고 하겠다.

그러나 戶籍大帳은 호적관계 사료로서는 유일하게 보존되고 있는 자료이며 그 작성 목적이 신분을 판별하고 戶口를 파악하여 役賦課의 基本臺帳으로서 만들어졌기 때문에, 당시 사회의 주민상이나 그 구조를 파악하는 데는 매우 중요한 자료라고 생각된다. 戶籍大帳이 갖는 이 같은 사료로서의 가치를 파악한다면 비록 사료로서의 한계성이 있다고 하여도 그 한계성은 충분히 극복될 수 있다고 생각된다.

本稿에서의 연구방법은 역사연구의 새로운 영역을 열어준 計量史學的인 방법을 취하였다. 이 연구방법은 戶籍大帳과 같은 "분량이 많은 자료의 처리가 쉬우며 또 史實에 대한 주관적 해석을 배제하고 통계숫자로서 정확성을 기하며 일정한 기간 동안의 當該 사회에서 일어난 諸事實을 보다 과학적·전체적으로 이해할 수 있기 때문이다. 그러나 이 計量史學的 방법은 살아있는 역사변동의 動因을 통계적 수치만으로 설명하거나 파악하기 어려운 경우가 많다".[4] 그래서 본고에서는 가능한 한 一般史料를 원용하여 그 결함을 보완하려고 노력하였다.

끝으로 본 연구의 구성을 보면 다음과 같다. 먼저 제Ⅰ장에서는 조선후기의 호적제도를 살피고 제Ⅱ장에서는 국내외에 현존하는 戶籍大帳 중 丹城과 彦陽戶籍이 갖는 사료적 가치와 그 지역적 특성을 밝힐 것이며, 제Ⅲ장에서는 18·19세기의 신분별 호구수와 그 변동을 통하여 중세적인 사회신분제가 전면적으로 해체되는 사정을 他邑의 경우와 비교하

間有死亡 則便稱以合沒 暫撤家眷 少避隣境 則卽歸之流亡一號爲合沒也 流亡也 則憑考無路 指擬沒處 面里仍以爲絶戶 官家只知爲絶戶虛實相蒙 眞僞莫卜 於是而邑吏面任 性意把弄 凡口還身布戶役田賦之當年條去年條 民雖已納 吏心都執 諉之曰 合沒未捧也 流亡未納也……".

4) 朴成壽,「計量史學의 理論과 方法」,『人文科學』3·4, 成均館大 人文科學研究所, 1973~4, 181~205쪽 ; 李榮,「計量史學에 관한 硏究」,『歷史敎育』22, 1977, 119~169쪽 참조.

고, 호당 인구수를 파악하여 이른바 전통사회에 있어서의 대가족제 문제
를 논증하게 될 것이다. 제Ⅳ장에서는 基層民인 挾戶와 雇工의 양태와
그 성격, 그리고 사회적 기능과 역할 등을 조선후기의 농촌사회 변화에
따른 노동력 문제와 관련하여 밝힐 것이며, 신분제의 변화를 究明하는
근간이 된다고도 볼 수 있는 노비제의 변동에 있어서는 특히 私奴婢制
의 변화상을 타지방의 연구성과와 비교할 것이다. 그리고 제Ⅴ장에서는
혼인관계 중 우리 사회에서 논의의 대상이 되어 온 早婚의 폐단문제, 연
상의 妻가 많다는 夫妻年齡差問題, 그리고 國法上으로 금지된 동성혼
문제 등의 실상을 파악하고 나아가 奴婢婚姻을 분석하여 良賤交婚을 통
한 良役人口의 감소문제를 논증하게 될 것이며, 끝으로 제Ⅵ장에서는 이
두 지역의 동족마을과 특수신분마을의 실태와 그 성격을 밝혀 새로운 사
례를 제시하여 앞으로 이 방면의 연구에 一助가 되게 할 것이다.

Ⅰ. 조선후기의 戶籍制度

1. 호적의 기재양식

호적은 시대와 함께 그 제도의 목적에 따라서 변천하고 있으나 원래는 호구조사에 관한 행정적인 문서로서 발달한 것으로 보인다. 호구파악의 기본적인 목적은 무엇보다도 국가권력이 戶와 口를 대상으로 徭役과 賦稅를 課徵하기 위한 기초자료를 얻는 데 있었으며, 호적은 이와 같은 목적을 수행하기 위한 기초자료이다. 즉 徭賦와 호적과의 관계를 "戶籍者 諸賦之源 衆徭之本 戶籍均而後 賦役均"[1]이라 하듯이 호적은 徭賦의 근본으로서 民戶를 정확하게 파악함으로써 徭賦를 정확하게 課徵할 수 있다고 하였다.

호적대장에는 每戶에 가장(호주)과 가족성원 및 동거인이 상세하게 기록되어 있다. 조선후기의 호적대장은 作統과 관련하여 5家마다 統首를 두는 특색이 있는데, 각호의 호구기재는 조선초기에 성립되었던 『經國大典』(禮典 戶口式)의 규정에 거의 따르는 것이었다. 그 기재양식을 살펴보면 다음과 같다.

> 戶某部 某坊 第幾里(外則稱某面某里)住 某職 姓名 年甲 本貫 四祖. 妻某氏 年甲 本貫 四祖(宗親錄自己職衛 妻四祖 儀賓錄自己職衛 四祖 尙某主 庶人錄自己及妻四祖 庶人不知四祖者不須盡錄). 率居子女

---

1) 『牧民心書』 戶典六條 戶籍條.

　　某某 年甲(女壻則幷錄本貫). 奴婢 雇工 某某年甲

　　앞부분에 '戶'만 있는데 그것은 作統과 연결되지 않는 『經國大典』의 규정이기 때문이며, 조선후기의 대장에는 '統・戶'가 반드시 기재되어 있으며 이는 『戶籍事目』(癸酉式)에 '第幾統・第幾戶'라고 명시되어 있다.
　　대략 양식을 보면, ① 宗親・儀賓부터 庶人・奴婢에 이르기까지 모든 신분계층에 걸치는 戶(主戶)를 대상으로 하고, ② 서울과 지방 및 현거주지인 각읍을 단위로 하며, ③ 主戶(家長)의 職役・성명・연령과 출생간지・본관 및 四祖(父・祖・曾祖・外祖)의 職役・성명(본관), ④ 妻의 성씨・연령간지・본관 및 四祖의 職役・성명(본관), ⑤ 同居하는 母와 형제・자녀・손자 및 사위・며느리・조카 등의 職役・성명・연령・본관, ⑥ 또 同居하는 노비・고공의 성명・연령・본관 등이 기재되었다. 다만 세부적으로는 기재양식이 시기와 지역에 따라 반드시 일치하지는 않았다.
　　이와 같은 기재 내용은 봉건사회의 신분구조, 직업구조, 인구의 실태, 혼인관계, 가족구조 및 친족제도, 동족・특수신분마을, 노비제도 등 여러 측면의 사회상을 말해주는 중요한 근거가 된다.

2. 호적의 成冊과 운영실태

　　호적의 작성은 원칙적으로 3년에 한번씩 이루어졌다. 해당 式年(子・卯・午・酉年)이 되면 각 호주는 戶口式에 따라 自家의 호구상황을 기록하는 戶口單子를 2통씩 작성하였다. 이 호구단자를 군현 내의 戶籍色吏・面里任・監官 등이 점검하여 관아에 납부하였다. 관아에서는 前式年의 대장과 대조하여 사실 여부를 확인한 뒤, 이에 의거하여 호적대장原簿를 작성하였다. 대장원부에 따라 별도로 2부를 작성하여 각 監官과 중앙의 戶曹에 이송하여 보관하게 하였다.

　　호적제도의 운영은 고려시대의 호적제를 계승하여 조선초기에 부분적인 수정과 보완을 거쳐 世宗代에 이르러 체계적인 윤곽이 잡히고, 그것이 『經國大典』에서 일단 완성되었다. 이후 호적제도는 그 罰則이 세밀화되고 강화된 것 외에는 제도의 기본적인 변혁을 겪지 않고 韓末까지 그대로 유지되었다. 그러나 조선시대의 호적제가 그 運用에서 충분히 기능을 발휘하였던 것은 아니다. 즉 호적의 기본적 기능이 요역과 부세 등의 부과와 봉건적인 신분을 확인·명시하는 것이었음을 볼 때, 民의 입장에서 人籍은 곧 신분에 따른 제반 役의 부담을 의미하였다.

　　따라서 民은 모든 수단과 방법을 다하여 人籍에 따른 부담을 기피하고자 기도하는 것은 당연하였다. 이는 조선후기사회에서 보이는 신분제 동요의 직접적 원인이 되었다. 『經世遺表』 戶籍法條에 보이는 호적제의 罰則에서 당시 호적제 운영의 그러한 실상을 대표적으로 살필 수 있다. 이런 상황에서 民들은 漏籍으로 避役을 위한 하나의 수단으로 移來移去하는 경우가 많았다. 여기에서 호적제는 民을 토지에 결박하여 그 流移현상을 방지하는 또 하나의 기능을 맡게 되었다. 이와 같은 조치의 하나가 곧 五家作統制였다.

　　한편 조선시대에는 五家作統制에 의한 流移民의 방지·색출과 함께 신분의 확인·명시라는 호적제의 기능을 보완하기 위한 방법으로서 또 戶牌制를 채택하였다. 이처럼 오가작통제 및 호패제가 호적제와 밀접하게 관련된 보완책으로 발전된 것은 바로 전통적인 호적제가 사회의 변천과 함께 분화된 제기능을 충족시키지 못하였음을 의미하는 것이다. 호적제의 그러한 운영실태를 『牧民心書』(戶典六條, 戶籍條)에서 다음과 같이 설명하고 있다.

　　호적에는 두 가지 법이 있으니, 그 하나는 覈法이요, 다른 하나는 寬法이다. 覈法이란 것은 1口도 口簿에서 빠뜨리지 않으며 1戶도 戶簿에서 누락시키지 않아, 호적에 오르지 않은 자는 피살되어도 檢驗치 않으며 겁탈을 당해도 송사할 수 없게 되어, 호구의 실수를 밝히기에 힘써

엄한 법으로써 단속하는 것이다. 寬法이란 것은 口마다 반드시 다 기록
하지는 않으며 戶마다 반드시 다 찾아내지는 않아서, 里 가운데에 스스
로 사사로운 장부를 두고 요역과 부세를 할당하고, 官에서는 그 대강을
잡아서 都總을 파악하되, 균평히 되도록 힘써서 너그러운 법으로 이끌
어가는 것이다. (중략) 지금 만약 井田이 제도대로 되어 있어 稅斂이
지나치지 않으며 九賦가 법대로 행하여져서 요역이 번거롭지 않다면
戶와 口를 샅샅이 조사해 내더라도 백성이 놀라지 않을 것이니, 覈法을
쓰기가 어렵지 않을 것이다. 온 나라가 그러하지 못한데 한 고을의 수
령이 홀로 覈法을 쓴다면, 부역이 날로 많아지고 소란과 원망이 날로
일어날 것이며, 衙前이 그에 따라 농간질하고 백성이 뇌물을 가져다 바
쳐야 할 것이니, 이는 태평한 세상에 까닭없이 난리를 일으키는 일이다.
그러니 오늘날의 수령된 자는 호적을 오직 寬法에 따를 것이다.

　이처럼 1戶 1口도 누락됨이 없이 호구에 등재하고 그 위반자를 엄하
게 다스리는 覈法과 戶와 口를 반드시 다 기록하지 않고 관아에서 그 대
강을 파악하여 너그럽게 다스리는 寬法이 있었다. 그러면서도 대개 無事
할 때는 지방관이 寬法을 따른다고 하고 있다.
　이러한 호적제의 실시가 극도로 문란해진 것은 왜란과 호란을 겪은
宣祖~仁祖代부터였다. 光海君代에 와서는 왜란의 영향으로 국방문제
를 소홀히 할 수 없어 軍籍 정비에 신경을 썼고, 이에 따라 호패법도 "今
者 號牌之法 盖爲軍丁而設也"[2]라 하듯이 軍丁을 위하여 존재한다고 하
였다. 그렇지만 호패제와 호적제가 완전하게 시행되지는 못하였다. 또
仁祖代에는 호패법이 막중한데도 불구하고 이를 맡은 有司의 관리와 운
영의 소홀로 無牌者가 많다고 하였다.[3]
　한편 조선후기 英祖·正祖代에는 호적제의 체계적인 정비와 운영에
크게 노력하였다. 그것은 제정된 법체계나 파악된 호구수에서 나타나고

---

　2)『光海君日記』卷35, 光海君 2年 11月 丙午.
　3)『仁祖實錄』卷12, 仁祖 4年 3月 戊辰, "今此號牌之法 關係甚重 爲有司者 不盡
　　必力 以致過限之後 無牌者尙多".

있다. 英祖代에 편찬된 『續大典』을 보면 式年 成籍時에 外邑 各面監官을 특히 士夫로서 擇差하여 호구의 정확을 도모하고, 또 式年마다 中外人戶를 別單 啓下하여 史官에게 맡기는 제도를 취하고 있다. 이러한 것은 모두 호적의 중요성을 강조하고 그 脫漏를 억제하기 위한 조치로 보인다. 그리고 士大夫와 庶人이 다 같이 家坐에 따라서 作統되고 그 入籍者에 한해서 호구를 成給하며, 男丁 16세 이상은 호패를 패용하도록 하는 등 五家作統制와 號牌制를 함께 규정하고 있다.

英祖代는 『續大典』의 편찬뿐만 아니라 『戶籍事目(甲午式)』(奎 12317)을 더욱 상세하게 제정하고, 『成冊規式(甲午式)』[4]에서는 호구를 29種으로 분류·성책토록 하는 등 제도적인 보완과 정비에 많은 노력을 기울였다. 이처럼 호적제도는 英祖代에 제도적인 정비와 운영에 있어 상당히 큰 효과를 거두었으나, 그 뒤의 정치적 문란과 함께 英祖代 말기에는 관리의 부패와 이와 결탁된 民의 漏戶·漏丁·漏籍·冒錄·虛戶·年歲增減 등 호적관련 탈법행위가 오히려 일반화되고, 때로는 民의 집단적인 저항을 유발하는 사태에까지 이르렀다.

正祖代에는 조선시대를 통하여 호구가 가장 잘 정비된 시기로서 국가의 호구정책에 대한 관심도가 매우 높았던 것 같다. 특히 正祖 13년에 편찬된 『戶口摠數』가 그러한 사실을 단적으로 보여주고 있으며, 이 기록을 토대로 전국의 호구조사와 호적정비를 상당히 체계적으로 시행하였다.

조선말기에도 물론 호적제도의 정비와 철저한 운영에 대한 노력이 없었던 것은 아니다. 高宗 2년에 편찬된 『大典會通』에서는 다른 제도와 함께 호적제가 다시 정비되고 또 高宗 9년의 것으로 알려진 『戶籍謄關冊』(奎 12332)을 보면 오가작통제 및 호패제와 함께 종합적인 호적제도가

---

4) 『成冊規式(甲午式)』(奎 12318)의 내용을 통해 호적제가 조선후기에 가면서 民의 避役 수단의 발달과 함께 그것을 방지·색출하기 위한 국가의 노력과 제도적으로 정교화해가는 과정을 알 수 있다.

매우 세밀하게 체계적으로 규정되고 있는 데서 그것을 알 수 있다. 그러
나 호적제도는 점차 제도로서 形骸化하여 그 실제적인 운영과의 사이에
괴리는 더욱 확대되어 갔다.

Ⅱ. 자료와 지역의 특성

1. 자료의 가치

현존하는 조선시대의 호적대장은 국내에 281책, 국외에 125책으로 모두 406책이 있다. 국내에는 규장각에 257책, 고려대에 1책, 한국정신문화연구원에 1책, 경상남도 산청군 단성향교에 13책, 울산군에 9책이 있으며 규장각 257책 중에는 山陰 2책, 大邱 187책, 蔚山 55책, 尙州 7책 및 기타 지역 6책 등이 소장되어 있다. 국외의 것은 미국 Havard대학 Havard-Yenching Library에 1책, 일본 天理大學에 2책, 學習院大學에 121책, 일본 國會圖書館에 1책이 각각 소장되어 있다.

그러나 이 자료들은 모두가 임진왜란 이후의 것이며 그 중에서도 17세기의 것은 12式年分 20책에 불과하고 3式年分 3책을 제외하고는 모두가 영남지방의 것이며, 일본 學習院大學의 121책도 모두 경상도 11개읍의 것이고 연대는 純祖 22년(1822)에서 高宗 31년(1894)까지, 즉 19세기의 것이다.[1] 이 중 주된 것은 大邱·蔚山·尙州·山陰의 4개 지역의 것과 본 연구에서 취급되는 丹城과 彦陽戶籍이다. 丹城과 彦陽의 것을 제외하면 현존 호적대장 중 郡縣 全邑의 것, 그리고 연대를 달리하여 살필 수 있는 것은 거의 없는 실정이다. 大邱府나 蔚山府의 것은 冊數는 많으

---

1) 韓榮國, 「朝鮮王朝 戶籍의 基礎的 硏究」, 『韓國史學』 6, 韓國精神文化硏究院, 1985, 212~398쪽 ; 武田幸男, 『朝鮮戶籍大帳の基礎的研究』, 學習院大學 東洋文化硏究所, 1983, 1~4쪽 참조.

나 管內의 전 주민의 실태를 수록한 式年分의 호적은 거의 없고, 또 管內 면단위별로 고찰할 수 있게 나타난 것은 매우 희소하다.[2]

丹城縣 戶籍大帳[3] 13式年分 13책의 내용을 보면 <표 Ⅱ-1>과 같다.

<표 Ⅱ-1> 慶尙道丹城縣戶籍大帳

輯錄順	式年	크기(縱×橫cm)	面別面數 및 總面數												面當行數	現存狀態
			元堂	縣內	北洞	悟洞	都山	生北良	新燈	法勿也	寺菴	雜頃	都合	總面數		
1	肅宗 4年(1678)	60×90	41	45	32	18	37	34	35	37	4	5	6	294	30	1~12面은 部分 腐蝕, 都合의 第5面은 破損
2	肅宗 43年(1717)	63×86.5	38	44	28	22	38	35	35	41	2	8	7	298	37	完全함

2) 丹城・彦陽의 것을 제외한 上記 4개 지역 호적의 사료적 가치와 함께 大邱戶籍을 연구대상으로 삼은 이유를 日人學者 四方博은 「李朝人口に關する一研究」, 『朝鮮社會經濟史研究』 中, 國書刊行會(東京), 1976, 4~5쪽에서 다음과 같이 말하고 있다. 즉 "山陰戶籍은 현재 最古이나 損壞가 심하여 1帳冊만으로는 종합적 연구가 곤란하고 그 위에 宣祖 3年(1570)과 同 39年(1606)의 2冊만 있어 年代를 통한 비교연구가 불편하며, 尙州戶籍은 英祖 14年(1738)에서 純祖 22年(1822)까지의 6冊인데, 역시 자료로서는 時間的・量的인 면에서 뒤떨어지고 있다. 大邱・蔚山의 兩者에 있어서 후자는 肅宗 14年(1688)에서 高宗代에 이르며 시간적인 면에서는 길지만, 전자는 肅宗 16年(1690)부터 哲宗代에 이르며, 그 수는 187冊으로 지금까지 알려진 全帳冊의 3분의 2를 점하니 시간적으로나 장소적인 면에서 稠密만 조사결과가 예상되기 때문이다"라고 하였고, "大邱帳籍에 대해서 먼저 가장 오래된 肅宗 庚午年(1690)의 것을 택해서 거기에 기재되어 있는 10개 면의 자취를 찾았다. 그리고는 肅宗 庚午年 이후의 것을 50年마다에 한정하여 그 연대의 순을 따라 최근년에 내려가고자 하였다. 英祖 17年 辛酉(1741)를 택하다 보니 그 해의 帳籍 중 10개 면에 부합되는 것은 불행하게도 4개 면밖에 찾지 못하였다"고 하여 帳籍의 不備함을 지적하고 있다.

3) 1975年 8月 26日 釜山大學校 金錫禧 교수와 필자는 鄕校를 찾아가 典教 權復根翁의 안내를 받아 鄕校의 鄕案室 건물 옆 廳마루 뒤에 칸막이로 마련된 帳籍保管所를 보았는데, 보관되어 있는 戶籍帳籍은 파손이 매우 심했다. 그 후 이는 道文化財委員會에 상정되어 1976年 4月 15日에는 慶尙南道 地方文化財 139호로 지정되었고, 1980年에는 韓國精神文化研究院에서 정리하여 『慶尙道丹城縣戶籍大帳』 上・下로 출간되었다.

															面	
3	肅宗 46年 (1720)	62×82	32	36	26	21	34	29	29	36	2	8	6	259	38	完全함
4	英祖 5年 (1729)	74×86.5	34	44	25	22	35	31	31	31	2	10	(落)	265	38	都合 以下 數面 落張
5	英祖 8年 (1732)	71.5×85.5	36	40	25	21	33	29	32	32	1	9	5	263	40	完全함
6	英祖 11年 (1735)	68×85.5	29	32	17	17	30	25	26	33	1	22	4	236	40	1~41面은 거의 破損, 法勿也面後半以後도 거의 破損
7	英祖 26年 (1750)	64×73	35	37	30	22	44	30	※40	8	(落)			246	34	新燈面 末尾의 3個村分과 그 以後의 寺菴·雜頃 등이 落張
8	英祖 35年 (1759)	63×64	28	34	36	20	48	36	36	30	1	12	7	288	30	元堂面 11個村中 前部 2個里와 第3里의 半分이 落張
9	英祖 38年 (1762)	61×74	30	34	34	27	41	34	34	38	1	8	7	288	34	1~32面은 半面 破損, 33~70面은 部分 腐蝕, 法勿也 後半以後 部分 腐蝕
10	正祖 4年 (1780)	58×68	26	31	28	22	42	28	36	40	1	6	6	266	34	1~16面은 部分 腐蝕, 17~258面은 若干 腐蝕, 259面 以後는 半面 破損
11	正祖 7年 (1783)	58×69	34	30	26	20	44	32	34	40	1	7	6	274	34	1~2面이 若干 腐蝕, 完全함
12	正祖 10年 (1786)	60×72	32	30	26	20	42	30	32	42	1	7	7	269	34	完全함
13	正祖 13年 (1789)	60×70	(35)		24	20	46	36	30	41	1	5	7	245	34	18~19面사이에 元堂面 第5里의 一部와 第6~9里, 縣內面 第1~6里와 第7里의 一部가 落漏
附	宣祖 39年 (1606)	96×36.5	6	8		6		8		4	(8)	(落)		40	14	元堂~新燈은 若干 腐蝕, 法勿也, 第2面부터는 거의 破損

※ 이 표는 韓榮國,「解題」,『慶尙道丹城縣戶籍大帳』下, 876쪽에서 轉載한 것임.

13책 중 완전한 것은 5책이며 나머지는 부분적으로 부식되거나 파손 또는 落張되어 있다. 그러나 17세기(1678년)에서 18세기(1789년)까지 111년간의 縣 전체 주민들의 실상을 連繫的으로 살필 수 있다는 점과

현존하는 다른 지역의 호적대장보다 그 기재가 상세하다는 점이 특징이다. 예를 들면 家戶의 기재를 '新戶' '別戶' '陞戶' '代戶' '加戶' 등으로 기록하고 있는데 이는 다른 호적에서 볼 수 없는 색다른 기재방식이기도 하다. 그리고 18세기 말까지도 그 이전의 것과 비슷한 기재방식을 취하고 있다.

다음으로 彦陽縣戶籍大帳4) 7式年分 9책의 내용을 보기로 한다.

<표 Ⅱ-2> 慶尙道彦陽縣戶籍大帳

順次	式年	冊數	製冊內容	現存狀態
1	肅宗 37年(1711) 辛卯式	1	全邑	前面上部 17枚腐蝕, 첫里 1~6統缺, 馬屹里 5統上缺, 泉所里 1,3,5,8統上缺, 吉川里 6統3戶~8統4戶까지 11戶缺, 鳴村里 2統4戶~3統3戶까지 5戶缺, 早日里 7統1戶以後缺, ○○里 1統3戶缺, 2統4戶부터 시작
2	正祖 19年(1795) 乙卯式	1	天(川北三面)	完全함, 6개面 중 3개面 뿐임
3	正祖 22年(1798) 戊午式	2	天·地(全邑)	完全하나 鵲洞里 2統3戶~5統까지 缺
4	純祖 13年(1813) 癸酉式	1	地(川南三面)	完全함, 6개面 중 3개面
5	純祖 25年(1825) 乙酉式	1	(上北面六里)	完全함, 6개面 중 上北面 1面
6	哲宗 9年(1858) 戊午式	1	地(川南三面)	吉川里 5統2戶 중간부터 缺, 川前里 2統4戶 이후 缺, 3統4戶부터 있음. 末尾統計 중 職役條 중간부터 缺, 川南의 3개面
7	哲宗 12年(1861) 辛酉式	2	天·地(全邑)	川前里·梨川里 53戶缺, 川南의 末尾統計 중 女秩 중간부터 缺

彦陽戶籍의 연대는 18세기(1711년)에서 19세기(1861년)까지 150년에

---

4) 蔚山郡廳(현 울주군)에 보관되어 있는 1책을 제외하고는 학계에 소개되지 않았던 자료이다. 1982년 4월 15日 釜山大學校 史學科 金錫禧·蔡尙植 교수와 필자가 彦陽鄕校에서 6책, 그리고 同面 居住의 鄭仁泰氏가 소장하고 있는 2책 모두 8책을 발굴하였다.

걸쳐 있고, 1711년의 것을 제외하고는 모두 비교적 보존상태가 양호하다. 그러나 부분적으로 落張된 것이 있다. 製冊方式을 보면 肅宗代의 것만이 單冊에 縣全域이 수록되어 있고, 나머지는 모두 6개 面을 天(川北三面)과 地(川南三面)로 分冊되어 수록하고 있다. 아쉬운 점은 7式年分 中 縣全域이 수록된 것은 3式年分(1711, 1798, 1861년)뿐이라는 점이다. 그러나 縣全域이 수록된 3式年分의 호적대장은 작성 연대가 87년, 63년의 간격으로 작성된 것이기 때문에 사회의 추세를 살필 수 있는 좋은 자료라고 생각된다.

호적연구의 중요한 과제의 하나는 시간·장소적인 면에 있어서의 變移過程의 비교연구에 있으므로, 이 점에서 볼 때 본 연구에서 기본자료로 이용하는 丹城과 彦陽의 호적대장은 다른 지방의 것에 비해 그 사료적 가치가 크다고 하겠다. 더욱이 조선후기 사회변동의 일반성을 究明하려면 각 지방의 호적 전체를 연구하여 거기에서 나온 결과로써 결론지어야 할 것이다. 그러므로 호적대장 중에서도 사료적 가치가 높은 丹城과 彦陽 호적대장의 연구는 학술적으로 의의가 큰 것이라 생각한다.

2. 지역의 특성

1) 丹城縣의 특성

丹城縣의 沿革은 「丹城縣邑誌」[5]에, "신라의 赤村縣이고 景德王 때 闕城郡의 屬縣으로 만들었고, 고려 때 丹溪라고 고치고 顯宗 때 陜州에 속했으며 恭讓王 때 도로 江城에 예속시켰다. 조선 世宗朝에 두 縣名을 따서 지금의 명칭으로 고치고 縣監을 두었고, 宣祖 己亥(32年, 1599)에 倭亂으로 분탕되어 山淸縣에 합하였다. 光海 癸丑(5年, 1613)에 지방민

---

5) 『慶尙道輿地集成』(慶尙南道道誌編纂委員會, 1963)과 『輿地圖書』(國史編纂委員會, 1973)에 수록되어 있는 「丹城邑誌」 참조.

의 上言에 의해 來山 밑에 縣邑을 부활케 하였으나 康熙 壬午(顯宗 13
年, 1672)에 縣邑을 江城의 舊址에 옮겼으며 雍正 辛亥(英祖 7年, 1731)
에 來山의 舊址에 도로 옮겼다"라고 말하고 있는 데서 古邑으로서 유서
깊은 고장의 윤곽을 알 수 있다.

　이 縣의 疆域은 시대에 따라 약간의 차이가 있지만 戶籍帳籍에 기록
되고 있는 시대의 丹城은 上揭한 邑誌에 다음과 같이 기재되어 있다.

　　　東至晋州界十二里　至宜寧四十里　南至晋州界八里　西至晋州界十七
　　里　北至山淸界二十一里　至三嘉界四十里

　즉 東은 晋州·宜寧, 南西는 晋州에 接하고 北은 山淸과 境界하고
있다고 하였다. 그리고 그 境內는 坊里로 행정구역이 나눠지고 있다. 이
는 丹城帳籍의 地域編成과 같게 나타난다.

　이 지방의 문화적 환경을 보면 「丹城邑誌」에 "江山之勝　人物之盛　甲
於嶺下"라고 하여 지리산 밑에서 가장 인물이 많이 배출되었던 고장이
라 하였다. 고려말 중국에서 綿花를 전래한 三憂堂 文益漸을 비롯하여
조선시대에는 특히 많은 士大夫, 節士, 孝子, 烈女 등이 배출되었다. 이
지방만을 지칭한 말은 아니지만 조선초기에 편찬된 『慶尙道地理誌』에

　　　道內俗尙　大緊重禮讓崇質儉　崇文好武　務農桑　不事工商　繁華富庶
　　甲諸他道　名門巨族　滿於朝廷

이라고 하여 벼슬아치가 많았다고 하였다.

　특히 조선중기에 密陽에서는 巨儒 金宗直이 나오고 소백산下에 退溪
李滉, 이곳 지리산下에 南冥 曺植이 나오자 경상도는 儒學이 융성하였
던 것이다. 이곳 丹城縣에 대해서는 中宗 때 간행된 『新增東國輿地勝
覽』 丹城 風俗條에 "尙勤儉崇節義"라 하였다. 한편 이 지방에 인접하고
있는 咸陽에서는 金宗直의 門下人인 鄭汝昌이 나왔으며, 曺植은 三嘉

에서 출생하여 지리산下에 은거하면서 儒學을 닦고 明宗 10년(1555)에는 丹城縣監도 지냈다. 이 고장의 선비는 그 분들의 영향을 많이 받았다고 보아진다.

이같이 丹城地域은 儒學이 성하였던 고장으로 많은 官人을 배출하였는데, 邑誌6)에 수록되어 있는 科擧合格子의 수를 보면 다음과 같다.

    高麗時代   文科 4명
    朝鮮時代   文科 64명   武科 122명
                   蔭仕 31명   生進科 68명

또 학교나 이 지방의 名士를 모신 鄕祠도 많이 설립되었는데, 邑誌 學校條에 수록된 내용을 보면 다음과 같다.

    <學校>
    鄕   校 : 在縣北五里
    道川書院 : 在縣東五里 光海壬子重建 享江城君文益漸 顯廟朝壬子 追
             享東溪權濤 正宗丁未 賜文益漸院額 權濤移安于浣溪
    淸谷鄕祠 : 在縣東十五里 肅廟朝壬午 享李天慶 正廟朝丙辰 享柳之源
    浣溪鄕祠 : 在縣北三十里 享權濤 浣溪卽權濤 昏朝十年 不任講學之所
             也 顯廟壬子 並享道川祠 道川賜額後 士林呈于本道及禮曹
             移安于此當宁 贈諡忠康 追享權克亮
    杜陵鄕祠 : 在縣北五里 肅廟癸巳 享金湛・李晃
    培山鄕祠 : 在縣南三里 享李源・李光友
    新安影堂 : 在縣北五里 享朱夫子熹・宋尤庵時烈
    文山鄕祠 : 在縣西十里 享權逵・權文任

따라서 丹城은 유교주의적인 봉건사상이 강하게 침투되고 있는 고을이며, 班常의 身分秩序가 분명한 兩班 세력이 떨치는 고장이라 보여진

───────────────
    6) 『慶尙道輿地集成』 참조.

다.7)

2) 彦陽縣의 특성

彦陽縣의 지역성을 살펴보면, 현재의 慶南 蔚山郡 彦陽面・上北面・三南面이 이에 해당되며, 古來로 산세경관이 수려하여 명승지로 알려져 있다. 石南寺를 비롯한 고찰과 근년에 발견된 선사시대의 암각화가 있는 盤龜臺가 유명하다.

彦陽縣의 당시 境域은 다음과 같다.

　　自官門(縣衙) 東至蔚山界十七里　南至梁山界二十里　西至淸道界三
　十里西至密陽界三十一里　北至慶州界三十里　東距兵營(蔚山・左兵營)
　十里　半日程東南距水營(東萊・左水營)　一百十里　一日程8)

서쪽의 淸道・密陽과는 왕래가 있기는 하였으나, 高山이 가로 막혀 있고 또 縣衙가 있는 중심지로부터 거리가 멀고, 동쪽 북쪽의 蔚山・慶州, 남의 梁山과는 거리가 가까워 교통이 발달하였다. 때문에 과거에 梁山・蔚州와는 合屬된 일이 있어 그곳과는 문화경제상에도 밀접한 관계를 갖고 있다.

彦陽은 신라시대에는 居知火縣이라 칭하고 景德王 때는 巘陽으로 개칭하고 良州(梁州)의 領縣이 되었으며, 고려 顯宗 때는 蔚山에 속했고 仁宗 때는 監務가 설치되었다. 그 후 지금의 邑號인 彦陽으로 되었다.9)

조선시대에 들어와 縣으로 승격되고, 선조 32년(1599)에는 蔚山都護府에 속했으나, 광해군 4년(1612)에 다시 復舊되어 조선후기까지 내려오

---

7) 金錫禧, 「朝鮮王朝後期의 慶尙道 丹城縣 戶籍帳籍에 대하여」, 『釜山大學校文
　理大論文集』 14, 1975, 285~290쪽 참조.
8) 『慶尙道輿地集成』 「彦陽邑誌」, 朝鮮後期의 것이나 年代 未詳.
9) 『新增東國輿地勝覽』 卷23, 彦陽縣條.

다가,10) 高宗 32년(1895) 東萊府 管下의 郡으로 승격되었으나 1914년 蔚山郡에 편입되어 현재에 이르고 있다. 군사체제상으로는 조선초기부터 慶州鎭管에 속해 있었으나 哲宗 때는 東萊鎭管에 속하기도 하였다.

언양의 문화적 환경은 다른 郡縣과 같이 鄕校와 鄕射堂이 있어 이곳 士民의 기반이 되고 있었으며, 肅宗 때는 槃皐書院(鄭夢周·李彦迪·鄭逑 合享)이 세워져서 鄕校와 함께 이 곳 교육의 중심이 되어 왔다.

물산은 山地가 많은 여건으로 예나 지금이나 농산물이 풍부한 곳은 아니며, 邑誌 風俗條에 "土俗儉嗇 服色尙素 食飮菲薄"이라고 한 데서 이곳 주민 생활상의 一端을 살필 수 있겠다.

관직에 오른 인물을 보면, 고려시대에는 彦陽 金氏의 세력이 떨친 것 같으며 읍지 人物條에 金就礪(官至侍中), 金文衍(官至僉議中贊), 金𣵀(官至僉議參理), 金倫(官至司徒)의 4명이 기재되어 있는데 그 중 金就礪는 高宗朝 契丹族의 침입을 물리친 인물이다. 조선시대에는 저명한 官人·大學者가 거의 배출되지 않았으며, 읍지에도 金渚(太宗朝 丙申 登第壯元官至參判), 徐錫麟(肅宗朝 登科) 2명 밖에 기재되어 있지 않다. 士族 身分은 존재하고 있었지만 官人의 배출이란 점에서 大邱·丹城과는 크게 차이가 나며 이는 戶籍大帳과 읍지 人物條를 비교하여 보아서도 알 수 있다.11)

---

10)『彦陽縣邑誌』.

11) 金錫禧,「朝鮮後期 慶尙道 彦陽縣 戶籍大帳에 關하여」,『釜大史學』7, 1983, 98~102쪽 참조.

III. 조선후기 戶口의 구성과 변동

1. 신분별 호구수

지금까지 조선후기의 신분계층에 대한 분류는 여러 학자에 의해 다양한 의견이 제시되고 있으나 대체로 兩班·常民·奴婢의 三大分 또는 兩班·中人·常人·賤民 등으로 四大分하여 왔다. 그러나 최근에 와서 戶籍이나 量案 등을 분석·연구하면서 보다 더 세분화하는 경향도 있다. 즉, 앞의 4계층에다 準兩班層을 추가하여 5계층으로 하기도 하고, 또는 常民層을 나누어 身良役賤層을 한 계층으로 삼는 이도 있다. 그러므로 신분 분류는 대체로 3~6계층으로 나누고 있는 실정이다. 그리고 戶籍大帳에는 개개인의 職役이 기재되고 있다. 이 여러 가지 직역을 신분계층으로 나누는 방법은 四方博의 大邱戶籍大帳의 분석에서 비롯되었고, 그후 학자에 따라 차이가 있기는 하나[1] 대체로 이 분류법을 따르고 있다.

---

1) 大邱戶籍을 調査한 四方博은 職役을 기초로 14類로 나누었으며, 그 후 韓榮國은 8 또는 10類로, 金泳謨는 8類로 나누었고, 武田幸男은 10類로 나누고 있다. 보다 자세한 것은 李俊九, 『朝鮮後期 身分職役變動 硏究』, 慶北大學校 大學院 博士學位論文, 1991, 28쪽의 <身分別 職役의 分類基準表>와 武田幸男, 「學習院大學藏の丹城縣戶籍大帳とその意義」, 『朝鮮戶籍大帳の基礎的硏究(2)』, 學習院大學 東洋文化硏究所, 1990, 29쪽의 <職役の身分·階層區分表>를 참조할 수 있다.

1) 丹城縣의 호구수

본 丹城縣의 조사에서는 현존하는 호적대장 중 숙종 43년(1717)과 정조 10년(1786)의 것을 대상으로 하고, 大邱·蔚山의 기존 연구결과와 비교하기 위해 兩班·常民·奴婢(賤民)로 三大分하는 방법2)을 취하여 시대별·신분별 戶構成表를 다음과 같이 작성하였다.

<표 III-1> 신분별 戶數(肅宗 43년, 1717)

身分別 \ 面別	元堂面	縣內面	北東面	悟洞面	都山面	生比良面	新燈面	法勿也面	合計(%)
兩班戶	104 (35.5)	54 (13.7)	60 (20.4)	41 (22.0)	92 (25.2)	27 (7.7)	75 (28.7)	47 (12.7)	500 (19.9)
常民戶	83 (28.3)	216 (54.7)	196 (66.7)	82 (44.1)	166 (45.5)	273 (78.0)	64 (24.5)	239 (64.6)	1,319 (52.5)
奴婢戶	106 (36.2)	125 (31.6)	38 (12.9)	63 (33.9)	107 (29.3)	50 (14.3)	122 (46.8)	84 (22.7)	695 (27.6)
計	293	395	294	186	365	350	261	370	2,514 (100.0)

---

2) 각 신분의 分類 기준은 四方博의 방법에 따라 다음과 같이 하였다.

兩班戶의 결정 기준에서는 먼저 戶主가 幼學·學生·進士·生員으로 기재된 것을 들 수 있다. 이들은 명백히 儒生 혹은 試科登載者의 신분에 관한 기재인 것이다. 다음으로 戶主의 妻·母·婦·嫂 등의 姓에 '氏'를 붙이고, 年齡에 '歲' 혹은 '齡', 본관에 '籍'이라고 되어 있음으로써 명백히 일반의 '某召史' '某助是' '某姓' 및 '年' '本'이라고 기재한 것과 구별되어 있는 경우이다. 여기에다 現·前職官 및 帶品者(기재상 納粟의 경우나, 四祖의 신분을 조사하여 양반호로 인정 곤란한 것은 제외함)도 양반호의 대상으로 하였다. 그러나 校姓·出身·閑良·業武·業儒·武學 등은 常民의 상층, 兩班의 하층에 속하는 중간계층으로 볼 수 있기 때문에 모두 常民層으로 포함시켰다.

奴婢戶는 호적상 분명히 '奴某' '婢某'로 기재되어 있기 때문에 구분이 쉬우며 公·私奴婢를 막론하고 獨立戶를 이루고 있는 경우는 모두 노비호의 대상으로 삼았다.

丹城縣의 총호수에서 양반호와 독립노비호를 뺀 나머지를 常民戶數로 계산하였다. 그리고 女戶主는 身分·職役이 명기되어 있지 않아 신분의 파악이 곤란하였으나 기재 사항을 분석하여 해당 身分戶에 넣었다.

<표 Ⅲ-2> 신분별 戶數(正祖 10년, 1786)

面別 身分別	元堂面	縣內面	北東面	悟洞面	都山面	生比良面	新燈面	法勿也面	合計(%)
兩班戶	167 (51.1)	82 (21.2)	120 (34.8)	82 (34.5)	226 (45.5)	75 (20.8)	116 (31.1)	10 (21.1)	969 (32.2)
常民戶	126 (38.5)	244 (63.0)	213 (61.7)	116 (52.9)	223 (45.0)	271 (75.1)	196 (52.5)	374 (78.1)	1,773 (59.0)
奴婢戶	34 (10.4)	61 (15.8)	12 (3.5)	30 (12.6)	47 (9.5)	15 (4.1)	61 (16.4)	4 (0.8)	264 (8.8)
計	327	387	345	238	496	361	373	479	3,006

　　<표 Ⅲ-1>에 의하면 1717년의 총호수 2,514호 중 兩班戶가 500호로 19.9%, 常民戶는 1,319호로 52.5%, 奴婢戶는 695호로 27.6%로 구성되어 있다. 이 중 兩班戶가 많은 面은 元堂面과 新燈面 등이며 兩班戶가 많은 곳일수록 奴婢戶의 비율이 높다. 신등면은 전호수의 76%가 兩班戶와 奴婢戶이다. 신분별 호수의 비율이 높은 순은 常民, 奴婢, 兩班戶의 순이다. 이 중 하층신분인 常民戶와 奴婢戶를 합하면 총호수 중에서 차지하는 비율이 80.1%로 나타나 대체로 丹城地域에서는 18세기 초까지는 지배층과 피지배층의 신분구성비가 봉건사회의 신분구조를 유지하고 있다.

　　그러나 69년후인 1786년에는 총호수 3,006호 중 兩班戶는 969호 32.2%, 常民戶 1,773호 59.0%, 奴婢戶 264호 8.8%의 비율을 이루고 있다. 두 시기에 걸친 변동을 비교해 보자(<표 Ⅲ-3> 참조).

<표 Ⅲ-3> 總戶數에 대한 占有比

期	兩班戶	常民戶	奴婢戶	合計(%)
Ⅰ(1717년)	500(19.9)	1,319(52.5)	695(27.6)	2,514(100.0)
Ⅱ(1786년)	969(32.2)	1,773(59.0)	264(8.8)	3,006(100.0)

　　전체 호수는 492호가 늘었으며 이 중 兩班戶는 약 2배, 常民戶는 1.3배로 각각 증가하고 있으나, 반대로 奴婢戶는 약 3분의 1로 감소하고 있

다. 그리고 총호수 중에 점유하는 비율을 보면 양반호는 12.3%나 급격히 증가하였으며 상민호는 6.5%가 늘어나 Ⅰ기에 비해 큰 변동은 없으나 노비호는 18.8%나 감소하고 있다. 특히 Ⅱ기에 있어서 상민호와 노비호가 점유하는 비율이 67.8%로 나타나 Ⅰ기의 80.1%에 비하여 크게 감소되고 있다. 이로 미루어 18세기 말엽 이 地方의 신분제가 크게 무너져 가고 있음을 알 수 있다.

兩班戶의 증가에서는 幼學戶의 비중이 크게 나타난다. 즉, Ⅰ기에 兩班戶 500호 중 幼學戶는 392호로 78.4%이던 것이, Ⅱ기에는 969호 중 幼學戶가 887호로 91.5%를 점유하고 있다. 이는 하층민의 신분 상승이 주로 幼學의 冒稱을 통해서 이루어져 간 것이라 하겠다.3) 이 실례를 『尙州事例』(國立中央圖書館 한-31-536)에서 보면

> (幼學) 冒錄一千五百八十餘戶內 隨其年條久近 作爲四等 一曰 年久冒錄(每戶三兩) 二曰 壬戌冒錄(每戶六兩) 三曰 庚辰冒錄(每戶九兩) 四曰 追後陞付(每戶十二兩) 假量爲一萬四五千金 就其中除納兵料 餘在錢幾千兩 以十四利出 付民間使以每年取殖…….

이라고 하여 尙州에서는 冒錄幼學을 邑에서는 적극 인정하여 기간의 長短에 따라 일종의 罰錢을 내게 하여, 그것을 軍額의 上納 및 그 밖의 읍의 필요경비에 충당하고 나머지를 민간에 貸付하여 利殖을 취하고 있다.

다음으로는 신분별 인구에 대한 구성 비율을 밝혀 보기로 한다. 이제까지의 호별구성 통계에서는 奴婢戶의 경우는 독립노비호(외거노비호)

---

3) 冒稱에 대한 史料는 많이 散見되나 그 중 正祖 때의 것은 다음과 같다.『日省錄』卷572, 正祖 21年 10月 12日 丁未, 執義申禹相從縣道疏, 陣病狀乞遞仍陣賑正科賜批, "自籍法不明 國綱解弛之後 鋤鑋棄矜之子 人奴免賤之類 稍有衣食者 皆稱幼學";『日省錄』卷194, 正祖 10年 1月 22日 丁卯, 訓鍊判官劉漢坤所懷, 正祖 丙午所懷謄錄 260, "訓鍊判官劉漢坤所懷……盖戶口成籍 有國家之大政 近來 虛實之相蒙 誠一軍政之弊源 民戶中稍近富實之類 則因緣奸吏多般謀避 十之二三 冒錄幼學 圖免良役 又居其半".

만을 대상으로 삼았으나, 인구통계에서는 上典戶에 소속되어 있는 솔거
노비 인구수의 비율도 문제가 된다. <표 Ⅲ-4>는 兩班・常民・獨立奴
婢・率居奴婢 등의 수가 전체 인구수에서 차지하는 비율과 그 변화 관
계를 나타낸 것이다.

<표 Ⅲ-4> 신분별 인구수

期	總人口	兩班	%	常民	%	率居奴婢	%	獨立奴婢	%
Ⅰ	11,943	1,530	12.8	5,035	42.2	2,835	23.7	2,543	21.3
Ⅱ	13,828	3,228	23.4	7,014	50.7	2,731	19.7	855	6.2

즉, 兩班人口는 69년간에 12.8%에서 23.4%로 약 2배, 常民人口는
42.2%에서 50.7%로 약 1.2배 증가하고 있으며, 독립노비인구는 21.3%에
서 6.2%로 약 1/3로 격감되고 있다. 솔거노비를 제외한 각 신분별 인구
의 구성비율은 신분별 호수 비교에서 나타난 바와 같이 兩班戶의 격증,
常民戶의 증가, 奴婢戶의 격감 현상과 비슷한 경향을 보이고 있다. 솔거
노비 인구수를 보면 23.7%에서 19.7%로 감소되기는 하였으나 독립노비
인구에서처럼 격감현상은 보이지 않고 있다. 이는 후기로 내려 오면서
소멸되어 가는 독립노비와 달리 솔거노비는 끈질기게 존속하고 있음을
말하여 주는 것이라 하겠다.[4]

2) 彦陽縣의 호구수

彦陽縣 戶籍大帳 7式年分 9冊 중 縣內 全邑이 수록되어 있는 1711년,
1798년, 1861년의 것을 자료로 삼고 있는 신분계층은 5계층, 즉 兩班・準
兩班・中人・常民・賤民으로 분류하는 방법을 취하였다.[5] 이 분류에

---

4) 본서 第1篇 Ⅳ章 3節 奴婢條 참조.

5) (兩班)
　　㉠ 前・現職官 및 帶品者(단 기재상 納粟이라 明記된 경우와 四祖를 조사하여
　　　그 중에 中人, 常民, 賤人의 신분이 있을 경우와 그 妻・母 등의 호칭이 '某召

따라 彦陽地域의 시기별 호주신분별 호수를 집계하였다. (<표 Ⅲ-5> 참
조).

<표 Ⅲ-5> 신분별 호수

	兩班戶	準兩班戶	中人戶	常民戶	賤民戶	合計(%)
Ⅰ(1717)	218(19.5)	107(9.6)	15(1.3)	687(61.4)	92(8.2)	1,119(100.0)
Ⅱ(1798)	690(57.6)	128(10.7)	26(2.2)	337(28.1)	17(1.4)	1,198(100.0)
Ⅲ(1861)	941(80.4)	47(4.0)	33(2.8)	145(12.4)	4(0.3)	1,170(100.0)

18세기 초 이 지방 戶主身分別 호수의 비율은 兩班戶, 準兩班戶, 中
人戶, 常民戶, 奴婢戶의 구성비율이 각각 19.5%, 9.6%, 1.3%, 61.4%,
8.2%로 되어 있다. 비율이 높은 순으로 보면 常民戶, 兩班戶, 準兩班戶,
奴婢戶, 中人戶로 되어 있다. 그러나 18세기 말엽이 되면 兩班戶가 크게
늘어나는(약 3배) 반면, 사회의 기반이 되는 하층계층인 常民戶와 奴婢
戶가 크게 감소되고 있다. 이는 그간에 하층에서 상층으로의 신분상승
현상이 크게 촉진되었음을 시사하고 있다.

史' '某姓'으로 기재된 것은 兩班에서 제외하였음).
  ㉡ 幼學, 童蒙, 進士, 生員, 及第 등 儒生 또는 科擧登第者의 신분인 자.
  ㉢ 女性戶主 중 '氏'로 기재된 경우.
  ㉣ 業儒, 業武, 校·院生, 諸衛屬, 閑良, 出身, 武學, 各邑 軍官 등의 職役者 중
妻가 '氏'로 기재된 자.
(準兩班)
  ㉠ 兩班에서 ㉣에 속하는 職役者로서 妻가 '姓' '召史'인 자.
  ㉡ 帶品職者로서 兩班身分에서 제외된 자.
(中人)
記官, 戶長, 貢生, 律生 등 吏胥層.
(常民)
  ㉠ 良身分인 各邑軍 및 保, 各邑匠人, 使令 및 각종 下典과 그 밖에 良身分인
良人, 老除, 病人, 驛吏 등.
  ㉡ 女性戶主 중 '姓' '召史'로 기재된 자.
(奴婢)
戶籍上 '奴某' '婢某'로 기재된 자.

兩班戶, 準兩班戶, 中人戶를 합한 상층은 70.5%나 되어 18세기 초와는 매우 대조적인 현상을 보이고 있다. 이로 미루어 18세기 말인 正祖 22년(1798)에는 이 지방의 종래의 봉건적 신분구성이 완전히 무너지고 있음을 알 수 있다. 그러다가 19세기 중엽에는 兩班戶가 전체 호수의 80.4%를 차지하여 150년간 약 4배 증가를 가져 왔고, 중인층을 제외한 그 밖의 계층은 모두 격감현상을 보이고 있다. 특히 奴婢戶는 거의 소멸 상태에 이르고 있다. 결국 19세기 중엽의 彦陽은 절대다수의 兩班戶와 소수의 常民戶의 두 계층으로 이루어지고 있는 고을로 ·변모하였다.

다음으로 職役과 신분을 서로 연관지어 그 변화를 보기로 한다.

兩班戶는 帶品者와 幼學戶가 주된 것으로 Ⅰ기에는 總兩班戶 218호 중 幼學戶가 119호 50.9%를 차지하고, Ⅱ기에는 690호 중 596호 86.4%, Ⅲ기에는 941호 중 926호 98.4%로 나타나, 兩班戶 중 幼學戶가 점유하는 비중이 압도적으로 높아 下代로 올수록 兩班戶는 거의 幼學戶로서 이루어지고 있었으며, 이들 幼學은 冒稱이 많아 문제시되고 있는 신분이었다.

準兩班戶는 Ⅰ기에 9.6%였던 것이 Ⅱ기에는 10.7%로 다소 높아졌으나 Ⅲ기에는 4%로 크게 감소되고 있다. 이는 常民의 신분상승현상(Ⅲ기에는 常民戶의 비중이 12.4%로 감소)이 심해지는 가운데 나타나는 현상이며, Ⅰ기에서 Ⅲ기에 걸쳐 이 계층은 양반화되어 그 수가 감소되었기 때문이라 해석된다. 準兩班層에는 諸衛, 軍官, 業武, 武學, 閑良 등이 비교적 많은 인원을 차지하고 있는데 이들은 역시 冒稱이 많은 것으로 문제시되고 있는 계층이다. Ⅰ기에는 전체 準兩班 107호 중 武學이 82호(76.6%)로 가장 많고 다음이 業武(41호), 諸衛(22호)의 순이 되고 있다. 그런데 Ⅱ기가 되면 準兩班 128호 중 閑良이 94호(73.4%)로 단연코 많아 Ⅰ기와의 차이가 심하고 Ⅲ기에는 47호 중 閑良이 33호(70.2%)로 비슷한 양상을 보이고 있다. 19세기 들어오면서 閑良이 일반적으로 많은 직역을 구성하고 있었다고 생각되며, 兩班戶가 57.6%를 차지하고 있는

Ⅱ기를 전후해서 종전에 비해 이들 직역은 신분상의 지위가 떨어져 간 것으로 생각된다.

中人戶는 Ⅰ기에 15호 1.3%였던 것이 Ⅱ기에는 26호 2.2%, Ⅲ기에는 33호, 2.8%로 점차 늘어나고 있다. 이것은 조선후기 전국의 邑誌를 보아도 같은 현상으로 일반적인 추세였던 것 같다.

常民戶는 위에서 본 바와 같이 18세기 초에서 19세기 중엽에 이르기까지 격감되었는데, 이 같은 常民戶의 감소 현상은 職役의 감소를 초래하게 하였다. 常民戶主의 職役을 보면 Ⅱ기(1798)에는 36종(良人·老除·女性戶主 제외)으로 그 중 주된 것은 驛吏, 그리고 烽軍 등 軍役 16종, 匠人 10종 등이며, Ⅲ기(1861)에는 19직종(良人·老除 제외)이며 주된 것은 驛吏, 軍役 15종으로 Ⅱ기에 비해 직종이 많이 줄고, 驛吏는 103호에서 40호로, 烽軍은 13호에서 1호로, 禁衛軍은 36호에서 14호로, 御營軍은 24호에서 13호로, 束伍軍은 14호에서 2호로 줄고 있으며, 26호였던 水軍은 아예 없어지고 있다. 匠人 역시 기재된 戶主가 없다.

3) 지역별 비교

이상에서 조사한 丹城·彦陽地域의 신분변동을 大邱·蔚山의 것과 비교하여 보기로 한다.

비교하는 데 있어 일차적으로 문제가 되는 것은 신분을 구분하는 데 기준이 연구자간에 약간씩 차이가 있다는 점이고, 또 하나는 丹城과 彦陽은 전체읍이지만 다른 지방의 경우는 全邑의 것이 아닌 몇 개 面의 통계라는 점이다. 각 邑마다 面에 따라서 신분구조의 비율이 다르다는 것은 주지의 사실이다. 또한 각 지방의 帳籍 중 年代가 동일한 것이 없다. 그래서 비교에는 다소 무리가 있지만 비교적 연대가 근접되고 있는 통계를 이용하였다. 그리고 무리가 없는 것은 아니나 四方博, 鄭奭鍾氏의 분류에 준하여 準兩班, 中人層은 常民戶에 넣어 계산하였기 때문에 정확한 비교를 기하기에는 난점이 있다. 그래도 대체적인 윤곽은 파악되리라 믿는다. 각 지방의 신분변동은 다음과 같다.

<표 Ⅲ-6> 신분별 호수비(丹城)

年代	兩班戶	常民戶	奴婢戶	%
1717	19.9	52.5	27.6	100
1786	32.2	59.0	8.8	100

<표 Ⅲ-7> 신분별 호수비(彦陽)

年代	兩班戶	常民戶	奴婢戶	%
1717	19.5	72.3	8.2	100
1798	57.6	41.0	1.4	100
1861	80.4	19.3	0.3	100

<표 Ⅲ-8> 신분별 호수비(大邱)

年代	兩班戶	常民戶	奴婢戶
Ⅰ 1690년(肅宗 16)	9.2	53.7	37.1
Ⅱ 1729년(英祖 5)	18.7	54.6	26.6
1732년(英祖 8)			
Ⅲ 1783년(正祖 7)	37.5	57.5	5.0
1786년(正祖 10)			
1789년(正祖 13)			
Ⅳ 1858년(哲宗 9)	70.3	28.2	1.5

* 四方博,「李朝人口に關する身分階級別的觀察」,『朝鮮社會經濟史硏究』中, 1976, 126쪽, <表> 인용.

<표 Ⅲ-9> 신분별 호수비(蔚山)

年代	兩班戶	常民戶	奴婢戶	%
1729	26.69	59.78	13.93	100
1765	30.98	57.01	2.00	100
1804	53.47	45.61	0.92	100
1867	65.48	33.96	0.56	100

* 鄭奭鍾,『朝鮮後期社會變動硏究』, 一潮閣, 1983, 248쪽, <表Ⅱ-1>인용.

위의 표에서 나타난 각 신분별 특징은 다음과 같다.

<兩班戶>

18세기 초엽에 丹城(1717년)은 19.9%, 彦陽(1711년)은 19.5%, 大邱
(1729년, 1732년)는 18.7%, 蔚山(1729년)은 26.29%로 兩班戶의 占有比에
있어서 丹城·彦陽·大邱는 거의 비슷하나 蔚山의 경우는 조사 대상을
10개 面 中 農所面 1개만을 취한 데서 온 결과가 아닌가 한다.6) 18세기
말엽의 점유비는 丹城(1786) 32.3%, 彦陽(1798) 57.6%, 大邱(1783~
1789) 37.5%로 大邱와 丹城은 비슷하나 彦陽은 兩班戶의 비율이 훨씬
높다. 蔚山은 연대상으로 비교가 곤란하나 이보다 앞선 1765년에는
30.98%이다. 19세기 중엽의 경우를 보면 丹城은 자료가 없어 알 수 없고
彦陽(1861) 80.4%, 大邱(1858) 70.3%, 蔚山(1857) 65.48%이다. 彦陽이
大邱와 蔚山보다 비율이 훨씬 높다. 蔚山의 자료는 大邱보다 9년 후의
것이지만 蔚山이 大邱보다 증가율이 높은 것 같다.

이상에서 보면 18세기 말에는 丹城, 大邱가 비슷하고 彦陽이 매우 높
은 비율을 보이고 있다. 19세기에 접어들면 彦陽이 가장 높고 다음은 大
邱, 蔚山 순이다. 그러나 증가율은 大邱보다 蔚山이 높다.

<常民戶>

18세기 초 丹城(1717)은 52.5%, 彦陽(1711)은 72.3%, 大邱(1729~
1732)는 54.6%, 蔚山(1729)은 59.78%로 丹城과 大邱는 비슷하나 蔚山이
다소 높고 彦陽은 단연코 높다. 18세기 말에는 丹城(1786) 59.0%, 彦陽
(1798) 41.0%, 大邱(1783~1789) 57.5%, 蔚山(1804) 45.61%로 丹城과 大
邱가 훨씬 높고 彦陽과 蔚山이 비슷한 비율을 보인다. 19세기 중엽을 보
면 彦陽(1861) 19.3%, 大邱(1858) 28.2%, 蔚山(1867) 33.96%이다.

---

6) 鄭奭鍾, 「朝鮮後期 社會身分制의 崩壞」, 『19世紀의 韓國社會』, 大東文化硏究
   院, 1972, 267~361쪽에 의하면, 蔚山戶籍은 대상 자료에 대하여 "蔚山은 10개
   面 中 時代的으로 連繫가 지어지는 帳籍은 4개 면뿐이며 이 중 3개 면은 戶口
   의 출입이 年代를 따라 無常하므로 農所 1개 면만을 대상으로 하였다"고 밝히
   고 있다.

　18세기 초에는 彦陽이 가장 높고 蔚山, 大邱, 丹城의 순이었으나, 18
세기 말부터는 彦陽과 蔚山이 대폭 감소되고 있어 앞의 兩班戶에 비하
여 보면 알 수 있는 바와 같이 18세기 초부터 常民의 兩班에로의 上昇
化가 크게 촉진되었다고 생각한다. 19세기 중엽에는 각 지방마다 모두
낮지만 그 중에서도 彦陽이 가장 낮다(奴婢戶에 관하여는 제1편 제Ⅳ장
3절 奴婢條 참조).

　이상에서 본 바를 종합하여 보면 18세기 초에 이미 彦陽은 大邱, 蔚
山, 丹城보다 신분의 해체과정이 앞서 이루어졌고, 특히 奴婢戶의 常民
化가 촉진되고 있었다. 18세기 말엽에 이르면 奴婢·常民의 신분상승이
大邱, 蔚山보다 훨씬 앞서고 있었다. 여기서 주목되는 또 하나의 현상은
奴婢·常民의 신분상승이 彦陽은 蔚山과 비슷하고 大邱와 丹城보다는
신분의 해체가 일찍이 이루어져 갔다는 점이다. 이는 班村的인 색채가
짙은 고장, 또는 지방의 행정 중심지 등에서는 해체과정이 느리다는 것
을 시사하고 있다. 이런 점에서 전국의 郡縣에는 彦陽과 같이 班村의 기
반이 약한 고을이 많은 것을 감안할 때 彦陽의 실태는 금후의 연구에 주
목되어야 할 것이라 생각된다.

　이상에서 戶籍帳籍을 이용한 신분별 호구의 분석에서 일반적인 사회
신분 변동의 추세를 파악하여 보았다. 이 같은 變動의 원인에 대해서는
각종 사료에 散見되기도 하나, 四方博은 이 변화를 인구의 자연적인 증
가에 기인하는 것이 아니라 各戶가 신분상으로 변화하였고 동시에 노비
호가 上典家에 沒入되어 버린 것이라 보았다. 그리고 그 구체적인 원인
으로는 ① 兩班身分의 冒稱, 良籍의 假托, ② 身功·納粟에 의한 位階
職官의 取得 또는 免賤, ③ 奴婢의 贖良·逃亡·投托 등을 들고 있다.[7]

7) 그 밖에 신분변동의 원인에 대해 鄭奭鍾, 앞의 논문, 1972에서는 일반사료를 광
　범하게 이용하여 구체적인 예증을 하고 있으며, 金泳謨,『朝鮮支配層研究』, 一
　潮閣, 1977, 42~43쪽에서 "封建的 身分制의 모순이 구체적으로 표현된 것으로
　科擧合格者의 대량생산, 賣官賣職, 貪官汚吏, 士大夫의 平民侵虐, 土豪의 武
　斷, 冒稱兩班, 冒稱幼學, 庶孼許通, 戶籍賣買, 賣科 및 科擧不正, 軍功·身功

2. 호당 인구수

혼히 우리나라의 전통적인 가족형태는 대가족제도였다고 한다. 과연 전통적 가족이 몇 명의 구성원을 갖고 있었는지 궁금하다. 이를 밝혀보기 위해 戶籍上의 기재를 통하여 그 실상을 밝혀 보고자 한다.

1) 丹城縣의 호당 인구수

먼저 現存하는 丹城戶籍大帳 11式年分의 末尾에 기록되어 있는 통계를 이용하여 戶當口數를 산출해 보기로 한다. 이 숫자는 호적에 등재되어 있는 친족·외족·처족 등의 혈족과 비혈족인 노비·雇工 등 現住하고 있는 從屬者까지 포함한 것이다.

<표 III-10> 丹城縣 호당 평균 인구수

年度	平均 口數	年度	平均 口數
肅宗 4년 (1678)	3.98	英祖 38년 (1762)	4.59
肅宗 43년 (1717)	4.75	正祖 4년 (1780)	4.61
肅宗 46년 (1720)	4.71	正祖 7년 (1783)	4.60
英祖 5년 (1729)	4.52	正祖 10년 (1786)	4.60
英祖 8년 (1732)	4.52	正祖 13년 (1789)	4.59
英祖 35년 (1759)	4.59	平均	4.57

<표 III-10>에서 보는 바와 같이 肅宗 4년(1678)에서 正祖 13년(1789)까지 111년간의 平均戶當口數는 4.57명이고 최고는 1717년의 4.75명이며 최저는 1678년의 3.98명이다. 肅宗 4년의 경우를 제외하면 대체로 이 지방의 戶當口數는 큰 변동 없이 유지되고 있다. 이를 전국의 통계와 비교하기 위해 『朝鮮王朝實錄』에서 전국의 戶當口數를 抄錄하여 계산해 보면 <표 III-11>과 같다.

·納粟, 免賤·贖良·奴婢逃亡·投託, 寒儒·貪士 등"이라 말하고 있다.

<표 Ⅲ-11> 全國의 호당 평균 인구수

年度	平均 口數	年度	平均 口數
肅宗 19년	4.7	英祖 35년	4.1
肅宗 22년	4.5	英祖 38년	4.1
肅宗 31년	4.5	英祖 41년	4.2
景宗 즉위년	4.4	英祖 42년	4.2
景宗 3년	4.3	英祖 44년	4.2
英祖 2년	4.3	英祖 47년	4.2
英祖 5년	4.3	英祖 50년	4.2
英祖 8년	4.2	正祖 1년	4.2
英祖 11년	4.3	正祖 4년	4.2
英祖 14년	4.2	正祖 7년	4.2
英祖 17년	4.2	正祖 13년	4.1
英祖 23년	4.2	正祖 16년	4.4
英祖 26년	4.1	正祖 23년	4.3
英祖 29년	4.1		
英祖 32년	4.1	平均	4.24

　전국의 경우는 숙종 19년(1693)에서 정조 23년(1799)까지 107년간 28
式年의 것을 평균하면 4.24명이며, 이 기간의 최고는 4.7명 최저는 4.1명
이다. 28式年 중 12式年의 호당 平均口數가 4.2명으로 나타나며 전기간
거의 큰 변화가 없다. 그러나 丹城의 경우보다는 다소 낮은 수치를 보이
고 있다.

　四方博의 大邱地域 통계에서는 肅宗代 7.4명, 英祖代 4.6명으로 나타
나며, 兩時代 모두 1호 4명의 戶數가 가장 많아 전체의 23%를 점유하며
다음으로 3명호, 2명호의 순으로 되어 있다고 하였다.[8]

　이상에서 보면 丹城의 戶當 平均口數는 전국이나 大邱의 경우와 큰
차이는 없으나 다소 높은 편이며, 丹城·大邱는 전국의 평균치보다 높게
나타나고 있다.

　다음은 末尾統計가 아니고 실제 戶籍大帳에 등재되어 있는 각 戶의
人口數를 조사하였다. 여기서는 비혈족인 노비·雇工 등과 出嫁者, 死

---

8) 四方博,「朝鮮人口에 關する一硏究」, 45쪽.

亡者, 移去者를 제외하고 고유의 가족과 동거 중인 친척 등 혈족만을 대상으로 하여 신분별 戶當口數表를 작성하였다(<표 III-12·13>).

<표 III-12> 丹城의 신분별 호당 인구수(肅宗 43, 1717)

신분별\인구별	1人戶	2	3	4	5	6	7	8	9	10	11	戶數總計	人口總計	平均人口
兩班戶	33	177	143	80	34	18	8	4	2	1	-	500	1,530	3.3
常民戶	28	244	360	299	210	107	36	23	8	1	3	1,319	5,035	3.8
奴婢	20	140	180	186	92	54	15	4	3	-	1	695	2,543	3.7
計	81	561	683	565	336	179	59	31	13	2	4	2,514	9,108	(3.6)
總戶對比率(%)	3.2	22.3	27.2	22.5	13.4	7.1	2.3	1.2	0.5	0.1	0.2	100.0	-	-

<표 III-13> 丹城의 신분별 호당 인구수(正祖 10, 1786)

신분별\인구별	1人戶	2	3	4	5	6	7	8	9	10	11	12	戶數總計	人口總計	平均人口
兩班戶	25	289	290	193	97	45	18	9	2	-	-	1	969	3,228	3.3
常民戶	77	219	422	469	321	165	61	21	14	3	1	-	1,773	7,014	4.0
奴婢	34	57	69	55	25	15	7	2	-	-	-	-	264	855	3.2
計	136	565	781	717	443	225	86	32	16	3	1	1	3,006	11,097	(3.5)
總戶對比率(%)	4.5	18.8	26.0	23.9	14.7	7.5	2.9	1.1	0.5	0.1	0	0	100.0	-	-

양 시대의 신분별 戶當人口數를 비교해 보면 兩班戶는 동일한 3.3명이고, 常民戶는 3.8명에서 4.0명으로 조금 늘어났으며, 奴婢戶는 3.7명에서 3.2명으로 감소되고 있다. 양 시대 모두 3명호가 27.2%, 26.0%로 가장 많다. 다음이 4명호, 2명호, 5명호의 순으로 2~4명호가 차지하는 비율은 全戶數 중 70%이며, 6명 이상의 호는 그 비율이 매우 낮다. 양 시대를 통하여 혈족만을 중심한 호당 인구수는 12명이 가장 많다.

실제 호적의 기재를 조사해 보면 호주를 기준으로 볼 때 조부모의 기재는 거의 볼 수 없고, 全戶籍을 통하여 孫의 기재는 가끔 보이나 曾孫의 기재는 볼 수 없었다. 그리고 成婚한 兄弟姉妹나 동거하는 자녀의 사레도 그렇게 많지 않았다. 肅宗代의 양반호를 보면 주로 부부를 중심한 2명으로 된 호가 全兩班戶의 35%를 차지하고 있다. 한편 戶籍上 많은 인구를 갖고 있는 戶는 대부분 솔거노비나 雇工들을 갖고 있기 때문이다. 肅宗代 現住人口로 최고 33명이 나타나는 호를 보면 가족은 4명이고 나머지는 모두 솔거노비이다. 한편 大邱의 경우를 보면 다음의 <표 Ⅲ-14>와 같다.

<표 Ⅲ-14> 신분별 호당 인구수(大邱)

年代別	兩班戶	常民戶	奴婢戶	總數	獨立奴婢戶
Ⅰ(1690)	3.5	4.1	5.0	4.4	3.7
Ⅱ(1729, 1732)	3.8	4.8	5.8	5.0	3.2
Ⅲ(1783, 1786, 1789)	3.7	3.9	12.2	4.3	2.6
Ⅳ(1858)	2.9	3.2	7.6	4.3	2.1

* 奴婢戶의 數는 노비호 이외에 居食하는 다수의 奴婢를 모두 奴婢戶에 귀속시켜 계산함.
* 四方博, 「李朝人口に關する身分階級別的觀察」, 『朝鮮社會經濟史研究』 中, 28쪽.

두 지역을 비교하기에는 동일시대의 것이 없어 다소 무리가 있다. 그러나 1717년의 丹城과 大邱 Ⅱ기를 비교해 보면 각 신분층마다 大邱가 높으며 전체 호당 평균인구수도 丹城 3.6명에 비해 大邱는 5명으로 훨씬 높다. 그리고 1786년의 丹城을 大邱 Ⅲ기와 비교해 보면 兩班戶는 3.3명, 3.7명으로 大邱가 높으며, 常民戶는 4.0명, 3.9명으로 비슷하지만 大邱는 Ⅱ기에 비해 많이 줄어들고 있다. 전체 호당 평균인구수도 4.3명으로 丹城의 3.5명보다 높게 나타나고 있다.

이상에서 본 바에 의하면 四方博이 말한 바 "신분관계가 내려감에 따라 자연 그 1호당인구의 감소 현상이 심하다"[9)고 한 현상은 18세기 丹城縣의 경우에는 볼 수 없다. 전체 호당인구도 3.6명과 3.5명으로 거의 변

---

9) 四方博, 「李朝人口に關する身分階級別的觀察」, 『朝鮮社會經濟史研究』 中, 127쪽.

동이 없다. 그리고 혈족만을 대상으로 삼을 때 호적상 나타나는 가족의
숫자로는 이른바 대가족제도는 성립되지 않는다고 보아야겠다. 그런데
여기서 문제가 되는 것은 호적상에 나타난 인구수의 타당성 문제이다.
조선후기사회에 있어서 호적상의 기재가 문란하였음은 史料 곳곳에서
지적되고 있는 바로서, 그 一例를 들면 다음과 같다.

영조 35년(1759) 領議政 兪拓基는 上啓에서

　　近來紀綱解弛 籍法不嚴 各邑守令 或慮以減戶被罪 惟以增戶爲主
　或令以獨子分戶 或令以單奴各戶 其弊特甚 殘民之難保 虛戶之日增
　多由於此 不可不各別嚴禁10)

이라 하여 각읍의 수령들이 減戶로 인하여 처벌당할 것을 염려하여 허
위로 戶를 증가시키고 獨子를 分戶하게 하여 호수를 늘이고, 또 單奴를
分居 別居하게 하니 그 폐단이 매우 심하다 하여 이를 엄금할 것을 건의
하고 있다. 이는 지방관에 의한 강제 分戶가 성행하였다는 사실을 말해
주는 것이다.

　이 같은 分戶政策은 조선초기부터 행해지기11) 시작하여 후기까지 계
속되었다. 正祖 때도 이 원칙이 크게 변하지 않았음은 앞에서 본 전국의
호당 인구수 통계에서도 알 수가 있다. 이러한 强制分戶가 없었더라면
인구에 대한 戶數는 좀더 적었을 것이고, 따라서 1戶當口數도 다소 높아
지리라 생각된다.

---

10) 『增補文獻備考』卷161, 英祖 35年條.
11) 『世祖實錄』卷25, 世祖 7年 9月 己未, "諭諸道戶籍敬差官曰 賫去事目內 廣作
　　長籬 就籬內 別立門戶 稱爲一家者刷出 定爲一戶 單寒無托 或爲人雇工 或爲
　　婢夫寄生者 抱於良人 別立一戶 則必至逃散 以率丁錄之 今聞雖居計貧窮 依
　　籬內過活者 及單寒寄托者 並皆刷出 別立一戶 上項事目 更加看詳".

2) 彦陽縣의 호당 인구수

彦陽縣 戶籍大帳 7式年分 9冊 중에서 말미의 통계를 파악할 수 있는 6式年分을 대상으로 하여 戶當 平均口數를 산출해 보면 <표 Ⅲ-15>와 같다.

<표 Ⅲ-15> 호당 평균인구수

年度	戶數	人口數	平均 口數
肅宗 37년 (1711)	1,232	6,559	5.32
正祖 19년 (1795)	1,224	9,994	8.16
正祖 22년 (1798)	1,224	10,224	8.35
純祖 13년 (1813)	1,224	10,640	8.69
哲宗 9년 (1858)	1,224	11,281	9.21
哲宗 12년 (1861)	1,224	11,375	9.29

호당 평균구수는 1711년에서 1798년까지 18세기 3式年의 경우는 7.28 명이고 19세기 초에서 중엽에 이르는 3式年의 경우는 9.06명이다. 그리고 1711년에서 1861년까지는 5.32명에서 9.29명으로 每式年마다 계속적인 증가세를 보이고 있다. 이 같은 彦陽의 현상은 전국이나 丹城·大邱의 평균치와 비교하여 볼 때 단연코 높다. 이는 1786년의 경상도 71개읍의 경우를 보아도 알 수 있다(<표 Ⅲ-16>참조).

즉 彦陽만이 7.69명이고 다음은 榮川이다. 榮川은 6.24명으로 彦陽에 비하면 1.45명의 차이가 있다. 그 밖의 읍은 5.0명 이하이다. 심지어 3.0 명대도 많다. 이런 결과를 두고 보면, 彦陽은 他邑과 戶의 編制가 다른 것이 아닐까 하는 추측도 가능하다.[12]

---

12) 金載珍,『韓國의 戶口와 經濟發展』, 博英社, 1967, 46쪽에서도 그와 같은 뜻을 비추고 있다. 다음 두 논문도 마찬가지이다. 李榮薰,『朝鮮後期 土地所有의 基本構造와 農民經營』, 서울大學校 經濟學博士學位論文, 1985 ; 金錫禧,「18, 19 세기 戶口의 實態와 身分變動」,『人文論叢』26, 釜山大學校, 1984.

<표 III-16> 慶尙道 各邑의 호당 평균인구수(1786)

大邱	4.58	蔚山	3.77	草溪	4.33	宜寧	4.34	咸昌	4.13
慶州	3.96	東萊	4.12	梁山	3.22	安義	4.15	知禮	4.63
尙州	3.78	河東	4.87	盈德	3.99	漆原	3.95	淸河	3.80
晋州	4.62	巨濟	4.30	慶山	4.53	熊川	4.80	鎭海	3.52
星州	4.55	永川	4.42	南海	5.27	昌寧	5.41	奉化	5.59
安東	4.33	興海	3.66	固城	4.31	新寧	5.10	高靈	4.27
昌原	4.05	醴泉	3.50	義城	3.71	龍宮	4.21	泗川	4.41
寧海	3.44	榮川	6.24	迎日	4.62	玄風	3.83	英陽	4.20
靑松	3.52	豊基	3.76	長鬐	3.74	三嘉	5.12	禮安	2.85
密陽	4.97	淸道	4.54	比安	3.31	彦陽	7.69	開寧	4.22
仁同	4.11	金山	4.58	丹城	4.59	河陽	4.19	靈山	4.66
順興	4.81	陜川	5.36	軍威	4.54	義興	5.63		
漆谷	4.37	咸陽	4.84	機張	4.14	慈仁	3.81		
善山	4.85	昆陽	4.55	聞慶	2.94	居昌	4.80		
金海	3.93	咸安	4.41	山淸	4.29	眞寶	4.68	平均	4.36

＊『戸口總數』第8冊, 慶尙道分에 의거하여 作成.

다음으로 정조 22년(1798)의 大帳에 기재되어 있는 각 호별 인구수 중 비혈족을 제외하고 친족·외족·처족 등의 혈족만의 구수를 面別로 조사하여 <표 III-17>을 작성해 보았다.

1798년 戸의 구성인원은 총호수 1,198호에 인구수는 9,908명으로 평균하면 戸當口數는 8.2명이 된다. 戸는 1口에서 23口로 23종, 그 밖에 2종은 29口, 38口戸이다. 이 중 5口에서 9口까지의 비중이 가장 높아 전체 비율의 56.4%로 가장 높다. 그러므로 戸當口數는 5명 내지 9명이 가장 많은 것으로 丹城이나 大邱보다 역시 월등히 높다.

<표 Ⅲ-17> 彦陽縣 戶의 구성 인구수(正祖 22, 1798)

戶內口數	上北面	中北面	下北面	上南面	中南面	下南面	戶計(%)
1口	5						5(0.4)
2	3	1	2		1	1	8(0.7)
3	17	1	11	13	8	6	56(4.7)
4	22	11	17	17	11	14	92(7.7)
5	37	17	14	24	23	20	135(11.3)
6	50	10	23	22	21	19	145(12.1)
7	35	11	34	21	18	27	146(12.2)
8	35	12	14	20	24	31	136(11.4)
9	35	10	17	19	16	16	113(9.4)
10	23	7	13	11	14	19	87(7.3)
11	10	4	15	18	10	11	68(5.7)
12	11	2	13	9	7	11	53(4.4)
13	10		7	2	3	9	31(2.6)
14	8	3	11	6	5	10	43(3.6)
15	4	1	4	1	2	4	16(1.3)
16	4	2	3	1	4	9	23(1.9)
17	2		3		2	5	12(1.0)
18		1	2	1		2	6(0.5)
19	1		1		2	3	7(0.6)
20	1		1	1			3(0.3)
21	1		2		1	1	5(0.4)
22	1				1	1	3(0.3)
23			1			2	3(0.3)
29					1		1(0.1)
38				1			1(0.1)
戶總數 (%)	315 (26.3)	93 (7.8)	208 (17.4)	187 (15.6)	174 (14.5)	221 (18.4)	1,198 (100.0)
口總數 (%)	2,429 (24.5)	702 (7.1)	1,811 (18.3)	1,470 (14.8)	1,454 (14.7)	2,042 (20.6)	
戶當口數	7.7	7.5	8.7	7.9	8.4	9.2	8.2

그리고 1798년의 上北面에 나타난 신분별 戶當口數를 보면 다음과 같다.[13]

---

13) 金錫禧, 앞의 논문, 1984, 358~359쪽에서 인용.

<표 III-18> 上北面의 職役·身分制 인구수(正祖 22, 1798)

職 役	戶 數	口 數	平均口數
進士	1	11	11
幼學	110(107)	901	8.4
嘉善大夫	1	10	10
老職通政大夫	1	15	15
通德郎	1	6	6
承仕郎	1	14	14
將仕郎	1	20	20
老職折衝將軍	2	28	14
效力副尉	1	13	13
計	119(116)	1,018	8.77
諸衛	5	40	8
業武	6	40	6.7
閑良	51	384	7.5
軍官	11	81	7.4
選武士	1	3	3
都訓導	1	8	8
從仕郎	1	15	15
折衝將軍	1	7	7
展力副尉	1	5	5
納嘉善大夫	1	4	4
納通政大夫	2	20	10
計	81	607	7.49
安逸戶長	1	6	6
記官	12	128	10.7
貢生	5	42	8.4
假吏	3	23	7.7
所書員	4	28	7
計	25	227	9.08
驛吏	7	51	7.3
烽軍	3	18	6.3
禁衛軍	5	34	6.8
禁衛軍保	1	3	3
御營軍	4	30	7.5
御營軍保	1	7	7
主鎭軍	1	6	6
別隊	12	85	7.1

別砲手保	1	3	3
束伍軍	4	22	5.5
水軍	7	46	6.6
別武士袼直	1		
笠子匠	2	12	6
唐鞋匠	2	7	3.5
冶匠	1	10	10
甕器匠	3	18	6
作廳文書直	1	6	6
所直	1	4	4
使令	6	40	6.7
小童	1	5	5
藥漢	2	14	7
巫夫	2	12	6
老除	10	58	5.8
良人	2	14	7
假官奴	3	26	8.7
女性	3	20	6.7
無役	2	10	5
病者(良人)	1	6	6
計	88	567	6.44
官奴	4	29	7.25
定屬婢	2	3	1.5
計	6	32	5.33
總計	320	2,451	7.65

* ( )안의 숫자는 定配罪人을 제외한 數임.

위의 <표 Ⅲ-18>에 의해 신분계층별로 보면 평균호당구수는 中人層이 9.08명으로 1위를 차지하고 있으며, 2위는 兩班層 8.77명, 3위는 準兩班層 7.49명, 4위는 常民層 6.44명, 5위는 奴婢層 5.33명이다. 노비층은 5위밖에 되지 않지만 官奴 4호만을 보면 7.2명이다. 역시 여기에서도 일반적으로 대가족제, 同族家族이 많은 것은 上層身分이며 소가족제를 이루고 있는 것은 下層身分이라는 통설은 丹城의 경우와 마찬가지로 해당되지 않는다고 생각된다.

Ⅳ. 조선후기 基層民의 실태

1. 挾戶

現存하는 각 지방의 戶籍大帳 중 挾戶(挾人)[1]가 기재되어 있는 것은 彦陽戶籍이 유일한 것이다. 그러나 9冊 중 正祖代에서 純祖代까지의 5 冊에서만 나타날 뿐 肅宗·哲宗 때의 戶籍에서는 보이지 않는다. 挾戶 가 彦陽戶籍에서만 그리고 일정시기에만 기재되고 있는 이유가 무엇인 가는 앞으로 밝혀져야 할 문제라 생각된다.[2]

戶籍大帳에서 挾戶는 戶의 표기 아래 戶主, 主戶家族, 奴婢, 雇工을 기재한 뒤에 호주의 동거자로서 기재되고 있다. 호적에서 挾人에 관하여 파악할 수 있는 사항은 신분·직역·성명·연령·性·家族事項·有故 (死亡·逃亡·移去·婚姻)·新率[3] 등에 관한 것이다. 戶籍大帳에 나타

---

1) 『成冊規式(甲午式)』(규장각도서 No.12318)에 포함되어 있는 挾戶成冊의 註記 에 "某人 某村某人戶下挾戶"라고 되어 있는 것으로 보아 戶籍大帳의 挾人과 같은 뜻의 表記라고 보겠다.

2) 李榮薰, 『朝鮮後期 土地所有의 基本構造와 農民經營』, 서울대 경제학과 박사 학위논문, 1985, 294~295쪽에서 氏는 이 문제를 彦陽의 戶役과 軍役의 부담에 서 오는 상대적인 차이, 즉 戶摠과 口摠의 괴리에 기인한다고 보고 있다. 戶摠 을 구성하는 原戶, 즉 主戶 이외에 그 예하의 협호들에게도 軍役의 부담이 불 가피한 데서 온 결과로 보는 것이다. 그러나 戶摠과 口摠의 괴리가 이 지방만 의 지역적 특수성이라고만 볼 수 없기 때문에 이 문제는 더욱 연구되어야 할 점이라고 생각된다.

3) (事例) 上北面東部一統三戶

나는 挾戶에 대해서는 필자가 이들은 조선후기 農民層의 분화가 심해진 결과 광범하게 존재하게 된 몰락농민일 것이라고 처음으로 문제를 제기한 바 있었다.[4] 그리고 그 다음 해에 발표된 李榮薰의 연구[5]가 있는데 氏의 논문에서는 彦陽의 3個面만이 기재되어 있는 純祖 13년(1813)의 호적이 이용되었다.

여기서는 彦陽 6個面 전부가 수록되어 있고 年代로 보아 이보다 15년 앞서 작성된 正祖 22년(1798)의 戊午式年 戶籍大帳을 분석대상으로 삼기로 한다. 이를 근거로 조선시대 挾戶의 발생원인, 경제상태 등을 살펴보고 18세기 말 挾戶의 存在樣態에 관해 밝혀 보고자 한다.

1) 挾戶의 개념

挾戶가 처음 나타나는 시기는 정확하게 알 수 없으나 이미 조선초기의 기록에 나타나고 있다.

　　外方豪强之戶 多有挾戶隱丁 使定限自首 先從內需所宗親 大臣奴子
　　戶刷出……不首者 勿論公私賤 幷挾戶隱丁 全家徒邊[6]

즉 세조 7년(1461)에 외방의 豪强之戶에 挾戶 隱丁이 많다는 기록이 나타난다. 이와 같은 挾戶에 대한 기록은 조선시대 전기간에 걸쳐 문헌에 많이 보인다.

挾戶가 발생하는 원인을 살펴 보면 대개 良役을 피하려는 데서 비롯

"第三戶 閑良李東英……挾人鄭元長年貳拾捌辛卯挾人妻朴召史年參拾玖庚寅挾人女召史今故新率雇工姜淡沙里年參拾己丑婢宗娘年貳拾壹戊戌奴英男年參拾肆乙酉挾人金丙男挾人妻崔召史等二口今逃亡乙卯戶口准".
4) 拙稿, 「18, 19세기의 雇工-慶尙道彦陽縣戶籍의 分析-」, 『釜大史學』 7, 1983, 117~141쪽.
5) 李榮薰, 앞의 논문 참조.
6) 『世祖實錄』 卷24, 世祖 7年 4月 癸酉.

되는 경우가 많다.

　　外方無依之民 厭避良役 多有投入於鄕品官 率戶而土豪之武斷者 隱
　　接籬下 公然漏籍 終作自己之奴僕 此實民間之毒也[7]

　　즉 의탁할 데 없는 外方民이 良役을 피하기 위해 鄕品官 즉 土豪에게
投入하면 토호는 이를 漏籍시켜 마침내 자기의 奴僕으로 만든다는 것이
다. 挾戶로 投入되면 良役뿐만 아니라 戶役의 부담에서도 혜택을 입었
다. 대개 煙戶는 戶로써 役을 부과하는데 戶의 大小殘盛에 관계없이 出
役하므로 兩班 土豪가 비록 奴婢 數十口와 挾戶 數十家를 거느리고 있
더라도 1戶의 役만 부담하였다. 따라서 土豪에게 率下되어 있는 挾戶도
戶役을 경감받을 수 있었다.[8] 이와 같이 軍役·戶役을 피하여 성립된
挾戶의 수는 상당하였다. 조선후기의 문서로 보이는 潭陽의 幼學 宋維
新 등이 禊防의 폐단에 관하여 관찰사에게 올린 上書에서

　　巡相閤下伏以 禊防之弊多端也 不能張皇枚擧 而其所巨弊者 軍役也
　　戶役也 則一般爲弊 故設弊於戶役而軍役之弊 自在其中矣 大抵本邑戶
　　摠三千五百六十六戶 而納役戶惟一天五百餘戶也 禊防戶二千六十餘
　　戶 則厥數過倍者 常民大村盡托於禊防故也……各廳禊防云者 有不可
　　勝數也 夫如是故憑 籍禊防圖避軍役 則四方民漢雲集盤居各村 挾戶亦
　　如元戶之數也 若是繁盛而盡免軍役者……[9]

라고 나타나듯이 禊防을 빙자하여 軍役을 도피해서 이루어진 挾戶가 元
戶의 수와 같다고 할 정도로 번성하다고 한다. 挾戶는 民이 국가로부터

　7)『承政院日記』第840冊, 英祖 13年 1月 2日.
　8)『承政院日記』第277冊, 肅宗 6年 6月 11日, "盖煙戶 以戶出役 故不問戶之大
　　　小殘盛 一體出役 兩班土豪等 雖有奴婢數十口 挾戶數十家 只出一戶之役…
　　　…".
　9) 全南大學校 博物館,『古文書調査報告』第1冊, 1983, 75쪽.

부과되는 각종 役을 도피하는 데서 발생했다. 그러나 民의 避役이란 측
면과 동시에 土豪 쪽에서의 挾戶의 필요 및 보호라는 상대성도 고려되
어야 할 것이다. 挾戶는 국가로부터 부과되는 役이 부담스러워서 土豪
層에 歸附하여 성립되었으므로 그 생활상태가 곤란했을 것이다. 실제로
挾戶는 "所謂挾戶卽是最貧窮至無依之類"[10]라 하여 가장 가난하고 의
탁할 곳이 없는 부류로 표현되고 있다. 따라서 국가로부터 恤典을 받을
때도 挾戶는 殘戶例에 의거하여 받았다.

> 備局啓言 朔州府失火時 城內外民家被燒一百二十九戶……敎曰 昨
> 聞宣傳官回奏 逖矣西民 當此農時 析居困苦之狀 如在目中 矜惻曷已
> 原恤典外加給 莫曰挾戶之寓居 均是民也 依殘戶例 亦給恤典……[11]

즉 순조 5년(1805) 5월에 朔州府에서 화재가 나서 城內外 民家가 소
실되자 국가에서 恤典을 내리는데 이때 挾戶는 殘戶例에 따라 恤典對
象으로 파악되고 있다.

국가가 戶口를 파악할 때 挾戶는 어떻게 파악되었는지 알아 보자. 朝
鮮時代 전 시기에 걸쳐 존재하고 있었던 挾戶에 관한 규정은 우선 국가
의 지배체제 방식을 성문화하고 있는 법전류에 당연히 명시되어 있어야
할텐데 전혀 찾아볼 수가 없다. 다만 『甲午式戶籍事目』[12]에

> 挾戶之類 其家挾戶是如 別件成冊 其單末端良中 自受主戶洞任着名
> 而符同瞞告 隨事現發 則當者杖一百 主戶洞任杖八十爲白齊

라 하여 戶籍 作成時 挾戶에 관한 규정이 기재되어 있다. 즉 挾戶의 戶
籍은 別件으로 成冊하되 戶口單子의 末端에 主戶와 洞任이 着名하여

---

10) 『備邊司謄錄』 第194冊, 純祖 3年 4月 21日.
11) 『純祖實錄』 卷7, 純祖 5年 5月 己丑.
12) 규장각 도서 No.12317.

그 挾戶임을 공식으로 증명할 것과 허위신고시 本人과 主戶・洞任에 대한 罰則이 마련되어 있다. 그리고 이 戶籍事目에 부수되었던 것으로 생각되는 『成冊規式』에 挾戶成冊이 포함되어 있는 것은 挾戶도 호적 작성시 元戶로서 국가에 파악되었음을 의미한다. 挾戶가 국가로부터 파악대상이 되었다는 것은 호적 작성시 奴婢・雇工 등과 다른 개념으로 기재되고 있는 점에서도 알 수 있다. 그런데

> 勿論兩班常漢 凡有流離丐乞之人 仰役率養 願爲雇立者 家長呈狀官門 一家中願屬者雖多 只役一二名 鄕曲土豪之類 如有憑此事目 多率挾戶 混稱雇工 受出立案者 嚴如禁斷 隨現重治[13]

와 같이 土豪가 挾戶를 雇工이라고 속여 칭하고 立案을 받아 내는 일이 나타나고 있다. 또한

> 以言乎挾戶 則村里奸細之徒 夤綠有勢之家 或稱奴屬 或稱婢夫 一率之內便作逋逃之淵藪[14]

에서 보듯이 挾戶가 有勢之家에 奴屬 혹은 婢夫라고 칭하며 기탁한다고 한다. 이와 같이 挾戶가 굳이 雇工・奴婢・婢夫로서 파악되고자 한 것은 국가가 雇工・奴婢와는 다른 차원에서 이들을 파악했기 때문이다. 雇工・奴婢는 하나의 戶로서 파악되지 않으나 挾戶는 불완전하기는 하

---

13) 『秋官誌』定例, 雇工 雇工立案條.
　　이 밖에도 『新補受敎輯錄』, 戶典 戶籍條에, "豪强武斷之類 以各戶之民丁 或稱雇工 或稱婢夫 竝錄率下 下爲立戶 官家戶役 一切謀頉 私自虐使有同己奴 其中良丁之隱匿者 亦多有之"라 하였다.
　　또 『備邊司謄錄』88冊, 英祖 6日 12月 27日에도 다음과 같은 사료가 보인다. "良民之類 不能支當於隣族侵徵之役 不但自願投入於兩班家而以兩班之有奴僕者 亦嚴飭其必娶良妻 故軍保貧殘者之女 太半爲私賤之妻生子生女 永爲私賤 而良丁之日縮 全由於此".
14) 『玉山文牒抄』(규장각도서 No.古5129-59), 戶籍事傳令各面.

지만 하나의 戶로서 파악되었기 때문에 그에 상응하는 지배를 받았을 것이다. 民은 국역부담을 피하기 위해 挾戶로서 土豪에게 歸附했으며, 그나마 국가로부터의 지배체제에서 벗어나기 위해 雇工·奴婢로 속여 挾戶로 조차 파악되지 않으려고 했다. 그러므로 雇工·奴婢라고 칭해지는 부류 속에는 실상 挾戶도 상당수 존재했을 것이다. 挾戶의 누락·이탈을 막기 위해 국가에서는 成冊時마다 이를 살펴 보고하도록 명하고 있다. 예를 들면 18세기의 사실을 담고 있는 『麛事摠要』[15]의 均役事目에서는

> 成冊修報時 入籍之類 似不得落漏 而其中或有挾戶各居者 或有自京中 自他官移來 而未及入籍之類 所任單不體官家本意 多有落漏者云 此則風憲尊位詳察摘發牒報以爲……

라고 하여 成冊時 누락된 자 중 挾戶로 各居하는 자가 있으면 面任들은 자세히 살펴 가려내어 보고하도록 하였다.

국가에서 挾戶를 元戶와 같이 파악하고자 했으며 이를 실행하기 위해 노력하고 있는 것은 위에서 본 그대로이다. 그러나 실제로 挾戶가 元戶로서 국가로부터 완전하게 파악되었는지에 대해서는 의문이다.[16] 1798년의 언양호적의 경우를 보면 末尾의 통계에 元戶가 1,232戶로 되어 있는데 이는 挾戶가 포함되지 않은 숫자이다. 따라서 挾戶는 戶籍에 기재되기는 하나 실제로는 元戶數에 포함되지 않은 漏戶狀態로 존재했던 것이다.

위에서 살펴본 挾戶는 일제시대까지 잔존하고 있었다. 1932년도 조사 보고서인 『朝鮮ノ小作慣行』 上卷(朝鮮總督府, 1932, 816~817쪽)을 통해서 挾戶에 관해 살펴보자.

---

15) 규장각도서 No.5756. 이 책은 英祖 17年(1741) 江原道 金城縣令의 報狀·傳令 등과 英祖 21年 7月 이후 수년간 高陽郡守가 올린 報狀草를 편집한 것이다.

16) 李榮薰은 협호가 호구파악의 실제의 대상이 되기는 하였으나 漏戶 상태로 존재한 것이 보다 일반적인 현상이라 하였다(李榮薰, 앞의 논문, 207쪽 참조).

조선에 있어서 소작인 중에는 지주소작인의 從屬的 慣習에 따라 地主의 家宅一部 또는 地主가 세운 獨立家屋에 無料(근년에는 드물게 有料)로 거주하면서 小作함과 동시에 地主의 使用人이 되는 풍습이 있다.……中鮮以南의 從屬小作人에 대하여 보면 이 지방의 從屬小作人은 주로 行廊人, 狹房人, 次戶(江原道 江陵地方에서는 入耕이라고도 칭한다) 등으로 칭하여지고 地主의 居宅의 一部에 거주하며 그 밖에 地主의 居宅을 중심으로 하여 부근에 居宅을 構築하고 附與하여 小作시킴을 보통으로 한다. 따라서 1地主의 從屬小作人의 수는 地主의 居宅의 일부에 거주하는 자는 1戶를 보통으로 하고 드물게는 2, 3戶의 예가 있기는 하나 獨立家屋을 地主가 지급하는 경우에는 적게는 1, 2戶 내지 數戶에 불과하지만 많은 경우에는 2, 30戶 내지는 7, 80戶를 갖는 경우도 있다. 舊時에는 이를 가진 地主 혹은 小作人은 한층 많았던 것 같다. 이렇게 많은 從屬小作人을 가진 地主는 門閥家인 이른바 兩班土豪의 部類로서 그 聚落形態는 기와로 된 호화롭고 큰 地主의 家宅(내지 一族의 家宅)을 중심으로 하여 그 주위에 草家의 群居的 居住를 이룬다. 부근 일대의 耕地는 대부분 그 地主가 소유하는 땅으로서 보통 이를 小作시킨다. 이들 從屬小作人은 舊時에는 특히 그 主家인 地主家에 대하여 종속적 관계를 가지며 남자는 地主家의 農耕, 燃料採集, 堆肥製造 기타 諸勞作에 종사할 뿐 아니라 地主가 외출할 때 지주가 요구하는 대로 수반하거나 가마를 메는 馬夫의 역할도 한다. 여자는 물기르기, 세탁, 炊事 등에 종사하는 경우도 있다. 따라서 그 小作地에 있어서 小作料는 대개 저렴하여 小作料에 대신하여 勞力을 제공하는 경우도 있다.

이에 의하면 挾戶는 옛부터 여러 가지 호칭으로 불리면서 지주의 家宅 일부에 거주하거나 지주집 부근에 지주가 마련한 가옥에서 無料(때로는 有料)로 살면서 地主의 自耕地의 경작에 종사하거나 소작도 하는 從屬小作人, 隷屬勞動力이라는 것이다. 挾戶살이를 하는 이들은 자기 소유의 주택이나 농토를 갖지 못하여 한 가족 전부 또는 일부 가족이 離散되어 비교적 부유한 家戶에 入籍되어 살아가는 인구로 볼 수 있다.

2) 挾戶의 존재양태

이상에서 挾戶에 관해 살펴 본 내용은 조선시대 전 시기에 걸쳐 나타
나는 挾戶의 발생, 존재상태, 국가로부터의 파악 여부 등이다. 이를 토대
로 18세기 후반 彦陽에 존재했던 挾戶의 의미는 과연 무언인지 戶籍의
분석을 통하여 알아보기로 한다.

正祖 22년(1798)의 경우, 總戶數 중 挾人을 보유하고 있는 戶의 점유
율을 面別로 보면 <표 Ⅳ-1>과 같다.

<표 Ⅳ-1> 總戶數에 대한 挾人保有戶의 占有比(1798)

區分	上北	中北	下北	上南	中南	三同	計
總戶數	318	92	207	187	176	218	1,198
挾人保有所數	129	35	69	55	81	88	457
占有比(%)	40.6	38.0	33.3	29.4	46.0	40.4	38.1

縣內 總戶數 1,198戶 중에서 挾人을 保有하고 있는 戶는 457戶로 그
점유율은 38.1%를 나타내며 縣衙가 있는 上北面이 제일 높다. 그리고
이들 保有戶主의 신분구성을 나타낸 <표 Ⅳ-2>를 보면 兩班層이 전체
의 약 46%를 차지하고 있으며 다음이 常民層, 準兩班層, 中人, 奴婢層
의 순서로 되고 있다. 이 중 兩班 및 準兩班層이 점유하고 있는 비율은
약 60%로 과반수 이상을 차지하고 있다.

<표 Ⅳ-2> 挾人保有戶主의 身分別 構成(1798)

區分	上北	中北	下北	上南	中南	三同	計
兩班	46	19	42	23	38	43	211(46.2)
準兩班	34	6	6	6	9	4	65(14.2)
中人	10						10(2.2)
常民	35	8	21	26	33	40	163(35.7)
奴婢	4	2			1	1	8(1.7)
計	129	35	69	55	81	88	457(100.0)

다음으로 호주의 신분별 挾戶의 보유상황을 보기로 한다.

<표 Ⅳ-3>을 보면 總戶數(主戶) 1,198戶 중 無挾口가 741戶(61.9%), 有挾口가 79戶(6.6%), 挾戶 1戶 이상의 경우가 378戶(31.6%)로 이루어 져 있다. 保有戶主 身分別 挾戶의 보유상황을 보면 挾戶 1戶 이상을 갖고 있는 378戶 중 兩班戶가 갖는 戶는 172戶(45.5%)로 가장 많고, 그 다음이 常民層의 142戶(37.6%)이다. 그러나 兩班主戶의 경우 總戶數 중 兩班戶가 차지하는 비중 57.6%에 비하면 낮게 나타나며 常民層은 142 戶(37.6%)를 보유하여 총호수에서 점하는 비율(28.1%)보다 높게 나타난 다. 無挾口의 경우를 보면 兩班戶는 479戶(64.4%)로 총호수에서의 비율 보다 높으며 常民層은 174戶(23.5%)로 총호수에서 점하는 비율보다 낮게 나타난다. 이 같은 사실은 挾戶의 보유에 있어서 常民層이 兩班層보다 상대적으로 우세한 위치에 있었음을 뜻하는 것이라고 해석된다.

<표 Ⅳ-3> 戶主身分別 挾戶의 保有狀況(1798)

	兩班	準兩班	中人	常民	賤民	계(%)
主戶	690	128	26	337	17	1,198
(%)	(57.6)	(10.7)	(2.2)	(28.1)	(1.4)	(100.0)
無挾口	479	63	16	174	9	741
(%)	(64.6)	(8.5)	(2.2)	(23.5)	(1.2)	(100.0)
有挾口	39	13	3	21	3	79
(%)	(49.4)	(16.5)	(3.8)	(26.6)	(3.8)	(100.0)
挾戶 1 이상	172	52	7	142	5	378
(%)	(45.5)	(13.8)	(1.9)	(37.6)	(1.3)	(100.0)

* ① 無挾口는 主戶口內에 挾人이 없는 경우.
  ② 有挾口는 挾人은 있으나 戶를 구성하지 못한 경우.
  ③ 挾戶 1호 이상에는 戶를 이루지 못한 挾人數가 포함되어 있는 경우도 있음.

다음으로 主戶가 보유하고 있는 全挾戶數와 그 口數를 집계하여 보기로 한다.

<표 IV-4> 身分別 主戶의 挾戶保有狀況(1798)

主戶身分	挾戶	
	戶(%)	口(%)
兩班	211(43.5)	661(37.6)
準兩班	77(15.9)	249(14.2)
中人	7(1.4)	28(1.6)
常民	184(37.9)	798(45.4)
賤民	6(1.3)	22(1.3)
合計	485(100.0)	1,758(100.0)

* 口數에는 戶를 이루지 못하는 挾人數가 포함되어 있음.

<표 IV-4>를 보면 18세기 말 彦陽에서 主戶들이 보유하고 있던 挾戶
數는 모두 485戶이며 그 口數는 1,758명으로 나타난다. 挾戶 보유에 있
어서는 兩班主戶인 경우가 211戶로 가장 많고, 그 다음이 184戶를 보유
하고 있는 常民主戶로 <표 IV-3>에서 본 바와 같은 현상이다. 그러나
挾人口數에 있어서는 1,758명 중 798명(45.4%)을 常民主戶가 보유하여
兩班主戶가 갖는 661명(37.6%)보다 높게 나타난다. 이는 앞에서도 언급
한 바와 같이 양반층보다 상대적으로 상민층이 우세한 상태에 있음을 알
수 있다. 그리고 최하층 신분인 奴婢主戶가 6戶, 22명을 갖고 있음도 매
우 주목되는 점이라 하겠다. 이로 미루어 18세기 말의 彦陽戶籍에 기재
되어 있는 挾戶의 경우는 挾戶를 갖는 신분이 주로 兩班·土豪 등 有勢
家였다는 점과는 달라 그간의 挾戶의 성격 변화를 의미하는 것이라 생
각된다.

全挾人數가 縣內 총인구수에서 점유하는 비율을 보면 <표 IV-5>와
같다.

<표 IV-5> 總人口에 대한 挾人數의 占有比(1798)

區分	上北	中北	下北	上南	中南	三同	計
總人口	2,513	704	1,819	1,501	1,480	2,183	10,200
挾人數	492	120	193	188	297	468	1,758
占有比(%)	19.6	17.0	10.6	12.5	20.1	21.4	17.2

全挾人數가 1,758명으로 총인구에 대한 점유비율은 17.2%로서 이 지방 전체 住民의 약 6분의 1이 이들 挾人人口로 구성되어 있다. 이 같은 挾人數는 당시 이 지방에서 보유하고 있던 솔거노비(1,379명)나 雇工數(338명)보다 훨씬 많은 수이다. 그리고 挾戶 485戶가 總戶數 1,198戶에서 차지하는 비율은 40.5%이다. 이는 1813년의 總戶數 1,212호 가운데 334호 27.6%로 나타난 것과는 큰 차이를 보이고 있다. 이는 挾戶가 全戶數에 있어서 차지하는 비율이 점차 낮아져 가고 있다는 것을 의미하는 것이다.[17]

위에서 본 挾戶나 挾人數의 점유비로 보아 이 시기의 挾戶를 모두 主戶의 從屬小作人 또는 隸屬勞動力으로만 볼 수 없다. 그러면 이 문제를 해결하기 위해 挾戶를 갖고 있는 호주신분과 挾戶의 家長의 신분을 대조해 보기로 한다.

<표 Ⅳ-6> 主戶와 挾戶의 身分比較(1798)

主戶＼挾戶	兩班	準兩班	中人	常民	賤民	計
兩班	64(11)	2		5		71(11)
準兩班	9	4		11		24(·)
中人	1					1(·)
常民	135(35)	70(24)	7(7)	166(43)	6(3)	384(112)
賤民	2(16)	1(2)		2(2)	(1)	5(21)
計	211(62)	77(26)	7(7)	184(45)	6(4)	485(144)

* ( )안의 숫자는 戶를 이루지 못한 挾人數임.

<표 Ⅳ-6>에 의하면 兩班主戶에 등재되어 있는 挾戶 211戶 중 主戶

17) 협호수가 점차 감소되어 가는 경향은 『朝鮮ノ小作慣行』에서 1930년 당시 총농가호수 300여만 호 중에 4만여 호에 불과하다고 한 데서도 알 수 있다. 李榮薰은 필자가 1798년의 彦陽戶籍을 분석한 결과, 전인구 10,200명에서 협인인구는 1,758명 17.2%였다고 한 것을 인용하여 전 호수에 있어서 협호가 차지하는 비중이 1813년의 경우처럼 27.6%에 가까울 것이라고 추측했는데, 1798년의 실제 挾戶數는 李榮薰이 추측한 것보다 더 높은 40.5%로 나타나고 있다.

와 같은 신분은 64戶이고 나머지 147戶는 主戶보다 낮은 신분이다. 主戶보다 낮은 신분의 挾戶의 경우 準兩班主戶, 中人主戶, 常民主戶에 있어서 각각 71호, 7호, 2호로서 전체적으로 보면 主戶보다 낮은 신분의 挾戶는 277호(46.8%)로 전 挾戶의 약 절반에 해당된다.

한편 挾戶가 主戶보다 높은 신분일 경우를 보면 準兩班主戶에서 兩班挾戶 2호, 常民主戶에서 양반과 준양반협호가 각각 5호, 11호, 賤民主戶에서 6호의 상민협호가 나타나 모두 24호(4.9%)이다. 나머지 234호(48.3%)의 협호는 主戶와 같은 신분을 갖고 있다. 이것에서 보면 앞에서 지적한 바와 같이 主戶의 신분이 지배층인 兩班·土豪로만 생각해 온 것과는 다르다는 것이 재확인되며 더욱이 하층신분의 主戶가 신분이 높은 협호를 갖고 있다는 점에서 볼 때 더욱 그러하다. 그리고 兩班 및 準兩班挾戶가 각각 71호, 24호 모두 95호로 全挾戶 중 19.6%라는 비중을 차지하고 있으며 이 중 하급신분인 常民主戶에 보유되고 있는 것이 16호이다. 이는 조선후기의 신분제 붕괴과정 속에서 나타난 지배층 신분 몰락의 결과라고 하겠다.

한편 위에서 挾人數가 전 인구의 17.2%를 차지한다고 했는데 이 挾戶人口 모두가 과연 主戶의 노동력으로서 존재했는지는 의문이다. 이 점을 알아보기 위해 협호의 '各戶去' 기재상황을 조사했다. 挾戶로 존재했던 자가 승격하여 元戶로 되는 것을 '各戶去'라고 기재하는데, '各戶去'라고 기재는 되어 있으나 主戶로는 등재되어 있지 않아 결국 누락된 사례도 많이 나타난다. 누락되지 않고 主戶로 등재되어 있는 경우는 추적이 가능하므로, 이를 대상으로 하여 挾戶→主戶로의 실태를 살펴보고자 한다.

<표 Ⅳ-7>을 보면 협호가 主戶로 되는 '各戶去'의 사례 중 主戶로 승격되면서 동시에 挾戶 또는 挾人을 소유하는 경우가 상당수 존재함을 알 수 있다. 즉 主戶로 승격되는 挾戶 21호 중 10호가 주호로 되면서 동시에 그 휘하에 협호 또는 협인을 거느리고 있다. 그리고 雇工이나 婢를 거느리는 경우도 4호나 된다.

    본래 挾戶는 국가로부터 파악대상이 되어 왔던 만큼 일정한 요건에
달하면 主戶로 승격되는 것은 충분히 가능한 일이며 또한 당연한 것이
다.
    그러나 여태까지 협호로 존재해 왔던 자가 하루 아침에 협호를 4호씩
이나 소유하고 있다는 것은 이 협호가 주호의 예속노동·종속소작이라
는 의미에서 존재하지는 않았음을 나타낸다고 보여진다. 그리고 협호를
소유하게 된 자의 職役이 瓮器匠·院奴·水軍 등으로 나타나 신분에 구
애됨이 없음을 보여주고 있는데, 이는 戶의 구성에만 주안하여 편제되었

<표 Ⅳ-7> 「各戶去」 사례를 통해 본 挾戶의 元戶 승격 조사(1798)

面	里	挾戶時統戶	主戶時統戶	戶主職役	姓名	挾戶 및 挾人·奴婢雇工 소유상황
上北	松下	4.3	5.4	烽軍	洪得用	
〃	東部	7.1	17.3	使令	任順宋	雇工1
〃	於音	7.5	7.6	軍官	朴萬守	
〃	泉所	6.1	1.5	瓮器匠	韓太石	挾戶1(挾人3)
中北	大谷	4.5	5.3	院奴	裵岾同	挾戶2(挾人8)
〃	〃	4.1	5.5	幼學	全(金)昌嵬	
〃	直洞	2.3	8.5	禁衛	朴太奉	挾人1
下北	池內	5.4	9.4	幼學	朴孝根	
〃	〃	12.6	9.2	水軍	崔興三	挾戶1(挾人4)
〃	石南	1.1	4.5	驛吏	韓用守	
上南	巨里洞	4.5	6.3	別隊	吳德萬	挾戶2(挾人1)
〃	川前	3.4	7.4	束伍軍	李用大	雇工1(도망)
〃	〃	7.3	6.3	良人	金世三	挾戶4(挾人1)
中南	雙水亭	5.3	9.6	幼學	孔興大	挾戶3(挾人2)
〃	加乙川	4.4	6.4	水軍	李介也之	
〃	〃	6.1	6.5	幼學	柳寬面	
三同	早月	6.3	14.1	〃	辛奉林	挾戶1(挾人3)婢1
〃	旺方	2.3	4.3	驛吏	朴元太	
〃	〃	2.4	9.4	別隊	金必先(嗚)	挾戶1(挾人6)
〃	〃	5.4	8.3	老除	姜貴才	
〃	荷岺	4.5	6.7	幼學	鄭宗連	婢1

기 때문일 것이다. 이상에서 확인했듯이 彦陽戶籍에 기재된 挾戶는 반
드시 협호=예속노동, 주호=양반지주라는 개념 하에서 존재했던 실체는
아님을 알 수 있다.

 '各戶去' 사례를 통해 挾戶의 일부가 편제되어 있음을 확인했는데 모
든 挾戶가 편제되어 있다고 보기는 어려우므로 기타 挾戶의 존재 의미
를 살펴보자. 대개 협호를 주호의 노동력으로 파악하고 있는데 사실 협
호의 일부는 앞에서 살폈듯이 주호의 예속노동으로 존재했다. 이를 알아
보기 위한 방편으로 협인과 전형적 노동력 공급원인 奴婢·雇工간의 노
동력 대체 관계를 조사해 본 것이 <표 Ⅳ-8>이다. '各戶去' 사례를 통해
편제호로 밝혀진 협호와 혈연협인은 당연히 노동력 대상에서 제외시켰
으며, 挾戶·奴婢·雇工은 모두 노동력으로 실제 구사될 수 있는 16~
60세까지의 연령만을 대상으로 했다. <표 Ⅳ-8>을 보면 노동력 분포도
가 협인축과 노비·고공축에 거의 집중되고 중앙선에는 적게 분포되고

<표 Ⅳ-8> 挾人과 雇工·奴婢의 노동력 대체 관계(1798)

	0	1	2	3	4	5	6	7	8	9	10	11	12	13	14
14															
13															
12															
11															
10		1													
9	1	1													
8	2														
7	4														
6	6	7					1								
5	7	7					1								
4	23	15	7	1	3	1	2								
3	45	25	5	4											
2	91	54	14	13											
1	44	26	18	11											
0	284	274	88	49	25	7	5	5	1	1	2	1	1		1
협인 / 노비고공	0	1	2	3	4	5	6	7	8	9	10	11	12	13	14

있음을 알 수 있다. 이는 협인이 노비·고공과 노동력 대체관계에 있음을 나타내는 것이라 하겠다.

彦陽戶籍에 나타난 협호의 실체는 일부가 편제호로 존재하는 동시에 일부는 노비·고공의 노동력에 대체되는 主戶의 예속노동·종속소작인이라는 의미로 존재하고 있었다. 일부 협호가 편제호로 존재하는 것은 국가와 民과의 관계 내지 국가로부터의 民에 대한 役 부과라는 측면에서 보다 구명되어야 할 문제라고 보여진다. 그리고 주호의 예속노동으로 존재한 일부 협호는 농민층분해 결과 몰락한 貧殘農民層이라 생각된다. 이 협호의 범주에 대해서는 농민경영 및 지주경영과 관련되어 보다 많은 문제제기가 이루어질 것으로 기대된다.

이상에서 본 바와 같이 18세기 말 彦陽戶籍에 보이는 挾戶의 경우에는 主戶의 집이나 그 부근에 主戶가 마련한 가옥에서 살면서 主戶의 토지를 경작하는 隸屬小作人·隸屬勞動과 같은 형태도 있겠으나 主戶로서 경제적으로 裕足하지 못했던 常民, 奴婢主戶의 경우는 그들의 노동력을 고용할 餘力이 없었을 것이니, 집의 일부를 빌리든지[18] 부근에 집을 가지고 籍을 다만 主戶에 올린 것이 아닐까 생각된다. 賃居의 경우에는 主戶에게 신분상으로 예속되는 것이 아니라 자유인으로서 언제든지 主戶를 떠날 수 있는 존재이다.

그러므로 이 挾戶 중에는 조선후기 농민층의 분화가 격화된 결과로 생겨난 沒落農民 중에서 자유로운 賃勞動者인 短期雇工이나 品人類에 속하는 자도 상당수 포함되었던 것이라 생각된다.[19]

---

18) 肅宗 元年에 備邊司가 製進한 『五家統事目』에, "門屋幾間 或借入生在·物故 有無者爲齊"라고 하여 家屋의 규모와 借入者의 有無를 기재하라고 한 것에서나, 또 『增補文獻備考』 卷161, 戶口考1에, "(高宗)三十一年 命漢城府知委 五部總理大臣以下至士庶人 均用木牌 書所住洞名及家主職役姓名 揭之門首 各宮書宮號 若有挾戶賃居者 亦懸名于本主名牌之下"라 하여 主家에 賃居하는 挾戶가 있으면 主戶의 名牌下에 挾戶의 名牌도 달도록 규정되어 있는 것으로 보아 가옥의 일부를 빌려 생활한 협호도 있었다. 이런 경우의 협호는 主戶에 예속된 존재로만 볼 수 없다고 생각된다.

2. 雇工

조선시대의 雇工에 관해서는 몇 편의 연구가 있으나,[20] 雇工의 성격이나 雇主의 성분 등에 대해서 서로 다른 견해를 보이고 있는 실정이다. 이 중 처음으로 戶籍을 자료로 삼아 雇工問題를 실증적으로 考究한 것은 韓榮國인데, 씨는 大邱府戶籍에서 나타난 사례연구의 결과로써 기왕의 견해들이 근거없는 연구의 소산이라고 비판하고 있다. 그러나 한 지역에 한정된 자료를 통하여 얻어진 성과만으로 조선후기사회의 일반적인 현상으로 단정하기에는 무리가 있는 것으로 생각된다. 雇工問題에 관한 대립되는 견해를 해결하는 데는 무엇보다도 새로운 자료가 발굴되어 여러 지역의 실태가 밝혀져야 할 것이다.

여기에서는 최근 새로 발굴된 18, 19세기의 彦陽縣 戶籍大帳에 나타난 雇工의 실태를 밝히고 이를 大邱의 경우와 비교 연구하려고 한다. 大邱地域이 도회지역임에 비하여 이 지방이 순수한 농촌지역이기 때문에 두 지역의 비교연구는 雇工問題를 밝히는 데 一助가 되리라고 믿는다. 비교의 필요상 韓榮國의 논문을 참고하였으며 大邱地域의 諸統計를 인용하였음을 밝혀둔다.

1) 諸說에 대한 검토

조선시대의 雇工에 관한 연구성과 가운데 종래 우리 학계에서 거의 정설처럼 되어온 것이 朴成壽·金容燮의 견해였고, 이에 대해 반론을 제기한 것이 韓榮國의 論稿이다. 이 세 論稿의 내용을 요약하면 다음과

---

19) 註 4) 참조.
20) 宮原兎一,「15, 16世紀朝鮮의 雇工について」,『朝鮮學報』11, 1957, 93~116쪽 ; 朴成壽,「雇工硏究」,『史學硏究』18, 1964, 527~554쪽 ; 李鍾河,『朝鮮王朝의 勞動法制』, 博英社, 1969, 407~414쪽 ; 金容燮,『朝鮮後期農業史硏究』Ⅱ, 一潮閣, 1971, 180~197쪽 ; 韓榮國,「朝鮮後期의 雇工」,『歷史學報』81, 1979, 82~124쪽.

같다.

朴成壽는 雇工을 '머슴型'과 '날품型'으로 구분하고 '머슴'은 전형적인 年雇勞動者로서 雇傭期間(1년) 동안에 衣·食·住의 제공 이외에 現物 形態(주로 벼 몇 가마)로 지급되는 보수(새경, 사경)를 받는 農業勞動人 口로 보고, '날품型'의 雇工은 日給인 품삯을 받는 賃勞動者로서 廣義의 雇工에 포함된다고 하였다. 그리고 雇工은 隷屬性이 강한 '머슴型'에서 自由賃勞動者인 '날품型'으로 전환 내지 분화되어 간다고 하였고, 이들 을 고용한 雇主는 주로 上層良人農民이었고, 兩班層이 奴婢所有者였다 면 雇工使用者는 良人農民層이었다고 주장하고 있다.[21]

金容燮은 短期雇工·長期雇工·特殊雇工으로 분류하여 短期雇工은 주로 經營型富農에 고용된 계절적인 노동자로서 본질적으로 賃勞動者 이며, 이 短期雇工은 奴僕과 같은 머슴살이가 아니고 자유로운 처지의 賃勞動者로서 신분상으로 雇主에 예속되는 존재가 아니고 자유인이었 으며, 이 短期雇工이 조선후기 雇工의 主流를 이룬다고 하였다. 그리고 長期雇工에 대해서는 조선전기부터 있어온 전형적인 雇工으로 수년간 또는 평생을 主家에 고용되어 使役되는 존재로서 이들은 주로 婢夫나 飢歲收養者로서 구성되며 雇主에 대한 신분상의 예속성이 강하고 의· 식·주만을 제공받고 노동력을 바치는 無賃의 使役人口로서 後期에 와 서는 普遍化되지 못하였다고 하였다.[22]

이상에서 본 바와 같이 兩氏의 견해에서 雇工은 雇主에 대한 예속성 이 없는 자유로운 賃勞動者가 주류를 이루고 있다고 보았으며 雇主에 대해서는 '上層良人農民層', '經營型富農'으로 보고 있다. 이와 같은 견 해에 대해 韓榮國은 兩氏의 연구가 관계자료와는 무관하게 연구자의 단 순한 先入見에서 이루어진 考究의 소산이라고 비판하고 朴成壽에 대해 서는 '머슴型雇工' 項目에서는 雇工에게 雇價가 지급되었다는 자료가

---

21) 朴成壽, 앞의 논문, 548쪽.
22) 金容燮, 앞의 책, 191~197쪽.

全無하며, 또 '날품型雇工'에서도 품삯을 받는 사람이 雇工으로 기록되어 있는 자료가 하나도 없다고 하였다. 그리고 金容燮의 所論에 대해서도 구체적인 자료를 바탕으로 하여 雇工에 관한 연구가 이루어진 것이 아니고 17, 18세기의 사회경제상, 특히 賃勞動者層이 널리 형성되었으리라는 이해 위에서 推定되고 있으며 短期雇工이 朝鮮後期의 雇工의 주류를 이루었다는 자료도 찾아볼 수가 없다고 주장하고 있다.

그리하여 氏는 18, 19세기 大邱府戶籍에서 나타난 雇工과 雇主의 성분을 분석하여 雇工은 농촌이 아닌 都會地域에서는 女性雇工(주로 婢雇工)이 많고 그 수가 시대가 내려옴에 따라 크게 늘어나며, 그들의 연령구성도 농업노동인구로 볼 수 없는 청소년층의 婢雇工이 절대다수를 占有하고 있기 때문에 이 시기의 雇工은 머슴과 같은 年雇勞動者도 아니며 자유로운 賃勞動者인 短期雇工으로도 볼 수 없다고 보고, 오히려 이들은 營農以外의 諸役에 투입된 使役人口로서 生存만이 보장된 無賃의 奴隷的 勞動人口로 보았다. 또 雇主에 대해서도 대부분이 官層·匠人·商人들로서 農村 所在의 營農家가 아니기 때문에 '上層良人農民'이나 '經營型富農'으로는 볼 수가 없다고 結論짓고 있다.23)

이상에서 본 바와 같이 조선시대의 雇工에 관한 현재까지의 연구는 雇主와 雇工 사이에 개재했던 人身上의 隸屬問題, 賃金의 유무, 雇主의 成分問題 등에 대해서 상반되는 견해를 보이고 있는 실정이다. 처음으로 戶籍大帳을 자료로 삼아 雇工의 성격을 밝힌 韓榮國氏의 연구는 실증적으로 雇工問題를 검토하였다는 점에서 높이 평가된다. 그러나 大邱府라는 제한된 범위의 연구였고 더욱이 都會地域을 주로 한 것이기 때문에 그 결론에도 한계가 있는 것으로 생각된다.

본 연구에서는 우선 縣全城의 戶口가 기재되어 있는 3式年分(1711, 1798, 1861년)의 것을 조사하여 보았다. 그러나 1861년 戶籍의 경우는 末尾統計에는 분명히 雇工의 수가 기록되어 있으나, 戶別記載에는 그 이

---

23) 韓榮國, 앞의 논문, 102쪽.

유를 알 수가 없으나 단 한 명의 雇工도 나타나지 않았다. 그래서 부득이 이를 조사대상에서 제외하고 그 대신 시대적인 변화상을 찾기 위해 川南 3개面만이 기록되어 있기는 하나 雇工이 많이 나타나는 1813년의 것을 대상으로 삼았다.

앞으로 분석할 호적의 式年을 편의상 다음과 같이 期別로 분류하였다.

期	年代	地域
Ⅰ	肅宗 37年(1711)	全域(6個面)
Ⅱ	正祖 22年(1798)	〃
Ⅲ	純祖 13年(1813)	一部(3個面)

이들 戶籍에 보이는 雇工에 관한 기재 사례를 보면 다음과 같다.[24]

- 率雇工驛吏朴建年拾柒乙亥父驛吏贊重母召史
- 率雇工女召史年參己丑父母名不知
- 率雇工奴元伊年拾捌甲戌父母名不知
- 雇工婢順丹今故
- 率雇工水軍李己彦逃亡
- 雇工柳得孫同里柳用業戶去
- 雇工女召史今出嫁
- 新率雇工李原乭年拾五甲辰

위와 같은 기재내용을 통하여 파악할 수 있는 雇工의 실태로는 身分職役・姓名・性・年齡 등과 事故內容(故, 逃亡, 移去, 出嫁 등) 및 新率與否 등이다.

---

24) 기재양식은 다른 지방과 비슷하나, 다만 前次式年 이후에 새로 보유된 雇工을 加現이라 하지 않고 新率이라 한 점이 다르며 肅宗代의 호적에는 그 父母의 성명이, 또 노비일 경우에는 父母名과 上典의 성명이 기재되어 있으나 후대로 오면서 점차 생략되고 있다.

2) 雇工의 실태

⑴ 고공의 身分別 구성

고공의 신분구성을 보기에 앞서 이 지방의 雇工과 雇主戶의 분포를 보면 <표 Ⅳ-9>와 같다.

표에 따르면 雇主戶當 1.4명 정도의 雇工을 소유하고 있었던 것으로 나타난다. 그리고 總戶數에 대한 雇主戶의 점유비를 보면(<표 Ⅳ-10 참조>) 세 시기의 평균이 약 14%로 나타나 雇主戶의 점유비에 있어서는 다른 지방보다 훨씬 높게 나타나고 있다.[25]

<표 Ⅳ-9> 雇工 및 雇主戶數

期	區分	上北	中北	下北	上南	中南	三同	計	雇主戶當 雇工 保有數
Ⅰ	雇工	28	7	9	9	15	13	81	1.40
	雇主戶	24	5	7	9	14	12	71	
Ⅱ	雇工	96	7	56	24	57	98	338	1.66
	雇主戶	71	7	39	18	46	60	241	
Ⅲ	雇工				11	21	109	141	1.25
	雇主戶				9	16	60	85	

<표 Ⅳ-10> 雇主戶의 占有比

期	區分	上北	中北	下北	上南	中南	三同	計
Ⅰ	總戶數	212	94	224	174	229	186	1,119
	雇主戶	24	5	7	9	14	12	71
	(%)	11.3	5.3	3.1	5.2	6.1	6.5	6.3
Ⅱ	總戶數	318	92	207	187	176	218	1,198
	雇主戶	71	7	39	18	46	60	241
	(%)	22.3	7.6	18.8	9.6	26.1	27.5	20.1
Ⅲ	總戶數				190	178	240	608
	雇主戶				9	16	60	85
	(%)				4.7	9.0	25.0	14.0

---

25) 大邱의 경우를 보면 이 지방의 Ⅱ기에 해당되는 18세기 말에는 占有比가 6.3%, Ⅲ기에는 8.5%로 나타나고 있다.

* Ⅰ기의 總戶數는 戶籍上端部의 破損으로 戶主가 불분명한 42戶를 제외한 수임.

다음으로 雇工의 신분별 구성을 보기로 한다. 雇工은 모두 그 신분이 良人과 賤人(奴婢)으로 이루어지고 있으며 그 신분별 수는 다음의 <표 Ⅳ-11>과 같다.

<표 Ⅳ-11> 雇工의 身分別 構成

期	區分	上北	中北	下北	上南	中南	三同	計(%)
Ⅰ	良人	23	5	5	6	12	9	60(74.1)
	奴婢	5	2	4	3	3	4	21(25.9)
Ⅱ	良人	93	7	46	24	55	90	315(93.2)
	奴婢	3		10		2	8	23(6.8)
Ⅲ	良人				11	20	110	141(99.3)
	奴婢					1		1(0.7)

<표 Ⅳ-11>에 따르면 18세기 초인 Ⅰ기에는 良人과 奴婢의 비율이 3 : 1로 良身分의 雇工이 다수(74%)를 차지하고 있었으나 18세기 말(Ⅱ기)에는 奴婢雇工의 수는 Ⅰ기와 같은 수를 유지하는 가운데 良人雇工이 激增되면서 良賤의 비가 13 : 1로 구성되다가 19세기 초(Ⅲ기)에 접어들면 婢雇工 1명이 中南面에서 나타날 뿐 雇工의 전부(99%)가 良人으로 구성되고 있다. 이는 시기가 내려옴에 따라 良人의 雇工化[26]가 이루어지고 있었음을 나타내는 것이라 생각된다. 따라서 奴婢雇工 특히 婢雇工化가 날로 증대되어 갔다는 대구지역의 연구결과[27]와는 판이한 양

---

26) 戶籍의 기재내용의 정확성이나 신뢰도 등이 문제가 되어 왔는데 이 지방의 것도 戶別記載 내용을 분석한 숫자와 末尾統計와는 많은 차이가 난다. 그러나 雇工의 良人化 경향이라는 점에서는 일치한다. 末尾統計에 나타난 良賤比率은 다음과 같다.

區分	良人(%)	賤人(%)
Ⅰ	73.1	26.9
Ⅱ	80.9	19.3

상을 보여주고 있어서 주목된다.

이 지방과 비슷한 농촌지역인 丹城縣의 경우를 보면(<표 Ⅳ-12> 참조), 17세기 말엽이나 彦陽지방의 Ⅰ기와 거의 同時代에 해당되는 18세기 초엽에 있어서 良人雇工은 점차 감소되고 奴婢雇工이 절대다수를 占有해 가고 있다. 이러한 현상은 大邱의 경우와 비슷하고 같은 농촌지역인 彦陽과는 다른 양상을 보여주고 있다. 아쉬운 것은 丹城地域에 있어서는 18세기 초엽 이후의 자료가 없어 그 변화상을 살필 수가 없다는 점이다.28)

<표 Ⅳ-12> 丹城地域의 雇工의 身分別 構成

年代 \ 區分	良人(%)	奴婢(%)	계(%)
1678	28(32.9)	57(67.1)	85(100.0)
1717	11(12.4)	78(87.6)	89(100.0)
1732	5(6.8)	69(93.2)	74(100.0)

이러한 세 지역간에 나타난 차이의 원인이 무엇인지 정확히 알 길이 없다. 그러나 이 彦陽地域에서 나타나는 실태만으로 볼 때는 통설과 같이 雇工이란 조선후기에 광범하게 존재했던 경제적으로 몰락한 良身分의 농민층이 아니었던가 생각된다.

(2) 고공의 性別 구성

다음으로 이들 雇工의 남녀별 구성을 보면 <표 Ⅳ-13>과 같이 나타난다.

---

27) 大邱의 경우는 18세기 초·중엽에 良·賤의 比가 1：4를 이루다가 18세기 말엽에는 1：10, 19세기 초엽에는 全雇工이 賤人으로 이루어졌다고 한다.

28) 丹城縣 戶籍 12式年分 중 雇工을 조사할 수 있는 것은 肅宗 4년(1678), 肅宗 43年(1717), 肅宗 46年(1720), 英祖 8年(1732)의 4式年分뿐이다.

<표 Ⅳ-13> 雇工의 性別構成

期	區分		上北	中北	下北	上南	中南	三同	合計(%)
Ⅰ	男	良	19	3	3	6	11	8	50
		賤	4	2	3	3	3	4	19
		計	23	5	6	9	14	12	69(85.2)
	女	良	4	2	2		1	1	10
		賤	1		1				2
		計	5	2	3		1	1	12(14.8)
Ⅱ	男	良	64		9	3	20	26	122
		賤	2		8		1	2	13
		計	66		17	3	21	28	135(39.9)
	女	良	29	7	37	21	35	64	193
		賤	1		2		1	6	10
		計	30	7	39	21	36	70	203(60.1)
Ⅲ	男	良				2	7	3	12
		賤							
		計				2	7	3	12(8.5)
	女	良				9	13	107	129
		賤					1		1
		計				9	14	107	130(91.5)

<표 Ⅳ-13>에 의하면 Ⅰ기에는 良男雇工이 全雇工數의 62%를 차지하는 가운데 男子雇工이 절대다수(85.5%)를 차지하고 있다. 그러나 87년 후인 Ⅱ기에는 良女雇工을 중심으로 한 女性雇工이 절반 이상(60%)을 차지하다가 Ⅲ기에는 雇工의 거의 전부가 良女雇工으로 구성되고 있었음을 알 수가 있다. 다시 말하면 18세기 초에 全雇工數의 15%에 불과했던 女性雇工이 18세기 말엽에는 60%로 늘어나고 다시 19세기 초엽에 가서는 92%를 점유하고 그것도 私婢 1명을 제외한 나머지는 모두가 良女雇工이다. 이로 미루어 시대가 내려옴에 따라 雇工의 女性化가 이루어져 갔다고 생각할 수 있겠다. 이러한 雇工의 여성화 경향이 이 지방만의 현상인가를 밝혀보기 위해 大邱·丹城地域과 비교하여 보았다(<표 Ⅳ-14> 참조).

<표 Ⅳ-14> 地域別 雇工의 身分·性別構成

時代	地域別 性別	男			女		
		良	賤	計(%)	良	賤	計(%)
17C말	丹城	26	45	71(83.5)	2	12	14(16.5)
18C초	彦陽	50	19	69(85.2)	10	2	12(14.8)
	大邱	35	123	158(82.2)	11	23	34(17.7)
	丹城	9	67	76(85.4)	2	11	13(14.6)
18C말	彦陽	122	13	135(39.9)	193	10	203(60.1)
	大邱	24	74	98(35.5)	4	174	178(64.5)
19C초	彦陽	12		12(8.5)	129	1	130(91.5)
	大邱		3	3(0.9)		337	337(99.1)

17세기 말의 丹城의 경우나 18세기 초의 3개 지역이 모두 거의 같은 비율로 男子雇工이 압도적으로 많이 나타난다. 그러나 18세기 말에는 彦陽과 大邱가 비슷하게 女子雇工이 과반수 이상(60%, 65%)을 차지하여 점차 雇工의 여성화의 경향을 보이다가 19세기 초가 되면 두 지역이 모두 거의 女性雇工으로 구성되고 있음을 나타내고 있다. 이로써 미루어 볼 때 18~19세기 초에는 雇工의 여성화가 일반적인 경향이었다고 생각된다. 그러나 앞에서도 언급한 바와 같이 大邱地域에서는 雇工의 婢化가 전개된 데 반하여, 彦陽地域에서는 良女雇工이 대부분을 차지하고 있다는 사실이 매우 주목된다. 雇工의 여성화의 원인에 대해서는 뒤에서 언급하겠으나 이러한 현상은 조선후기의 雇工의 성격을 구명하는 데 중요한 자료가 된다고 하겠다. 즉 여성으로 구성된 이들 雇工을 일정한 勞質을 받는 長期雇傭勞動者나 賃勞動者인 短期雇工으로는 볼 수가 없다는 것이다.

⑶ 고공의 年齡別 구성

雇工의 연령별 分布相을 성별·신분별로 보면 <표 Ⅳ-15>와 같이 나타난다.

<표 Ⅳ-15> 雇工의 年齡別 構成

期	區分	1~15	16~30	31~40	41~50	51~60	61~	計
Ⅰ	良男	6	19	11	11	1	2	50
	良女	5	3	1	1			10
	奴	1	10	5	1	2		19
	婢	1	1					2
	計	13	33	17	13	3	2	81
	(%)	(16.0)	(40.8)	(21.0)	(16.0)	(3.7)	(2.5)	(100.0)
Ⅱ	良男	7	64	25	13	6	7	122
	良女	98	67	8	13	5	2	193
	奴	3	8	1		1		13
	婢	3	4	1	2			10
	計	111	143	35	28	12	9	338
	(%)	(32.8)	(42.3)	(10.4)	(8.3)	(3.6)	(2.7)	(100.0)
Ⅲ	良男	1	4	3	2		2	12
	良女	72	51	2	2	1	1	129
	奴							
	婢	1						1
	計	74	55	5	4	1	3	142
	(%)	(52.1)	(38.7)	(3.5)	(2.8)	(0.7)	(2.1)	(100.0)

　표에서 보면 Ⅰ기에는 良人雇工을 주축으로 16~30세층이 약 41%를 차지하고 31~40세층이 21%로 구성되어 청장년층이 全雇工의 약 62%를 차지하고 있다. 한편 1~15세까지의 미성년층은 16%에 불과하다. Ⅱ기로 접어들면서 良女雇工이 크게 늘어나는 가운데 16~40세까지의 청장년층이 점차 감소되어 가는 경향을 보이고, 반면 미성년층의 良女雇工을 주로 하여 Ⅰ기보다 약 2배로 늘어나고 있다. 그리고 Ⅲ기가 되면 청장년의 雇工數가 더욱 감소되고 미성년의 雇工이 절반 이상(52%)을 점유하고 청소년층의 良女雇工이 90% 이상을 차지하는 것으로 나타난다. 즉, 18세기 초에는 농업노동력으로서 가장 알맞은[29] 청장년층의 雇工이

29) 久間健一, 『朝鮮農業の近代的樣相』, 目黑書店(東京), 1935, 162~163쪽에 따르면 우리나라 농촌에서는 남자가 한 사람 몫의 노동 능률을 발휘할 수 있는 연령을 19세로부터 50세 전후로 보고 있다.

良男・奴를 중심으로 구성되다가 18세기 말이 되면 젊은 청소년층의 良
女로 바뀌어가고 19세기 초에는 全雇工이 청소년층의 良女雇工으로 구
성되어 갔음을 알 수 있다.

　농업노동에 부적합한 나이 어린 女性雇工이 급증하는 추세는 大邱地
域과 비슷하다(<표 Ⅳ-16> 참조).

<표 Ⅳ-16> 雇工의 年齡別 構成(大邱地域)

期	區分	1~15	16~30	31~40	41~50	51~60	61~	計
Ⅰ	人	18	119	30	13	10	1	191
	(%)	(9.4)	(62.3)	(15.7)	(6.8)	(5.2)	(0.5)	(100.0)
Ⅱ	人	71	151	32	12	7	3	276
	(%)	(25.7)	(54.7)	(11.6)	(4.4)	(2.5)	(1.1)	(100.0)
Ⅲ	人	129	179	22	5	3	1	339
	(%)	(38.1)	(52.8)	(6.5)	(1.5)	(0.9)	(0.3)	(100.0)

※大邱지방의 統計에서 彦陽지방의 時期와 비슷한 것을 옮긴 것임.

　이들 雇工의 연령 구성으로 볼 때 조선후기 戶籍에 기재되어 있는 雇
工의 경우는 새경이나 賃金을 받는 농업노동력으로 볼 수는 없다. 오히
려 宿食을 제공받는 대가로 力役을 제공할 것을 自願하거나 그러하게끔
강제되었던 일종의 使役人口[30]로 보는 것이 타당한 견해일 것 같다.

　그러면 다음으로 18, 19세기 이 지방에서 雇工의 여성화가 이루어져간
원인에 대해서 살펴 보기로 한다.

　조선후기의 雇工에 관한 法을 보면 『大典通編』에

　　　京外倩工之人 受値十兩・議限五年以上 而立文劵者 許入帳籍 以雇
　　工論此外不受値・不立劵・不入帳 而一二年出入使喚者 依凡人論[31]

이라 하였다. 즉 賃金 10兩 이상을 받고 5년 이상의 기한을 약정하여 立

---

30) 韓榮國, 앞의 논문, 95쪽.
31) 『大典通編』 卷5, 刑典 推斷條.

券하고 入籍된 자를 雇工으로 규정하고 있다.[32] 그러니 이 法이 제정된 正祖 9년(1785)부터는 法制上의 定式雇工이란 이런 部類의 雇工을 뜻한다고 하겠다. 이 法이 제정되고 13년뒤에 作成된 彦陽의 Ⅱ기(正祖 22년, 1798)의 戶籍을 보면 雇工數가 전보다 크게 증가되었고, 雇工의 性別·年齡別 分布를 볼 때 이 法에 따르는 有償의 長期雇工으로 볼 수 있는 雇工이 상당수 나타나고 있다(<표 Ⅳ-15 참조>).

그러나 한편 이 시기부터 女性雇工化의 경향을 보이다가 Ⅲ기에 이르면 正式雇工으로 볼 수 있는 성분의 雇工은 거의 찾아볼 수가 없고 연소한 良女雇工이 대부분을 차지하게 된다. 이 같은 雇工의 女性化는 雇工法에 따른 雇價의 지급 규정이 正式雇工의 生成을 저지[33]하였다는데 그 원인을 찾아 볼 수도 있겠다.

그러나 雇價를 지급해야 한다는 어려움이 따른다 하여도 필요한 농업노동력이 부족할 때는 이를 고용하지 않을 수 없었을 것이다. 반면, 농촌에서 노동력이 집중적으로 필요한 것은 농번기이기 때문에 季節的으로 손쉽게 얻을 수 있는 노동력이 있었다고 하면 구태여 法에 규정된 雇價를 지급해야 할 長期雇工을 고용할 필요가 없었을 것이라고 생각된다. 이런 의미에서 볼때 이 彦陽戶籍에 많이 나타나는 挾人의 존재가 이 문제의 중요한 단서가 된다고 본다(제Ⅳ장 1절 挾戶條 참조).

(4) 고공의 이동

다음으로 이 彦陽戶籍에 나타나는 雇工의 이동에 관한 사항을 살펴보기로 한다. 戶籍에는 적어도 3년 이상 雇主戶에 保有되어 온 雇工(在來雇工)과 前次式年으로부터 새 式年의 戶籍이 작성되는 3년 사이에 있었

---

32) 朝鮮時代의 雇工에 관한 기사는 여러 문서에 散見되나 이와 같은 雇工法은 찾아볼 수 없다. 金容燮·韓榮國은 前期의 雇工은 거의가 飢歲收養者로서의 雇工으로 구성되고 있다고 보고 이들은 賃金이나 期限의 約定이 없이 衣食의 受給만을 代價로 하여 그 力役을 제공하는 奴婢勞動에 가까운 것으로 보고 있다.
33) 韓榮國, 앞의 논문, 93쪽.

<표 Ⅳ-17> 有故 및 新率雇工의 구성비

期	區分	上北 人(%)	中北 人(%)	下北 人(%)	上南 人(%)	中南 人(%)	三同 人(%)	合計 人(%)	有故率
Ⅰ	在來	17 (53.1)	4 (66.6)	5 (50.0)	8 (57.1)	14 (73.7)	8 (66.6)	56 (60.2)	
	死亡	1 (3.1)	-	-	-	-	-	1 (1.1)	
	逃亡	7 (21.9)	1 (16.7)	4 (40.0)	4 (28.6)	2 (10.5)	2 (16.7)	20 (21.5)	39.8
	移去	7 (21.9)	1 (16.7)	1 (10.0)	2 (14.3)	3 (15.8)	2 (16.7)	16 (17.2)	
	計	32 (100.0)	6 (100.0)	10 (100.0)	14 (100.0)	19 (100.0)	12 (100.0)	93 (100.0)	
	新率	11 (34.4)	3 (58.0)	4 (40.0)	-	-	5 (41.7)	23 (26.9)	
Ⅱ	在來	65 (56.0)	6 (50.0)	32 (54.3)	22 (66.7)	40 (57.2)	58 (61.0)	223 (57.9)	
	死亡	11 (9.5)	4 (33.3)	14 (23.7)	4 (12.2)	14 (20.0)	22 (23.2)	69 (17.9)	
	逃亡	32 (27.6)	2 (16.7)	11 (18.6)	5 (15.2)	11 (15.7)	10 (10.5)	71 (18.4)	42.1
	移去	8 (6.9)	-	2 (3.4)	2 (6.0)	5 (7.1)	5 (5.3)	22 (5.8)	
	計	116 (100.0)	12 (100.0)	59 (100.0)	33 (100.0)	70 (100.0)	95 (100.0)	385 (100.0)	
	新率	31 (26.7)	1 (8.3)	24 (40.7)	2 (6.1)	16 (22.9)	40 (41.7)	114 (29.6)	
Ⅲ	在來				11 (100.0)	15 (83.2)	97 (88.2)	123 (88.5)	
	死亡					1 (5.6)	5 (4.5)	6 (4.3)	
	逃亡					1 (5.6)	2 (1.8)	3 (2.3)	11.5
	移去					1 (5.6)	6 (5.5)	7 (5.0)	
	計				11 (100.0)	18 (100.0)	110 (100.0)	139 (100.0)	
	新率					6 (33.3)	13 (11.8)	19 (13.7)	

던 有故者, 그리고 前次式年 이후에 새로 고용된 新率雇工 등에 관한 사항이 기재되어 있다. 이들 在來, 有故, 新率雇工의 수 및 그 구성비를 집계하여 보면 <표 Ⅳ-17>과 같이 나타난다.

먼저 有故率을 보면 Ⅰ·Ⅱ기는 약 40% 정도로 비교적 그 率이 높게 나타나다가 19세기 초인 Ⅲ기에는 격감되는 양상을 보여준다. 有故事由를 보면 Ⅰ기에는 逃亡과 移去가 有故의 주된 원인이 되고 있으며, 死亡은 불과 1명밖에 나타나지 않는다. 그러나 Ⅱ기로 접어들면 Ⅰ기에서와는 달리 死亡에 따른 有故率이 크게 늘어나며, 逃亡은 Ⅰ·Ⅱ기가 거의 같은 率을 유지하는 가운데 移去가 Ⅰ기보다 11%나 격감되고 있다. 다시 말하면 18세기 말엽의 彦陽地域에서는 雇工의 逃亡率이 약 20%를 차지하면서 雇主의 同意를 얻어야만 이동이 가능한 移去率이 크게 줄어드는 반면 死亡率이 크게 증가되는 양상을 보여주고 있다. 이 같은 移去率의 激減, 死亡率의 激增이라는 현상은 雇工이 점차 장기간에 걸쳐 雇主戶에 보유되어 갔음을 말해주는 것으로 생각된다.

그리고 최소한 3년 이상 보유되어온 在來雇工의 경우를 보아도 Ⅰ·Ⅱ기 모두 비슷하게 全雇工의 60% 정도를 차지하다가 Ⅲ기가 되면 거의 대부분의 雇工이 3년 이상 보유되고 있는 양상을 보여주고 있다. 한편 新率雇工은 有故率에는 미치지 못하나 Ⅰ기의 27%에서 Ⅱ기에서는 약 30%로 늘어나다가 Ⅲ기가 되면 在來雇工이 크게 늘어나는 반면 그 率은 감소되고 있다. 이와 같은 雇工의 이동은 良男雇工 중심으로 이루어지던 Ⅰ기를 제외하고는 良女雇工을 주축으로 전개되고 있다.

이러한 이동상을 통하여 살필 수 있는 점은 18, 19세기 이 지방의 雇工은 점차 年少한 女性雇工으로 바뀌어가는 가운데 3년 이상 主家에 보유된 雇工이 3시기에 걸쳐 평균 70%를 占有하는 것으로 보아 이들을 계절적으로 고용된 자유로운 賃勞動者인 短期雇工으로 볼 수 없다는 점이라 하겠다. 또 이들 雇工의 逃亡率이 Ⅰ·Ⅱ기에 걸쳐 약 20%로 나타난 것으로 보아도 일정한 임금을 받는 年雇勞動者로 보기에는 어려운 점이

있다고 하겠다. 死亡率의 증가, 在來雇工의 증가 등으로 미루어 보아 이
들 雇工은 점차 인신상으로 雇主에 예속되어 衣食住만을 제공받는 대신
에 노동력을 제공한 使役人口[34]로 보는 것이 타당한 견해라고 생각된
다.

3) 雇主의 성분

雇工을 보유하고 있던 戶主의 身分職役을 보면 前·現職官으로부터
奴婢에 이르기까지 매우 다양하게 나타난다. 彦陽地域 雇主의 수를 시
기별로 집계하여 보면 <표 Ⅳ-18>과 같다.

<표 Ⅳ-18> 雇主의 신분별 구성 및 總戶數 對比

	區分	兩班	準兩班	中人	常民	奴婢	合計
Ⅰ	總戶數(%)	218(19.5)	107(9.6)	15(1.3)	687(61.4)	92(8.2)	1,119(100)
	雇主戶數(%)	23(32.4)	8(11.3)	2(2.8)	28(39.4)	10(14.1)	71(100)
	占有比	10.6	7.5	13.3	4.1	10.9	
Ⅱ	總戶數(%)	690(57.6)	128(10.7)	26(2.2)	337(28.1)	17(1.4)	1,198(100)
	雇主戶數(%)	133(55.2)	26(10.8)	12(4.9)	65(27.0)	5(2.1)	241(100)
	占有比	19.3	20.3	46.2	19.3	29.4	
Ⅲ	總戶數(%)	382(62.8)	31(5.1)	1(0.2)	194(31.9)	–	608(100)
	雇主戶數(%)	44(52.4)	8(9.5)	–	32(38.1)	–	84(100)
	占有比	11.5	25.8	–	16.5	–	

이 표에서 總雇主戶數를 신분별로 18세기 초엽에서 19세기 초엽까지
의 약 1세기 동안에 이 지방에서는 양반층이 가장 많은 雇工을 보유했던
것으로 나타난다.

즉 Ⅰ기에는 常民層보다 낮기는 하나 Ⅱ·Ⅲ기에는 總雇主戶數 중
절반 이상(55%, 52%)을 차지하고 있으며 兩班家戶數도 Ⅰ기에 비해서
격증되는 양상을 보이고 雇主戶數 또한 크게 늘어나고 있다. 한편, 이들

---

34) 韓榮國, 앞의 논문, 111쪽.

총호수에 대한 雇主戶數의 占有比를 보면 중인층과 노비층(Ⅲ기에는 없음)이 양반층보다 다소 높게 나타나고 있다. 그러나 이들 층의 總戶數 및 雇主戶數의 절대다수가 양반층에 비하여 극히 낮으므로 총호수에 대한 雇主戶數의 비율로써 중인층이나 노비층의 雇工保有率이 양반층의 보유율보다 높다는 데 큰 의미를 부여할 수는 없다고 생각된다.

네 계층 가운데서 가장 많은 고공을 보유하고 있는 양반층 중에서도 향촌사회에서 양반을 대표한다고 볼 수 있는 幼學戶가 兩班雇主戶數의 대부분을 차지하고 있다.35) 이는 대구지역에서는 양반층이 최하의 보유율을 나타내고 주로 고공을 보유했던 계층이 중인층, 특히 각종 衙前戶였다는 점과는 판이한 실태를 보여주고 있어 주목된다고 하겠다. 정확한 이유를 밝힐 수는 없으나 언양지역이 순수한 농촌지역이고, 대구지역의 경우는 도회지역을 조사한 데서 온 결과라고 생각된다.36) 언양지역과 비슷한 지역인 丹城地域의 경우를 보면(<표 Ⅳ-19> 참조), 18세기 초엽에 幼學을 주축으로 한 양반층이 가장 많은 雇工을 보유하고 있어 언양과 비슷한 양상을 보여주고 있다. 그러므로 조선후기에 있어서 농촌지역에서는 雇工을 보유했던 것은 주로 양반층이었다고 할 수 있겠다.

<표 Ⅳ-19> 雇主戶의 신분별 구성(丹城地域)

年代	兩班(%)	中庶(%)	常民(%)	奴婢(%)	合計
1678	4(5.6)	11(15.5)	26(36.6)	30(42.3)	71(100)
1717	36(46.7)	10(3.3)	21(27.3)	10(13.0)	77(100)
1732	28(40.0)	17(24.3)	11(15.7)	14(20.0)	70(100)

다음으로 양반층의 노비소유 상황을 보기로 한다. Ⅱ기(18세기 말)의 경우를 보면 兩班戶數 690戶 가운데 노비를 소유하고 있는 호수는 623호로 양반호의 약 90%가 노비를 소유하고 있는 것으로 나타난다. 이들

---

35) 兩班層主戶 중 幼學戶의 占有比 : Ⅰ기 48%, Ⅱ기 81%, Ⅲ기 84%.
36) 대구지역도 농촌지역에서는 주로 양반 및 준양반호와 평민호들이 약간의 고공을 보유하고 있다고 하였다.

奴婢所有戶 중 노비와 함께 雇工도 보유하고 있는 호는 126호(약 20%)를 차지하고 있다.[37] 이를 다시 雇主戶의 신분별 노비보유 상황을 보면 <표 IV-20>과 같다.

<표 IV-20> 雇主戶의 노비보유 상황(1798)

區分	兩班	準兩班	中人	常民	奴婢	合計
總雇主戶數	133	26	12	65	5	241
奴婢所有戶數	126	14	8	3	0	151
占有比(%)	94.7	53.8	66.7	4.6	0	62.7

위 표에 따르면 兩班雇主戶는 거의 전부(94.7%)가 노비와 고공을 아울러 보유하고 있으며 中人層의 雇主들도 과반수 이상이 노비도 갖고 있는 반면, 양반 다음으로 雇主戶數가 많은 常民層은 거의 노비를 갖고 있지않은 것으로 나타난다. 그러므로 조선후기 언양지역의 경우를 보면 양반층이 奴婢所有者였다면 雇工使用者는 양인농민층이라는 견해나,[38] 大邱地域처럼 兩班家戶가 거의 노비를 소유하고 있었던 데서 兩班層의 雇工保有率이 가장 낮았다고 하는 주장과는[39] 아주 다른 양상을 보여주고 있다.

양반층 다음으로 雇工保有數가 많은 계층은 常民層이다(<표 IV-18> 참조). 總雇主戶數 중에 점유하는 비율을 보면 I기에는 家戶가 제일 많았던 관계로 양반층보다 다소 높은 보유수(39%)를 나타내다가, II · III기에는 양반층에는 미치지 못하나 總戶數의 감소에도 불구하고 雇主戶數는 크게 늘어나고 있다. 이 중 各色軍官 및 保의 職役을 가진 常民戶는 그 家戶도 증가될 뿐만 아니라, 雇工의 보유에 있어서도 각 시기마다 常民層 雇主戶의 절반 이상을 차지하여 이 신분층을 대표하는 부류로 나타난다.

---

37) 대구의 경우는 노비와 함께 고공도 보유하는 양반호가 3.5%에 불과하다.
38) 朴成壽, 앞의 논문, 548쪽.
39) 韓榮國, 앞의 논문, 115쪽.

중인층은 전술한 바와 같이 總戶數에 대한 雇主戶數의 점유비로 볼 때는 Ⅰ기를 제외하고는 가장 높은 보유율을 보이고 있다. 그러나 中人層의 總戶數나 雇主戶數가 전체에 비해 볼 때 그 절대수가 극히 낮은 것이기 때문에 통계학상 이 비율은 무시할 수 있다고 본다. 그렇게 볼 때 雇工의 보유에 있어 常民層 다음 가는 계층으로 보아야겠다. 이들 계층의 雇主戶는 全期를 통해 그 대부분이 閑良, 業武, 軍官, 武學, 諸衛의 職役을 가진 이른바 準兩班層에 속하는 부류들이고, 吏胥層으로 雇工을 보유한 家戶는 縣衙가 있었던 上北面에서만 몇 호가 나타날 뿐이다.

네 신분층 가운데 고공 보유수가 가장 낮은 것은 노비층으로 Ⅰ기에는 總雇主戶 중 14%를 차지하던 奴婢雇主戶가 Ⅱ기에는 奴婢家戶의 격감과 함께 雇主戶數도 감소되다가 Ⅲ기에는 家戶마저도 나타나지 않는다.

이상에서 雇主의 신분별 구성과 雇工의 보유실태를 살펴보았다. 그 결과 18~19세기 초엽 농촌지역인 이 지방에서는 주로 고공을 보유한 것은 양반과 준양반, 그리고 평민호로 나타나며 그들이 노비를 소유한 상황 등으로 미루어 보아 경제적으로 부유한 家戶로 생각된다. 그러므로 일반적으로 이해되고 있는 바와 같이 이들 雇主戶를 經營型富農이나 上層 良人農民으로 볼 수 있지 않을까 한다. 지금까지 18, 19세기의 彦陽 戶籍에 나타난 사례를 중심으로 본 雇工과 雇主의 실태를 大邱地域의 연구성과와 비교 검토하여 보았다. 이를 정리하면 다음과 같다.

雇工은 良人과 奴婢로 구성되어 있으며, 시대가 내려옴에 따라 良人化가 이루어져 19세기 초엽에는 거의 전부가 良人(良女)雇工으로 구성되고 있다. 이는 奴婢雇工 특히 婢雇工化가 날로 증대되어 갔다고 하는 大邱地域과는 판이한 양상으로 나타난다. 이 지방의 경우만을 생각할 때 이들 雇工은 조선후기에 광범하게 존재하였다고 하는 몰락한 良身分의 농민층이었다고 생각할 수 있겠다.

雇工의 性別構成은 18세기 초엽에는 男子雇工이 압도적으로 많았으

나 18세기 말엽으로 접어들면서 女性雇工이 늘어나다가 19세기 초엽이
되면 거의 全雇工이 여성으로 이루어지고 있다. 이는 대구·단성 지방의
경우와 같은 양상으로 당시 고공의 여성화 경향은 일반적인 현상이었다
고 생각된다.

연령별 구성을 보면 18세기 초엽에는 良男과 奴를 주축으로 농업노동
력으로서 적합한 청·장년층이 주가 되었으나 점차 청·소년층의 여성
고공으로 대체되다가 19세기 초엽에는 미성년층의 女性雇工이 약 50%
를 차지하는 가운데 젊은 청·소년층의 女性雇工이 거의 전부를 차지하
고 있다. 이러한 추세는 大邱의 경우와 같다.

移去率의 激減, 死亡率의 激增 현상과 아울러 최소한 3년 이상 보유
되어온 雇工이 거의 대부분인 점을 보아 이들이 점차 장기간에 걸쳐 雇
主戶에 보유되어 가고 있었음을 알 수 있다.

彦陽戶籍에서는 임금과 기한을 約定하여 入籍되어 雇工法의 적용을
받는 雇工은 점차 그 수가 격감되는 반면 나이 어린 女性雇工이 주축을
이루며, 이들이 장기간 보유되는 실태이다. 그러므로 이들 戶籍에 기재
되어 있는 雇工은 임금을 받는 長期雇工이나 계절적으로 고용된 자유로
운 賃勞動者인 短期雇工으로 볼 수는 없다. 의·식·주만을 제공받고
雇主에 人身上으로 예속된 無賃의 使役人口로 보아야겠다. 雇工이 여
성화되어간 이유로는 광범위하게 존재한 몰락농민인 挾人에서 찾아볼
수가 있다. 雇價를 지급하는 長期雇工을 고용하는 대신 노동력이 집중
적으로 필요한 시기에 손쉽게 얻을 수 있는 이들을 단기간 고용하여 營
農에 투입하고, 영농 이외의 잡역에는 남자보다 여자가 능률적이었기 때
문에 고공의 여성화가 이루어진 것으로 생각된다.

농촌지역인 彦陽에서는 雇主는 주로 상층 신분에 속하는 양반과 준양
반층으로 이루어지고 있으며 그들의 奴婢所有 상황으로 보아 經濟的으
로 비교적 부유한 家戶로 생각된다. 이는 衙前戶가 主였다고 하는 大邱
의 경우와는 다르며, 이들 雇主는 通說처럼 經營型富農이나 上層良人

農民이었을 가능성이 크다고 본다.

3. 奴婢

　戶籍大帳을 분석하여 朝鮮後期의 奴婢問題를 다룬 論攷가 몇 편 발표되었다.[40] 여기에서는 丹城戶籍大帳 중 1717년, 1786년의 2式年分과 彦陽戶籍 1711년, 1798년, 1861년의 3式年分을 대상으로 삼아 노비의 호적과 노비의 양태 및 그 변동을 밝혀 보기로 한다.

1) 奴婢의 호적

　조선왕조는 건국 초부터 戶籍의 정비에 힘써 그 결과 太宗때부터 世宗 초기에 걸쳐 戶籍法이 정비되어 이것이 『經國大典』 禮典 戶口式에 다음과 같이 載錄되게 되었다.

　　戶某部某坊第幾里 (外則稱某面 某里) 住 某職 姓名 年甲 本貫 四
　　祖 妻某氏 年甲 本貫 四祖 (宗親錄自己職衛妻四祖 儀賓錄自己職衛
　　四祖尙某主 庶人錄自己及妻四祖 庶人不知四祖者不須盡錄) 率居子女
　　某某 年甲 (女婿則竝錄本貫) 奴婢雇工某某年甲

　이 규정에 의하면 上典戶에 率居되어 있는 奴婢는 主人의 戶籍에 그 이름과 나이가 기재되어 있을 뿐이다. 주지하는 바와 같이 奴婢에는 公

---

40) 四方博, 「李朝人口に關する一硏究」, 61~84쪽 ; 「李朝人口に關する身分階級
　　別的考察」, 118~150쪽 ; 鄭奭鍾, 「朝鮮後期 社會身分制의 崩壞」, 『19世紀의
　　韓國社會』, 大東文化硏究院, 1972, 267~361쪽 ; 韓榮國, 「朝鮮中葉의 婢結婚
　　樣態」, 『歷史學報』 75·76, 1977, 177~197쪽 ; 『歷史學報』 77, 1978, 105~125
　　쪽 ; 拙稿, 「朝鮮後期의 婚姻實態」, 『釜大史學』 4, 1980, 111~139쪽 ; 金泳謨,
　　「朝鮮後期의 身分構造와 그 變動」, 『東方學誌』 26, 1981, 54~153쪽.

的 機關에 속하는 公奴婢와 私家에서 所有하는 私奴婢가 있으며, 私奴
婢 중에는 上典의 戶內에 同居하는 率居奴婢와 戶 밖에서 독립생활을
영위하는 外居奴婢가 있다. 그러나 이들 奴婢의 編籍에 관한 사항이나
구체적인 記載事項 등이 명시되어 있지 않으며 초기의 一般史料에서도
奴婢의 戶籍에 관한 상세한 기록은 보이지 않는다. 그러나 麗末부터 混
淆가 극심했던 良・賤의 신분문제를 밝히고 奴婢에 관한 爭訟에 올바른
판결을 내려 그 所有關係를 분명히 하기 위해 公私奴婢를 막론하고 모
두 戶籍이 작성되었던 것 같다.41)

　　호적과는 다르나 노비들에게는 그 소속・소유를 밝히는 奴婢案42)이
있었다. 이 노비안의 規式을 통하여 노비의 編籍關係를 살펴보기로 한
다. 먼저 公奴婢의 경우를 보면 건국 초부터 그 所有機關마다 그 籍이
작성되었다. 즉 太宗朝에

　　　各司奴婢刷卷色上啓目……各官散捿元加屬奴婢 老幼勿論 年歳名字
　　　及祖父母・父母名字 細推都目狀 上納……43)

이라 하여 各司 所屬 奴婢는 老幼를 막론하고 그 이름과 나이, 그리고
祖父母와 父母名이 기재되게끔 규정하였다. 이어서『經國大典』에는 公
賤은 3년마다 續案을 만들고 20년마다 正案을 작성하여 刑曹・議政府

<hr />

41) 조선초기의 戶籍法에 대해서는 有井智德,「朝鮮初期の戶籍法」,『朝鮮學報』39
　　・40, 1966, 42~93쪽.
42)『經國大典』刑典 公賤條에, "公賤 每三年成續案……每二十年成正案 藏於本
　　曹・議政府・掌隷院・司贍寺・本司・本道・本邑……"이라 하였고,『備邊司
　　謄錄』136冊, 英祖 35年 2月 6日條에는 草案・續案・都案・大都案・正案 등
　　奴婢案의 명칭이 보인다. 1년간의 노비의 생산과 物故를 기록한 것이 草案이
　　며, 續案은 3년간의 것이고 都案은 奴婢의 根派를 俱載한 것이다. 大都案은 續
　　案 3회분을 합한 것이며 正案은 奴婢의 생산과 物故의 기록을 크게 成冊한 것
　　이다.
43)『太宗實錄』卷20, 太宗 15年 9月 辛丑.

·掌隷院·司贍寺, 그 所屬官司와 그 道 및 그 고을에 備置하게끔 규정
하였다.[44] 奴婢案과 戶籍의 기재내용이 동일한 것이었다고 단정할 수는
없으나 『續大典』 刑典 公賤條에

　　陳告公賤 續案中 有其祖父母名字 與其戶籍及官文書符合無疑者 聽
　理 續案 無連續階梯 而或稱久遠奴婢子孫 與其戶籍 有一字差錯 勿許
　聽理 論以誣告 之罪

라고 하여 奴婢案에 漏落된 奴婢가 陳告되었을 때 續案中에 있는 그의
조부모의 이름이 그의 호적이나 관문서와 부합되어 의심이 없는 것은 聽
理하고, 續案에 연속된 階梯가 없거나 혹은 오래된 노비의 자손으로 稱
托하여도 그의 戶籍과 한 字라도 差錯된 것이 있으면 聽理함을 不許하
고 誣告의 律로 論罪한다고 하였다. 이로 미루어 보면 노비안과 호적에
등재되어 있는 노비에 관한 기재는 그 내용이 동일한 것이었다고 생각되
며 조선후기는 물론, 초기에 작성되었던 奴婢戶籍에도 奴婢案에서와 마
찬가지로 그 이름과 나이 그리고 부모·조부모의 이름이 기록되었던 것
으로 생각된다. 그러나 公奴婢戶籍에 관한 자료를 찾을 수가 없다. 公奴
婢戶籍이 일반 호적과 다른 점은 일반 호적에서는 戶主와 妻의 四祖가
기재되는 것이 원칙이나 公奴婢의 경우는 戶主와 그 妻의 四祖가 아니
고 부모 및 조부모만이 기재된 점이라 하겠다.
　　公私奴婢 中 外居奴婢는 독립된 戶籍이 있었겠지만 역시 初期에는
그 구체적인 내용은 알 수가 없다. 그러나 太宗 때의 奴婢公文(奴婢案)
의 規式에

　　刑曹上奴婢公文規式　一.　職·姓名·年·貫·四祖·奴婢根脚接
　處……　一. 京外奴婢所居處 都目狀及本主陳省 定限　一. 各司奴婢 刷
　卷色 磨鍊成籍 寺社奴婢 近年都官 已曾立案成給 右二件奴婢 勿令公

文成給 從之[45]

라고 한 것을 보면, 奴婢案은 소유주의 신고에 따라 官에서 작성하여 소유주에게 支給되었음을 알 수 있으며, 그 記載事項에는 奴婢根脚接處 즉 奴婢의 성명・연령・부모・조부모 및 거주지와 그 소유주의 職・성명(혹은 나이・本貫・四祖까지도)등이 明記되었음을 알 수가 있다.

現存하는 가장 오래된 戶籍事目으로 생각되는 『甲午式戶籍事目』[46] (肅宗 40년, 1714)에

公私賤 各立爲戶 四祖母名及官主 分明開錄 其妻雖良女 亦書名字 爲白齊

라고 하여 公私賤을 막론하고 四祖名과 母名 그리고 所有主를 명백히 기록하도록 규정하고 있다. 이로써 보면 獨立奴婢戶의 戶口式은 대체로 前後期에 걸쳐 비슷하였다고 생각된다.

그러면 이들 獨立奴婢戶의 戶籍記載의 양식과 내용을 戶籍大帳에서 그 예를 찾아보기로 한다.

事例 1. (山陰縣任縣 丹城戶籍大帳 丙午式年(宣祖 39년, 1606)
(官奴戶)・戶官奴尙伊年伍拾伍壬子生父官奴□□母班婢件里德妻金貴業婢王梅年肆拾貳己丑生父奴宗之母婢□□
(私奴戶)・戶縣居權氏奴金良年參拾陸辛未生父班奴杏春母良女白只妻班婢㐈介年參拾陸辛未生父班奴守京母良女得非

事例 2. (丹城戶籍 肅宗 4년, 1678)
(官奴戶)・官奴丁希年肆拾玖庚午父官奴必守祖官奴必牙曾祖官奴盧

---

45) 『太宗實錄』 卷34, 太宗 17年 9月 甲戌.
46) 규장각도서, No.12317.

冠外祖不知妻私婢日今年肆拾貳丁巳主縣居李成一父奴達文母婢永
代四祖不知
(私奴戶)・私奴日守年貳拾陸癸巳主晋州河床父私奴愛卜祖私奴夢吉
曾祖春山外祖應世率母良女今女年肆拾柒辛申妻私婢順花年貳拾伍
壬午主高靈李晚父私奴姜金祖姜永希曾祖不知母婢順德

17세기 丹城戶籍의 경우, 事例 1에서 보면 官・私奴戶 모두 본인과
처의 부모명만이 기록되어 있고 私奴婢는 그 소유주의 성명・거주지가
明記되어 있다. 그러나 事例 2에서 보면 기재상의 변화는 본인과 처의
四祖가 기재되어 있다는 점으로 前記『甲午式戶籍事目』의 기재양식을
따르고 있다. 事例 2의 기재내용은 그 후 18세기의 丹城戶籍(正祖 13년,
1789)에 그대로 계승되고 있으며 彦陽戶籍의 경우도 동일하게 나타난다.

事例 3 (彦陽戶籍 哲宗 12년, 1861)
・戶定屬婢尹大禮年伍拾捌甲子本坡平父不知祖不知曾祖不知外祖不
知

事例 3에서 보는 바와 같이 19세기 중엽의 彦陽의 경우도 父母名과
四祖名의 기재원칙은 계승되고 있으나 年代가 내려 올수록 소략해지고
四祖名이 不知로 기록된 경우가 많다.
다음으로 私奴婢 중 率居奴婢의 호적기재내용을 살펴 보기로 한다.
『經國大典』이 頒布된 후인 成宗 20년(1489)의 戶口單子[47]에서 그 事例
를 보면

事例 4. (弘治 2년 1489 端川郡淮南面波獨只里)
・戶忠佐衛前部副司猛沈洋年肆拾參本靑松……妻父邊傳來奴波豆年
陸拾參戊申生同奴矣長所生婢勿金年肆拾貳庚午生同婢矣一所生奴

---

47) 崔弘基,『韓國戶籍制度史硏究』, 서울대출판부, 1975, 86쪽에서 인용.

莫同年拾柒乙未生同奴波豆二所生奴子赤年參拾玖癸酉生同婢一所
生奴古音生年貳拾壬辰生婢石非矣二所生奴金伊年參拾辛巳生三所
生婢九月年貳拾捌甲申生妻母邊傳來婢石非年肆拾捌癸亥生同婢三
所生婢其每年參拾貳庚辰生

　率居되는 奴婢는『經國大典』戶口式에 따라 姓名과 年甲이 기재되어
있고 그 밖에 본인이 노비가 된 연유와 직접 관계가 있는 부모의 성명과
그 부모에게서 출생한 本人의 所生의 順次, 즉 '一所生奴', '二所生奴'
등이 기록되고 또 그 노비의 전래까지도 明記해 놓고 있다. 다음으로 17
세기에서 19세기까지의 率居奴婢에 관한 戶籍記載內容의 변천과정을
보기로 한다.

　　事例 5. (山陰縣任縣丹城戶籍, 宣祖 39년, 1606)
　・戶 承仕郎軍資監奉事權涵……婢甘之年伍拾伍戊午生 (父奴甘石 母
　　良女召史)……婢守代年貳拾肆癸未生逃亡 (父奴守同 母良女石代)

　　事例 6. (丹城:肅宗 4년, 1678)
　・戶 幼學柳光斗……奴龍仁年參拾陸癸未父奴銀山母婢李代……婢黃
　　眞年參拾壹戊子父奴銀金母良女庚戌逃亡……奴甘孫所生婢春杯年
　　玖拾己丑母良女居順天二所生婢

　　事例 7. (彦陽:正祖 22년, 1798)
　(A)・戶 奴億先年肆拾壹戊寅
　(B)・戶 奴貴金今逃亡

　　事例 8. (彦陽:哲宗 12년, 1861)
　(A)・戶 婢石郎年丙辰
　(B)・戶 婢貴金逃

17세기 초의 山陰戶籍(事例 5)에는 名·年甲과 그 父母名이 기재되어 있으나 傳來經緯는 없고, 逃亡의 경우에도 名·年甲과 父母名까지 기재되어 있으나 逃亡한 연도의 기재는 보이지 않으며 他主奴婢의 관계는 보이지 않는다.

事例 6을 보면 前記와 같으나 逃亡의 경우 그 年度가 기록되어 있고, 거주지가 확인된 것은 '逃居○○'라 하여 外居奴婢도 自願하면 所有主의 戶籍에 編籍되어 '時居順天' 등으로 기록되어 있다. 그리고 이 같은 기재는 奴婢가 家産이며, 그 혈통을 거슬러 올라가 신분이나 所有關係가 계승되어 나가는 것이며, 그럴 때에 戶籍大帳이 중요한 증거가 되었기 때문이다. 事例 6의 기재양식은 그 후에도 계승되어 彦陽의 肅宗 辛卯式年 戶籍에도 비슷한 양상을 보인다.

그러나 18세기 말의 彦陽戶籍(事例 7)을 보면 率居奴婢의 父母名이 없고 逃亡奴婢도 그 父母名은 물론 年甲이나 今逃亡의 표시가 없으며, 19세기 중엽(事例 8)이 되면 나이는 干支로만 나타내고 父母名은 없고 逃亡의 경우도 이름과 逃亡했다는 사실만 기록되어 있다. 지역적 차이가 있기는 하지만 대체로 下代로 올수록 奴婢의 戶籍記載內容은 소략해져 가고 있다. 이는 後述하는 바와 같이 朝鮮後期 奴婢制度의 붕괴과정에서 나타난 戶籍 양식의 변경이나 所有主의 奴婢所有에 대한 관심이 희박해졌기 때문이다.

2) 奴婢의 호구구성

丹城·彦陽 양 지역의 縣內 總戶數에 대한 奴婢戶의 점유비를 시기별로 보면 <표 Ⅳ-21> <표 Ⅳ-22>와 같다.

丹城地域의 總戶數 중에 奴婢戶가 점하는 비율은 18세기 초인 Ⅰ기에는 27.6%(695호)로 약 3분의 1이 노비호로 구성되어 있었다. 그러나 59년후인 Ⅱ기에는 8.8%로 격감현상을 보이고 있으나 아직 소멸의 단계까지 이르지 않고 있다.

<표 IV-21> 奴婢戸의 占有比(丹城)

期	總戸數	奴婢戸數	占有比(%)
I (1717)	2,514	695	27.6
II (1786)	3,006	264	8.8

<표 IV-22> 奴婢戸의 占有比(彦陽)

期	總戸數	奴婢戸數	占有比(%)
I (1711)	1,119	92	8.2
II (1798)	1,198	17	1.4
III (1861)	1,170	4	0.3

한편 彦陽은 I기에 8.2%(92호)이던 것이 II기에는 1.4%(17호)로 격감되고 19세기 중엽인 III기에는 불과 4호(0.3%)가 나타나 거의 소멸상태에 이르고 있다. 이러한 경향은 조선후기로 접어들면서 양반호의 격증, 상민호의 격감, 노비호의 소멸이라는 지금까지의 타 지역 호적연구에서 밝혀진 결과와 일치되는 현상이다.48)

다음으로 이 두 지역의 奴婢戸의 변동과 大邱·蔚山의 것과 비교하여 보기로 한다. 비교에는 다소의 무리가 없는 것은 아니다. 즉, 年代가 符合되지 못하고 또 丹城과 彦陽의 경우에는 전체 邑을 대상으로 한 것이지만 그 밖의 것은 全邑의 것이 아니고 몇 개 面의 통계라는 점이다. 조사된 자료를 제시하면 다음 <표 IV-23>과 같다.

---

48) 奴婢戸가 점차 소멸되어 간 이유에 대하여 四方博은 一家離散하여 주로 奴婢戸 이외 즉, 良戸에 흡수되어 종속노비로서 主家에 寄食 또는 雇工으로 고용될 수 밖에 없었다고 보며 全家投托 보다는 一家離散의 경향이 강하다고 하였다. 이에 대해 金錫亨은 사실상 호적에 나타난 것처럼 노비의 獨立戸가 그렇게까지 없어지게 된 것은 아니고 많은 奴婢戸가 파산하여 없어지기는 하였으나 적지 않은 부분은 사실상 보다 어렵게 된 조건하에서 그대로 세대를 이루고 있었으며, 적지 않은 부분은 他鄕에 이동 또는 도망하여 행방을 감춘데 그 원인이 있다고 지적하고 있다.

<표 Ⅳ-23> 地域別·年代別 奴婢戶의 占有比(%)

地域＼年代	1690	1711	1717	1729 1732	1765	1783 1786 1789	1798	1804	1825	1858	1861	1867
丹城			27.6			*8.8			2.1			
彦陽		8.2					1.4				0.3	
蔚山				*13.9	2.0			0.92				0.56
大邱	37.1			26.6		5.0				1.5		

1. *표로 된 丹城의 통계는 1786년, 蔚山의 것은 1729년 통계임.
2. 1825년 통계는 井上和枝, 「朝鮮後期 慶尙道丹城縣의 社會變動」에서 인용.
3. 蔚山은 鄭奭鍾, 『朝鮮後期社會變動硏究』, 248쪽, <表 Ⅱ-1> 引用.
4. 大邱는 四方博, 『朝鮮人口에 關する身分階級的觀察』, 126쪽, <表> 引用.

각 지역의 總戶數 중에서 노비호가 점유하는 비율을 17세기 말~18세기 초에서 보면 언양(8.2%)이 가장 낮고 다음이 울산(13.9%)이며, 단성(27.6%), 대구(37.1%, 26.6%)가 비교적 높은 비율을 보인다. 18세기 후반에서 19세기 중엽에 걸친 지역별 점유비를 보면 언양이 정조 22년(1798)에 1.4%, 울산은 순조 4년(1804)에 0.92%, 단성은 정조 10년(1786)에 8.8%, 순조 25년(1825)에 2.1%, 대구는 철종 9년(1858)에 1.5%이다. 언양과 울산은 연대가 높은데 비율은 낮고, 단성과 대구는 연대가 낮은데 비율이 높다. 또 대구는 위에서 보다시피 철종 9년(1858)에 1.5%인데 언양은 철종 12년(1861)에 0.3%, 울산은 고종 4년(1867)에 0.56%이다.

이상에서 본 바와 같이 노비호의 점유비는 언양과 울산이 단성·대구보다 낮아 이 두 지역의 奴婢의 常民化現象49)이 높다고 보아지며, 따라서 신분의 해체과정이 대구나 단성보다 일찍이 진행되고 있었다고 보여진다. 이는 班村的인 색채가 짙은 고장(丹城), 또는 지방의 행정적인 중심지(大邱) 등은 신분의 해체과정이 느리다는 것을 시사하고 있다고 볼 수 있다. 이런 점에서 전국의 군현에는 彦陽·蔚山과 같이 班村의 기반이 약한 고을이 많은 것을 감안할 때50) 이 같은 실태는 주목되어야 할

───────────

49) 제Ⅲ장 1절 참조.

점이라 생각된다.

다음으로 奴婢戶의 面別 總戶數에 대한 占有比를 보기로 한다(<표 IV-24·25>).

丹城의 경우 Ⅰ·Ⅱ기를 통해 대체로 양반호가 많은 新等面, 元堂面, 都山面과 縣衙가 있었던 縣內面에 奴婢戶數가 많으며 總戶數에 대한 占有比도 비슷한 경향을 보이고 있다. Ⅰ기의 노비호 695호를 보면 621호(89%)가 私奴婢戶이며 公奴婢戶는 74호에 불과하다. 공노비호 중 그 절반이 넘는 48호(官奴婢 24, 假官奴 1, 校奴婢 12, 寺奴婢 8, 驛奴 2, 院奴 1)가 중심지인 縣內面 新邑內村(官奴婢)과 校洞村(校奴婢)에 집단마을을 이루어 거주하고 있었다. Ⅱ기에는 264호 중 私奴婢 228戶, 公奴婢 36戶로 감소되고 있으며 그 중 私奴婢戶의 감소율이 公奴婢보다 훨씬 높게 나타나며 公奴婢 36호 중 그 대부분을 官奴婢戶(24호)가 차지하며 이들은 縣內面에 거주하고 있다.

<표 IV-24> 面別 總戶數에 대한 奴婢戶의 占有比(丹城)

期	구분	元堂	縣內	北洞	悟洞	都山	生比良	新等	法勿也	計
Ⅰ	總戶數	293	395	294	186	365	350	261	370	2,514
	奴婢戶	106	125	38	63	107	50	122	84	695
	占有比(%)	36.2	31.6	12.9	33.9	29.3	14.3	46.7	22.7	27.6
Ⅱ	總戶數	327	387	345	238	496	361	373	479	3,006
	奴婢戶	34	61	12	30	47	15	61	4	246
	占有比(%)	10.4	15.8	3.5	12.6	9.5	4.2	16.4	0.8	8.8

---

50)『日省錄』卷193, 正祖 10年 丙午 1月 22日 丁卯 別軍職孫相龍所懷,『正祖丙午所懷謄錄』, 164쪽, "大抵七十一州之內 古稱無班七邑 盖沿海七邑 本無士族 只本土鄕族 故謂無班之邑者 只七邑 而中年以來 則旣無科宦 又失婚閥 浸浸爲鄕族之者頗多 故無班之邑 今爲五十餘邑 設有科名出於其邑 宣薦已無可論 蓋一道之內 獨安東一邑 不以鄕所爲品官 故名家子弟不嫌爲鄕所 鄕所子弟不妨爲名宦 而其他五十餘邑 則一邑內 鄕族士族之別逈絶……".
이는 慶尙道의 경우이지만 古來로 無班之邑이 있고 中年以後 科宦이 없어 無班之邑이 된 것이 있다고 하고 있다. 그런 고을의 신분구조와 그 변동은 각기 다른 일면을 지니고 있다고 보여진다.

<표 Ⅳ-25> 面別 總戶數에 대한 奴婢戶의 占有比(彦陽)

期	區分	上北	中北	下北	上南	中南	三同	計
Ⅰ	總戶數	212	94	224	174	229	186	1,119
	奴婢戶數	39	4	15	10	9	15	92
	占有比(%)	(18.4)	(4.3)	(6.7)	(5.7)	(3.9)	(8.1)	(8.2)
Ⅱ	總戶數	317	93	207	187	176	218	1,198
	奴婢戶數	9	2	–	1	4	1	17
	占有比(%)	(2.8)	(2.2)	–	(0.5)	(2.3)	(0.5)	(1.4)
Ⅲ	總戶數	273	133	184	168	201	211	1,170
	奴婢戶數	3	1	–	–	–	–	4
	占有比(%)	(1.1)	(0.8)	–	–	–	–	(0.3)

彦陽은 세 시기 모두 縣衙가 있었던 上北面이 제일 많은 奴婢戶를 갖고 있었다. Ⅰ기의 노비호 92호를 보면 私奴婢戶 74호와 公奴婢戶 18호(官奴婢 10, 寺奴婢 2, 校奴婢 6)로 구성되어 역시 私奴婢戶가 주축을 이루고 있으며 官奴婢戶와 寺奴婢戶는 모두 중심지인 上北面 邑內里에 있었다. 그러나 Ⅱ기로 접어들면 17호중 私奴婢戶는 三同面에 단 1호가 나타날 뿐 나머지 16호는 모두 公奴婢戶(官奴 4, 假官奴 3, 定屬婢 2, 院奴 2, 驛奴 1, 校奴 4)로 이루어지고 있으며, Ⅲ기에는 私奴婢戶는 나타나지 않고 다만 上北面 東部里에 定屬奴 2호와 假官奴戶 1호, 그리고 中北面 盤谷里에 院奴戶 1호가 나타날 뿐이다. 奴婢戶의 激減現象 중에서도 특히 私奴婢戶의 소멸이라는 점이 주목된다고 하겠으며, 후술하는 바와 같이 外居奴婢의 실질적인 소멸이라는 점과도 有關한 것이라 생각된다.

다음으로 노비의 양태를 파악하기 위하여 소유주의 호적에 등재되어 있는 노비 중 그 기재된 명칭에 따라서 率居, 外居, 逃亡, 故, 妨良, 放賣 奴婢 등 여섯 유형[51]으로 분류하고 그 口數를 집계하여 <표 Ⅳ-26·

---

51) ① 率居奴婢 : 기재상으로 率居라는 말은 없으나 所有主의 戶內에 종속되어 있는 노비로 大帳에는 그 연령과 父母名이 明記되어 있다. 새로이 率居되는 노비는 丹城에서는 '加奴'로, 彦陽은 '新率'로 되어 있다.
② 外居奴婢 : 大帳에 '居', '時居', '居在' 등으로 대부분의 경우 그 住居地名이

27>을 작성하였다.

<표 IV-26> 類型別 私奴婢數(丹城)

期	區分	率居	外居	逃亡	故	放良 (自贖)	放賣	計(%)
I	奴	1,237	988	804	104	5	5	3,143
	婢	1,744	1,100	859	198	3	1	3,905
	計	2,981	2,088	1,663	302	8	6	7,048
	(%)	(42.3)	(29.6)	(23.6)	(4.3)	(0.1)	(0.1)	(100.0)
II	奴	683	280	419	35	1	1	1,419
	婢	1,619	311	550	81		1	2,562
	計	2,302	591	969	116	1	2	3,981
	(%)	(57.8)	(14.8)	(24.3)	(2.9)	(0.1)	(0.1)	(100.0)

명기되어 있는 노비로 上典戶에서 벗어나 他處에서 거주하는 노비이다. 그리고 '去', '移去', '戶去', '各戶去' 등도 이에 포함시켰다.

③ 逃亡奴婢 : 일반적으로 '逃', '逃亡' 등으로 기재되어 있으며 '今逃亡', '久遠逃亡', '辛酉逃亡'이라 하여 그 도망시기를 밝히고 있고, '逃居順天', '逃亡居晋州' 등 도망노비가 현재 거주하고 있는 지명이 명기된 경우도 있다. 이는 推刷의 결과 그 소재지가 확인된 것이라 생각되나 실질적인 소유관계는 회복 불능이었다고 생각된다.

④ 故·今故 : 이는 사망한 노비의 경우인데 아마 그 혈연관계를 파악하기 위해 大帳에 기록된 것 같다.

⑤ 放良·自贖 : 放良 또는 自贖으로 기재되어 있으나 放良의 구체적 내용은 알 수 없으나 自贖의 경우는 다음과 같은 경우가 있다. 納粟(실제로 帳籍에서는 奴가 通政大夫의 品階나 그 밖에 兼司僕과 같은 散職을 갖는 경우가 보인다), 軍功, 代口免賤 등과, 平木實의 硏究(『韓國史硏究』 3)에 따르면 이 밖에도 公私賤武科 및 斬級武科를 통한 從良이 있었다. 그리고 1669년 奴婢의 從賤法(일명 奴婢從母法)이 폐지되고 奴良妻所生從母法 등이 자주 變改되는 가운데서 신분의 향상이 이루어진 경우도 있었다. 이들이 良人이 된 후에는 所有主와의 예속관계가 없다고 하겠으나 大帳에는 기재되어 있다.

⑥ 放賣 : I기에 단 2口만이 나타난다. 戶籍上에 보이는 放賣는 관아가 수속을 밝은 賣買일 뿐, 이 밖에도 비밀 매매가 있었다고 생각된다.

<표 Ⅳ-27> 類型別 私奴婢數(彦陽)

期	區分	率居	外居	逃亡	故	放良	放賣	計(%)
Ⅰ	奴	373	261	249	30		2	915
	婢	436	265	267	31			999
	計	809	526	516	61		2	1,914
	(%)	(42.3)	(27.5)	(27.0)	(3.2)		(0.1)	(100%)
Ⅱ	奴	599	100	106	33			838
	婢	780	83	103	78	3		1,407
	計	1,379	183	209	111	3		1,885
	(%)	(73.2)	(9.7)	(11.1)	(5.8)	(0.2)		(100%)
Ⅲ	奴	463		21	5			489
	婢	837		39	22			898
	計	1,300		60	27			1,387
	(%)	(93.7)		(4.4)	(1.9)			(100%)

　　표에 따르면 전체 奴婢數는 丹城의 경우는 18세기 초에서 18세기 후
엽에 이르기까지 다소 변동이 심하나, 彦陽은 18세기 초에서 19세기 중
엽에 이르기까지 점차 감소되어 가기는 하나 급격한 변동은 없는 것으로
나타난다. 이는 奴婢戶가 消滅되어 가는 현상과는 매우 대조적인 것으
로 주목되는 점이라 하겠다. 또 두 지역의 率居奴婢數가 全男女口數에
서 점하는 비율을 보면 丹城에 있어서의 率居奴數는 全男丁의 22.5%,
11.4%를, 率居婢는 각각 全女丁의 27.1%, 20.7%에 해당되며, 彦陽은 率
居奴의 경우 11.7%, 12.2%, 8.1%이고 率居婢는 각 12.9%, 15.5%, 14.8%
를 점유하고 있다. 특히 <표 Ⅳ-27>에서 보는 바와 같이 彦陽은 18세기
초에서 19세기 중엽에 이르기까지 一定數의 逃亡奴婢가 있음에도 불구
하고 現住數에는 큰 변동이 없다. 이는 奴婢人口의 자연증가나 그 밖에
노비로 전락되는 신분층이 계속 존재하고 있었음을 시사하고 있는 것이
라 하겠다.[52] 여섯 유형의 奴婢 가운데 소유주의 규제력이 사실상 미치
지 않는 逃亡奴婢, 故奴婢, 放良, 放賣, 自贖奴婢를 제외하면 현실적으

---

52) 이에 관해서는 鄭奭鍾,「朝鮮後期 奴婢賣買文記 分析」,『金哲埈博士華甲紀念
　　史學論叢』, 1983, 561～613쪽이 참고된다.

로 所有權이 미치고 있는 것은 率居奴婢와 外居奴婢의 두 유형의 奴婢라고 할 수 있다.

率居·外居奴婢를 합친 口數를 보면 丹城은 Ⅰ기에 5,069口, 71.9%였던 것이 Ⅱ기에는 2,893口, 72.6%로 나타나며, 彦陽은 Ⅰ기에 1,335口, 69.8%였던 것이 Ⅱ기에는 1,562口, 82.9%로 Ⅲ기에는 1,300口, 93.7%로서 戶籍에 등재되어 있는 私奴婢 중 소유주의 힘이 미치는 口數에는 큰 변동은 없으나, 전체 奴婢口數에 대한 점유비는 크게 증가하고 있음을 알 수 있다. 그러나 여기에서 문제가 되는 것은 他處에 거주하고 있는 外居奴婢(他處住奴婢)이다. 戶籍에 '居', '時居', '居在' 등으로 표기되어 '逃居', '逃亡居'와는 구분되어 있기는 하나 이 중에는 逃亡奴婢로서 그 거처가 확인된 노비의 경우가 상당수 포함되어 있다고 생각되며, 또 실제로 그들 전부에 대해서 소유주의 소유권이 어느 정도 미치고 있었는지도 의심스럽다. 더욱이 丹城의 Ⅰ기에 2,088口가 나타나던 外居奴婢가 Ⅱ기에는 591口로, 彦陽의 경우는 Ⅰ기의 526口가 Ⅱ기에는 183口로 크게 감소되고 Ⅲ기에 이르면 단 한 口도 보이지 않는다. 이 같은 기재내용의 변화는 戶籍作成時의 기재양식의 변경에 따른 결과인 것 같다. 즉 前記『甲午式戶籍事目』에 "帳籍戶口에는 단지 家內에 있는 奴婢만을 기재하라. 外方에 거주하는 奴婢는 스스로 기재될 것을 원하거나 單子를 제출하여 出願하는데 따라서 기재하라. 逃亡한 奴婢는 某年逃亡이라고 기재할 것"[53]으로 되어 있다. 즉 外居奴婢의 경우에는 自願에 따라 所有主의 戶籍에 倂記하게끔 되어 있어 일반적으로 率居奴婢 이외에는 호적상에 반드시 그 全口數를 기록하지 않아도 되었다. 그러다가 영조 28년(1752)으로 연대가 추정되는『戶籍謄關冊』[54]에서는 外居奴婢는 각기 그 所有地의 官에서 入籍하는 원칙으로 바뀌었다. 이와 같은 기재양

---

53) "一. 帳籍戶口內 只書家內仰役奴婢 外方所居奴婢自願俱錄呈單子 從願書塡 逃亡奴婢段 某年逃亡是如書塡爲白齊".
54)『戶籍謄關冊』(奎章閣圖書 NO.12332), "一. 凡入籍者 依古例勿論常漢 竝只戶 口成給爲白乎矣……外方奴婢段 自各其所居官入籍爲白乎矣……".

식의 변경은 推刷奴婢에 대한 소유·지배권의 실질적인 확인이 行政力이나 司法權의 지원 보호를 사실상 받지 못하게 되었을 뿐만 아니라,[55] 奴婢所有者 등의 私的 奴婢所有에 대한 관심이 희박해지고 점차로 이의 記載申告가 거의 무의미한 것으로 되어 소유주와 노비간의 소유지배 관계가 실질적으로 단절되어 감을 나타낸 것이라 하겠다.

다음으로 逃亡奴婢의 경우를 보기로 한다. 奴婢의 逃亡은 당시에 있어서는 公私賤을 막론하고 일반적인 현상이었다.『續大典』刑典 公賤條에

　　　陳告逃漏奴婢者 每六口賞一口 毋過五口

라고 하여 逃漏奴婢를 陳告하는 자는 6口마다 상으로 1口를 주며 5口를 넘을 수 없다고 규정해 놓고 있다. 이는 奴婢의 逃亡이 크게 늘어났기 때문에 취해진 조치인 것이다.

또 숙종 원년(1675) 11月 25日의 備邊司啓言을 보면

　　　備邊司啓曰 漢城府啓辭 長水縣戶籍人口 都數以五千五百八十七口書錄 而自本府扣算 則都數不足者 至於一千一百四十一口之多 此不過公私賤逃亡奴婢秩 九百十三口 捴計於時存人口 實已上之中 二百二十八口……

라고 하였다. 즉 長水縣의 戶籍人口가 모두 5,587口로 기록되어 있는데 漢城府에서 계산해 보니 그 부족한 수가 1,141口나 되며 그 중 公私賤奴婢의 逃亡이 913口로 대부분이 逃亡奴婢로 인한 것이라고 하였다.

이와 같이 逃亡奴婢가 續出하는 경향은 당시의 사회경제적 변화가 逃亡여건을 조성한 것에 연유된다고 하겠다. 즉 종래에는 公·私賤을 막론

---

55) 武田幸男,『朝鮮戶籍大帳の基礎的硏究』, 76쪽.

하고 소속 官衙나 所有主의 곁을 떠나서는 독립생활을 영위하기가 어려
웠는데 18, 19세기에 이르면 농촌사회의 변화, 상공업의 발달 등으로 奴
婢가 逃亡을 해도 타인의 토지를 借耕하거나 雇工이나 品人이 될 수 있
었고 또 상업이나 수공업에 종사하는 등 自立할 수 있는 여건이 마련되
었기 때문이었다.[56]

　逃亡奴婢의 帳籍上에 나타나는 변동을 보면 18세기 丹城地域은
23.6%에서 24.3%로 다소 증가되고 있으나, 彦陽은 Ⅰ기에 全奴婢數의
27%라는 높은 비율을 보이다가 Ⅱ기에는 11.1%, Ⅲ기에는 불과 4.4%밖
에 되지 않는다. 당시에 도망이 노비계층의 신분해방에 있어서 소극적인
한 형태였다고 볼 때 노비의 도망은 계속되고 있었다고 하겠으나, 本戶
籍의 분석결과는 그 반대되는 양상을 보이고 있어 주목된다.[57] 이는 奴
婢의 逃亡이 없어졌기 때문이 아니라 前述한 바와 같은, 戶籍記載樣式
의 변경에 따른 기재의 삭제, 그리고 당시의 소송기록 중에 奴婢推尋記
錄 등이 많은 것으로 보아 逃亡奴婢의 推刷의 어려움[58] 등에 기인하는

---

56) 鄭奭鍾, 「朝鮮後期 社會身分制의 崩壞」, 앞의 책, 328쪽 참조.

57) 四方博의 조사에 따르면 大邱地域은 도망노비의 비율이 Ⅰ기(1690) 34.2%, Ⅱ
기(1729, 1732) 26.6%, Ⅲ기(1783~1789) 42.6%, Ⅳ기(1858) 58.8%이며 鄭奭鍾
의 蔚山戶籍의 분석에 따르면 1729년 51.15%, 1766년 61.33%, 1804년 32.64%,
1867년 38.41%이다. 이는 호적기재방식의 차이에서 오는 결과인 것 같다. 또 울
산의 경우, 他處住奴婢의 '時居', '居' 등을 모두 도망노비가 거주하는 곳으로
해석하였기 때문인데, '時居'로 기재된 것을 모두 도망노비로 처리한 것은 무리
가 있다고 생각한다. 예를 들면 彦陽戶籍에는 "新率奴□□ 時居梁山"이라 기
재하여 外居奴의 소재가 明記된 경우를 볼 수 있기 때문이다.

58) 推刷의 어려움에 관해서는 다음 자료가 있다. 그 중 一例를 들면 다음과 같다.
"右謹陳情由事段 矣宅仰役婢分伊 年前無端逃他 不知去處是白加尼 今於矣上
典初擇之行 親爲目擊於邑府 詳採基作夫與居住委折 則分伊言內 去基前夫 改
嫁于前營使令 吳貴弖爲名漢云而所謂吳漢 本以頑毒之漢 不有法意 必爲肆惡
而抗拒 則良宅客地私力 萬無以率去之道 伏乞參商教是後自官庭招致分伊 定
將差押領出之境地 千萬望良爲白只爲 行下向教是事洪州官司之處分 乙亥十
月 日"(서울대학교 중앙도서관 소장 고문서 所志 NO.235533, 「扶餘居兪都正宅
奴萬今」).

것이라 생각된다. 그러니 奴婢 所有에 있어서 점차 外居奴婢나 逃亡奴婢 등에 대한 所有主의 영향력은 실질적으로 포기되어 가는 반면, 奴婢 所有는 率居奴婢 중심으로 바뀌어 갔다고 하겠다.

外居奴婢, 逃亡奴婢 등 他處에 거주하는 노비의 감소·소멸이라는 경향과는 달리 率居奴婢는 단성·언양 양 지역 모두 전기간을 통해 그 전체 口數에는 급격한 변동은 없으나 그 占有比에 있어서는 점차 크게 늘어나고 있음을 볼 수가 있다. 즉 丹城의 경우는 Ⅰ기에 全奴婢數의 42.3%를 차지하던 率居奴婢가 Ⅱ기에는 57.8%로 늘어나고 있으며, 彦陽은 Ⅰ기에 42.3%, Ⅱ기는 73.2%로 늘어나고 Ⅲ기에는 外居奴婢가 없는 대신 93.7%를 점유하고 있다. 그러니 獨立奴婢戶의 激減現象과는 달리 18세기 초엽에서 19세기 중엽까지 率居奴婢는 큰 변동없이 유지되어 왔으며 노비소유가 솔거노비 소유라는 점에 집약되고 있음을 알 수가 있다.

다음으로 私奴婢 중 所有主의 規制가 끝까지 직접 미치는 率居奴婢의 所有戶當 口數를 보기로 한다(<표 Ⅳ-28·29>).

<표 Ⅳ-28> 所有戶當 率居奴婢數(丹城)

期	所有戶數	率居奴婢數	所有戶當口數
Ⅰ	675	2,981	4.4
Ⅱ	1,181	2,302	1.9

<표 Ⅳ-29> 所有戶當 率居奴婢數(彦陽)

期	所有戶數	率居奴婢數	所有戶當口數
Ⅰ	257	809	3.1
Ⅱ	765	1,379	1.8
Ⅲ	992	1,300	1.3

率居奴婢의 所有戶當 口數를 보면 丹城은 Ⅰ기에 4.4口, Ⅱ기에 1.9口로 戶當口數가 크게 줄고 있으며, 彦陽도 Ⅰ기에는 3.1口, Ⅱ기에는 1.8

口, Ⅲ기에는 1.3口로 점차 줄어들어 Ⅲ기인 19세기 중엽에는 소유주는 평균 1口 정도의 率居奴婢를 所有하고 있었던 것으로 된다. 다시 이를 當該年度의 全口數에 對比하여 보면 丹城은 Ⅰ기는 평균하여 戶當 1.2口, Ⅱ기에는 0.8口로, 彦陽은 Ⅰ기에 0.12口, Ⅱ기는 1.15口, Ⅲ기에 1.11口를 所有한 것으로 되어, 점차 奴婢所有戶가 늘어나고 있음을 나타내고 있다.

戶當 率居奴婢數의 실태를 보다 구체적으로 파악하기 위해 率居奴婢口數別 所有戶數를 비교하여 보았다(<표 Ⅳ-30·31>).

표에 따르면 1~2口를 率居하고 있는 所有戶는 丹城에서는 Ⅰ기에 41.5%, Ⅱ기에는 83.4%로 급증하고 있으며 彦陽의 경우도 Ⅰ기에 58.7%, Ⅱ기에 83%, Ⅲ기에는 94.9%로 점차 그 비율이 높아지고 있다. 그러니 이 두 지역에서는 Ⅱ기인 18세기 말엽부터 1~2口를 率居하는 戶가 절대 다수를 차지하고 있다. 奴婢制가 무너지는 당시에 있어서 비록 1~2口를 所有한다고 하여도 이는 小奴婢所有形態이기는 하나 奴婢所有가 그대로 지속되고 있었다는 점이 주목된다. 그리고 率居奴와 婢

<표 Ⅳ-30> 率居奴婢口數別 所有戶數分布表(丹城)

期	區分	1口	2	3	4	5	6	7	8	9	10	11~	合計
Ⅰ	兩班	64戶	56	66	54	51	44	35	27	15	12	43	467戶
	準兩班	34	15	5	5	6	2	1					68
	中人	8	4	2	5	2	2		1			1	25
	常民	59	19	9	2	1	3	1					94
	賤民	19	2										21
	計	184	96	82	66	60	51	37	28	15	12	44	675
	(%)	(27.3)	(14.2)	(12.1)	(9.8)	(8.9)	(7.6)	(5.5)	(4.1)	(2.2)	(1.8)	(6.5)	(100.0)
Ⅱ	兩班	527	183	69	32	22	20	12	8	10	1	14	898
	準兩班	177	17	3	1	2							200
	中人	7	3	1									11
	常民	65	6	1									72
	賤民												
	計	776	209	74	33	24	20	12	8	10	1	14	1,181
	(%)	(65.7)	(17.7)	(6.3)	(2.8)	(2.0)	(1.7)	(1.0)	(0.7)	(0.8)	(0.1)	(1.2)	(100.0)

<표 Ⅳ-31> 率居奴婢口數別 所有戶數 分布表(彦陽)

期	區分	1口	2	3	4	5	6	7	8	9	10	11~	合計
Ⅰ	兩班	54戶	36	15	23	13	4	5	2	4	3	10	169戶
	準兩班	17	10	6	1	2	2	1					39
	中人	1		1	1	1				1		1	4
	常民	17	11	7	2	1							40
	賤民	5											5
	計	94	57	29	27	17	6	6	2	5	3	11	257
	(%)	(36.6)	(22.1)	(11.3)	(10.5)	(6.6)	(2.3)	(2.3)	(0.7)	(1.9)	(1.1)	(4.3)	(100.0)
Ⅱ	兩班	436	104	64	26	12	8	6		3	3	4	667
	準兩班	54	7	1									62
	中人	10	3		1								14
	常民	18	3	1									22
	賤民												
	計	518	117	66	27	12	8	6	1	3	3	4	765
	(%)	(67.7)	(15.3)	(8.6)	(3.5)	(1.6)	(1.0)	(0.8)	(0.1)	(0.4)	(0.4)	(0.5)	(100.0)
Ⅲ	兩班	773	77	24	10	6	1	1		1	2	4	899
	準兩班	40	1										41
	中人	26	4		1	1							32
	常民	19	1										20
	賤民												
	計	858	83	24	11	7	1	1		1	2	4	992
	(%)	(86.5)	(8.4)	(2.4)	(1.1)	(0.7)	(0.1)	(0.1)		(0.1)	(0.2)	(0.4)	(100.0)

의 口數를 비교하여 보면 丹城은 각각 1 : 1.4, 1 : 2.4이고, 彦陽은 1 : 1.2, 1 : 1.3, 1 : 1.8로 나타나 婢가 奴의 약 2배인 것을 알 수 있다. 이와 같은 所有戶 1戶當 1~2口의 奴婢所有數의 변동이나 婢口數의 증가현상은 18~19세기에 있어서 많은 奴婢勞動力을 필요로 하지 않는 農業經營形態의 변화와 奴婢勞動에 대치될 수 있는 雇傭勞動力의 광범한 존재 때문이라고 생각된다.[59] 이러한 小奴婢所有形態로 보아 원래 奴婢가 갖는 경제적 기반으로서의 비중은 큰 의의를 갖는다고는 생각할 수 없다. "上典과 奴婢가 된 자의 주관적 관념은 종전과 같은 전통으로 남아 있었다 하여도 奴婢의 처지는 같은 經理內에 있는 婢夫나 雇工의 처지

---

59) 제Ⅳ장 2절, 雇工條 참조.

와 그다지 차이가 없었다고 추측되며 主人으로부터 보수를 받는 婢夫나 雇工과 꼭 같은 처지가 아니더라도 기본적으로 공통되고 있었다"[60]고 하겠으며, 奴婢는 農業生産 담당에서 점차 家內使役的인 역할을 담당하는 위치로 바뀌어간 것 같다.

한편 率居奴婢 10口 이상을 갖고 있는 所有戶를 보면 丹城은 Ⅰ기에 56호(8.3%)에서 Ⅱ기 15호로(1.3%)로 크게 감소되고 있으며, 彦陽은 Ⅰ기에 14호(5.4%), Ⅱ기에 7호(0.9%), Ⅲ기에는 6호(0.6%)로 역시 감소되고 있어 奴婢의 소유가 점차 소노비소유형태로 바뀌어 감을 살필 수 있다. 丹城의 경우 Ⅰ기에 10口 이상을 소유하던 56호가 솔거하는 노비수는 890口로 縣內 全率居奴婢의 약 30%를 차지하던 것이, Ⅱ기에는 15호가 282口를 소유하여 12.3%로 그 점유비가 낮아지고 있다. 全期間을 통하여 10口 이상의 노비를 소유하고 있는 所有戶主의 신분을 보면 두 지역의 Ⅰ기에 보이는 中人層과 常民層 각 1호[61]를 제외하면 모두가 兩班戶이다.

한편, 小奴婢所有化 경향에서도 주목되는 점은 大奴婢所有戶가 있었다는 점이다. 그 예를 彦陽의 Ⅲ기(哲宗代)에서 들어 보기로 한다. 縣內에서 가장 많은 率居奴婢를 所有하고 있던 호는 上南面 鳴村里 1統 2戶의 幼學 金永權戶의 경우이다. 이 호는 호내에 奴 11口, 婢 14口, 計 25口를 率居하고 있다. 이는 1~2口를 소유하는 호가 전체의 94.9%를 점유하던 당시에 있어서 이 지방에서는 압도적인 대소유이다. 뿐만 아니라 이 호는 血緣家族도 무려 19口를 갖고 있어 縣內에서 戶內 最大口數를

---

60) 金錫亨, 『朝鮮封建時代農民の階級構成』, 學習院大學 東洋文化硏究所(東京), 1960, 120쪽.
61) 彦陽의 경우, 이 戶는 上北面 邑內里 29統 1戶 驛吏 朴以迪戶로서 그는 戶內에 14口의 奴婢를 솔거하고 있으며, 그 밖에도 淸道에 外居奴婢 14口를 갖고 있고, 故婢 3口가 아울러 기재되어 있다. 驛吏身分으로서는 대단한 奴婢의 所有戶이다. 正祖代의 戊午帳籍에서 그 자손을 찾았으나 나타나지 않는다.

갖고 있는 호이기도 하며 曾祖인 金輝祖代의 率居奴婢 15口보다 늘어
나고 있다. 이 戶의 경제적 상황을 몰라서 그 증식의 원인을 정확히는
알 수가 없다. 그러나 이 大奴婢所有에는 世傳奴婢(奴婢父母의 기재가
없어 혈연관계를 알 수 없음)도 있었을 것이고, 또 學生으로 되어 있는
外祖 廣州 李氏와 특히 妻父가 成均進士(豊州 任氏)인 것으로 보아 妻
家로부터의 奴婢의 傳繼가 있었던 것이 아닌가 한다. 다음으로 주목되
는 점은 그의 族的 결합을 들 수 있겠다. 그는 慶州 金氏로 당시 慶州
金氏戶는 縣內에 93戶의 同族戶를 갖고 있어 金海 金氏, 慶州 李氏 다
음가는 大姓이었다. 그리고 鳴村里는 慶州 金氏의 동족마을로 正祖代에
는 縣內 38戶 중 21戶, 哲宗代에는 19戶 중 11戶를 차지하고 있었고, 戶
主의 신분은 모두 兩班이며 奴婢所有戶로 나타난다. 그의 從祖父인 金
圭는 武科及第로 되어 있고 圭의 아들인 金二圭는 正祖代 縣內에서 最
大의 率居奴婢所有戶(31口)였으며, 圭의 손자인 金相昊(鳴村里 2統 4
戶)는 哲宗代 19口의 奴婢를 率居하고 있었다. 金永權戶의 파격적인 奴
婢所有는 위와 같은 慶州 金氏의 同族結合이라는 사회적 기반과 관련
이 있었던 것이 아닌가 추측해 본다.

3) 奴婢所有主의 성분

戶籍大帳에 나타나는 奴婢所有戶를 面別·시기별로 집계하여 總戶
數에 대한 그 점유비를 보면 다음과 같다.

<표 Ⅳ-32> 總戶數에 대한 奴婢所有戶의 占有比(丹城)

期	區分	元堂	縣內	北洞	悟洞	都山	生比良	新燈	法勿也	計
Ⅰ	總戶數	293	395	294	186	365	350	261	370	2,514
	所有戶數	104	104	57	95	113	44	82	76	675
	占有比(%)	35.5	26.3	19.4	51.1	31.0	12.6	31.4	20.5	26.8
Ⅱ	總戶數	327	387	345	238	496	361	373	479	3,006
	所有戶數	191	92	158	120	237	101	115	161	1,175
	占有比(%)	58.4	23.8	45.8	50.4	47.8	28.0	30.8	33.6	39.1

<표 IV-33> 總戶數에 대한 奴婢所有戶의 占有比(彦陽)

期	區分	上北	中北	下北	上南	中南	三同	計(%)
I	總戶數	212	94	224	174	229	186	1,119
	所有戶數	50	19	66	49	24	49	257
	占有比(%)	23.6	20.2	29.5	28.2	10.5	26.3	23.0
II	總戶數	317	93	207	187	176	218	1,198
	所有戶數	170	74	171	134	66	150	765
	占有比(%)	53.6	79.6	82.6	71.7	37.5	68.8	63.9
III	總戶數	273	133	184	168	201	211	1,170
	所有戶數	245	117	150	154	152	174	992
	占有比(%)	89.7	88.0	81.5	91.7	75.6	82.5	84.8

위의 두 표에 의하면 丹城縣내의 總戶數 중에서 奴婢를 소유하고 있
었던 戶는 I기 675호(26.8%)에서 II기에는 1,175호(39.1%)로 약 2배로
늘어났으며 彦陽도 I기 23%에서 II기 63.9%로, III기에는 무려 84.9%
로 激增현상을 보이고 있다. 다시 말하면 丹城地域에서는 18세기 초엽
에는 3.7호당 1호가, 18세기 말에는 2.6호당 1호가 노비를 소유하고 있었
으며, 彦陽은 18세기 초에는 4.4호당, 18세기 말에는 1.6호당, 그리고 19
세기 중엽에는 1.2호당 1호가 노비를 소유하고 있었다. 奴婢戶의 감소·
소멸이라는 현상과 대조적으로 노비를 소유하는 戶數가 점차 크게 증가
되고 있음을 엿볼 수 있다. 小數의 戶에 의해서 소유되던 奴婢가 多數의
戶에 의해 소유되고 있는 것이다.

그러면 이 같이 奴婢를 보유했던 소유주는 어떤 신분의 사람들이었을
까? <표 IV-34·35>에 따르면 위로는 兩班層으로부터 아래로는 奴婢에
이르기까지 다양하게 나타난다. 그러나 丹城의 II기와 彦陽의 II·III기
에는 奴婢의 私奴婢 소유는 소멸되고 있다.

<표 IV-34> 奴婢所有戶主의 身分別 構成(丹城)

期	兩班	準兩班	中人	常民	賤民	計(%)
I	467(69.2)	68(10.1)	25(3.7)	94(13.9)	21(3.1)	675(100.0)
II	898(76.1)	200(16.9)	11(0.9)	72(6.1)	·(·)	1,181(100.0)

<표 Ⅳ-35> 奴婢所有戶主의 身分別 構成(彦陽)

期	兩班	準兩班	中人	常民	賤民	計(%)
Ⅰ	169(65.8)	39(15.2)	4(1.6)	40(15.6)	5(1.9)	275(100.0)
Ⅱ	667(87.2)	62(8.1)	14(1.8)	22(2.9)	·(·)	765(100.0)
Ⅲ	899(90.6)	41(4.2)	32(3.2)	20(2.0)	·(·)	992(100.0)

　여기서 지적할 수 있는 것은 양반이 압도적인 비율을 차지하고 있다는 점이다. 지역별·시기별로 양반층 소유호의 점유비를 보면 단성은 69.2%, 76.1%, 언양은 65.8%, 87.2%, 90.6%를 차지하고 있다. 이는 18, 19세기에 한층 늘어나는 兩班戶[62])에 의해서 소유되고 있음을 나타낸 것이다. 이와는 반대로 彦陽의 경우를 보면 中人層을 제외한 準兩班, 常民層의 노비소유는 점차 그 비율이 감소되어 常民의 경우는 賤民과 더불어 노비소유에서 실질적으로 배제되고 있다.

　다음에는 奴婢所有戶의 신분별 奴婢所有狀況 <표 Ⅳ-36·37>을 보기로 한다.

　표에 따르면 양 지역 모두 전 기간을 통하여 보유하고 있는 노비수에 있어서 兩班戶가 압도적으로 많다. 양반호가 소유하는 노비수가 全私奴婢數에서 점하는 비율을 보면 丹城은 Ⅰ기에 88.0%, Ⅱ기에 87.3%이며, 彦陽은 Ⅰ기에 78.5%, Ⅱ기에 91.7%, Ⅲ기에 91.8%이다. 이것으로 미루어 보면 노비소유가 점차로 양반층의 독점적 소유로 되어 가고 있음을 알 수 있다. 奴婢가 재산인 점을 감안할 때 이들의 신분상승과 경제력의 우위가 깊은 상관관계에 있음을 傍證한다. 그리고 彦陽의 경우 Ⅰ기에

---

62) 兩班戶가 激增되고 그것이 주로 幼學戶의 증가에 기인하고 있다는 점은 각 지방의 호적연구에서 얻어진 공통점이다. 그러므로 보통 신분 분류에서 양반신분으로 간주되는 幼學의 향촌사회에 있어서의 존재형태가 더욱 구체적으로 밝혀져야 하겠다. 그래야만 조선후기의 신분변동관계가 올바르게 파악될 수 있을 것이다. 大邱地域의 경우(四方博), 哲宗 9년(1858) 總戶 2,985호 중 양반호가 70.3%(2,099호)를 차지하고 있다고 하였으며, 武田幸男은 高宗 13년(1876)의 鎭海縣의 호적연구에서 總戶 556호 중 양반호가 411호(73.9%)이고 그 중 408호가 幼學戶였다고 한다.

소유호의 점유비와 노비소유수에 있어서 양반층 다음가던 상민층이 下代로 올수록 그 지위가 크게 떨어져 가는 반면, 원래 그 戶數가 얼마 되지 않은 중인층의 보유수가 Ⅲ기에 와서는 준양반층과 비슷하게 나타나는 점이 주목된다.

<표 Ⅳ-36> 所有主의 身分別 奴婢所有數(丹城)

期	區分	兩班	準兩班	中人	常民	賤民	計(%)
Ⅰ	率居	2,579	142	84	156	20	2,981(63.3)
	外居	1,565	58	11	67	27	1,728(36.7)
	計	4,144	200	95	223	47	4,709
	(%)	(88.0)	(4.2)	(2.0)	(4.8)	(1.0)	(100.0)
Ⅱ	率居	1,965	231	26	80	·	2,302(84.4)
	外居	413	11	·	·	·	424(15.6)
	計	2,378	242	26	80	·	2,726
	(%)	(87.3)	(8.9)	(1.0)	(2.9)	·	(100.0)

<표 Ⅳ-37> 所有主의 身分別 奴婢所有數(彦陽)

期	區分	兩班	準兩班	中人	常民	賤民	計(%)
Ⅰ	率居	617	88	13	86	5	809(64.4)
	外居	370	27	18	33		448(35.6)
	計	987	115	31	119	5	1,257
	(%)	(78.5)	(9.1)	(2.5)	(9.5)	(0.4)	(100.0)
Ⅱ	率居	1,260	71	20	28		1,379(91.6)
	外居	121	2	2	2		127(8.4)
	計	1,381	73	22	30		1,506
	(%)	(91.7)	(4.8)	(1.5)	(2.0)		(100.0)
Ⅲ	率居	1,194	42	43	21		1,300(100.0)
	外居						
	計	1,194	42	43	21		1,300
	(%)	(91.9)	(3.2)	(3.3)	(1.6)		(100.0)

이상에서 18, 19세기 丹城·彦陽 두 지역의 戶籍大帳에 나타난 事例를 중심으로 奴婢의 실태를 살펴 본 결과는 다음과 같다.

18세기 초 丹城·彦陽의 신분별 總戶數 중 각각 27.6%, 8.2%를 점유

하던 奴婢戶는 18세기 말에는 8.8%, 1.4%로 激減되고 19세기 중엽 彦陽의 경우는 0.3%로 거의 소멸되어 가고 있다. 그 중에서도 私奴婢戶의 소멸이 두드러지게 나타난다. 이는 下代로 올수록 奴婢에 대한 실질적인 신분상의 제약이 약화되고 있는 것이라 이해된다. 戶籍大帳에 등재되어 있는 外居・逃亡奴婢 등 他處住奴婢는 점차 그 수가 줄어 들다가 彦陽에서는 19세기 중엽이 되면 外居奴婢는 단 1口도 나타나지 않고, 逃亡奴婢의 경우도 전체 奴婢수의 4.4%에 지나지 않아 노비소유는 率居奴婢에 집중하여 표현되고 있다. 이는 호적의 기재양식의 변경 등으로 미루어 볼 때 사실상 이들 外居・逃亡奴婢에 대한 所有主의 所有權이 포기되어 가고 있음을 의미하는 것이라 하겠다.

奴婢戶의 激減・消滅이라는 현상과는 대조적으로 率居奴婢는 150년간에 걸쳐 그 수에 큰 변동없이 계속 보유되고 있는 점이 주목되며 노비의 소유에 있어서는 大奴婢所有形態에서 小奴婢所有로 바뀌어 가고 있다. 所有戶當 率居奴婢는 期別로 보면 丹城은 4.4口에서 1.9口, 彦陽은 3.1口에서 1.8口, 1.3口로 점차 감소되어, 彦陽의 경우는 19세기 중엽에는 1~2口를 보유하는 戶가 절대다수(94.9%)를 점유하고 있다. 奴婢의 소유는 하대로 올수록 양반층에 더욱 집중되어 양반 上典에 의한 독점적 양태를 보이고 있으며 率居奴婢는 크게 늘어나는 兩班戶(주로 幼學戶)에 의해서 소유되고 있는 점 등도 아울러 살필 수 있다.

V. 조선후기의 婚姻實態

1. 早婚問題

우리나라 전통사회의 혼인관계 중 早婚의 폐해에 대해서는 많은 논의가 있었다. 일찍이 조선초 世宗朝에

> 近者士大夫之家 婚姻之事 不遵禮制 男女之年 纔過十歲 則便令婚嫁 至有年未十歲 而納采納幣 假爲婚姻 謂之預婿……乞自今一依聖人之制 男十六女十四以上者 方許婚嫁 違者痛繩以法[1]

이라 하여 士大夫家의 혼인에 있어 預婿라는 형식으로 남녀의 나이가 겨우 10세를 넘으면 婚姻시키는 早婚의 폐단이 있음을 지적하고 혼인연령을 朱文公家禮에 따라 남자 16세, 여자 14세 이상에 한하여 許婚할 것을 주장하고 있다. 그리고 조선후기의 실학자 柳馨遠도

> 凡男女婚娶年歲必從禮制 禁早婚者……今王室子女婚娶太早 貴戚慕倣之因以成風 傷敎化致疾夭之本 宜自國家 一從禮制 申禁在下之違者也[2]

라고 하여 왕실을 비롯한 사대부가의 조혼 폐단을 들고 이의 금지를 주

---

1) 『世宗實錄』 卷37, 世宗 9年 7月 壬寅.
2) 柳馨遠, 『磻溪隨錄』 卷25, 續編上 婚禮.

장하고 있다. 이 밖에도 조혼금지론은 여러 문헌사료에서 산견되는 바이다. 그러나 이 문제를 구체적인 통계로써 나타낼 만한 조선시대의 자료가 없었기 때문에 학계에서는 주로 20세기 초엽의 통계자료를 이용하여 조혼이 널리 행하여졌음을 주장하고 있는 실정이다. 따라서 여기에서는 18세기초의 丹城戶籍의 분석을 통하여 이 문제의 해결을 시도해 보려고 한다.

먼저 우리나라의 혼인연령에 관한 法制를 보면, 고려시대까지는 확실하게 명시되지 않았으나 조선시대에 와서 구체적으로 명문화되고 있다. 이는 『經國大典』 禮典 婚嫁條에

男年十五 女十四 方許婚嫁 (子女年滿十三歲 許議婚) 若兩家父母中
有宿疾 或年滿五十而子女年十二以上者 告官婚嫁

라고 한 것에서 처음 보인다. 즉 남녀 각각 15·14세 이하의 혼인은 인정하지 않고 다만 예외로서 兩家의 부모 중 한 사람에 宿疾이 있거나 혹은 나이가 50세가 차면 그 자녀의 나이가 12세 이상이 된 자는 官에 신고하고 婚嫁시킬 수 있다고 하였다. 그러나 宗室의 婚約에 관해서는 별도의 法制를 적용하여 "兩家子女年滿十歲議婚"이라 規定해 놓고 있다. 이 법제상의 可婚年齡에 관해서는 18세기 중엽에 간행된 『續大典』이나 19세기 중엽의 『大典會通』 등에 별다른 변동이 없는 것으로 보아 조선후기까지 그대로 실시된 것 같다. 그러나 이 법제상의 가혼연령이란 것은 반드시 실질상의 適婚年齡을 가리키는 것은 아니다. 법률상의 이른바 혼인연령이라는 것은 남녀가 혼인함에 가장 적당한 연령을 말하는 것이 아니라 남녀가 혼인을 할 수 있는 최저한도의 연령을 말하는 것이며, 우리나라의 가혼연령의 책정은 세계 어느 나라의 최저 경우보다도 오히려 높게 되어 있다.3) 그렇지만 조혼이 논의의 대상이 된 것을 보면 국가에서 법

3) 金斗憲, 『韓國家族制度研究』, 서울대출판부, 1969, 447쪽.

제로 규정해 놓은 혼인적령이 잘 지켜지지 않았던 것으로 짐작된다.

호적의 기재는 혼인자의 현재수를 나타낸 것일 뿐이고, 혼인연령 그 자체를 나타낸 것은 아니기 때문에 혼인의 평균연령을 파악하기란 매우 어려운 일이다. 그렇지만 호적이 인구자료로서 갖는 장점의 하나는 有配偶率의 측정이 가능하다는 점이다. 이제 有配偶率을 중심으로 혼인관계에 관한 통계수치를 제시해 보면서 나아가 평균 혼인연령을 산출해 보기로 한다.

숙종 43년(1717)의 단성호적에 기재되어 있는 縣內 8개면의 總戶數 2,514호를 대상으로 각 호의 부부관계를 조사하여 연령·계층별 有配偶者數와 그 率을 <표 V-1>과 같이 작성하였다.

<표 V-1> 年齡·階層別 有配偶率

年齡階層別 \ 性別	男			女		
	口數	有配偶者數	%	口數	有配偶者數	%
0～14歲	600	·	·	985	·	·
15～19	361	13	3.6	223	11	4.9
20～24	317	92	29.0	206	135	65.5
25～29	356	198	55.6	336	289	86.0
30～34	452	287	63.5	453	406	89.6
35～39	438	381	87.0	460	412	89.6
40～44	427	371	86.9	464	397	85.6
45～49	278	256	92.1	282	216	76.6
50～54	240	209	87.1	237	173	73.0
55～59	229	207	90.4	257	156	60.7
60～64	197	178	90.4	267	156	49.0
65～69	123	104	84.6	155	58	37.4
70歲 以上	192	144	75.0	230	55	23.9
計	4,210	2,440	(58.0)	4,555	2,440	(53.6)

호적의 기재는 호주를 중심으로 되어 있기 때문에 戶主夫妻의 기재는 분명히 나타나며 동거하는 부모나 처부모의 경우도 대체로 파악이 가능하였다. 다만 동거하는 다른 가족들의 부부관계의 파악에는 난점이 있기

도 하였다. 예컨대 수명의 아들이나 손자가 있을 경우, 그 배우자가 명기되어 있는 것이 아니라 다만 婦・孫婦 등으로 되어 있으며, 또 사망한 아들의 배우자와 생존하는 아들이 있을 때에도 그 구분이 어렵다. 그래서 부득이 그 연령관계나 전후의 기재관계 등을 미루어 추정할 수밖에 없다.

　노비의 부부관계에 있어서는 獨立奴婢는 호적의 기재양식이 다른 一般戶의 경우와 같기 때문에 별 문제가 없었으나, 率居奴婢는 호적상으로 도저히 그 부부관계를 파악하기가 어려움이 있어 모두 제외하였다. 그리고 妾・繼妻・後妻・加現妻 등으로 기재되어 있는 부부관계 51件도 그 성질상 제외시켰다. 따라서 有配偶者數는 그 實數보다 적은 것이 되겠다.

　<표 V-1>에 따르면 남녀 모두 14세까지는 혼인한 사례를 찾아볼 수 없고, 15~19세층에서 남자 13건, 여자 11건이 나타난다. 그리고 배우자를 갖고 있는 남녀의 최하연령은 남자가 16세, 여자가 17세이다. 법전에 규정된 가혼연령(남 15세, 여 14세)이 그대로 잘 준수되었다고 보기는 어렵지만 호적상으로 규정된 연령을 어긴 혼인관계는 나타나지 않는다. 이는 호적이 式年戶籍으로 실재의 조혼이 3년후에 신고되었기 때문인지, 또는 조혼이 있었다면 고의로 말살되었거나 어떤 이유로 혼인신고가 누락되어서 그러한지는 분명히 알 수 없다.

　다음으로 남녀의 有配偶率을 보면 남자는 58%, 여자는 53.6%로 남자의 유배우율이 다소 높으며 최고점은 남자는 45~49세층에 있고, 여자는 30~34세층에 있어 점차로 그 인접 연령계층에 미치고 있다.

　그리고 <표 V-2>를 보면 남자의 유배우율은 20대에 급격히 상승하여 30대 후반에 와서 87%에 도달한 후 40대 후반에서 최고점을 이루고, 그 후 60대 전반까지 거의 90%선을 유지하다가 60대 후반부터 서서히 저하되고 있다. 여자의 유배우율은 20대에 급격히 상승하여 30대에 최고에 이르고 그 후 50대 전반까지 완만한 하강을 보인 후 급격히 저하되어

60대에서는 50%를 下廻하여 남자와는 상반된 현상을 보인다.

　남자의 경우 도표가 臺地型인데 반하여 여자 쪽은 봉우리型을 이루고 있으며 고연령층의 유배우율이 현저하게 낮다는 점이 특색이다. 이는 혼인연령의 相違에서 남자쪽이 일찍 사망해 버린다는 점과, 남자들의 재혼이 가능했던 반면 여자들의 재혼이 엄격히 금지되었던 때문이라고 생각된다. 또 하나의 특색으로는 유배우율이 50%를 넘는 연령계층이 남자는 25~29세층, 여자는 20~24세층에 있다는 점이다. 이는 未婚率 激減의 境界 즉 혼인연령이라 추정되는 연령층이기 때문이며, 여자쪽이 한 계층 낮게 나타난다.

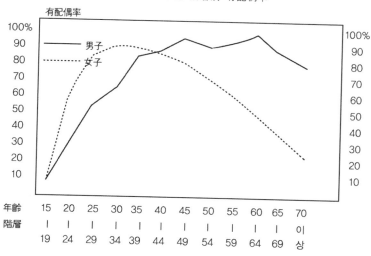

<표 Ⅴ-2> 年齡 階層別 有配偶率

　전술한 바와 같이 유배우율은 혼인자의 현재수로써 구한 것이고 호적 자료에서 직접 혼인연령을 파악할 수는 없다. 그러나 각 연대의 혼인수나 사망자수 등은 정상적인 사회상태 하에서는 돌변하는 것이 아니기 때문에 연령계층별 유배우자율에서 평균 혼인연령을 구할 수 있으리라고

본다. 즉 연령별 유배우자율을 사용하여 10대 또는 20대에서 순차적으로 비율이 높아져 가는 과정에서 그 비율이 50%를 넘을 때의 연령을 통계적으로 구하여 평균 혼인연령으로 삼을 수 있다는 것이다.[4]

물론 이 작업에는 어려움이 없는 것은 아니다. 재혼자의 수에 의해 왜곡된 점도 있고, 특히 배우율이 5세 간격으로 산출된 것이기 때문이다. 그래서 그 5세 간격의 연령계층의 유배우율을 그 계층 내의 중심연령에 있어서의 비율로 보고 그것을 직선으로 연결하여 50%선을 넘는 연령을 구하여 평균연령으로 삼았다.[5] 이리하여 산출된 평균연령을 보면 남자는 25.9세, 여자는 20.7세로 나타난다. 이 수치는 이 시기의 다른 나라의 경우와 비교 검토해야 하겠으나, 그 자료가 없으므로 부득이 20세기 초엽의 우리나라의 평균 혼인연령과 비교해 볼 수밖에 없다.

<표 V-3> 20세기 초엽의 平均婚姻年齡[6]

	男	女
1912年	18.2歲	19.5歲
1923年	23.3	19.9
1930年	23.6	20.3
1931年	23.3	20.5
1932年	22.7	18.7
平均	22.2	19.7

---

4) 速水融, 『近代農村の歷史人口學的 硏究』, 東洋經濟新報社(東京), 1973, 191쪽에 의하면 자료에서 직접 平均年齡을 얻을 수 있는 경우와 上記와 같이 年齡階層別 有配偶率을 이용하여 平均婚姻年齡을 산출한 결과를 비교하여 양자의 편차가 거의 없는 근사치가 검출되었음을 증명하고 있어 筆者도 이 방법을 이용하였다.

5) 예컨대 26~30세층의 有配偶率이 40%, 31~35세층의 그것이 80%라고 가정하면 각 中心年齡인 28세 때의 有配偶率이 40%, 33세 때의 有配偶率이 80%임을 나타내기 때문에 이것을 연결하는 직선이 50%선과 교차되는 점은 29.25세가 된다. 이것을 평균연령으로 삼는 것이다.

6) 金斗憲, 앞의 책, 454쪽.

<표 V-3>에서 나타난 5개년간의 평균연령은 남자 22.2세, 여자 19.7
세이다. 그리고 이와 비슷한 시기인 1921년부터 1930년에 이르는 10년간,
법정연령(남 15, 여 14)에 이르지 않은 자의 혼인수를 보면 혼인총수에
대하여 평균 남 7.1%, 여 6.2%로 나타나 조혼이 성행하였음을 알 수가
있다.7)

그러나 18세기 초 단성현의 경우는 남녀 모두 평균연령이 이보다 높
으며, 또 有配偶者에 있어서도 법정연령에 미달된 혼인사례가 없고 15~
19세층의 유배우율이 남자 3.6%, 여자 4.9%로 매우 낮은 상태이다. 물론
한 지방의 한정된 사료에서 얻어진 결과로써 전국적인 추세를 논하기는
어려우나 호적자료에서 얻어진 바로는 조혼이 성행하였다고 보기가 어
렵다고 하겠다.

이상에서 살펴본 바와 같이, 문헌자료상으로 조혼의 폐단에 관한 논의
가 있었던 것으로 보아 법전에 규정된 가혼연령(남 15, 여 14)이 잘 준수
되었다고 보기는 어렵다. 그러나 호적의 기재상으로 가혼연령에 미달된
혼인관계는 단 1건도 보이지 않고, 15~19세층에 남자 13건, 여자 11건의
혼인사례가 나타나며, 유배우자의 최하연령은 남자 16세, 여자 17세이다.
그리고 연령계층별 유배우율을 이용해서 산출한 평균혼인연령은 남자
25.9세, 여자 20.7세로 20세기 초엽의 그것보다 높게 나타난다. 그러므로
본 자료에서 얻은 결과로는 조혼이 널리 행해졌다고 하는 통설을 인정하
기가 어렵다고 하겠다.

2. 夫婦年齡差

혼인관계에 있어서 조혼과 함께 문제가 되어온 것은 처가 남편보다
연상인 부부가 많다고 하는 통설이다. 조선시대에 부부간의 연령차에 대

---

7) 金斗憲, 앞의 책, 449쪽.

한 규제를 보면 "宗室의 경우는 연령이 6세의 차이가 있어 원하지 않는 자에게는 서로 혼인함을 허락하지 않고, 연령의 加減을 隱諱하였다가 나중에 발견되는 자에게는 家長을 爲婚妄冒律로 論罪한다"[8]고 하여 연령차는 6세 이내에 한정시켰으나, 일반인에 대한 법전상의 규제는 보이지 않는다. 그러나 세조 13년(1467) 3월에

凡士庶人 雖相長十餘歲者 亦相婚嫁[9]

라고 한 것으로 보아 10여 세의 차이가 있어도 혼인이 가능했음을 알 수가 있다.

다음 <표 V-4>는 숙종 43년(1717)의 단성호적에 나타난 남녀 유배우자 2,440명을 대상으로 하여 부부의 연령차를 면별로 집계한 것이다. 호적상 재혼으로 기재된 것은 제외하였다. 그러나 부부의 연령차로 보나 또 그 자녀의 연령 등으로 미루어 보아 재혼이라고 추정되는 경우가 제법 있었지만 기재상으로 명시되어 있지 않았기 때문에 이의 실상을 규명할 길이 없어 모두 포함하여 처리하였다.

이 표에 의하면 男便年上이 68%로 그 비율이 현저하게 높고, 妻年上은 22.3%이며, 동갑부부는 9.7%에 불과하다. 이를 다시 신분별(양반, 상민, 노비)로 보면 남편연상에 있어서는 세 신분층이 거의 비슷한 비율을 보이며, 처연상에 있어서는 양반층과 상민층이 거의 같고 노비층이 다소 낮은 편이며, 동갑부부는 노비층이 앞의 두 계층에 비하여 월등히 높다.[10] 총수에 있어서는 동갑이 가장 많고 남녀 모두 연령차 1세가 다음이며 이하 대체로 연차가 높아짐에 따라서 점차 감소되어 가고 있다.

---

8) 『經國大典』 卷3, 禮典 婚嫁條.
9) 『世祖實錄』 卷41, 世祖 13年 3月 甲申.
10) 金錫禧・朴容淑, 「18世紀 農村의 社會構造」, 『釜大史學』 3, 1979, 25~60쪽 참조.

<표 Ⅴ-4> 夫婦年齡差(丹城, 1717)

年齡差＼面別		元堂	縣內	北洞	悟洞	都山	生比良	新燈	法勿也	計	%
妻年上	16										
	15								1	1	
	14									·	
	13									·	
	12					1		1	1	3	
	11						1		1	2	
	10			3		1				4	
	9	1	2	1	·	·	·	1	1	6	
	8	·		1	2	2	4	1	2	12	
	7	1	3	3	2	2	6	3	3	23	
	6	1	4	3	1	3	7	3		22	
	5	3	3	6	6	8	6	4	8	44	
	4	5	9	3	5	5	20	5	12	64	
	3	9	8	5	5	14	15	5	16	77	
	2	17	16	6	12	21	23	9	12	116	
	1年	11	31	18	15	15	24	19	37	170	
計		48	76	49	48	72	106	51	94	544	22.3
同甲		29	39	32	12	23	39	22	40	236	9.7
男便年上	1年	20	24	20	17	19	36	19	43	199	
	2	20	39	14	14	24	30	32	26	198	
	3	26	30	19	6	28	25	17	24	175	
	4	17	21	25	13	16	18	13	16	139	
	5	15	23	24	12	16	15	13	19	137	
	6	13	15	10	6	15	14	13	19	105	
	7	8	17	12	6	15	11	11	14	94	
	8	12	11	14	7	15	12	10	19	100	
	9	6	17	6	6	8	11	11	8	73	
	10	10	11	7	8	16	12	13	17	94	
	11	9	6	3	1	7	6	5	16	51	
	12	7	10	4	3	9	4	4	3	44	
	13	3	3	6	1	7	2	2	15	39	
	14	1	5	1	2	7	2	6	9	33	
	15	8	3	4	4	4	3	6	5	37	
	16	2	7	4	1	2	3	·	5	25	
	17	2	6	2	6	·	·	5	5	29	
	18	3	6	·	2	4	2	2	1	20	
	19	1	2	1	1	3	1	2	1	10	
	20	1	2	2	3	3	1	·	1	17	
	21	3	1	2	·	1	1	·	·	7	
	22	2	1	2	·	2	·	·	·	7	
	23	·	2	·	·	2	1	1	1	8	
	24	1	1	3	·	·	·	·	1	4	
	25	2	1	·	·	·	1	·	2	6	
	26	·	·	1	1	·	·	·	·	3	
	27	·	1	·	·	1	·	·	1	2	
	28	·								·	
	29	·								·	
	30	2								2	
計		194	264	186	119	230	212	184	271	1,660	68.0
合計		271	379	267	179	325	357	257	405	2,440	100.0

처연상에 있어서의 연령차는 1~2세가 가장 많고 연수가 올라감에 따라서 그 수가 격감하고 있다. 또 처연상은 15세가 최고이나 대체로 12세차에서 머무르고 있으며 10세차 이상이 불과 10명인데 비하여, 남편연상에 있어서는 20세차 이상이 56명이나 된다. 그러므로 처연상이라 하여도 그 연령차는 크지 않다고 하겠다.

한편 남편연상에 있어서는 1~10세차 사이에 많이 분포되어 있고, 처연상의 경우와는 달리 年長에 따른 격감현상은 나타나지 않는다. 그러니까 남편연상은 처가 연상인 경우보다 그 연령차가 훨씬 컸다고 하겠다.

다음으로 각 연령계층내에서의 부부연령차의 실태를 보기 위해 <표 V-5>를 작성하였다. 부부연령차의 빈도는 남녀 모두 35~39세층이 가장 높고 점차 상하계층으로 이름에 따라 감소되고 있다. 남자가 연상의 처를 갖는 비율은 15~19세대의 92.2%를 최고로 하여 연소층으로부터 노년층으로 올라가면서 감소되고 특히 40대부터 현저하게 감소되고 있다. 그러나 남편연상의 배우비율은 크게 감소되지 않고 오히려 노년층에 높게 나타난다. 한편 여자에 있어서는 처의 연상율이 남자의 경우와는

<표 V-5> 年齡階層別 夫婦年齡差

夫婦別 年齡階層別	男							女						
	男便年上	%	同甲	%	妻年上	%	計	男便年上	%	同甲	%	妻年上	%	計
0~14歲														
15~19			1	7.7	12	92.2	13	10	90.9	1	9.1			11
20~24	17	18.5	18	19.6	57	62.0	92	87	64.4	18	13.3	30	22.3	135
25~29	89	44.9	17	8.6	92	46.5	198	200	69.2	17	5.9	72	24.9	289
30~34	160	55.7	35	22.2	92	32.1	287	276	68.0	35	8.6	95	23.4	406
35~39	238	62.5	41	10.8	102	26.7	381	263	63.8	41	10.0	108	26.2	412
40~44	265	71.4	38	10.2	68	18.3	371	278	70.0	38	9.6	81	20.4	397
45~49	202	78.9	22	8.6	32	12.5	256	143	66.2	22	10.2	51	23.6	216
50~54	167	79.9	11	5.3	31	14.8	209	135	78.0	11	6.4	27	15.6	173
55~59	166	80.2	14	6.8	27	13.0	207	109	69.9	14	9.0	33	21.1	156
60~64	141	79.2	22	12.4	15	8.4	178	93	70.5	22	16.6	17	12.9	132
65~60	88	84.6	9	8.7	7	6.7	104	37	63.8	9	15.5	12	20.7	58
70歲以上	127	88.2	8	5.6	9	6.2	144	29	52.7	8	14.5	18	32.7	55
總計	1,660	68.0	236	9.7	544	22.3	3,440	1,660	68.0	236	9.7	544	22.3	2,440

반대의 경향을 보이고 있다. 이러한 현상은 앞에서 본 바와 같이 남녀 재혼의 난이도에서 기인된 결과라고 생각된다.

이상에서 우리는 전근대사회의 혼인연령이 조화를 이루지 못했다는 점과 부부의 연령차에 있어 처가 연상인 경우가 전체의 22.3%를 차지하고 있음을 알게 되었다. 그리고 그 차이는 1~2세가 가장 많으며 동갑부부는 9.7%이다. 처연상에 있어서는 그 연령차가 크지 않은데 반하여 남편연상의 경우는 그 차이가 크다. 이는 남녀 재혼의 난이문제와 관계가 있는 것이라 생각된다. 우리나라에서 처가 연상인 부부가 많았다고 하는 종래의 통설이 22.3%의 비율로써 성립될 수 있을런지 의문이나 압도적인 현상이 아닌 것만은 확실하다. 이 문제는 다른 나라의 통계와 비교 검토되어야 그 실태와 의미가 분명해지리라 생각된다.

3. 同姓婚

우리나라의 혼인제도상 同姓婚이냐 同姓不婚이냐 하는 문제는 큰 관심사가 되어 왔고, 또 지금까지 국내외 학자들에 의해 많은 연구논문이 발표되기도 하였다. 이 문제를 구명하는 일은 우리 사회의 구조와 변화를 이해하는 데 필요한 과제라고 생각된다. 그러나 지금까지의 동성혼에 관한 연구는 주로 법제사적 측면에서의 것이었고, 호적대장을 자료로 삼아 동성혼의 실태를 실증적으로 考究한 논고는 몇 편[11]에 불과한 실정이다. 이 중 17세기의 것을 취급한 것으로는 崔在錫이 山陰戶籍(1606, 1678)에서 초기부터 후반에 걸친 그 실태와 변화를 밝혔다. 18세기의 연

---

11) 李光圭, 『韓國家族의 史的 硏究』, 一志社, 1978 ; 崔在錫, 「17世紀初의 同姓婚」, 『震檀學報』 46·47, 1978, 165~174쪽 ; 拙稿, 「朝鮮後期의 婚姻實態-1717년의 丹城戶籍을 중심으로-」, 『釜大史學』 4, 1980, 111~139쪽 ; 崔權默·韓基範, 「17世紀의 同姓婚-丹城戶籍을 중심으로-」, 『忠南大學校 人文科學論文集』 IX-2, 1982, 323~348쪽.

구로는 蔚山戶籍을 이용한 李光圭와 18세기 초(1717)의 丹城戶籍에서
幼學戶만을 대상으로 하여 이 문제를 취급한 필자의 것이 있을 뿐이다.
  그러므로 여기에서는 단성지역의 경우는 17세기의 연구에 이어지는
18세기의 두 式年分(1717, 1786)을, 언양지역은 18세기에서 19세기에 걸
친 세 式年分(1711년, 1798년, 1861년)을 각각 자료로 선정하였다. 분석
의 주된 내용은 同姓同本婚, 同姓異本婚, 異姓同本婚 문제와 그들의 身
分構成, 姓貫分布 등이며 아울러 世婚問題를 살피기 위해 姑婦間의 동
성혼 사례와 父子兩代에 걸친 同姓同本婚 등을 대상으로 하였다.

1) 同姓婚의 禁制

  우리나라의 通婚條件 가운데 同姓間에는 혼인이 성립될 수 없었다는
것은 널리 알려진 사실이다. 이 동성불혼이 국법으로 정해지기 시작한
것은 고려말 忠宣王 때부터 라고 생각된다. 즉 『高麗史』에 의하면

  自今 若宗親娶同姓者 以違背聖旨論宜……文武兩班之家 不得娶同
  姓外家 四寸亦聽求婚12)

이라 하여 종친은 물론 문무양반에게도 동성간의 혼인을 금할 것을 정하
고 있다. 그러나 이 禁制가 실제로 잘 시행되었는지는 의문이다. 이 동성
불혼에 관한 규제가 확립된 시기는 조선왕조에 들어와서였다고 생각된
다. 이에 관한 법전상의 규정을 보면 『經國大典』 권3, 禮典 婚嫁條에

  宗室則 具其子女年歲及定婚家主職姓名 告宗簿寺 定婚家姓李者勿告
  宗簿寺檢覈啓聞

이라 하여 종실의 동성혈족혼을 금지해 놓고 있다. 그러나 종실외의 동

---

  12) 『高麗史』 「世家」 卷33, 忠宣王 1年 11月 辛未.

성불혼에 관한 名文의 기재는 찾아 볼 수가 없다. 이는 아마도『大明律』의 규정인 "凡同姓爲婚者 各杖六十 離異"라고 한 것을 그대로 차용한데서 온 결과라고 생각되며, 특별히 왕실의 동성혼에 관해서만 규제한 것은 전통적으로 왕실의 동성혼이 심하였기 때문으로 해석된다. 그런데 우리나라에서는 동성불혼이라 하여도 貫鄕을 달리하는 同姓異本의 경우에는 문제가 있다. 즉『大明律』에 규정된 동성불혼이란 동성이면 혼인할 수 없다는 것이다. 중국에 있어서의 동성이란 곧 同宗을 의미하는 것이지만 우리나라에서는 동성이라 하여 곧 동일조상에서 나온 同宗을 뜻하는 것이 아니고 同姓同本이라야 同宗이 되는 것으로,『大明律』의 同姓禁婚은 우리나라에서의 동성동본금혼을 의미하는 것이었다고 하겠다.13)

조선 초에는 同姓異本간의 혼인에는 별다른 금제가 없었던 것 같다. 왕실에서도 태종 때 貞順公主와 淸州 李氏 李伯剛이 혼인한 사례를 볼 수 있으며,14) 또 세종이

(上曰) 不娶同姓 古之法也 而我國之風 雖同姓籍貫異則娶之日 非同宗也 至於宗室駙馬 亦娶同姓 以爲非我一姓也……曩者嘉禮之時 國家 欲以政丞李原女子 納以爲嬪 後更議以爲未可也 遂不納 但臣僚之家 未革娶同姓之風耳15)

라고 한 것을 보면 종실을 비롯하여 일반적으로 동성이본 사이의 혼인은 금기가 된 것은 아니었다. 그러나 정승 李原16)의 딸 納婚問題를 계기로 왕실에서는 동성이본혼이 금지되었고, 그 후에도 왕실에서는 계속 동성

---

13) 金斗憲, 앞의 책, 435쪽 ; 崔槿默·韓基範, 앞의 논문, 327쪽.
14)『太宗實錄』卷36, 太宗 18年 11月 庚申, "貞順公主 下嫁靑平府院君李伯剛 非一李也".
15)『世宗實錄』卷83, 世宗 20年 12月 乙丑.
16) 李原의 本鄕은 固城으로 世宗期에 左議政을 역임한 인물임.

혼은 행하지 않았던 것 같다.[17] 왕실에서는 비록 그렇다 하더라도 사대부가를 비롯하여 일반민들 사이에서는 동성이라 할지라도 異本이면 서로 혼인하는 것이 조선후기에 이르기까지 일반적인 혼인풍속이었던 것 같다. 18세기에서 19세기 초에 걸쳐 살았던 李肯翊은 『燃藜室記述』에서

　　　國俗 姓字雖同 而鄕貫若別 則例通婚嫁[18]

라고 하였다. 즉 우리나라 풍속으로는 姓字가 비록 같더라도 관향이 다르면 의례히 서로 혼인을 하였다고 하여 동성이본혼이 통례로 되어 있음을 지적하고 있다.

　이 동성불혼에 관한 몇몇 대표적 학자들의 견해를 보기로 한다. 선조 때의 실학자 李睟光은 다음과 같이 말하고 있다.

　　　不娶同姓 禮也……我朝士大夫家 一從禮法 尤謹於昏禮 而但姓同而
　　本異者謂非同姓 不以爲嫌 華人笑之云[19]

　同姓끼리 혼인하지 않는 것이 禮이다. 本朝 사대부의 집에서는 한결같이 예법을 쫓았고 그 중에서도 혼례를 더욱 삼가했다. 그러나 다만 성은 같으나 본관이 다른 사람끼리는 이것을 같은 성이 아니라 해서 혐의로 여기지 않았으나 중국사람들은 이를 비웃는다고 하였으니 이는 동성

---

17) 『燕山君日記』卷23, 燕山君 3年 辛亥, "傳于政院曰 雖娶同姓無妨乎 祖宗朝亦有娶同姓乎 承旨宋軼啓 臣等未知請問諸禮曹 禮曹啓……臣等意 不可娶也 國初禮制未備 容或有之 自世宗朝未嘗有焉 今不可娶同姓也 傳曰 知道";『宣祖修正實錄』卷25, 宣祖 24年 5月 乙丑, "上以揀擇尙主駙馬 應選者數狹 傳教禮曹曰 選中無姓李者 取之何妨 其議處之 回啓曰 我國姓氏 所自出 頗不能明 或初爲一姓 後因移徙鄕縣 遂爲別籍者 初無顯名者 而中間托爲某貫者有之 我朝國婚時 未聞有此事 請廣收廷議 答曰 予觀士大夫家 不以此爲嫌 而獨於國婚有此雜說 何也……上曰 姑置之".
18) 李肯翊, 『燃藜室記述』 「別集」 卷12, 政敎典故 婚禮條.
19) 李睟光, 『芝峰類說』 卷17, 人事部 昏娶條.

동본혼과 마찬가지로 당시 일반적인 혼인풍속으로 되어 있던 동성이본
혼도 예에 어긋나는 것으로 보고 금지할 것을 주장한 것이라고 하겠다.
또 인조대의 鄭經世는 그의 『愚伏先生文集』에서

　　國俗 以異貫爲異姓 李與李婚 金與金婚 法家名族 亦皆不免 此則雖
　　非古禮 而今亦不可卒革[20]

이라 하여 우리나라에서는 異貫을 異姓으로 인정하기 때문에 이씨와 이
씨, 김씨와 김씨는 서로 혼인하고 있으나 이는 예에 맞지 않는 것이라고
지적하고 있다. 正祖代의 丁若鏞도 우리나라의 김씨·이씨와 같은 大姓
도 본관이 같지 않다고 하여 동성끼리 혼인을 하는데 이는 크나큰 非禮
라고 비난하고 있다.[21] 이 밖에도 조선후기의 많은 학자들 사이에서도
이 문제는 논란의 대상이 되었다.[22] 결국에는 현종 10년(1669) 동성이본
혼에 대해서도 법제적 규제를 가하자는 논의가 일어나게 되었다. 즉 判
府事 宋時烈의 上言에

　　至於婚姻之娶同姓字者 非禮也 國家旣遵禮法 而民俗猶踵舊習 雖非
　　同貫姓字同而婚娶者 請禁之[23]

20) 鄭經世, 『愚伏先生文集』 卷14, 雜著 榜論江陵一鄕文, 成均館大學校 大同文化
　　研究院, 1977.
21) 丁若鏞, 『與猶堂全書補遺』 雜纂編 雜著 餛飩錄 同姓不婚條, "東人 如金李大
　　姓 但其本貫不同 則同姓爲婚 大非禮也".
22) 李重煥, 『八域誌』 四民總論, "至高麗混一三韓 而始倣中國氏族 頌姓於八路 而
　　人皆有姓 然未頌之前派族各異 故但擇同貫爲同姓 若他邑 則姓雖同不以爲族
　　而婚娶不禁者 以先祖不同也" ; 鄭東愈, 『晝永編』 一, "麗朝家法 娶其同姓 實
　　爲禽犢之行 雖夷狄之方 未曾有此……我東士夫家於姓同而籍貫各異之族 不嫌
　　其婚姻矣……姓同不婚之說 自其時 半世從之 今成定俗 此雖非禮之本意 而亦
　　無大段害事……安東之金與權 明是同祖之族 而以其變金爲權 故近來 兩族不
　　避婚姻 豈不尤可笑乎".
23) 『顯宗實錄』 卷16, 顯宗 10年 正月 乙未.

라고 하였다. 즉 동성혼은 예에 어긋나는 것이니 風敎의 醇化上 동성이
본의 혼인을 금지할 것을 건의하고 있으며 이에 대하여 왕도 따르고 있
다. 이리하여 현종 10년부터 왕명에 의하여 동성이본혼에 대한 禁制가
정해졌으며[24] 영조 때에는 『續大典』에 이 금제조항이 명기되었고 『大典
會通』으로 이어졌다.[25]

그러면 이 같은 법제적 규제에 따라서 우리사회에서 일반적인 혼인풍
속으로 내려오던 동성불혼, 특히 동성이본간의 혼인이 자취를 감추게 되
었는가? 이에 대해서 18세기의 실학자요 陽明學者인 修山 李種徽는 다
음과 같이 말하고 있다.

夫同姓異貫者 其前世安知不與之同本耶 近世儒賢建議禁其婚 而一
種之人 不忌而或爲之 此可痛禁也 民間男女相悅而婚 此蠻風也[26]

즉 동성이본혼이 금지되었지만 민간에는 일부에서 여전히 행해지고
있음을 통탄하고 있다.

그러므로 이러한 법제적인 조치와 학자들의 의견이 실생활에 어느정
도 반영이 되었는가를 호적의 분석을 통해서 그 실상을 파악해 보기로
한다.

2) 18·19세기 彦陽地域의 동성혼

(1) 辛卯式年(1711) 장적의 분석

동성혼의 분석대상으로 삼은 호주의 부부수는 縣內의 총호수에서 부
부가 모두 생존해 있는 경우와, 鰥夫戶나 寡婦·寡女戶 중에서도 그 夫

---

24) 『受敎輯錄』 禮典 婚禮條, "貫鄕雖異 姓字若同 則使不得婚娶 定爲禁制"(康熙
己酉承傳).
25) 『續大典』 卷3, 禮典 婚嫁條, "貫鄕雖異 姓字若同 則勿得婚娶".
26) 李種徽, 『修山集』 卷6, 史論 革舊俗條.

나 妻의 姓이 기재되어 있는 것은 모두 대상으로 삼았고 노비호(戶主夫婦 모두가 노비이거나 그 어느 한쪽이 노비인 경우)는 모두 제외시켰다. 그리하여 1711년의 장적에서 분석이 가능한 부부수는 다음과 같이 집계되었다.

<표 V-6> 面別 戶數 및 分析對象 夫婦數

戶數·夫婦數 \ 面別	上北	中北	下北	上南	中南	三同	合計
總戶數	254	94	224	174	229	186	1,161
夫婦數	193	90	204	157	214	170	1,028

<표 V-6>과 같이 18세기 초 彦陽縣 6個面의 총호수 1,161호 중 혼인 분석이 가능한 부부수는 1,028부부로 이는 총호수 중 88.5%를 차지한다. 이 가운데 同姓婚者는 91부부, 異姓婚者는 937부부였다. 그 내용을 보면 다음과 같다.

<표 V-7>

同姓婚		91(8.9%)
同姓同本	32	
同姓異本	44	
男便姓貫不記	·	
妻本貫不記	15	
異姓婚		637(91.1%)
異姓同本	2	
異姓異本	935	
計	1,028	(100%)

<표 V-7>에서 동성혼은 전체 부부의 약 8.9%를 차지하고 있으며 이성혼은 91.1%로 대다수의 부부가 이성간에 혼인을 하고 있음을 알 수 있다. 이 같은 동성혼의 비율은 17세기의 山陰縣이나 丹城縣의 경우보다 높게 나타나고 있다.27) 동성혼자 91부부의 내용을 보면 동성이본혼자가

44부부로 제일 많고 동성동본 부부도 32건이나 되어 상당히 높은 비중을 차지하고 있어 주목된다. 본관이 미상인 동성혼자에 있어서는 남편의 본관이 기재되지 않은 경우는 없었고, 처의 본관이 不記된 사례가 15건으로 나타났다.

　異姓婚者 중에서 문제가 되는 것은 이성동본혼자의 경우이다. 우리나라에서 성과 본관에 관계없이 동일조상에서 나왔다는 혈연의식이 있으면 상호간 혼인을 하지 않는 것이 일반적인 관습이었다.[28] 辛卯式 장적에는 이러한 이성동본간의 혼인사례가 2건이 나오는데 모두 金海 許氏와 金海 金氏간의 혼인이다. 이들 남편의 직역은 禁衛軍과 御保로 기록되어 있어 동성동본혼과 같은 혼인형태로 보아야 할 것이다.

　다음으로 이들 동성혼자들의 신분을 알아보기 위해 그 남편의 직역을 분류해 보면 다음의 표와 같다.

　<표 V-8>에 의하면 동성혼자는 그 신분이 거의가 상민층으로 나타난다. 帶品者 2명이 있기는 하나 모두 三祖의 직역 중 正兵이 있고 그 처의 칭호가 召史인 것으로 보아 양반으로 분류하기는 어렵다.

27)

地域\同姓婚	山陰		丹城		蔚山
	1606	1630	1606	1678	1729
夫婦總數	541	431	233	1,492	651
同姓同本	4	8	2	36	28
同姓異本	25	15	12	51	76
本未詳同姓	3	2	2	24	·
同姓婚合計	32	25	61	111	104
(%)	(5.9)	(5.8)	(6.9)	(7.4)	(16)

※이 표는 崔在錫(山陰), 李光奎(蔚山), 崔槿默·韓基範(丹城) 諸氏의 연구성과를 정리한 것임.
28) 異姓同本間의 同族으로는 安東 金氏와 安東 權氏, 金海 金氏와 金海 許氏가 있으며 同姓異本으로서 同宗인 경우는 豊壤·漢陽·楊州를 본관으로 하는 趙氏間, 그리고 모든 丁氏, 呂氏, 全氏間이 있으며, 또 異姓異本으로서 同族인 경우는 全州 車氏와 文化 柳氏, 積城 具氏와 新安 朱氏 등이 있다(金斗憲, 앞의 책, 60쪽 ; 崔在錫, 앞의 논문, 169쪽 ; 拙稿, 앞의 논문, 123쪽 참조).

<표 V-8> 同姓同本婚者

職役	數	職役	數	職役	數
嘉善大夫	1	陸軍別隊	1	硫礦軍	1
通政大夫	1	騎保	1	諸匠人	5
校生	1	御保	1	藥干	1
武學	3	步保	1	還俗僧	2
假吏	1	禁衛保	1	不記	1
驛吏	6	砲保	1		
御營軍	2	烽軍	1	計	32

<표 V-9> 同姓異本婚者

職役	數	職役	數	職役	數
幼學	4(4)	驛吏	4	騎保	4
通政大夫	1	驛保	1	禁衛保	2
通德郎	1(1)	良人	1	御保	2
副司果	1(1)	步兵	1	諸匠人	3
諸衛	3(1)	陸軍	1	刻手	1
業武	1	禁衛軍	3	老人	2
武學	6(1)	烽軍	2	計	44

※( )안의 숫자는 兩班으로 간주될 수 있는 자

<표 V-10> 本貫未詳同姓婚

職役	數	職役	數	職役	數
幼學	3(3)	業武	2	烽軍	3
通政大夫	2(1)	武學	1	藥干	1
析衝將軍	1	陸軍	2	計	15

<표 V-11> 同姓同本婚者

姓貫	數	姓貫	數	姓貫	數
金海金	17	密陽朴	3	昌原黃	1
慶州李	5	慶州金	2		
慶州崔	3	蔚山朴	1	計	32

그리고 職役不記 1명은 상민신분(父職役 御營軍)이다. 그러므로 동성동본혼자 32부부 중 상민의 상층부에 속하고 양반에 준하는 中庶層이 6부부, 나머지는 모두 상민층이 되는 셈이다.

동성이본혼자의 신분(<표 V-9>)은 앞의 분류 기준에 따르면 양반이 8, 중서층이 9, 상민층이 27명으로 나타난다. 여기서 주목되는 것은 동성동본혼자에서는 볼 수 없었던 양반신분이 상당한 비중을 차지하고 상대적으로 상민층의 혼인사례가 동성동본혼의 경우보다는 그 비율이 낮다는 점이다. 특히 향촌사회에서 대표적인 양반신분으로 간주되어온 幼學이 4부부나 나타나고 있다. 이 점에 있어서는 <표 V-10>의 본관미상 동성혼자의 경우에 있어서도 비슷한 경향을 볼 수 있다.

다음으로 동성혼자의 성과 본관의 내용을 보기로 한다. 먼저 동성동본혼자 32부부의 경우를 보면 <표 V-11·12>와 같다.

<표 V-11>에서 보는 바와 같이 동성동본혼자의 성관은 일곱이 있는데 이 중 蔚山 朴氏, 昌原 黃氏를 제외하고 모두가 이 지방의 大姓들이다. 그 중에서도 金海 金氏의 경우는 27건이나 되어 동성동본혼 부부 전체의 약 61%나 되었다. 또 이들 중에는 부자가 모두 동성동본혼을 하고 있는 金海 金氏 부부 2건과 蔚山 朴氏 부부 1건이 있으며 그들의 신분은 상민이었다.

<표 V-12>는 同姓異本婚者의 성을 정리한 것인데 역시 大姓인 金氏, 李氏, 朴氏가 대부분을 차지하고 있다. 이들 중 夫와 妻의 본관이 각각 金海×慶州(14), 慶州×金海(5)인 金氏夫婦가 제일 많고, 密陽×慶州인 朴氏夫婦(4)가 다음으로 나타나고 있다. 또 同姓異本婚者 중에는 일종의 世婚的 同姓婚이라 할 수 있는 일정한 본관끼리 男·女를 바꾸어 혼인하는 사례도 있다.

<표 V-12> 同姓異本婚者

夫婦의 姓	數	夫婦의 姓	數
金	27	崔	1
朴	7		
李	9	計	44

<표 V-13> 姑婦同姓同本者

姓貫	數	姓貫	數
金海金	5	慶州李	1
慶州金	1	東萊鄭	1
密陽朴	1	計	9

<표 V-14> 姑婦同姓異本者

姑婦의 姓	姑의 本貫	婦의 本貫	數
金	金海	慶州	2
朴	蔚山	密陽	1
朴	蔚山	潘南	1
李	慶州	完山	1
	計		5

다음으로 世婚문제를 밝혀보기 위해 姑婦間의 同姓婚者를 조사하여
보았다. 모두 14건이었다. 이 중에서 同姓同本이 9건, 同姓異本은 5건이
었다. 동성동본자의 성관(<표 V-13>)은 金海 金氏가 절반 이상을, 同
姓異本婚(<표 V-14>)에서도 金氏의 비율이 높게 나타난다.

⑵ 戊午式年(1798) 장적의 분석

분석대상 부부의 선정은 辛卯式장적의 원칙에 따라 분류하였다. 면별
호수 및 동성혼 분석대상 부부수를 보면 <표 V-15>와 같다.

<표 V-15> 面別 戶數 및 分析對象 夫婦數

面別 戶數·夫婦數	上北	中北	下北	上南	中南	三同	合計
總戶數	318	92	207	187	176	218	1,198
夫婦數	276	78	186	165	155	198	1,058

1798년 총호수 1,198戶 중에서 분석이 가능한 호주 부부는 1,058부부로 전호수의 88.3%를 차지하여 1711년의 장적에서와 같이 비교적 높은 비율을 보여주고 있다. 이들 부부를 姓貫에 따라 동성혼과 이성혼으로 나누어 보면 다음과 같다.

<표 V-16>에 따르면 동성혼부부는 94부부로 전체 부부의 약 8.9%를 차지하고, 異姓婚은 91.9%로 나타나 앞에서 본 辛卯帳籍의 그것과 같은 비율로 나타나며 역시 이성혼이 압도적으로 많다는 것을 알 수 있다.

<표 V-16>

同姓婚		94(8.9%)
	同姓同本	22
	同姓異本	71
	男便本貫不記	.
	妻本貫不記	1
異姓婚		964(91.1%)
	異姓同本	1
	異姓異本	963
計		1,058(100.0%)

그러나 동성동본의 경우에 있어서는 그 수가 32건에서 22건으로 10건이나 감소되고 있는 반면 동성이본혼은 현저히 증가되고 있다.

다음으로 동성혼자의 신분을 파악하기 위해 동성혼부부의 남편의 직역을 정리하여 보았다.

<표 V-17> 同姓同本婚者

職役	數	職役	數	職役	數
幼學	3(3)	禁衛軍	2	豆錫匠	1
忠翊衛	1(1)	御營軍	2	使令	1
閑良	1	烽軍	1		
業武	1	水軍	1		
驛吏	6	別隊	2	計	22

<표 V-18> 同姓異本婚者

職役	數	職役	數	職役	數
幼學	39(39)	記官	2	別隊	3
嘉善大夫	1	驛吏	3	水軍	2
通政大夫	2(1)	御營軍	2	冶匠	1
諸衛	4(2)	禁衛軍	2		
出身	1	主鎭軍	1		
閑良	7(2)	烽軍	1	計	71

　<표 V-17>에 의하면 동성동본혼자는 상민(16), 양반(4), 중서층(2)의 순서로 나타나 역시 상민층이 거의 대부분을 차지하고 있다. 그런데 주목할 만한 사실은 辛卯帳籍에서는 찾아볼 수 없었던 양반이 4부부, 그 중에서도 幼學이 3부부나 된다는 점이다. 호적의 기재상으로 보아서는 幼學戶主 부부의 四祖에서는 하자를 찾아볼 수가 없었다. 그리고 1798년 장적에는 이성동본혼인 金海 許氏×金海 金氏가 1부부 있었는데 그 신분은 양반이었다.

　동성이본혼자의 신분은 <표 V-18>과 같이 71부부 중 양반(44), 상민(15), 중서(12)의 순으로 되어 있다. 동성이본혼의 약 62%가 양반층에 의해서 이루어지고 있으며, 그 중에서도 幼學이 약 55%를 점유하고 있다. 결국 동성동본혼은 상민층이, 동성이본혼은 양반층이 중심이 되어 있었다고 하겠다. 이 중 父子 2대에 걸쳐 동성동본혼한 부부는 金海 金氏 부부와 慶州 崔氏 부부가 각각 1건씩으로 그들의 신분은 상민이었다. 이들은 동성동본 世婚을 하고 있는 부부라 하겠다.

동성혼자의 성과 본관의 분포를 정리해 보면 다음과 같다.

<표 V-19> 同姓同本婚者

姓貫	數	姓貫	數
金海金	13	密陽朴	1
慶州李	5	慶州朴	1
慶州崔	2	計	22

<표 V-20> 同姓異本婚者

夫婦의 姓	數	夫婦의 姓	數
金	45	崔	3
李	15	姜	1
朴	7	計	71

동성동본혼 부부의 성관(<표 V-19>)은 모두 다섯인데 이들도 모두 大姓들이다. 그 중에도 縣內 제일의 同族戶를 갖고 있는 金海 金氏의 경우는 13부부로 동성동본 부부 전체의 약 59%나 된다. 그리고 동성 이본혼자의 姓(<표 V-20>)을 보면 역시 大姓인 金氏, 李氏, 朴氏가 그 대부분을 차지하고 있어서 이는 앞의 辛卯年 장적의 경우와 같다. 金氏의 경우 金海×慶州(慶州×金海) 부부가 35건, 나머지 10건도 부부 중 어느 한쪽이 金海이거나 慶州이다. 그러므로 金氏間의 동성이본혼은 모두 金海 金氏와 慶州 金氏를 중심으로 이루어지고 있는 셈이다.

姑婦間의 동성혼은 모두 99건으로 그 내용을 보면 동성동본은 58건, 동성이본은 41건이었다. 姑婦同姓者 중에서 동성동본자(<표 V-21>)는 역시 대성인 金海 金氏가 전체의 48%를 차지하고 그 다음이 慶州 李氏, 慶州 金氏의 순이다. 이들 성씨는 앞에서 본 바와 같이 동성동본혼에 있어서도 그 비율이 가장 높았던 성씨들이다.

姑婦同姓異本者(<표 V-22>)의 경우도 역시 大姓인 金氏와 李氏가 전체의 약 85%를 차지하고 있다.

<표 V-21> 姑婦同姓同本者

姓貫	數	姓貫	數
金海金	28	晋州姜	2
慶州金	8	東萊鄭	2
慶州李	9	慶州崔	2
淸安李	1	草溪陳	1
密陽朴	3	羅州林	1
慶州朴	1	計	58

<표 V-22> 姑婦同姓異本者

姑婦의 姓	數	姑婦의 姓	數
金	26	朴	1
李	9	安	1
崔	2		
鄭	2	計	41

　이들 姑婦동성동본혼자의 가계를 정리하여 그 신분을 파악해 보았다 (<표 V-23>). 그 방법으로는 호주와 그 父의 직역, 姑의 父 및 婦의 父 의 직역, 그리고 姑婦의 호칭 등을 기준으로 삼아 신분을 분류하였다. 그 결과 그 신분직역이 幼學·學生·帶品職者이고 처의 호칭이 某氏로 기 재되어 양반신분으로 볼 수 있는 수는 전체 58건 중 28건으로 나타났으 며 다음이 상민층으로 19건, 그리고 직역이 業武·業儒·閑良·武學 등 이고 처가 대부분 某姓으로 기재되어 있어 準兩班이라 할 수 있는 中庶 層이 11건이었다.

　그러므로 이 戊午帳籍의 분석 결과를 볼 때 世婚이라 할 수 있는 姑 婦동성동본혼은 주로 夫나 妻의 兩家가 모두 양반가계를 갖는 집안을 중심으로 한 지배층사회에서 성립되고 있었다고 보여진다.

<표 V-23> 姑婦同姓同本者의 家系

姓貫	夫의 身分		妻의 身分	
	父職役	子職役	姑의 父職役	婦의 父職役
金海金氏	學生	幼學	學生	學生
〃	〃	〃	〃	〃
〃	〃	〃	〃	〃
〃	〃	〃	〃	〃
〃	〃	〃	〃	〃
〃	〃	〃	〃	〃
〃	〃	〃	〃	〃
〃	〃	〃	〃	〃
〃	〃	〃	通德郎	〃
〃	〃	〃	老職正憲大夫	〃
〃	〃	〃	老職嘉善大夫	〃
〃	〃	〃	老職嘉善大夫	〃
〃	〃	〃	學生	〃
〃	郎廳	業務	〃	〃
〃	閑良	幼學	〃	〃
〃	學生	閑良	嘉善大夫	業武
〃	業武	業武	訓練判官	〃
〃	〃	閑良	業武	〃
〃	閑良	軍官	折衝將軍	〃
〃	業武	假吏	業武	閑良
〃	〃	別隊	閑良	通政大夫
〃	驛吏	驛吏	業武	驛吏
〃	〃	〃	〃	業武
〃	良人	刻手	〃	〃
〃	正兵	水軍	納通政大夫	〃
〃	?	別隊	?	?
〃	?	〃	〃	〃
慶州金氏	學生	幼學	學生	學生
〃		納折衝將軍	〃	〃
〃	成均進士	幼學	武科及第	幼學
〃	老職資憲大夫	〃	學生	學生
〃	業武	閑良	〃	〃
〃	嘉善大夫	記官	〃	及第

姓貫	夫의 身分		妻의 身分	
	父職役	子職役	姑의 父職役	婦의 父職役
慶州金氏	正兵	禁衛軍	驛吏	業武
〃	〃	老除	?	良人
密陽朴氏	忠義衛	忠義衛	學生	學生
〃	業武	閑良	業武	業儒
〃	良人	別隊	?	驛吏
慶州朴氏	忠義衛	忠義衛	老職通政大夫	忠義衛
晋州姜氏	學生	幼學	學生	學生
〃	驛吏	驛吏	?	驛吏
慶州李氏	學生	幼學	學生	學生
〃	〃		〃	〃
〃	閑良	業武	業武	業武
〃	正兵	別隊	良人	良人
〃	?	〃	?	?
〃	正兵	水軍	正兵	正兵
	驛吏	驛吏	驛吏	驛吏
東萊鄭氏	學生	幼學	學生	學生
〃	驛吏	驛吏	正兵	驛吏
慶州崔氏	學生	將仕郎	學生	學生
〃	〃	幼學	〃	通德郎
清安李氏	〃		〃	學生
羅州林氏	良人	別隊	正兵	正兵
草溪陳氏	?	武學	嘉善大夫	

(3) 辛酉年式(1861) 장적의 분석

1861년의 彦陽縣 6개면의 총호수와 조사대상 부부수는 <표 Ⅴ-24>와 같다.

<표 Ⅴ-24> 面別 戶數 및 分析對象 夫婦數

面別 戶數·夫婦數	上北	中北	下北	上南	中南	三同	合計
總戶數	273	133	184	180	201	211	1,182
夫婦數	246	122	167	151	165	184	1,025

19세기 중엽의 이 지방에서는 總戶數 1,182호 중 약 86.7%인 1,025 夫婦가 對象夫婦로 집계되었다. 이들 부부를 同姓婚과 異姓婚으로 분류하여 보면 <표 Ⅴ-25>와 같다.

<표 Ⅴ-25>

同姓婚		59(5.8%)
	同姓同本	5
	同姓異本	53
	男便本貫不記	·
	妻本貫不記	1
異姓婚		966(94.2%)
	異姓同本	1
	異姓異本	965
計		1,025(100.0%)

<표 Ⅴ-25>에 의하면 辛酉式 장적에서는 동성혼의 비율이 앞의 두 장적에 비해 크게 감소되고 있었고, 특히 동성동본혼은 단 5건으로 격감 현상을 보이고 있었으며 150년간에 점차 그 수가 줄어들고 있는 점이 매우 주목된다. 대체로 이성혼이 거의 대부분을 차지하고 있는 점은 다를 바 없다. 이성혼 중 동성동본혼으로 볼 수 있는 이성동본혼 1건은 양반 신분으로 金海 金氏와 許氏 부부이다.

<표 Ⅴ-26> 同姓同本婚者

職役	數	職役	數	職役	數
幼學	3(3)	御營軍	1	別隊	1
計					5

<표 Ⅴ-27> 同姓異本婚者

職役	數	職役	數	職役	數
幼學	42(42)	別武士	1	驛吏	1
閑良	3(1)	記官	1	老除	1
忠義衛	1	別隊	3	計	53

　동성혼자의 남편의 직역은 다음과 같다. 동성동본혼(<표 V-26>)에 있어서는 18세기의 두 장적에서 상민층이 거의 대부분을 차지한 데 반하여 이 1861년의 장적에서는 양반인 유학이 과반수 이상이고, 동성이본혼(<표 V-27>)에 있어서는 점차 양반이 주축을 이루어 오다가 이때에는 절대다수, 그것도 전부가 유학이다. 이러한 유학의 증가는 당시의 신분변동 문제와 관련하여 고찰되어야 할 것이다. 이들 동성혼자들의 성과 본관을 정리해 보면 다음 표와 같다.

<표 V-28> 同姓同本婚者

姓貫	數	姓貫	數
金海金	3	慶州李	1
密陽朴	1	計	5

<표 V-29> 同姓異本婚者

夫婦의 姓	數	夫婦의 姓	數
金	36	鄭	1
李	12		
朴	4	計	53

　동성혼자의 성은 역시 大姓 중심이다. 동성이본자 중 金氏 36건 중 金海×慶州(慶州×金海)가 25건으로 그 대부분을 차지하고 있다.
　姑婦동성혼의 내용을 보면 다음과 같다.

<표 V-30> 姑婦同姓同本者

姓貫	數	姓貫	數
金海金	20	全州李	1
慶州金	10	慶州崔	2
密陽朴	8		
慶州李	7	計	48

<표 V-31> 姑婦同姓異本者

姑婦의 姓	數	姑婦의 姓	數
金	32	孫	2
李	15	鄭	2
朴	7	計	58

姑婦間의 동성자는 모두 106건이었다. 이 중 동성동본(<표 V-30>)은 48건, 동성이본(<표 V-31>)은 58건, 그리고 本未詳同姓이 3건이었다. 동성동본자는 金海 金氏와 慶州 金氏가 전체의 약 63%를 차지하고 있는데 戊午장적의 경우에도 그 비율이 가장 높았던 대성들이다. 姑婦동성자 가운데서도 이들 동본자는 姑婦간의 혈연적 관계도 가장 강한 관계였다고 하겠다. 동성이본혼에 있어서도 戊午장적과 마찬가지로 金氏와 李氏가 그 대부분으로 약 81%를 차지하고 있다. 그리고 고부동성동본자 48명의 신분도 앞에서 언급한 바와 같이 유학의 증가가 문제가 되기는 하지만 호적상으로는 37건이 양반으로 간주될 수 있는 신분이었다.

3) 18세기 丹城地域의 동성혼

(1) 丁酉式年(1717) 장적의 분석

단성지역의 경우도 대상부부의 선정은 언양의 기준을 따랐다. 그 결과 縣內 8개면 총 2,514호 중에서 분석이 가능한 호는 1,468부부로 전체의 약 58.4%였다. 비율이 낮은 이유는 奴婢婚戸가 많았기 때문이었다. 그 내용을 보면 <표 V-32>와 같다.

<표 V-32>와 같이 이 지방의 17세기 초에 있어서의 혼인형태는 이성혼이 거의 대부분(94.0%)이며, 동성혼은 전체의 약 6%로 17세기의 결과와 거의 비슷한 비율이다. 동성혼 중 동성동본혼이 42부부(이성동본 3 포함)로 거의 그 절반을 차지하고 있다. 동성이본혼자 3부부는 金海 許氏와 金海 金氏가 2부부, 安東 權氏와 安東 金氏가 1부부였으며 그들의 신분은 양반(1)과 상민(2)이었다.

<표 Ⅴ-32>

同姓婚		88(6.0%)
	同姓同本	39
	同姓異本	49
	男便本貫不記	·
	妻本貫不記	·
異姓婚		1,380(94.0%)
	異姓同本	3
	異姓異本	1,377
計		1,468(100.0%)

이들 동성혼자들의 남편 직역을 보면 다음과 같다.

<표 Ⅴ-33> 同姓同本婚者

職役	數	職役	數	職役	數
幼學	1(1)	御營軍	2	兼保	1
通政大夫	1(1)	水軍	3	烽燧保	1
展力副尉	1	正兵	2	余丁	1
武學	2	步兵	1	老除	1
驛吏	6	束伍軍	2	居士	1
驛保	1	騎保	4		
諸匠人	4	禁衛保	2		
醫生保	1	御營保	1	計	39

<표 Ⅴ-34> 同姓異本婚者

職役	數	職役	數	職役	數
幼學	17(17)	業武	1	諸軍	4
通德郎	3(3)	院生	1	諸軍保	6
從仕郎	1(1)	戶長	1	藥保	1
嘉善大夫	1	記官	2	居士	1
折衝將軍	1	律生	1	巫夫	1
忠義衛	1(1)	驛吏	2	不記	1
出身	1(1)	諸匠人	2	計	49

<표 Ⅴ-33>에 의하면 동성동본혼자는 거의 다 상민층의 신분소유자

이다. 총 39부부 중 상민이 34명(職役不記 1명 포함), 그리고 준양반층이 3명, 양반이 2명이었다.

동성이본혼자의 신분(<표 Ⅴ-34>)은 49부부 중 양반(23), 상민(18), 중서층(8)의 순으로 나타났다. 양반은 유학 17부부를 포함하여 동성이본혼자 전체의 47%를 차지하여 상민보다 높은 비율을 보이고 있으며 이는 동성동본혼이 주로 상민층에서 이루어지고 있었던 점과는 대조적인 현상이다. 그리고 중인신분의 4부부가 나타나는 것도 주목할 만하다.

다음으로 이들 동성혼자들의 姓·貫의 분포를 살펴보고자 한다.

<표 Ⅴ-35> 同姓同本婚者

姓貫	數	姓貫	數
金海金	27	羅州崔	1
密陽朴	3	全州李	1
晋州鄭	2	陜川李	1
晋州姜	2	東萊鄭	1
完山李	1	計	39

<표 Ⅴ-36> 同姓異本婚者

夫婦의 姓	數	夫婦의 姓	數
李	26	姜	1
金	10	崔	1
鄭	5	尹	1
朴	3		
吳	2	計	49

<표 Ⅴ-35>에 나타난 바와 같이 동성동본혼을 한 부부의 성관은 모두 아홉인데, 이 중 대부분은 이 지방의 대성들이었다. 그 중에서도 金海金氏의 경우는 27건이나 되어 동성동본혼 부부 전체의 약 69%나 되었다. 또 동성이본혼자(<표 Ⅴ-36>)의 경우도 역시 대성인 李氏, 金氏, 鄭氏, 朴氏들이 그 대부분을 차지하고 있었으며 이들 중에는 일정한 본관끼리 남녀를 바꾸어 혼인한 사례도 있었다. 본관이 陜川·靈山인 李氏

間, 金海·安東인 金氏間, 晋州·河東인 鄭氏間의 혼인의 경우가 그 예이다. 이는 世婚的인 동성혼의 형태라고 할 수 있을 것이다.

(2) 丙午式年(1786) 장적의 분석

1786년 단성현의 총호수 3,006호 중 동성혼 조사대상 부부는 2,326부부(77.4%)로 집계되었다. 그 내용을 보면 <표 V-37>과 같다.

<표 V-37>

同姓婚		107(4.6%)
	同姓同本	17
	同姓異本	83
	男便本貫不記	1
	妻本貫不記	6
異姓婚		2,219(95.4%)
	異姓同本	4
	異姓異本	2,215
計		2,326(100.0%)

1717년의 장적에서와 마찬가지로 대부분의 부부들이 이성간에 혼인을 하고 있다. 동성혼이 점유하는 비율은 4.6%로 18세기 초(6.0%)보다 다소 낮아지는 경향을 보이고 있으나, 그 부부 수에 있어서는 오히려 19쌍이 늘어나고 있다. 또 전기에 비해 동성동본혼자의 수는 반감되는 반면 동성이본자는 약 2배 가까이 늘어나고 있는 실정이다. 이성동본혼자 4부부는 모두 金海 許氏·金海 金氏 부부로서 그 신분은 幼學 2, 業武 1, 驛吏 1명으로 되어 있다.

다음 이들 동성혼자들의 직역을 분류해 보면 다음과 같다.

<표 V-38> 同姓同本婚者

職役	數	職役	數	職役	數
業武	3	御營軍	1	匠人	1
軍官	1	御保	2	不記	1
驛吏	4	藥保	1		
良人	2	進上保	1	計	17

<표 V-39> 同姓異本婚者

職役	數	職役	數	職役	數
幼學	32(32)	良人	5	諸軍保	4
院生	1(1)	束伍	4	衣資保	1
業武	7(3)	水軍	5	校保	1
鄕廳書員	3	保上軍	2	京上納	2
貢生	1	陸軍	1	病人	1
驛吏	4	正兵	2	不記	1
諸匠人	5	烽軍	1	計	83

　　동성동본혼자의 직역(<표 V-38>)을 보면 17부부 중 상민이 13부부(不記 1 포함)이고 나머지 4건이 중서층이며 양반신분으로 볼 수 있는 부부는 없다. 이는 1717년의 장적과 비슷한 경향이다. 同姓異本(<표 V-39>)의 경우는 양반과 상민이 거의 비슷한 비율을 나타내고 있으며 양반은 역시 전기와 마찬가지로 유학이 32부부로 단연 큰 비중을 차지하고 있다.

　　이들 동성혼자의 姓貫을 분류해 보면 다음과 같다.

　　동성동본혼(<표 V-40>)은 역시 대성들에 의해서 이루어지고 있으며 그 중 金海 金氏가 12건으로 전체의 71%를 차지하고 있다. <표 V-41>에 의하면 동성이본혼의 경우도 大姓인 金氏와 李氏가 전체 부부의 93%나 되며 金氏 중에는 金海 金氏와 慶州 金氏가, 李氏는 星山과 陜川 李氏가 그 주축을 이루고 있다.

<표 Ⅴ-40> 同姓同本婚者

姓貫	數	姓貫	數
金海金	12	陜川李	1
密陽朴	4	計	17

<표 Ⅴ-41> 同姓異本婚者

夫婦의 姓	數	夫婦의 姓	數
金	35	崔	3
李	32	柳	2
鄭	6	趙	1
朴	4	計	83

　　이상에서 고찰한 언양현의 세 장적과 단성현의 두 장적의 분석·조사에서 얻어진 동성혼의 실태를 정리하여 보면 <표 Ⅴ-42>와 같다. 同姓禁婚制는 조선초부터 혼인규정으로 정해져 왔고, 현종 10년(1669)부터는 동성이본혼으로까지 확대 적용되게 되었다. 이 같은 법제상의 금제가 실제 생활면에서 어떻게 반영되었는가를 실증적으로 고찰하여 보았다. 그 결과를 요약하면 다음과 같다.

　　동성혼율을 보면 언양지역에서는 18세기 초나 말기는 같은 비율로 나타났고(8.9%), 19세기 중엽이 되면 그 비율이 상당히 감소되는 경향을 보이고 있다. 단성지역에서도 두 시기를 비교하면 감소되고 있다(6%→ 4.6%). 그러므로 동성혼은 점차 줄어들고 있었다고 보여진다.

<표 Ⅴ-42> 同姓婚 比率(地域別·年代別)

地域別		彦陽			丹城	
年代別		1711	1798	1861	1717	1786
對象夫婦數		1,028	1,058	1,025	1,468	2,326
同姓婚	同姓同本婚	32(3.1)	22(2.1)	5(0.5)	39(2.7)	17(0.7)
	同姓異本婚	44(4.3)	71(6.7)	53(5.2)	49(3.6)	83(3.6)
	本未詳同姓婚	15(1.5)	1(0.1)	1(0.1)	·	7(0.3)
	計(%)	91(8.9)	94(8.9)	59(5.8)	88(6.0)	107(4.6)

다음으로 동성혼 중 동성동본혼의 경우를 보면 두 지방 모두 점차 그 비율이 낮아지고 있으며, 특히 언양에서는 19세기 중엽 전체 부부수의 0.5%인 5부부에 불과하다. 동성이본혼율은 동성동본혼보다 두 지방 모두 월등히 높을 뿐만 아니라 시기별로도 그 비율에 큰 차이를 찾아 볼 수 없다. 그러므로 동성혼율이 점차 감소된 것은 동성동본혼의 감소에 주로 영향을 받은 것이라 하겠다.

동성동본혼자의 신분을 보면 두 지방이 모두 대부분 상민층이었으나 점차 양반의 수도 증가되어 가는 경향을 보이고 있다. 동성이본혼자의 신분은 18세기 초에는 양반보다 상민의 수가 많았으나 점차 양반의 수가 증가되어 언양지역에서는 19세기 중엽 동성이본혼 부부 중 약 80%를 차지하고 있으며 그 대부분이 유학이었다. 신분상으로 볼 때 동성동본혼은 주로 상민신분에서, 동성이본혼은 양반을 중심으로 이루어지고 있었다고 보여진다.

동성혼자의 성관은 대개가 그 지방의 大姓들이었다. 그 중에서도 金海 金氏 동성혼율이 가장 높아 동성동본혼의 경우를 보면 언양에서는 전체의 약 57%, 단성에서는 약 70%를 보였다.

이성혼 가운데서 동성동본혼과 같은 것으로 볼 수 있는 이성동본혼은 언양에서 모두 4건, 단성에서 7건이 나타났는데 安東 金氏와 安東 權氏 사이의 혼인 1건을 제외하고 나머지는 金海 金氏와 金海 許氏間에 혼인한 부부들이었다. 姑婦가 동성동본으로 世婚인 경우는 언양에서 모두 115건이 집계되었는데 성관은 역시 金海 金氏가 압도적으로 많았으며 그들의 신분은 양반이 많아 주로 양반가에서 世婚을 하였다는 점을 살필 수 있었다.

이상에서 살펴본 바와 같이 동성혼에 대한 금제에도 불구하고 18·19세기에 비록 그 수가 적은 것이기는 하지만 동족간에 동성동본혼은 물론, 동성이본간의 혼인도 실제 생활에서 이루어지고 있었다는 것은 주목되는 점이라 할 것이다.

4. 奴婢婚姻

노비의 혼인관계에 있어서 가장 문제가 되는 것은 良賤交婚者 所生의 신분귀속문제이다. 이는 양인수나 노비수의 증감에 결정적인 영향을 주고 국가의 사회정책과도 밀접한 관련이 있기 때문으로 일찍부터 조정에서 계속 논란의 대상이 되었고, 각 시기마다의 사회정책 변화와 더불어 이에 관한 조치법도 여러 차례 바뀌었다.

여기에서는 1717년의 단성호적을 자료로 삼아 노비의 혼인관계를 살피면서 특히 良賤交婚의 실태를 파악하여 논란이 심했던 그 배경을 밝혀 보고자 한다.

1) 良賤交婚問題

노비의 혼인에 있어서 양천교혼은 고려시대부터 금지되어 왔으며 조선왕조 건국과정의 복잡한 사회변화 가운데 일부 교혼이 이루어지기도 하였으나 시기가 지날수록 대체로 계속 금지되었다. 태종 5년(1405) 9월의 기록을 보면

> 禁公私賤人娶良女 議政府受判 公私賤者 良女相婚 自丙戌正月初一日以後 一皆禁斷 其中犯令者 許人陳告 男女及主婚者 本主知情不禁者 照律論罪……定朔以前相婚 不在此限[29]

이라 하여 奴의 良女와의 교혼을 다음 해인 丙寅年(태종 6, 1406) 정월 1일부터 일절 금단한다고 하였다. 여기서 주목되는 것은 실시에 약 3개월간이나 유예기간을 둔 점과 丙戌年 정월 1일 이전의 교혼자는 불문에 부친다는 점이다. 이는 법령의 강행이 현실적으로 어려운 문제였다는 것과 奴娶良女의 혼인이 제법 행해지고 있었음을 말해 주는 것이라 하겠

---

29) 『太宗實錄』 卷10, 太宗 5年 9月 甲寅.

다.

한편 婢가 良人에게 婚嫁하는 것에 대한 금령으로서는 세종 14년 (1432) 3월에

> 本朝之法　奴娶良妻者有禁　而婢嫁良夫者無禁　男女異禁　誠爲未
> 便……乞依唐律及時王之制　自宣德七年七月初一日以後　公私婢嫁良
> 夫者一禁　如有犯令者 依律論罪……從之30)

라고 하여 奴가 良女를 娶하는 데는 금령이 있지만 婢가 良夫에게 婚嫁 하는 데는 금령이 없으니 唐律이나 大明律에 의거하여 세종 14년(宣德 7) 7월 초1일부터 公私婢가 良夫와의 혼인함을 금한다고 하였다. 그러나 이와 같이 奴나 婢가 良妻나 良夫와 혼인하는 것을 금하였음에도 불구 하고 철저하게 실행되지는 못했던 것 같다.31) 그러므로 이와 같은 신분 이 상이한 남녀간의 혼인에서 생긴 자녀의 신분직역을 규정하는 조치법 이 제정되지 않을 수 없었다. 조치법의 제정 및 개정의 과정을 보기로 한 다. 태종 14년(1414) 6월에

> 下旨曰 天之生民　本無賤口　前朝奴婢之法　良賤相婚　深賤爲先 賤者
> 隨母故賤口日增　良民日減　自永樂十二年六月二十八日以後　公私婢子
> 嫁良夫所生竝皆從父爲良　依前朝判定百姓例　屬籍施行32)

이라 하여 고려후기부터 내려오던 "若父若母 一賤則賤"을 내용으로 한 이른바 從母法이 폐기되고 良人과 公私婢와의 所生은 그 父의 신분에 따라서 양인이 되게 하는 從父法이 마련되었다. 이 종부법은 조선초기에

---

30)『世宗實錄』卷55, 世宗 14年 3月 乙酉.
31)『世宗實錄』卷84, 世宗 21年 閏2月 己丑, "議政府據兵曹呈啓 咸吉道流移者 良人娶公婢子爲妻 良女嫁公私賤口爲夫者頗多 良賤相婚之禁 載在令甲 今不 畏朝令 公然相婚 甚爲不可 請皆離異入送從之".
32)『太宗實錄』卷27, 太宗 14年 6月 戊辰.

확산되어 가던 유교적인 重父思想 즉 承重思想과 "賤口日增 良民日減"
이라고 한 데서도 알 수 있듯이 종전의 從母法에 의해서 증가된 노비인
구를 감소시키고 국역에 종사할 인적 자원의 확보를 위한 조치였다.[33]

그러나 태종 때에 마련된 종부법은 그 후에도 논란이 계속되었다. 이
종부법의 폐단을 세종조의 우의정 孟思誠은 그의 上啓에서

> 公私婢 欲良其子……以此皆求良人而嫁之 冀其子爲良也 如此則不
> 出十年公賤盡爲良人 而未有子遺矣 公賤不可無也 若皆免賤爲良 則必
> 復求良人而役之 將來之弊 其不可圖乎[34]

라고 하였다. 즉 公私婢는 그 자식을 양인으로 만들기 위해 모두 배우자
를 양인에서 구하여 혼인하니 이같이 되면 곧 10년이 안되어 公賤은 모
두 양인이 되어 버릴 것이라 하여 종부법을 반대하고 있다. 이리하여 세
조 14년(1468) 6월에는 종부법이 폐지되고 그 이전의 법으로 환원하게
되었다.[35] 『經國大典』 刑典 公私賤條에는

> 凡賤人所係 從母役 唯賤人娶良女所生 從父役

이라 하여 모든 천인 즉 노비는 母의 役을 따르게 하고, 천인인 父와 良
女인 母가 혼인하여 출생한 자녀는 父의 役을 따르도록 규정하였다. 이
법은 부모 중 어느 한 쪽이 노비신분이면 그 자녀는 모두 노비로 귀속하
게 되는 從賤法이다.[36]

---

33) 李相佰,「賤者隨母考」,『震檀學報』25・26・27 ; 李載龒,「朝鮮前期의 奴婢硏
　　究」,『崇田大論文集』3, 1971, 179쪽.
34)『世宗實錄』卷45, 世宗 11年 7月 己巳.
35)『世祖實錄』卷46, 世祖 14年 6月 壬寅, "上卽命 凡賤人所係 從母役許 其父贖
　　身".
36) 이 法을 흔히 從母法이라 칭하는데 실제 그 내용은 바로 고려후기의 "若父若母
　　一賤則賤"과 동일한 것이므로 韓榮國이「朝鮮中葉의 奴婢婚姻實態」에서 사용

다만 종친과 2품 이상의 賤妾子孫 및 大小官人의 嫡子孫이 없는 妾子孫과 承重者에게만 從父法을 허용하였다.[37] 이 종천법의 제정은 종부법이나 그 밖의 여러 가지 노비감축책으로 인한 노비인구의 감소 결과 이의 충당을 위해 마련된 것이다.[38] 그러나 이 법의 계속적인 시행과 당시 사회경제의 제반 변화로 인해 양역인구가 급속히 줄어들자 양역인구 확보를 위한 대책이 다시 강구되지 않을 수 없게 되었다. 그 결과로 나온 것이 奴良妻所生의 母役에 따르게 하려는 奴良妻所生 從母從良法이었다.[39] 이 종모종양법의 필요성은 일찍이 율곡에 의해 주장되었는데 그는 「東湖問答」에서 다음과 같이 말하고 있다.

從母之法 不用於良女 而良民盡變爲私賤 由今之道 無變今之政 雖堯舜在上 亦將無益於治亂[40]

즉 종모법을 良女에게는 적용하지 않기 때문에 양민이 모두 私賤으로 변하게 되었으니 이 법을 고치지 않으면 요순과 같은 임금이라 하여도 어찌할 도리가 없을 것이라 하였다. 이 주장은 宋時烈에 의해 계승·주장되어 현종 10년(1669)에 실시되었다.[41]

그러나 이 법은 그 뒤 여러차례 變改를 거듭하다가 영조 7년(1731)에야 법령으로 제도화되었고 계속 왕조말까지 지속되었다. 그동안의 변화무상했던 경위를 보면 다음과 같다.

『續大典』 권5 刑典 公賤條에

한 例에 따라 필자도 從賤法이라 칭하였다.

37) 『經國大典』 卷5, 刑典 賤妻妾子女條.
38) 李相佰, 앞의 논문, 164쪽.
39) 李相佰, 앞의 논문, 172~176쪽 ; 平木實, 「17·8世紀における奴良妻所生の歸屬について」, 『朝鮮學報』 61, 1971, 45~75쪽.
40) 李 珥, 『栗谷全書』, 雜著2 東湖問答.
41) 『顯宗改修實錄』 卷20, 顯宗 10年 正月 甲辰, "命公私賤良妻所生 一從母役 立制定式 先是判府事宋時烈曰……此乃先正臣李珥之論".

公私賤娶良妻所生 男女竝從母役
　顯宗己酉始命從良 肅宗乙酉還賤 辛酉又從良 己巳還賤 而已屬良役
勿論 當宁庚戌又命 辛亥正月初一日子時爲始所生 竝從母役

이라 규정하였다. 즉 현종 10년(1669)에 처음으로 종모법이 실시되었다
가 숙종 원년(1675)에 還賤되었고, 다시 동왕 7년(1681)에는 從良, 동왕
15년(1689)에 다시 還賤되었다가 영조 7년(1731)에 와서 從良으로 제도
화된 셈이다.

　이 논고에서 자료로 삼고 있는 호적은 變改가 거듭되던 숙종조 때의
것으로 노비의 대부분은 이 시기의 출생자들이다. 그 출생 때의 법제를
적용하여 신분을 정리해 보면 다음과 같다. 숙종 43년(1717)에

1~29歲는 (賤)	43~49歲는 (良)
29~37歲는 (良)	49歲以上은 (賤)
37~43歲는 (賤)	

이 된다. 따라서 49세 이하는 바로 이 시기에 출생한 자들이다. 그러나
이와 같은 복잡한 과정에서 실제로 호적상의 기재가 어떻게 처리되었는
지가 문제이다. 숙종 15년(1689)의 개정시에 "已屬良役者勿論"이라고 한
점을 미루어 보면 원칙적으로 변경이 있을 때마다 과거에까지 소급하여
처리했던 것 같기도 하지만, 이것을 일일이 소급하여 변경 기재한다는
것도 현실적으로 이행하기가 매우 곤란하였다고 생각된다. 이 문제를 밝
혀보기 위해 <표 V-43・44>를 작성하였다. 이 표는 縣內 총호수 중 그
가족이나 四祖 가운데 공사노비가 기재되어 있는 호를 추출하여 호주
및 처와 그 부모의 관계를 밝힌 것이다.

<표 Ⅴ-43> 相婚·交婚者 所生의 身分(子)

母	(子)	良人	驛吏	免賤	官奴	驛奴	私奴	無記載	品·職者	計
良女	私奴	1		1	1		35		3	41
	官奴	1			11				1	13
	驛奴							1		1
	贖良						1			1
	良人				1		1			2
	(計)	2	·	1	13	·	37	1	4	58
驛女	私奴						2			2
	驛奴	·		·	·	·	1	·	·	1
	(計)						3			3
免賤	私奴		1		1		1		2	5
	官奴	·	1					·		1
	(計)		2		1		1		2	6
官婢	官奴	8			8		3	1	2	22
	驛奴					1				1
	(計)	8			8	1	3	1	2	23
驛婢	驛奴	·	1				1		·	2
	(計)		1				1			2
私婢	私奴	110	2	1	5		369	14	10	511
	官奴				4		1		1	6
	免賤	1				·	4			5
	良人	2								2
	(計)	113	2	1	9		374	14	11	524
無記載	私奴						1	1	1	3
	官奴	1	·		·	·			1	2
	(計)	1					1	1	2	5
總 計		124	5	2	31	1	420	17	21	621

子(奴)의 경우를 보면 奴良妻所生 58명 중 양인이 된 것은 불과 2명이고 女(婢)는 한명도 없고 다만 부모의 신분이 불분명한 데서 3명이 나타난다.

<표 Ⅴ-44> 相婚·交婚者 所生의 身分(女)

區分		父						
母	(女)	良人	驛吏	官奴	私奴	無記載	品·職者	計
良女	私婢	1			22			23
	官婢			6				6
	(計)	1	·	6	22	·	·	29
驛女	驛女	1						1
	良女	1						1
	(計)	2	·	·	·	·	·	2
官婢	官婢	2		2	2		2	8
私婢	私婢	100	1	6	264	58	8	437
	官婢			2				2
	免賤						1	1
	(計)	100	1	8	264	58	9	440
無記載	私婢				4	9		13
	官婢		1					1
	驛女	1				1		2
	良女	1				3		4
	(計)	2	1		4	13		20
總計		107	2	16	292	71	11	499

　그러므로 호적의 기재에 관한 한 賤役을 따르는 것이 主였다고 하겠다. 그 이유는 전술한 바와 같이 사무의 복잡으로 처리가 어려웠거나, 당시의 법규가 從良을 허용한 기간이 짧았다는 점 등을 들 수 있으며, 특히 당시의 사회관습이나 양역에 따르는 과중한 부담으로 從良을 기피한 점도 있었다고 생각된다.

　이제 다시 『經國大典』의 규정에 의거하여 신분귀속문제를 분석해 보기로 한다. <표 Ⅴ-45>는 『經國大典』에 의거하여 만들어진 交婚·相婚者 所生의 身分歸屬表이다.

<표 V-45> 交婚·相婚者 所生의 身分歸屬表[42]

結婚關係		所生의 身分 歸屬		結婚關係		所生의 身分 歸屬	
妻	夫	子	女	妻	夫	子	女
私婢	私奴	寺奴	私婢	驛婢	驛吏	?	?
	寺奴	〃	〃		良人	驛奴	驛婢
	驛奴	驛奴	〃	驛女	驛吏	驛吏	驛女
	驛吏	私奴	〃		私奴	〃	私婢
	良人	〃	〃		寺奴	〃	寺婢
寺婢	寺奴	寺奴	寺婢		驛奴	(驛奴)	驛婢
	私奴	〃	〃		良人	驛吏	良女
	驛奴	驛奴	〃	良女	良人	良人	良女
	驛吏	寺奴	〃		私奴	私奴	私婢
	良人	〃	〃		寺奴	寺奴	寺婢
驛婢	驛奴	驛奴	驛婢		驛奴	驛奴	驛婢
	私奴	〃	〃		驛吏	驛吏	驛女
	寺奴	〃	〃			(自願의 경우에 限함)	

　　<표 V-43·44> <표 V-45>를 대비해 보면 대체로 법제상의 규정에
맞게 나타나지만 그렇지 않은 경우도 있다. 규정과 어긋나는 사례를 보
면 良人×良人 사이에 私奴 1, 官奴 1, 私婢 1이 보이는데 이것은 아마
범죄나 빈곤 등에서 기인한 것이라 생각된다. 다음으로 品職者×良女에
서 私奴 3, 官奴 1이 나타나는데 이는 이들의 品職이 奴가 納粟으로 얻
은 것이기 때문이다. 그러므로 납속에 의한 品職은 당대에 한정되었음을
알 수가 있다. 또 良人×私婢에 良人 2, 良女×官奴 사이에 私奴 1, 官奴×
私婢에 官奴 4, 官婢 2, 私奴×驛女에 私奴 2, 驛奴 1, 私奴×私婢에 官奴
1 등이 보이는데 그 이유는 알 길이 없다. 그리고 면천된 남자와 良女와
의 혼인에서 그 자녀가 천역을 계승하고 있는 것은 면천되기 전에 출생
한 자녀라고 생각된다.

　　이상에서 본 바와 같이 노비의 혼인에 있어 良賤交婚 所生의 신분귀
속을 규정하는 조치법이 여러 차례 바뀌었다. 특히 현종 10년(1669)에 실

---

42) 韓榮國, 앞의 논문(上), 190쪽에서 인용.

시된 奴良妻 所生의 從母從良法은 그것이 법제화된 영조 7년(1731)까지 從良-還賤-從良-還賤-從良으로 5차에 걸쳐 변화를 거듭하였다. 본 단성호적은 이 시기에 작성된 것으로 이에 기재되어 있는 대부분의 노비 (49세 이하)는 이 무렵에 출생한 자들이다. 이 중 良賤交婚 所生의 신분 귀속을 살펴 본 결과로는 출생시의 종모법이 적용되어 처리된 것은 찾아 볼 수가 없고,『經國大典』의 규정에 어긋나는 사례가 보이기는 하지만 그 수는 얼마 되지 않고 거의가 종천법을 내용으로 하는 『經國大典』의 규정에 따르고 있다.

2) 外居奴婢의 혼인

이 조사·분석에서는 기재상 혼인관계의 파악이 불가능한 솔거노비는 제외하고 외거노비만을 취급하였다. 단성현 총호수 2,514호 중 독립호를 이루고 있는 외거 노비는 695호로 그 비율은 전호수의 27.6%를 차지하고 있다. 이 노비호에 해당하는 인구수를 혼인관계별로 조사하였다(<표 V-46> 참조).

외거노비 2,543명(전주민의 21.3%) 중 奴는 1,156명(45.5%)이고, 婢는 1,387명(54.5%)으로 그 인구구성비에 있어서 婢가 다소 높은 율을 보이고 있다. 노비의 유배우율에 있어서는 奴는 약 54%가 배우자를 갖고 있는데 반해 婢는 약 45%가 배우자를 두고 있어 유배우율은 婢가 낮게 나타난다. 특히 奴의 경우는 유배우율이 연령계층이 높아져도 큰 변동이 없는 반면 婢의 경우는 연령계층이 높아짐에 따라서 격감하고 사별·이별에서 奴는 큰 변동이 없지만 婢는 점차 그 비율이 높아지고 있다. 이러한 경향은 <표 V-1>에서 본 바와 같다.

<표 V-46> 婚姻關係別 人口

區分	奴							婢						
	口數	有配偶	%	死別離別	%	無配偶	%	口數	有配偶	%	死別離別	%	無配偶	%
0~14歲	273	·	·	·	·	27.3	100	392	·	·	·	·	392	·
15~19	96	2	2.1	·	·	94	97.9	101	3	3.0	·	·	98	97.0
20~24	45	10	22.2	1	2.2	34	75.6	52	25	48.1	3	5.8	24	46.1
25~39	63	34	54.0	1	1.6	28	44.4	87	55	63.2	8	9.2	24	27.6
30~34	97	68	70.1	2	2.1	27	27.8	121	102	84.3	9	7.4	10	8.3
35~39	105	91	86.7	2	1.9	12	11.4	132	119	90.2	5	3.8	8	6.0
40~44	121	106	87.6	7	5.8	8	6.6	129	108	83.7	17	13.2	4	3.1
45~49	82	74	90.2	5	6.1	3	3.7	64	49	76.6	13	20.3	2	3.1
50~54	70	59	84.3	10	14.3	1	1.4	54	43	79.6	11	20.4	·	·
55~59	64	62	96.9	2	3.1	·	·	72	53	73.6	19	26.4	·	·
60~64	52	48	92.3	3	5.8	1	1.9	86	41	47.7	45	52.3	·	·
65~69	37	32	86.5	3	8.1	2	5.4	32	11	34.4	21	65.6	·	·
70歲以上	51	39	76.5	12	23.5	·	·	65	61	24.6	47	72.3	2	3.1
合計	1,156	625	54.1	48	4.2	483	41.7	1,387	625	45.1	198	14.3	564	40.6

다음으로 奴와 婢의 혼인율을 보면 奴는 그 율이 58.2%이고 婢는 59.3%로 혼인율에 있어서 婢가 다소 높으며, 奴는 총혼인건수의 45%를 婢는 55%를 각각 점하고 있다. 이를 노비의 인구비(45.5 : 54.5)와 대비할 때 거의 비등한 혼인율을 나타내고 있다. 그리고 노비의 평균 혼인연령을 알아보기 위해서 노비의 유배우율과 縣內의 평균치를 비교하여 보았다(<표 V-47> 참조).

<표 V-47> 有配偶率 比較表

區分	男		女	
	平均	奴	平均	婢
20~24歲	29.0	22.2	65.5	48.1
25~29	55.6	54.0	86.0	63.2
30~34	63.5	70.1	89.6	84.3

<표 V-47>에 의하면 20대에 있어서 유배우율은 평균치보다 奴·婢 모두 낮게 나타난다. 앞에서 시도한 바와 같이 연령계층별 유배우율을 이용하여 평균 혼인연령을 산출해보니 奴는 26.4세, 婢는 22.7세로 평균

치(25.9세, 20.7세)보다 늦게 혼인한 것이 확인된다. 이는 아직 신분적 위치가 불안한 상태에 따른 그들의 경제적 여건이나 상전에 의한 구속 등에 원인이 있는 것이 아닌가 한다.

<표 Ⅴ-48> 外居奴婢의 交婚實態

區分		元堂	縣內	北洞	悟洞	都山	生比良	新燈	法勿也	合計	總計에 대한%	合計에 대한%
私奴	私婢	65	49	20	35	62	27	102	60	420	58.0	74.9
	公婢	·	1	·	2	·	·	·	·	3		
	驛婢	·	·	·	·	·	·	·	1	1	0.5	0.7
	計	65	50	20	37	62	27	102	61	424	58.5	75.6
	良女	18	19	7	15	24	15	16	14	128	17.7	22.8
	驛女	·	2	2	·	1	·	·	·	5	0.7	0.9
	免賤	1	·	·	·	1	1	·	1	4	0.6	0.7
	計	19	21	9	15	26	16	16	15	137	19.0	24.4
	合計	84	71	29	52	88	43	118	76	561	77.5	100.0
私婢	(私奴)	(65)	(49)	(20)	(35)	(62)	(27)	(102)	(60)	(420)	·	72.0
	公奴	1	15	·	·	2	5	1	·	24	3.3	4.1
	計	1 (66)	15 (64)	0 (20)	0 (35)	2 (64)	5 (32)	1 (103)	0 (60)	24 (444)	·	76.1
	正兵	1	2	·	1	2	2	·	2	11		
	烽軍	·	·	·	·	3	·	1	·	4		
	水軍	·	1	·	·	·	·	·	·	1		
	御營軍	1	·	·	·	·	·	·	1	2		
	硫黃軍	·	2	·	·	·	·	·	·	2	6.9	8.6
	保人	5	5	2	1	2	7	2	6	30		
	兼司僕	1	·	·	·	·	·	·	·	1		
	官屬	·	3	1	1	·	·	·	·	5		
	驛吏	·	1	2	·	2	1	2	3	11	2.8	3.4
	驛保	·	1	·	·	·	1	1	·	3		
	良人類*①	8	15	2	2	14	3	6	11	61	8.4	10.5
	業武	·	·	·	·	·	1	·	1	2		
	武學	·	·	·	·	·	1	1	1	3	1.1	1.4
	品職者*②	1	1	·	·	·	1	·	·	3		
	計	17	31	7	5	23	17	14	25	139	19.2	23.9
	合計	18 (83)	46 (95)	7 (27)	5 (40)	25 (87)	22 (49)	15 (117)	25 (85)	163 (583)	22.5 (80.5)	100.0
總計		102	117	36	57	113	65	133	101	724	100.0	·

※( )안의 숫자는 奴와 중복되는 것이지만, 合計에서는 婢의 件數에 합한 것임.
　①은 良人 23, 匠人 23, 木手 5, 免賤 5, 醫生 5를 합한 것임.
　②는 納通政大夫 1, 納折衝將軍 1, 加設僉知 1임.

앞의 <표 V-48>은 노비의 배우자 관계를 나타낸 것이다. 外居奴의 배우관계를 보면 婢와의 賤賤相婚과 良女類와의 交婚比가 75.6% : 24.4%로 나타난다. 이 중 賤賤相婚에서는 私婢와의 혼인율이 99%이고 交婚에 있어서는 良女와의 혼인이 93%를 차지하고 있다. 外居婢의 경우를 보면 相婚과 交婚의 비율이 76.1% : 23.9%로 外居奴와 거의 같은 경향이다. 그 내역을 보면 奴와의 相婚에서는 그 배우자가 주로 私奴에 집중되고(95%), 公奴와의 相婚率은 매우 낮다. 양인층과의 交婚에 있어서 正兵을 비롯한 諸軍·保人 등 기본적인 양역인구와 良人類(無役良人 및 特殊良役人口)에 집중되어 있다. 이로써 보면 18세기 초의 단성지역의 경우는 奴·婢 모두 賤賤相婚이 약 76% 정도이고, 良賤交婚이 약 24%였다는 실태를 알 수 있다. 특히 良賤交婚率은 솔거노비를 합하면 더욱 증가할 것으로 보아 상당히 많은 양역인구가 침식을 당하고 있었다.[43]

3) 外居奴婢 부모의 혼인

외거노비의 父(奴)와 母(婢)의 혼인관계는 1,014건을 조사하였는데 그 중 직역·신분 등이 명기되어 있는 것이 937건, 무기재가 77건이었다.

<표 V-49>에 의하면 父(奴)의 賤賤相婚率은 90.4%이고, 良賤交婚率은 8.9%로 相婚率이 압도적으로 높다. 그리고 相婚에서는 주로 私婢

---

43) 1609년의 蔚山지방은 私奴婢의 良賤交婚率이 奴는 50%, 婢는 57.3%로 나타나 단성지역의 24%에 비하면 훨씬 높은 비율을 보이고 있다. 그 이유를 분명히 밝힐 수는 없지만 아마도 시대적·지역적 차이에서 온 것이 아닌가 한다. 그리고 奴主의 구속력 여하에도 그 원인이 있었던 것이라 생각된다. 울산지역의 경우는 노비의 上典 337명 중 32명이 울산에 거주하고 나머지 305명이 서울(114명)을 비롯한 전국 각지에 거주하는 것으로 나타나는 반면, 단성지역은 상전 843명 중 반수가 넘는 485명이 현내에 거주하고 252명이 인접 도내의 군현에 그리고 나머지 106명이 서울(29명)을 비롯한 타도에 거주하고 있어, 단성은 울산보다 상전에 의한 구속력이 훨씬 강하게 작용했으리라 생각된다.

<표 V-49> 外居奴婢의 부모의 혼인실태

區分		元堂	縣內	北洞	悟洞	都山	生比良	新燈	法勿也	合計	總計에 대한%	合計에 대한%
私奴	私婢	101	83	34	60	93	40	136	91	638	62.9	89.6
	公婢		4			1				5	0.6	0.8
	驛婢								1	1		
	計	101	87	34	60	94	40	136	92	644	63.5	90.4
	良女	8	7	5	4	11	10	6	8	59	5.87	8.4
	驛女			1			2			3	0.4	0.6
	贖良	1								1		
	計	9	7	6	4	11	12	6	8	63	6.2	8.9
	無記載	4			1					5	0.5	0.7
	合計	114	94	40	65	105	52	142	100	712	70.2	100.0
私婢	(私奴)	(101)	(83)	(34)	(60)	(93)	(40)	(136)	(91)	(638)	1.7	67.9
	公奴	2	12			1		2		17		1.8
	計	2	12	0	0	1	0	2	0	17		69.7
		(103)	(95)	(34)	(60)	(94)	(40)	(138)	(91)	(665)		
	正兵	7	4	1	1	13	8	1	8	43		
	水軍	1	1				1			3	4.9	5.3
	保人	1					2		1	4		
	兼司僕				1	1				2		
	別將							1		1	0.7	0.7
	官屬		2				1			3		
	驛吏		1		2					3		
	良人類	18	28		12	19	10	21	14	129	12.7	13.7
	武學	1	1				2	1		5		
	學生				1					1		
	品職者	7	3		1	3	1	4	1	20	2.7	2.8
	免賤							1		1		
	計	35	39	8	18	36	25	28	24	213	21.0	22.7
	無記載	12	6	7	4	17	4	19	3	72	7.1	7.6
	合計	49 (150)	57 (140)	15 (49)	22 (82)	54 (147)	29 (69)	49 (185)	27 (118)	302 (940)	29.8 (92.7)	100.0
	總計	163	151	55	87	159	81	191	127	1,014	100.0	

와 혼인하고 있으며(99%), 交婚에 있어서는 良女를 주로 배우자로 삼고 있다(93%). 母(婢)의 경우는 그 배우자가 私奴와 良人類(無役良人 및

特殊良役人口)에 집중되어 있다. 相婚率은 69.7%이고 交婚率은 22.7%
이지만 무기재 72명 중에 양인층이 상당수가 있을 것으로 보아 그 비율
은 더 높아진다고 본다. 부모의 혼인에 있어서는 父(奴)의 경우는 相婚
이 다수를 이루고 母(婢)는 父(奴)에 비해 交婚이 비교적 많이 이루어지
고 있다.

  다음에는 자녀대와 부모대의 두 세대간에 나타나는 혼인실태를 비교
하여 보자. 두 세대 다같이 相婚이 交婚보다 높은 비율을 보이고 있는
점은 비슷하다. 그러나 交婚率은 자녀대에 와서 훨씬 높아지고 있다. 특
히 奴의 良女와의 혼인이 자녀대에 와서 그 부모대보다 급격히 증가되
고 있다는 점이 주목된다. 婢의 交婚에 있어서도 그 비율이 증가하고 있
을 뿐 아니라 그 대상이 주로 양역인구에 집중되어 가고 있음을 볼 수
있다. 그리하여 자녀대의 奴·婢의 交婚率은 거의 비슷한 24% 정도로
나타난다. 그리고 부모대에 20명으로 나타났던 品職者가 자녀대에는 3
명에 불과하다. 이는 품직이 납속으로 얻어진 것이므로 부모대에 납속책
이 보다 성행되었음을 뜻하는 것이라 하겠다.

  두 세대간에 걸친 혼인의 전개상을 보면 모두 520건이 보이는데, 그
중 두 세대에 걸친 良賤交婚이 이루어진 사례는 49건(9.4%)이고 賤賤相
婚이 이루어진 것이 296건(56.9%), 良賤交婚에서 賤賤相婚으로 된 것이
96건(18.5%), 賤賤相婚에서 良賤交婚으로 된 것이 79건(15.2%)으로 나
타난다. 이로써 본다면 18세기 초 단성지역의 노비들은 양대에 걸쳐 賤
賤相婚으로 된 혼인이 반수 이상을 차지하는 가운데 점차적으로 良賤交
婚의 경향도 늘어나 자녀대에 와서는 약 24% 이상이 交婚을 하고 있다.
그리고 奴의 賤賤相婚에서 배우자가 私婢에, 婢의 경우에는 私奴에 집
중되고 있고 良賤交婚에서는 奴는 良女에, 婢는 기본적인 양역인구에
집중되고 있다. 부모대와 자녀대를 비교해 보면, 두 세대 모두 良賤交婚
率이 자녀대에 와서 증가되는 경향을 보이고, 특히 奴와 良女의 혼인율
이 급증하고 있다는 점이 주목된다. 이는 후대에 갈수록 사노비의 혼인

에 의한 양인층에 대한 침식비율이 증가되어 가고 있음을 의미하는 것이라 하겠다.

　이상과 같은 외거노비의 혼인실태는 양역인구의 감소와 양인층의 몰락을 의미하는 것이고, 나아가 廟堂에서 양천교혼 소생의 신분귀속문제를 둘러싸고 논의를 일으키게 된 배경이 되었다고 생각된다.

VI. 조선후기의 동족마을·특수신분마을

1. 동족마을

조선후기의 향촌사회 구조를 밝히는 데 있어서 동족마을의 문제는 매우 중요한 연구과제로서 그 동안 많은 연구성과가 축적되어 왔다. 특히 동족마을은 현대의 농촌사회 구조와 특성을 밝히는 데 있어서도 매우 관계가 깊은 문제이므로 역사학뿐만 아니라 社會學·人類學 분야에서도 중요하게 취급되고 있다.[1]

그러나 아직까지도 동족마을이 조선후기사회에서 어떤 의미를 지니는가는 불분명한 실정이다. 즉 동족마을의 형성은 어떤 연유에 의해서이며, 동족마을에서 행해졌던 농업경영은 어떤 형태이며, 동족마을의 변질과 해체는 어떤 사회적 배경하에서 이루어졌는가 등 많은 문제점을 남겨놓고 있다.

이에 본 절에서는 慶尙道 丹城縣과 彦陽縣의 戶籍大帳이라는 새로운

---

1) 중요한 연구성과는 다음과 같다.
　金斗憲, 『韓國家族制度硏究』, 서울대출판부, 1969 ; 李萬甲, 『韓國農村의 社會構造』, 韓國硏究圖書館, 1960 ; 梁會水, 『韓國農村의 村落構造』, 고려대출판부, 1967 ; 崔在錫, 『韓國農村社會硏究』, 一志社, 1975 ; 崔在錫, 『韓國家族制度史硏究』, 一志社, 1983 ; 李光奎, 『韓國家族의 構造分析』, 一志社, 1975 ; 李光奎, 『韓國家族의 史的硏究』, 一志社, 1977 ; 金宅圭, 『氏族部落의 構造硏究』, 一潮閣, 1979 ; 善生永助, 『朝鮮의 聚落』, 朝鮮總督府, 1935 ; 四方博, 『朝鮮社會經濟史硏究』中, 國書刊行會(東京), 1976.

사례를 제시함으로써 앞으로 이 방면의 연구에 자료정리 차원에서 도움이 되는데 의의를 두고자 한다.

동족마을이라는 용어를 처음 사용한 것은 1920~30년대의 일본인들이었으며, 특히 善生永助의 『朝鮮の聚落』은 대표적인 조사보고서라고 할 수 있다.[2] 善生永助는 동일한 祖先으로부터 나온 同姓同本者가 한 마을 또는 한 地域에 집단 거주한 것을 동족마을이라고 규정하고 있다. 또한 동족마을의 실태 조사를 통하여 한국 촌락의 반 이상에 해당되는 약 15,000개의 동족마을이 각 지방에 잔존하고 있고, 이 중 지방의 양반, 유생들에 의해 세워진 저명한 동족마을만도 1,685개나 된다고 하였다.[3] 과연 그가 말하고 있는 바와 같이 우리나라에 그렇게 많은 동족마을이 존재하고 있었는가는 동족마을의 정의에 따라 차이가 있을 듯하다. 이에 대해 金斗憲은 善生永助의 견해를 기능적인 방면에서 더욱 발전시켜 共祖同族의 의식을 기본으로 삼고 祖祭, 친목, 경제적 협동, 自衛自强등의 기능을 다하기 위하여 地緣의 利로써 언제나 집합적 행동으로 맺어진 地緣的 生活共同體라고 하고 있다. 또한 동족마을의 형태와 本貫과 거주지에 따른 동족마을의 유형에 대해서도 언급하고 있다.[4] 이러한 善生永助나 金斗憲의 견해 이후 현 학계는 대체로 이를 따르는 실정이다.

이상의 견해를 염두에 둘 때 동족마을이란 同姓同本의 同姓集團이 하나 또는 한 개가 地緣을 바탕으로 일정한 지역에 공존하는 형태라 할 수 있을 것이다. 그렇다면 반드시 班村이 아닌 民村의 경우에도 동족마을의 형태가 존재하였을 것임은 두말할 여지가 없을 것이다. 그러나 동족마을의 경우 同姓集團의 族的(血緣的) 유대뿐 아니라 그 지역 내의 사회생활에 어느 정도 지배적인 영향력을 가졌는가 하는 문제에 초점을

---

2) 善生永助 이후 동족부락이라는 용어는 별 비판없이 사용되어 오다가 최근에 氏族部落이라는 용어로의 개칭을 주장하는 이론이 나오고 있다(金宅圭, 앞의 책 참조).

3) 善生永助, 앞의 책(後篇), 217쪽.

4) 金斗憲, 앞의 책, 106~128쪽.

맞추다 보니 결과적으로 班村이 연구의 주대상이 되었다.[5]

한편 戶籍大帳을 통한 동족마을에 대한 연구는 일정한 지역 내에서 同姓集團이 몇 戶가 되는가라는 量的인 측면과 그 구성원의 신분(職役) 만이 파악되기 때문에 동성마을로서 어떤 형태의 영향력을 행사하였는 지에 대해서 알 수 없는 것이 한계라 할 수 있다. 따라서 이 절에서는 丹 城과 彦陽 두 縣의 同姓集團의 현황을 정리하고, 里 단위에서 동일한 혈연관계에 있으면서 다수를 점하는 집단을 동족마을로 파악하기로 하였다. 그리고 同族調査對象戶는 노비호를 제외하고 주로 양반호와 상 민호에 국한시켰다. 그 이유는 호적 기재에 있어 本貫과 姓氏의 기재는 기본요건이긴 하지만 노비의 경우 원칙적으로 이름은 있으나 姓이 없어 파악이 곤란하고, 명실공히 동족마을로서의 의미가 있기 위해서는 그 지역 내의 사회생활에 어느 정도 지배적 영향을 끼쳤는가 하는 것이 중 요하기 때문이다.

1) 丹城縣의 동족마을

同族調査對象戶數는 肅宗 43년(1717)의 경우 8個面 총 2,514호 중 노 비호 695호, 不明戶 119호를 제외한 1,700호이며, 正祖 10년(1786)의 총 3,006호 중 노비호 264호, 不明戶 43호를 제외한 2,699호이다(<표 Ⅵ-1> 참조).

이 중 주요 성씨의 면별 호수를 보면 다음 <표 Ⅵ-2>와 같다. <표 Ⅵ -2>는 면내에서 20호 이상을 갖는 동성동본의 이른바 동족호수를 집계 한 것이다. 이 표로는 동족마을의 구성에 대해서 명백히 알 수 없지만, 이 지방의 대세는 어느 정도 엿볼 수 있으리라 생각한다.

---

5) 최근에 간행된 江守五夫·崔龍基編, 『韓國兩班同族制の硏究』, 第一書房(東 京), 1982의 경우도 兩班 중심의 동족부락 연구 분위기를 반영한 것으로 생각된 다.

<표 Ⅵ-1> 主要姓氏의 調査對象戶數

戶數\面別	元戶數		奴婢戶		不明		調査對象戶數	
	Ⅰ	Ⅱ	Ⅰ	Ⅱ	Ⅰ	Ⅱ	Ⅰ	Ⅱ
元堂面	293	327	106	34	15	10	172	283
縣內面	395	387	125	61	7	2	263	324
北洞面	294	345	38	12	12	1	244	332
悟洞面	186	238	63	30	10	4	113	204
都山面	365	496	107	47	17	7	241	442
生比良面	350	361	50	15	19	9	281	337
新燈面	261	373	122	61	23	7	116	305
法勿也面	370	479	84	4	16	3	270	472
計	2,514	3,006	695	264	119	43	1,700	2,699

※ Ⅰ : 1717년, Ⅱ : 1786년

<표 Ⅵ-2> 主要姓氏의 面別戶數

面別\姓氏	元堂		縣內		北東		悟洞		都山		生比良		新燈		法勿也		合計	
	Ⅰ	Ⅱ	Ⅰ	Ⅱ	Ⅰ	Ⅱ	Ⅰ	Ⅱ	Ⅰ	Ⅱ	Ⅰ	Ⅱ	Ⅰ	Ⅱ	Ⅰ	Ⅱ	Ⅰ	Ⅱ
金海金氏	12	25	41	43	37	27	21	27	44	51	49	45	17	28	39	51	260	297
密陽朴氏	11	15	31	30	26	39	10	7	32	76	22	26	6	18	18	16	156	227
陜川李氏	27	49	27	25	2	2	5	30	12	11	15	16	2	5	7	28	97	166
晋州姜氏	9	7	9	18	15	34	3	1	15	21	9	16	4	7	18	17	80	52
晋州柳氏	1	3		1	9	1	5	14	11	8	2	6	26	39		22	63	148
安東權氏	13	30	12	27	2	11		2	3	3	3		25			1	48	97
星州李氏	12	19	12	31	18	34		2		9	3			1			46	61
晋州鄭氏	16	14	5	1	3	6	1	2	7	13	12	14	1	4	1	7	44	45
草溪鄭氏	10	5	1		5	9	17	11		4	2		3	3	6	13	38	18
全州李氏	1	1	7	1	12	2	3	6	5	5	4	7	4	2	20	21	34	50
坡平尹氏		9	2	1		2	6	4		6	9	10	3	2	4	2	33	31
晋州河氏	2		1		14	15		1	6	9	10	3				2	33	48
南原梁氏		2		1		1		1	22	37	8	7	2		1	1	28	70
慶州崔氏	1	1	6	3	2	4	5	5	2	4	1		2	13	9	9	28	42
慶州李氏			5	3	3	7	5	7		3				6	2		24	19
仁同張氏			1	5	6	3	7	2	1	3	7			3	5	15	22	29
咸安趙氏	3	5	3	2	1		2	1	1	8	8				4	3	22	14
安東金氏									1	8	8	5	2	2	4	3	22	2
全州崔氏	2	2	9				1				8	1	2		5	6	22	24
大邱徐氏	2	2	11	4	2		1			4		1			4		22	42
尚州金氏											1				22	41	22	42

丹城縣內에서 양적인 측면에서의 大姓은 金海 金氏(Ⅰ:260호, Ⅱ: 297호), 密陽 朴氏(Ⅰ:156호, Ⅱ:227호), 陜川 李氏(Ⅰ:97호, Ⅱ:166

호), 晋州 姜氏(Ⅰ：82호, Ⅱ：131호) 등으로 이 大姓戶는 각 면마다 분포되어 있다. 그러나 동족마을의 분포를 파악하기 위해서는 里別 분포상태를 밝혀야겠다. 주요 동족의 里別戶數를 보면 다음 <표 Ⅵ-3·4>와 같다.

<표 Ⅵ-3> 主要姓氏의 里別戶數(1717)

洞里名		洞里 總戶數	主要姓氏
元堂面	蛇山村	31(11)	陜川李氏 18(58.1)
	元堂村	39(17)	安東權氏 6(15.4), 陜川李氏 7(17.9)
	沙月村	55(32)	密陽朴氏 7(12.7)
	鳩山村	28(8)	晋州姜氏 6(21.4), 金海金氏 5(1.8)
	文法村	41(2)	草溪鄭氏 10(24.4), 晋州鄭氏 8(19.5)
	立石村	19(6)	安東權氏 7(36.8)
縣內面	大方村	26(3)	陜川李氏 9(34.6), 密陽朴氏 7(26.9)
	麻屹村	30(5)	陜川李氏 6(20)
	新基村	19(-)	金海許氏 5(26.3)
	新邑內	62(35)	金海金氏 7(11.3)
	江樓村	32(11)	安東權氏 5(15.6)
	放牧村	20(7)	星州李氏 6(30)
	水山村	37(9)	金海金氏 9(24.3)
	榛子村	36(4)	密陽朴氏 8(22.2), 大邱徐氏 8(22.2)
北洞面	松界村	42(5)	金海金氏 12(28.6), 密陽朴氏 12(28.6)
	安峯村	31(3)	金海金氏 6(19.4)
	加坪村	20(5)	星州李氏 5(25)
	新安村	56(4)	金海金氏 13(23.2), 全州李氏 6(10.7), 密陽孫氏 5(9.0)
	月明村	70(14)	星州李氏 13(18.6), 晋州河氏 13(18.6), 八莒都氏 12(17.1)
	望田村	43(-)	晋州姜氏 12(27.9), 密陽朴氏 10(23.3), 仁同張氏 5(11.6), 光陽車氏 5(11.6)
悟洞面	上丁太村	41(24)	迎日鄭氏 8(19.5), 晋州柳氏 5(12.2)
	下丁太村	23(3)	草溪鄭氏 10(43.5)
	藪代村	6(1)	金海金氏 9(25.0), 坡平尹氏 5(13.9)
	悟洞村	44(10)	金海金氏 11(25.0), 密陽朴氏 5(11.4)
	靑峴村	38(14)	慶州崔氏 5(13.2)

都山面	進台村	29(7)	密陽朴氏 15(51.7)
	文太村	17(-)	金海金氏 6(35.3)
	龍興村	19(4)	南原梁氏 6(42.1)
	古邑大村	26(8)	南原梁氏 6(23.1)
	燈光村	21(5)	草溪周氏 6(28.6)
	碧溪村	40(2)	金海金氏 19(47.5), 晋州姜氏 7(17.5)
	所耳谷村	28(1)	密陽朴氏 10(35.7), 晋州柳氏 8(28.6)
	圓山村	98(42)	安東金氏 8(8.2), 金海金氏 7(7.1), 陜川李氏 8(8.2)
	道田村	34(9)	晋州河氏 6(17.6)
	悟里洞村	31(7)	濟州高氏 5(16.1)
生比良面	大屯村	40(4)	金海金氏 5(12.5), 南原梁氏 5(12.5)
	猪洞村	47(9)	晋州河氏 9(19.1), 密陽朴氏 6(12.8), 金海金氏 5(10.6)
	禾音峴村	32(-)	金海金氏 10(31.3)
	方下谷村	50(1)	完山崔氏 8(16.0), 光州李氏 6(12.0), 安東權氏 6(12.0), 金海金氏 5(10.0)
	可谷村	32(2)	金海金氏 9(28.1), 玄風郭氏 6(18.8)
	三多大村	33(6)	陜川李氏 6(18.2), 金海金氏 5(15.2)
	能串村	42(3)	海州吳氏 6(14.3), 金海金氏 5(11.9)
	法坪村	47(6)	晋州姜氏 7(14.9), 晋州鄭氏 6(12.8), 清州石氏 5(10.6), 密陽朴氏 5(10.6)
新燈面	丹溪村	175(90)	安東權氏 22(12.6), 晋州柳氏 20(11.4), 金海金氏 9(5.1)
	島內村	11(2)	晋州柳氏 6(54.5)
	丘坪村	26(5)	金海金氏 6(23.1)
法勿也面	可述村	40(14)	密陽朴氏 5(12.5)
	青山村	18(6)	坡平尹氏 5(27.8)
	巨洞村	10(-)	尙州金氏 6(60.0), 慶州鄭氏 4(40.0)
	平地村	40(11)	尙州金氏 11(27.5)
	王壹洞村	30(5)	利川徐氏 8(26.7)
	梨橋村	19(1)	大邱徐氏 5(26.3)
	損項村	34(10)	坡平尹氏 6(17.6), 晋州姜氏 6(17.6), 金海金氏 5(14.7)
	上法村	30(1)	金海金氏 12(40)
	上慕禮村	61(6)	金海金氏 10(16.4), 密陽朴氏 6(10.0), 慶州李氏 5(8.0)
	慕禮村	19(-)	茂松尹氏 (36.8)

<표 Ⅵ-4> 主要姓氏의 面別戶數(1786)

洞里名		洞里 總戶數	主要姓氏
元堂面	愭養村	50(19)	陜川李氏 28(48.2)
	內元堂村	20(3)	安東權氏 6(30.0), 陜川李氏 7(35.0)
	墨谷村	59(7)	陜川李氏 11(18.6), 咸安趙氏 5(8.4), 靑松沈氏 8(3.6), 星州李氏 7(11.9), 金海金氏 5(8.4)
	沙月村	38(3)	星州李氏 9(23.7)
	鳩山村	25(1)	金海金氏 8(32.0)
	文法村	22(-)	草溪鄭氏 5(22.7)
	中村	30(-)	安東權氏 7(23.3), 晋州鄭氏 7(23.3)
	立石村	53(-)	安東權氏 10(18.1), 密陽朴氏 5(9.4)
縣內面	城內	93(25)	金海金氏 9(9.7), 密陽朴氏 9(9.7), 陜川李氏 5(5.4)
	南山村	42(5)	金海金氏 5(11.9), 密陽朴氏 5(11.9), 陜川李氏 10(23.8), 院山崔氏 5(11.9)
	江樓村	42(19)	星州李氏 6(13.3), 安東權氏 6(13.3)
	陽田村	12(3)	星州李氏 5(41.7)
	印橋村	8(-)	安東權氏 5(62.5)
	校村	22(8)	安東權氏 6(27.3)
	放牧村	16(-)	星州李氏 7(43.8)
	於里川村	8(-)	金海金氏 5(62.5)
	淸溪岩村	23(-)	熊川朱氏 7(30.4)
	榛子村	12(-)	密陽朴氏 5(41.7)
	龍頭村	11(-)	晋州姜氏 6(54.5)
北洞面	松界村	37(1)	密陽朴氏 7(18.9), 草溪鄭氏 6(17.2)
	安峯村	21(-)	金海金氏 5(23.8)
	水月村	34(-)	光山金氏 5(14.7), 密陽朴氏 8(23.5)
	加坪村	18(-)	星州李氏 7(38.9)
	新安村	39(-)	院山李氏 6(15.4), 金海金氏 9(23.1)
	下村	43(5)	星州李氏 10(23.3), 晋州河氏 12(27.9)
	中村	45(4)	星州李氏 8(7.8), 八莒都氏 12(26.7)
	加乙田村	49(-)	晋州姜氏 19(38.8)
悟洞面	院旨村	32(2)	金海金氏 8(25.0)
	上丁太村	36(9)	晋州柳氏 14(38.9)
	下丁太村	23(3)	草溪鄭氏 8(34.8)
	藪代村	23(-)	坡平尹氏 6(26.1)
	新基村	53(4)	金海金氏 8(15.1)
	靑峴村	38(8)	陜川李氏 17(44.7)

都山面	進台村	51(10)	密陽朴氏 30(58.8)
	文太村	32(1)	南原梁氏 5(15.6), 密陽朴氏 5(15.6)
	龍興村	25(-)	南原梁氏 7(28.0)
	外古邑大村	41(5)	南原梁氏 12(29.3), 草溪周氏 11(26.8)
	內古邑大村	23(1)	全義李氏 8(34.8)
	燈光村	34(1)	晋州鄭氏 8(23.5)
	碧溪村	44(1)	金海金氏 13(29.5), 晋州姜氏 7(15.9)
	所耳谷村	19(1)	密陽朴氏 9(47.4)
	圓山上村	33(1)	濟州高氏 5(15.2), 金海金氏 8(24.2)
	圓山下村	38(4)	海州鄭氏 6(15.8), 金海金氏 10(26.3)
	長竹田村	16(1)	靑松沈氏 6(37.5)
	瑟梅村	28(3)	陜川李氏 5(17.9), 晋州河氏 6(21.4), 昌寧盧氏 6(21.4)
	道田村	27(1)	海州鄭氏 5(18.5)
	悟里洞村	25(1)	密陽朴氏 11(44.0)
生比良面	大屯村	27(1)	南原梁氏 7(25.9), 金海金氏 8(29.6), 晋州柳氏 5(18.5)
	鐵店村	18(-)	羅州林氏 5(27.8)
	道洞村	49(6)	居昌劉氏 8(16.3), 金海金氏 6(12.2), 密陽朴氏 6(12.2), 金海許氏 6(12.2)
	古致谷村	39(-)	昌寧曺氏 9(23.1), 金海金氏 6(15.4)
	禾音峴村	34(-)	文化柳氏 5(14.7)
	方下谷村	60(-)	完山崔氏 11(18.3), 慶州李氏 6(10.0), 金海金氏 7(11.7), 安東權氏 5(8.3), 慶州李氏 6(10.0)
	可谷村	30(-)	陜川李氏 10(33.3)
	上叢村	16(1)	順興安氏 5(31.3)
新燈面	丹溪村	190(54)	金海金氏 12(6.3), 晋州柳氏 12(6.3), 安東權氏 39(20.5)
	陽田村	30(2)	安東權氏 11(36.7)
	社谷村	20(2)	安東權氏 5(25.0)
	民公村	22(-)	慶州鄭氏 7(31.8)
	甕店村	40(1)	金海金氏 6(15.0), 慶州崔氏 10(25.0)
法勿也面	藪村	25(-)	陜川李氏 6(24.0)
	大老村	25(1)	陜川李氏 5(20.0)
	巨洞村	12(-)	尙州金氏 9(75.0)
	下靑山村	9(1)	坡平尹氏 6(66.7)
	坪地村	28(3)	尙州金氏 13(46.4)
	外堂村	12(-)	尙州金氏 6(50.3)
	內堂村	14(-)	尙州金氏 11(78.6)
	遜睦村	33(-)	金海金氏 7(21.2), 晋州姜氏 5(15.2), 咸安趙氏 9(27.3)

　위 표는 각 동리내에 있는 주된 동족호(1개리 5호 이상)을 뽑아 그 밖의 諸姓氏戶와의 비율을 나타낸 것이다. 洞里 총호수 중 ( )안의 숫자는 노비호 및 불분명한 호를 나타낸 것이며, 주요 성씨 난의 ( )안 숫자는 洞里 총호수 중 同族戶가 점하고 있는 백분비이다.

　한국의 촌락은 同族 결합의 有無에 따라 다음의 세 가지 형으로 나눌 수 있을 것이다.[6]

　(a) 단일 同族이 지배적인 촌락
　(b) 두 개 또는 그 이상의 同族集團이 공존하고 있는 촌락
　(c) 雜姓으로 되어 있는 촌락

　이 분류는 결국 동일 촌락 안에서 同族戶數가 他姓戶數에 대해서 점유하는 比率度를 문제로 삼은 것이다. 그러면 그 비율에 있어서 어느정도의 것을 同族集團이라 할 것인가 하는 문제가 생긴다.[7]

　편의상 위 표에서 同族戶가 총호수의 절반 이상을 차지하고 있는 경우 중에서 한 개의 同族集團이 전체 戶數의 절반 이상인 경우(A형)와 두 개의 同族集團을 합하여 절반 이상인 경우(B형)를 대표적인 동족마을이라 보면 그 실태는 다음 <표 VI-5>와 같다.

<표 VI-5> 丹城縣의 대표적인 동족마을

面里名 \ 時期		I (1717)		II (1786)	
		A형	B형	A형	B형
元堂面	蛇山村 內元堂村	陜川李氏(58.1)			安東權氏(30) 陜川李氏(35)

---

6) 李萬甲, 앞의 책, 4쪽.
7) 善生永助, 앞의 책, 後篇에서는 예외적인 것을 별도로 하고 대체로 全戶數의 4분의 1내지 5분의 1정도를 표준으로 삼고 있다.

面	村				
縣內面	大方村		陝川李氏(34.6) 密陽朴氏(26.9)		
	印橋村 於里川村 龍頭村				安東權氏(62.5) 金海金氏(62.5) 晋州姜氏(54.5)
北洞面	松界村		金海金氏(28.6) 密陽朴氏(28.6)		
	下村				星州李氏(23.3) 晋州河氏(27.9)
都山面	進台村	密陽朴氏(51.7)		密陽朴氏(58.8)	
	碧溪村		金海金氏(47.5) 晋州姜氏(17.5)		
	外古邑大村				南原梁氏(29.3) 草溪周氏(26.8)
	所耳谷村		密陽朴氏(35.7) 晋州柳氏(28.6)		
生比良面	大屯村				南原梁氏(25.9) 金海金氏(29.6)
法勿也面	巨洞村	尙州金氏(60)	慶州鄭氏(40)	尙州金氏(75) 坡平尹氏(66.7)	
	下春山村 外堂村 內堂村			尙州金氏(50) 尙州金氏(78.6)	
新燈面	島內村	晋州柳氏(54.5)			

　여기에서 단일 同族이 지배적인 촌락인 1717년 元堂面 蛇山村을 보기로 한다. 앞의 <표 VI-3>에서도 본 바와 같이 이 촌락은 陝川 李氏가 18호(17호가 幼學戶)로 同族集團을 이루어 지배하던 곳이다. 이들 동족관계를 분명히 하기 위해 호적기재를 통하여 각 호 상호간의 혈연관계를 표시하면 <표 VI-6>과 같다.

　戶籍上의 기재가 曾祖까지 기록되어 있기 때문에 당대 戶主들의 曾祖代의 혈연관계는 밝히지 못하였으나 系譜에서 나타난 바와 같이 이 마을은 父子戶, 兄弟戶 등이 연이어져 있다. 이 同族戶가 같은 울타리 안에서 몇 개의 독립가옥을 이루어 생활하였는지 또는 마을내에 散在하고 있었는지는 분명하지 않으나 어쨌든 한 마을을 중심으로 동족의식에 의해 강하게 결속되어 있었다고 생각된다.

<표 Ⅵ-6> 陜川 李氏 系譜

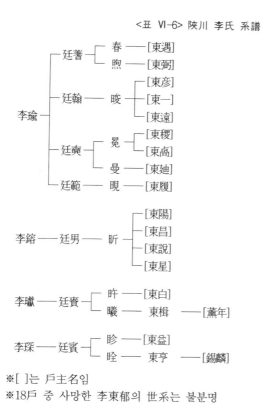

※[ ]는 戶主名임
※18戶 중 사망한 李東郁의 世系는 불분명

面別 同族戶數表에 나타난 바와 같이 肅宗代의 丹城縣에 있어서는 한 마을안에 1姓의 同族戶가 압도적 다수를 차지하는 경우는 드물고, 2姓 또는 그 이상의 同族戶가 마을의 중심 세력을 이루고 있는 것이 대부분임을 알 수 있다.

한편 마을의 총호수가 많을 때는 同族戶數가 차지하는 비율이 낮아도 絶對數로서는 상당한 영향력을 갖는 집단이라고 인정되는 경우도 있다.

예를 들면 肅宗代의 新燈面 第一里(丹溪村)의 경우이다. 丹溪村은 총호수 175호로 77개 리 중 가장 많은 戶數를 갖고 있는 마을이다. 성씨별로는 22호를 갖는 安東 權氏가 첫째이며, 다음이 晉州 柳氏 20호, 金海金氏 9호의 순이고, 그 밖에 17개의 姓氏가 거주하고 있고 奴婢戶는 88호나 된다. 신분별 구성을 보면 安東 權氏 22戶 중 20戶가 幼學戶이고, 나머지는 副司直, 折衝將軍이 각 1戶씩이다. 晉州 柳氏는 20戶 중 17戶가 幼學戶이며, 그 밖에 業武 2戶, 僉知 1戶이다. 이 兩姓의 同族集團이 차지하는 戶數의 비율은 全戶數의 24%에 불과하다.

그러나 이 두 동족집단은 신분적으로 양반호에 속할 뿐만 아니라 마을내 노비호 88호 중 安東 權氏가 45호, 晉州 柳氏가 17호를 소유하고 있어 비록 호수의 비율은 낮아도 그 지배력은 상당한 것이었다고 하겠다.[8]

다음으로 法勿也面 第四里(坪地村)의 尙州 金氏의 동족마을을 보면 총 40호 중 11호로 그 비율은 낮다. 그 밖에 노비호 11호와 11개 성씨로 된 18호가 있다. 이 중 尙州 金氏는 幼學戶 10戶, 業武 1戶이고, 나머지 各戶는 모두 常民層이다. 양반으로 이루어진 尙州 金氏 同族集團이 이 마을에 끼친 영향력은 컸을 것이다.[9]

동족마을의 형성 요인에 대해서는 여러 설이 있으나 대체로 兩班·儒林 신분의 동족마을이 많으며, 또한 상민층의 동족마을도 적지는 않다. 그러나 한국사회에서 정치·경제적 실권과 名望을 갖고 실질적으로 촌락을 지배한 것은 兩班·儒林이 이룬 同族集團일 것이다. 한 촌락이 신분이 높은 집단과 신분이 낮은 다른 同族集團과 雜姓으로 구성되었을

---

8) 조선총독부에서 1930년에 조사한 50호 이상의 著名 동족마을에 이 丹溪里의 安東 權氏 동족마을이 들어있다(『朝鮮の聚落』 後篇, 480쪽). 丹溪里 총호수 342호 중 安東 權氏 78호, 順天 朴氏 26호, 同族外 238호로 되어 있으나 順天 朴氏의 경우는 18세기의 호적에는 나타나지 않는다.

9) 上記 1930년의 조사에 의하면 平地里는 총호수 211호 중 尙州 金氏가 150호이고 同族外의 호수는 61호로 되어 있다.

때 후자는 전자에 의해 압박을 받았을 것이며, 정치·경제적으로 예속되는 경우가 많았을 것이라 생각된다.

동족마을의 신분관계를 밝혀 보기 위해 兩班戶를 이루는 중심인 幼學戶의 성씨별 戶數表를 작성하여 보았다.

<표 VI-7>을 보면 앞에서 본 主要姓氏의 面別戶數와는 상당한 차이가 있음을 알 수 있다. 縣內에서 數的으로 본 大姓으로는 金海 金氏, 密陽 朴氏, 陜川 李氏, 晋州 姜氏 등이었으나, 幼學戶를 중심으로 보면 肅宗代에 있어서는 大姓으로 安東 權氏, 陜川 李氏, 晋州 柳氏, 南原 梁氏, 密陽 朴氏, 星州 李氏, 尙州 金氏의 순이며, 安東 權氏는 縣內 63戶 中 幼學戶가 57戶로서 90%를 점하고 있다.

<표 VI-7> 幼學戶의 姓氏別 戶數

	元堂面	縣內面	北洞面	悟洞面	都山面	生比良面	新燈面	法勿也面	計
安東權氏	12(28)	12(26)	-(10)	-(1)	-(8)	- -	33(57)	-(1)	57(131)
陜川李氏	27(47)	1(2)	1(2)	4(26)	7(9)	-(4)	-(2)	-(2)	40(94)
晋州柳氏	-(3)	2(1)	- -	5(12)	7(9)	1(5)	20(14)	3(6)	38(50)
南原梁氏	- -	2 -	-(1)	- -	16(30)	5(8)	2	- -	25(39)
密陽朴氏	10(6)	1 -	2(9)	- -	12(45)	-(4)	1(3)	- -	26(67)
星州李氏	8(20)	6(26)	5(32)	-(2)	2(9)	- -	- -	- -	21(89)
尙州金氏	- -	- -	- -	- -	- -	- -	-(2)	17(40)	71(42)
茂松尹氏	- -	- -	- -	- -	- -	-(2)	1(2)	12(9)	13(13)
八莒都氏	- -	- -	12(13)	- -	- -	- -	- -	- -	12(15)
晋州河氏	-(1)	- -	6(12)	- -	6(6)	-(2)	- -	-(1)	12(22)
晋州鄭氏	7(4)	1 -	1(1)	- -	-(4)	1(3)	-(3)	-(6)	10(21)
晋州姜氏	4(2)	- -	2(8)	-(2)	2(9)	- -	-(3)	-(3)	8(27)
草溪周氏	- -	- -	- -	- -	8(12)	- -	- -	- -	8(12)
沔川韓氏	- -	7 -	- -	- -	- -	- -	- -	- -	7(-)
迎日鄭氏	-(1)	1 -	- -	7(8)	- -	- -	- -	- -	8(9)
安東金氏	- -	-(1)	-(1)	- -	4(2)	2(3)	- -	-(2)	6(9)
慶州崔氏	- -	- -	- -	4(2)	-(1)	-(1)	1(1)	-(2)	5(7)
坡平尹氏	- -	- -	- -	1(2)	- -	- -	2	2(9)	5(12)
青松沈氏	-(7)	- -	- -	- -	3(9)	- -	- -	- -	3(17)
全義李氏	- -	-(1)	- -	- -	3(8)	-(4)	1 -	- -	4(13)
金海金氏	-(1)	- -	- -	-(7)	- -	-(1)	- -	-(1)	-(10)
居昌劉氏	- -	- -	- -	- -	-(9)	- -	- -	- -	-(9)
完山李氏	- -	- -	- -	- -	-(4)	- -	-(2)	- -	-(8)
海州鄭氏	- -	- -	- -	- -	2(11)	- -	- -	- -	2(11)
順興安氏	-(1)	- -	- -	1	- -	-(6)	- -	- -	1(7)
金海許氏	- -	- -	-(1)	- -	- -	-(5)	- -	- -	-(6)
其他	12(34)	6(11)	6(20)	8(13)	18(34)	4(7)	5(17)	5(11)	64(147)
計	80(155)	39(68)	35(112)	30(75)	90(210)	13(65)	66(108)	39(94)	392(887)

※( )는 1786년의 數字임.

한편 縣內에 260호를 갖고 있는 金海 金氏는 肅宗代에는 幼學戶가 없다가 正祖代에 겨우 10호가 나타나며, 密陽 朴氏는 156호 중 26호에 불과하다.

양 시대 60년간에 있어서 幼學戶의 증가를 보면, 392호에서 877호로 약 2.3배가 늘었으나 幼學戶의 순위는 대체로 비슷하다. 특히 눈에 띄는 것은 茂松 尹氏와 八莒 都氏는 거의 증가가 없고 前代에 7호가 있었던 沔川 韓氏戶가 正祖代에는 보이지 않는 점이다. 그리고 正祖代에 와서 비로소 나타나는 幼學戶는 金海 金氏, 居昌 劉氏, 完山 李氏, 金海 許氏 등이다. 그러므로 그 사이에 兩班戶의 동족마을은 다소의 변동은 있었으나 대체로 그 우위를 유지하고 있었다고 하겠다.

<표 Ⅵ-8> 面別 同族集團數(肅宗 43)

面別	同族集團	집단총수
元堂面	*陜川李氏 2, *安東權氏 2, *密陽朴氏·晋州姜氏·*晋州鄭氏·金海金氏·草溪鄭氏 각 1	9
縣內面	陜川李氏 2, 密陽朴氏 2, 金海金氏 2, 金海許氏·*安東權氏·*星州李氏·大邱徐氏 각 1	10
北洞面	金海金氏 3, 密陽朴氏 2, *星州李氏 2, 全州李氏·密陽孫氏·*八莒都氏·*晋州河氏·晋州姜氏·仁同張氏·光陽車氏 각 1	14
悟洞面	金海金氏 2, *迎日鄭氏·*晋州劉氏·草溪鄭氏·坡平尹氏·密陽朴氏·慶州崔氏 각 1	8
都山面	金海金氏 3, *密陽朴氏 2, 南原梁氏 2, *草溪周氏·晋州姜氏·*晋州劉氏·安東金氏·陜川李氏·*晋州河氏·濟州高氏 각 1	14
生比良面	金海金氏 7, 密陽朴氏 2, *南原梁氏·晋州河氏·完山崔氏·光州李氏·安東權氏, 玄風郭氏·陜川李氏·海州吳氏, 晋州姜氏·晋州鄭氏 淸州石氏 각 1	20
新燈面	*晋州柳氏 2, 金海金氏 2, *安東權氏 1	5
法勿也面	金海金氏 3, *尙州金氏 2, 密陽朴氏 2, 坡平尹氏 2, 慶州鄭氏·利川徐氏·大邱徐氏·晋州姜氏·慶州李氏·*茂松尹氏 각 1	15
計	幼學戶 28戶	95

※*표는 幼學戶 중심의 集團

<표 Ⅵ-9> 面別 同族集團數(正祖 10)

面別	同族集團	집단총수
元堂面	*陜川李氏 3, *安東權氏 3, *咸安曺氏 1, *青松沈氏 1, *星州李氏 3, *金海金氏 2, 草溪鄭氏 1, 晋州鄭氏 1, 密陽朴氏 1	15
縣內面	金海金氏 3, 晋陽朴氏 3, 完山李氏 1, 陜川李氏 1, 完山崔氏 1, *星州李氏 3, *安東權氏 3, 元州元氏 1, 熊川朱氏 1, 晋州姜氏 1	18
北洞面	密陽朴氏 2, 草溪鄭氏 1, 金海金氏 2, 光山金氏 1, *星州李氏 3, 完山李氏 1, *晋州河氏 1, 八莒都氏 1, 晋州姜氏 1	13
悟洞面	金海金氏 1, 晋州柳氏 1, *草溪鄭氏 1, 坡平尹氏 1, *金海金氏 1, *陜川李氏 1	6
都山面	*密陽朴氏 2, 密陽朴氏 2, 南原梁氏 1, *南原梁氏2, *草溪周氏 1, *全州李氏 1, 晋州鄭氏 1, 金海金氏 3, 晋州姜氏 1, 濟州高氏 1, *海州鄭氏 2, *青松沈氏 1, *陜川李氏 1, *晋州河氏 1, 昌寧盧氏 1	21
生比良面	*南原梁氏 1, 金海金氏 4, *晋州柳氏 1, 羅州林氏 1, 居昌劉氏 1, 密陽朴氏 1, *金海許氏 1, 昌寧趙氏 1, 文化柳氏 1, 完山崔氏 1, 廣州李氏 1, 安東權氏 1, 慶州李氏 1, 陜川李氏 1, *順興安氏 1	18
新燈面	金海金氏 2, *晋州柳氏 1, *安東權氏 3, 慶州鄭氏 1, 慶州崔氏 1	8
法勿也面	陜川李氏 2, *尙州金氏 4, *坡平尹氏 1, 金海金氏 1, 晋州姜氏 1, 咸安趙氏 1	10
計	幼學戶 49	109

※ *표는 幼學戶 중심의 集團

이상에서 본 결과 소규모이기는 하지만, 丹城縣內에 동족마을이 散在해 있었음을 알 수 있다. 끝으로 1개 里 내에 5戶 이상의 同族戶를 갖고 있는 집단을 보면 <표 Ⅵ-8·9>와 같다.

<표 Ⅵ-8·9>에서 보는 바와 같이 肅宗 43년의 경우, 총 95개의 동족집단 중 28개 집단이 幼學戶 동족집단이며, 正祖 10년에는 109개 동족집단 중 49개가 幼學戶 동족집단이다. 이것으로 볼 때 18세기 후반에 들어와 동족집단이 더욱 강화되어 가는 경향임을 알 수 있다.

2) 彦陽縣의 동족마을10)

---

10) 彦陽縣의 통계는 蔡尙植, 「18, 19세기 同族部落·特殊部落의 實態-新例 彦陽縣戶籍大帳을 중심으로-」, 『人文論叢』 26, 釜山大學校, 1984에서 인용하였다.

彦陽縣의 주요 姓氏의 조사대상 戸數를 다음 <표 VI-10>과 같이 만들어 보았다. 여기서도 단성현과 마찬가지로 노비호와 不明戸의 경우는 제외시켰다. <표 VI-10>을 기준으로 하여 주요 성씨의 면별 호수를 정리하면 <표 VI-11>과 같다.

<표 VI-10> 主要姓氏의 調査對象 戸數

戸數 \ 面別	元戸數			奴婢戸			不明戸			調査對象戸數		
	I	II	III	I	II	III	I	II	III	I	II	III
上北	254	322	273	38	6	2	42	2	0	174	314	271
中北	94	93	133	4	2	1	0	0	0	90	91	132
下北	224	208	184	15	0	0	0	0	8	209	208	176
上南	174	187	222	12	1	0	0	0	35	162	186	187
中南	229	176	201	9	4	0	0	0	9	220	172	192
三同	186	238	211	14	0	0	0	17	0	172	221	211
計	1,161	1,224	1,224	92	13	3	42	19	52	1,027	1,192	1,169

※ I : 1711년, II : 1798년, III : 1861년

<표 VI-11> 主要姓氏의 面別戸數

番號	面別 \ 姓氏	上北			中北			下北			上南			中南			三同			計		
		I	II	III	I	II	III	I	II	III	I	II	III	I	II	III	I	II	III	I	II	III
1	金海金氏	39	36	23	20	15	21	24	10	11	28	24	22	40	15	23	46	55	29	197	155	129
2	慶州李氏	18	25	22	8	5	6	15	22	13	25	18	22	27	17	19	11	24	12	104	111	94
3	密陽朴氏	18	9	15	8	13	3	23	13	16	11	12	23	23	16	13	20	16	11	103	89	81
4	東萊鄭氏	6	8	11	4	1	4	16	29	42	19	18	18	4	4	11	4	3	3	53	63	89
5	慶州崔氏	17	33	18	2	8	6	3	19	8	4	4	3	18	12	18	2	12	9	46	92	62
6	慶州金氏	7	19	23	2	8	18	18	14	11	7	28	26	2	5	4	3	6	10	39	80	92
7	坡平尹氏	1	5	1	1	1	2	2	2	1	3	4	4	8	8	3	2	4	8	18	21	22
8	淸州韓氏	0	0	0	8	2	4	9	10	2	2	1	1	5	5	2	0	0	0	24	24	9
9	靈山辛氏	0	2	2	0	0	2	0	2	0	0	0	1	7	6	11	7	21	33	14	31	49
10	仁同張氏	0	7	19	1	1	1	9	5	1	2	1	0	0	1	1	0	3	3	12	19	25
11	晋州姜氏	1	3	2	0	0	0	5	16	17	0	13	2	1	3	3	1	2	4	8	36	28
12	安東權氏	1	2	4	0	6	12	0	4	5	0	1	4	0	0	1	0	0	1	1	13	27
	計	108	155	144	47	66	78	124	146	127	107	128	126	135	93	109	98	146	123	613	734	707

※ I : 1711년, II : 1798년, III : 1861년

<표 VI-11>은 彦陽縣 전체를 기준하여 3개 式年 중 한번이라도 대략

20戶 이상이 되는 同姓集團을 집계한 것이다. 정리의 편의상 女性이 戶主가 된 경우에는 女性의 本貫을 기준하여 처리하였다. 이 표에서 동족마을의 구성은 알 수 없으나 彦陽縣에 있어서 시기별에 따른 姓貫의 대세를 엿볼 수 있으리라 생각한다.

彦陽縣에 있어서 수적인 면에서 大姓은 金海 金氏(Ⅰ:197戶, Ⅱ:155戶, Ⅲ:129戶), 慶州 李氏(Ⅰ:104戶, Ⅱ:111戶, Ⅲ:94戶), 密陽 朴氏(Ⅰ:103戶, Ⅱ:89戶, Ⅲ:81戶), 東萊 鄭氏(Ⅰ:53戶, Ⅱ:63戶, Ⅲ:89戶), 慶州 崔氏(Ⅰ:46戶, Ⅱ:92戶, Ⅲ:62戶), 慶州 金氏(Ⅰ:39戶, Ⅱ:80戶, Ⅲ:92戶) 등으로 이 大姓戶는 각 面에 걸쳐 분포되어 있다. 위의 <표 Ⅵ-11>에서 특기할 점은 靈山 辛氏의 경우(Ⅰ:14戶, Ⅱ:31戶, Ⅲ:49戶) 三同面에 집중 분포되어 있다는 점이다.

이상에서 면별로 분포된 彦陽縣의 姓貫을 살펴 보았는데, 동족마을의 분포를 파악하기 위해서 里別 분포 상태를 정리하기로 한다. 주요 同族集團의 里別戶數는 다음 <표 Ⅵ-12·13·14>와 같다.

<표 Ⅵ-12> 主要姓氏의 里別 戶數(1711)

面里名		里總戶數	主要姓氏
上北面	松北里	32(21)	
	邑內里	143(49)	金海金氏 18(12.6), 密陽朴氏 12(8.4), 慶州李氏 11(7.7), 慶州崔氏 8(5.7), 東萊鄭氏 5(3.5)
	馬屹里	24(4)	金海金氏 6(25.0), 慶州崔氏 5(20.8)
	泉所里	54(4)	金海金氏 11(20.4), 慶州金氏 5(11.1), 月星崔氏 5(11.1)
中北面	大谷里	17(3)	
	庫下里	12(0)	金海金氏 6(50.0)
	茶開里	30(1)	金海金氏 6(20.0), 慶州劉氏 6(20.0)
	機池里	35(1)	安東崔氏 7(20.0), 金海金氏 6(17.1), 密陽朴氏 5(14.3)
下北面	外池內里	84(10)	東萊鄭氏 9(10.7), 金海金氏 7(8.3), 仁同張氏 7(8.3) 密陽朴氏 7(8.3), 慶州金氏 6(7.1), 清州韓氏 6(7.1) 晋州姜氏 5(6.0), 慶州孫氏 5(6.0)
	山前里	51(9)	東萊鄭氏 9(17.7), 慶州李氏 8(15.7), 金海金氏 5(9.8)
	禾皮里	35(2)	密陽朴氏 10(28.5), 金海金氏 7(20.0)

	石南里	54(4)	金海金氏 6(11.1), 慶州金氏 6(11.1), 密陽朴氏 5(9.3) 慶州陳氏 5(9.3)
上南面	楊等里	25(1)	東萊鄭氏 9(36.0)
	巨里洞里	48(2)	金海金氏 10(20.8), 文化柳氏 6(12.5), 慶州朴氏 5(10.4)
	吉川里	32(3)	東萊鄭氏 7(21.9), 驪州李氏 5(15.6)
	鳴村里	70(10)	慶州李氏 15(21.4), 密陽朴氏 8(11.4), 金海金氏 12(17.1)
中南面	德泉里	92(12)	金海金氏 22(23.9), 慶州李氏 15(16.3), 密陽朴氏 14(15.2)
	雙水亭里	48(2)	金海金氏 6(12.5), 慶州李氏 6(12.5), 坡平尹氏 5(10.4) 密陽朴氏 5(10.4)
	卭川里	89(3)	慶州崔氏 13(14.6), 金海金氏 10(11.2), 黃澗韓氏 8(9.0) 靈山辛氏 7(7.9), 慶州李氏 6(6.7), 文化柳氏 5(5.6)
三同面	早日里	33(2)	金海金氏 11(33.3), 密陽朴氏 5(15.2)
	□□里	62(7)	金海金氏 25(40.3), 密陽朴氏 7(11.3), 慶州李氏 5(8.1)
	松面里	43(11)	大邱徐氏 8(16.1), 金海金氏 5(10.2)
	鵲洞里	49(2)	

<표 VI-13> 主要姓氏의 里別 戶數(1798)

面里名		里總 戶數	主要姓氏
上北面	松北里	32(3)	金海金氏 9(28.1)
	東部里	101(10)	慶州李氏 12(11.9), 金海金氏 9(9.0), 密陽朴氏 7(7.0) 慶州金氏 5(5.0)
	南部里	89(2)	金海金氏 12(13.5), 慶州崔氏 9(10.2), 密陽朴氏 8(8.0) 完山李氏 5(5.6), 慶州李氏 6(10.2)
	於音里	36(0)	慶州崔氏 11(30.6), 順天千氏 6(16.7)
	盤松里	23(0)	仁同張氏 5(21.7)
	泉所里	41(0)	慶州崔氏 5(12.2)
中北面	大谷里	26(2)	水原白氏 9(34.6), 安東權氏 5(19.2)
	茶開里	27(1)	淸州韓氏 8(29.6)
	直洞里	40(0)	金海金氏 10(25.0), 密陽朴氏 7(17.5), 慶州金氏 5(12.5) 慶州崔氏 5(12.5)
下北面	池內里	61(1)	東萊鄭氏 15(24.6), 慶州崔氏 8(13.1), 淸州韓氏 6(9.8) 慶州孫氏 5(8.2)
	陵八里	32(1)	晋州姜氏 12(37.5), 東萊鄭氏 5(15.7)
	山前里	48(1)	慶州李氏 11(22.9), 慶州崔氏 7(14.5), 東萊鄭氏 7(14.5)
	禾皮里	41(1)	密陽朴氏 10(24.4)
	石南里	26(0)	

上南面	楊等里	31(0)	金海金氏 10(32.3)
	巨里洞里	36(1)	慶州李氏 9(16.7), 文化柳氏 6(16.7), 海州吳氏 5(13.9)
	吉川里	37(1)	東萊鄭氏 13(37.8), 密陽朴氏 6(16.2)
	鳴村里	38(0)	慶州金氏 19(50.0)
	川前里	34(1)	金海金氏 10(39.5), 慶州金氏 6(17.7)
	梨川里	11(1)	
中南面	德泉驛里	31(0)	慶州崔氏 6(19.4), 慶州李氏 6(19.4), 金海金氏 6(19.4)
	德泉民里	20(4)	
	坪地里	21(0)	
	雙水亭里	47(2)	金海金氏 10(21.2), 坡平尹氏 6(12.7), 慶州李氏 5(10.6)
	꽁川里	36(1)	密陽朴氏 7(19.4)
	方基里	21(1)	
三同面	早日里	78(2)	金海金氏 20(25.6), 慶州李氏 8(10.3), 靈山辛氏 8(10.3) 丹楊禹氏 7(9.0), 慶州崔氏 6(7.7), 密陽朴氏 6(7.7)
	旺方里	46(0)	金海金氏 15(32.7), 慶州李氏 7(15.2), 密陽朴氏 6(13.4), 慶州崔氏 5(10.9)
	荷岑里	32(1)	靈山辛氏 10(31.3)
	鵲洞里	42(0)	金海金氏 12(28.6), 慶州李氏 6(14.3)
	九藪里	23(0)	

<표 Ⅵ-14> 主要姓氏의 里別 戶數(1861)

面里名		里總戶數	主要姓氏
上北面	松北里	20(0)	
	東部里	80(2)	海州吳氏 12(15.0), 慶州李氏 9(11.3), 慶州金氏 9(11.3) 密陽朴氏 8(10.0), 東萊鄭氏 6(7.5), 慶州金氏 5(6.3)
	南部里	61(2)	慶州李氏 8(13.1), 金海金氏 6(10.0), 慶州崔氏 5(8.2)
	於音里	22(0)	慶州崔氏 7(31.8)
	盤松里	37(0)	仁同張氏 16(43.3)
	泉所里	51(0)	金海金氏 8(15.7), 延安松氏 7(13.7), 文化柳氏 5(9.8)
中北面	盤谷里	38(1)	金海金氏 8(21.0), 水原白氏 7(18.4), 安東權氏 6(15.8)
	茶開里	45(0)	慶州金氏 6(13.3), 金海金氏 5(11.1), 慶州李氏 5(11.1)
	直洞里	50(0)	慶州金氏 9(18.0), 金海金氏 8(16.0)
下北面	上洞里	26(0)	東萊鄭氏 9(34.6)
	池內里	28(0)	東萊鄭氏 10(35.7)
	稜山里	18(0)	東萊鄭氏 6(33.3)
	香山里	21(0)	晋州姜氏 17(81.0)

	道洞里	6(0)	
	山前里	16(8)	東萊鄭氏 8(50.0)
	亐萬里	10(0)	
	禾皮里	21(0)	慶州金氏 5(23.8)
	弓根亭里	11(1)	
	鳴峴里	18(0)	慶州李氏 5(27.8)
上南面	楊等里	37(0)	金海金氏 12(32.4)
	巨里洞	54(0)	文化柳氏 9(16.7), 慶州李氏 7(13.0), 金海金氏 5(9.3) 密陽朴氏 5(9.3), 慶州金氏 5(9.3)
	吉川里	58(0)	東萊鄭氏 12(20.7), 慶州李氏 11(19.0), 密陽朴氏 10(17.3)
	鳴村里	19(0)	慶州金氏 10(55.6)
	川前里	16(0)	慶州金氏 7(43.8)
	校洞里	15(0)	
中南面	德川里	28(0)	慶州崔氏 7(25.0), 咸安趙氏 5(17.8), 慶州李氏 5(17.8)
	平里	17(0)	
	雙水亭里	32(0)	金海金氏 7(21.9), 慶州李氏 5(15.6)
	華山里	16(0)	金海金氏 5(31.2)
	加川里	61(0)	密陽朴氏 8(13.1), 金海金氏 6(9.8), 丹楊禹氏 5(8.2)
	芳基里	31(0)	靈山辛氏 7(22.6), 慶州崔氏 6(19.4)
三同面	早日里	43(0)	靈山辛氏 10(23.3), 金海金氏 8(18.4)
	寶隱里	23(0)	丹楊禹氏 5(21.7)
	松亭里	6(0)	
	金谷里	11(0)	
	沙村里	6(0)	
	荷岑里	41(0)	靈山辛氏 15(36.3), 延安車氏 6(14.6)
	鵲洞里	56(0)	金海金氏 9(16.1), 靈山辛氏 6(10.7), 慶州李氏 5(9.1)
	九藪里	25(0)	金海金氏 6(24.0), 坡平尹氏 5(20.0)

위의 <표 VI-12·13·14>는 각 里別로 5戶 이상의 동성집단을 뽑아 전체 戶數와의 비율을 나타낸 것이다. 여기서 里總戶數 중 ( )안 숫자는 里總戶數 중 동성집단이 차지하는 백분비이다.

이중에서 里 단위에 한 개의 동성집단이 전체 호수의 절반 이상인 경우(A형)와 두 개의 동성집단을 합하여 전체 호수의 절반 이상인 경우(B형)를 각 式年別로 살펴보면 <표 VI-15>와 같다.

<표 VI-15> 彦陽縣의 대표적인 동족마을

面里別＼時期	I (1711)		II (1798)		III (1861)	
	A형	B형	A형	B형	A형	B형
中北面 大谷里				水原白氏(35) 安東權氏(19)		
中北面 庫下里	金海金氏(50)					
下北面 陵八里				晋州姜氏(38) 東萊鄭氏(16)		
下北面 香山里					晋州姜氏(81)	
下北面 山前里					東萊鄭氏(50)	
上南面 吉川里				東萊鄭氏(38) 密陽朴氏(16)		
上南面 鳴村里			慶州金氏(50)		慶州金氏(56)	
上南面 川前里				金海金氏(40) 慶州金氏(18)		
三同面 □□里		金海金氏(40) 密陽朴氏(11)				
三同面 荷岺里						靈山辛氏(36) 延安車氏(15)

※ ( )는 전체 戶數에 대한 백분비

　<표 VI-15>에 보이는 彦陽縣의 대표적인 동족마을의 수는 1711년의 경우만 가지고 보더라도 비슷한 시기이며 같은 기준에서 통계 처리한 1711년의 경상도 丹城縣과 비교해 볼 때, 비록 전체 호수는 언양현(1,161호)이 단성현(2,514호)의 절반에 조금 못미치는 형편이지만 9분의 2 정도로 너무 현격한 차이가 난다. 이러한 현상에 대한 해명은 일단 접어두고, <표 VI-15>에 보이는 동족마을 중 몇 예만을 뽑아 혈연관계의 현황을 호적대장을 통하여 살펴보고자 한다.

　여기서 1711년의 A형인 中北面 庫下里의 金海 金氏의 경우(<예 1>)와 1798년의 A형인 上北面 鳴村里의 慶州 金氏의 경우(<예 2>)만을 선정해서 살펴보기로 한다

<예 1> 金海金氏 系譜(中北面 庫下里, 1711)

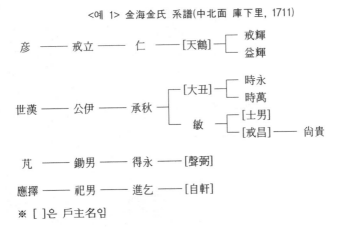

※ [ ]은 戶主名임

    <예 1>에서 보는 바와 같이 1711년 中北面 庫下里의 경우 12호 중 6
호가 金海 金氏인데, 이들 중 3호는 혈연관계이지만, 나머지 3호는 각각
의 계통임을 알 수 있다. 또 혈연관계인 3호는 모두 驛吏身分이며, 나머
지 3호는 각각 嘉善大夫, 通政大夫, 禁衛軍으로 되어있다. 이상을 미루
어볼 때 이 지역에는 비록 金海 金氏가 6호로 전체의 절반이라고 하더
라도 동족마을로서의 결속력과 영향력을 행사했으리라고 생각되지는 않
는다.

    그리고 <예 2>에서 보는 바와 같이 1798년 上南面 鳴村里의 경우 38
호 중 19호가 慶州 金氏인데, 호적상 曾祖까지만 기재되어 있기 때문에
각 戶主의 曾祖代 이상의 혈연관계는 알 수 없으나, 이 지역은 모두 慶
州 金氏의 부자호, 형제호로 구성되었음을 알 수 있다. 또한 이들 戶主
의 신분은 19호 중 17호는 幼學, 나머지 2호는 각각 老職折衝將軍兼中
樞府事, 童蒙으로 되어 있어 양반호로 구성된 동성집단임을 알 수 있다.
특히 <예 2>에서 *표한 金次顔·次曾·圭의 경우 모두 武科及第한 것
으로 기재되어 있어 주목된다.

<예 2> 慶州金氏 系譜(上南面 鳴村里, 1798)

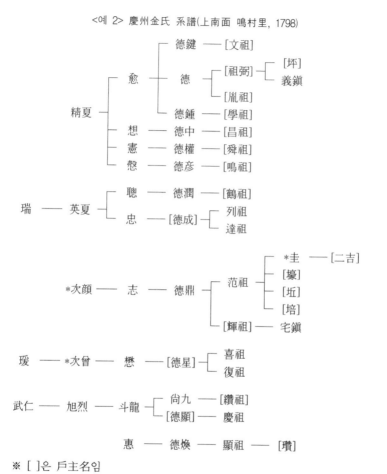

※ [ ]은 戶主名임

　　<예 1, 2> 외에도 <표 Ⅵ-15>에서 제시한 경우를 검토하면 다음과
같은 결론을 얻게 된다.

　　첫째, 幼學戶를 중심한 兩班戶로 구성된 동족집단은 대체로 같은 혈
연관계에 있었으며 동족마을로서의 기능을 행사하고 있었던 것 같다.

　　둘째, 이에 비해 幼學戶와 常民戶가 섞여 구성된 동족집단은 같은 혈연관계가 아님을 알 수 있다.

셋째, 앞의 <표 VI-12·13·14>와 <표 VI-15>에서 알 수 있는 바와 같이 한 마을 안에 1姓의 同族集團이 압도적 다수를 차지하는 경우는 거의 드물고 2姓 또는 그 이상의 同族集團이 마을의 중심세력임을 알 수 있었다.

한편 한 마을 내에서 50% 이상이 되지 않는 동족집단의 경우라도(한 개의 姓이든 두 개의 姓이든 간에) 신분적으로 兩班戶를 중심으로 구성 된 경우는 동족마을로서의 기능을 발휘하고 있었던 것 같다. 가령 1798 년 三同面 荷峰里의 경우 靈山 辛氏가 전체 32호 중 10호에 불과하지만 (31.3%) 10호 전부가 幼學戶로 되어 있어 이 마을 내에서 동족마을으로 서의 영향력을 행사하고 있었다고 생각된다.

18세기 말에서 19세기 후반에 이르면 彦陽縣의 幼學戶는 급격한 증가 가 이루어져 이 시기의 동족집단을 이루는 유학호에 대한 성격 규명은 별 의미가 없다. 그러나 1711년의 경우에는 상민층으로 형성된 동족집단 이 대부분이기 때문에 대개 양반 신분으로 이루어진 동성집단은 그 마을 내에서 동족마을로서의 영향력을 발휘하고 있었던 것으로 보인다.

그러면 兩班戶를 이루는 것 중 가장 대표적인 幼學戶의 姓氏別 분석 을 통해서 이 지역의 동족마을의 추세를 살펴보기로 한다. 전 戶數의 약 80%가 유학호인 1861년의 경우를 제외하고 <표 VI-16>을 작성하였다.

<표 VI-16>과 앞 <표 VI-11>의 主要姓氏 面別 戶數와는 순서상 큰 차이를 발견할 수 없다. 단지 東萊 鄭氏의 경우 1711년에는 彦陽縣 내에 서 제1의 大姓은 아니었지만 가장 많은 유학호를 가졌으며, 그렇지만 그 렇게 큰 숫자가 아님을 알 수 있다.

그러면 <표 VI-11>과 <표 VI-16>을 가지고 주요 성씨 몇 예를 중심 으로 幼學戶의 비율을 살펴보면 <표 VI-17>이 된다. 비교의 편의상 丹 城縣의 1717년 경우와 함께 병기하였다. <표 VI-17>에서 지적할 점은 다음과 같다.

<표 Ⅵ-16> 幼學戶의 姓氏別 戶數

面別\姓氏	上北 I	上北 II	中北 I	中北 II	下北 I	下北 II	上南 I	上南 II	中南 I	中南 II	三同 I	三同 II	計 I	計 II
東萊鄭氏	-	1	2	1	9	27	5	17	-	3	-	3	16	52
密陽朴氏	1	5	-	5	6	13	2	8	-	3	4	8	13	42
慶州李氏	3	3	1	3	-	20	4	10	-	2	1	9	9	47
靈山辛氏	-	-	-	-	-	-	-	-	3	6	5	21	8	27
金海金氏	1	17	-	6	-	6	2	10	-	7	2	26	5	72
晋州姜氏	-	4	-	-	2	15	-	1	-	-	-	-	2	20
昌寧曺氏	-	-	-	-	6	-	1	3	-	1	4	1	12	4
清州韓氏	-	1	-	8	-	10	-	-	-	2	-	-	-	21
慶州崔氏	3	14	-	6	-	12	1	1	-	3	-	5	4	41
驪州李氏	-	-	-	-	-	-	3	5	-	-	-	-	3	5
慶州金氏	-	12	-	5	-	2	-	30	-	4	1	3	1	56
仁同張氏	-	6	-	-	-	4	-	-	-	-	-	1	-	11
延安松氏	-	2	-	1	1	4	-	-	-	-	1	1	2	8
恩津宋氏	-	-	-	-	1	-	-	4	1	-	-	2	2	6
文化柳氏	-	1	-	-	1	-	-	7	-	3	-	2	1	13
安東權氏	-	2	-	5	-	3	-	-	-	-	-	-	-	10
丹楊禹氏	-	-	-	-	-	-	-	-	-	1	-	7	-	8
海州吳氏	-	2	-	-	-	1	-	4	-	-	-	-	-	7
水原白氏	-	-	-	3	-	-	-	-	-	1	-	3	-	7
杞溪兪氏	-	-	-	-	-	6	-	-	-	-	-	-	-	6
曲阜孔氏	-	4	-	-	-	-	-	-	-	1	-	-	-	6
大邱徐氏	-	2	-	-	-	-	-	-	-	-	-	2	-	5
昌原黃氏	-	1	-	-	-	1	-	-	-	-	-	2	-	5
其他	3	28	1	6	5	18	4	21	4	12	9	20	26	105
計	11	105	4	50	31	142	22	123	9	48	27	116	104	584

※ Ⅰ : 1711년, Ⅱ : 1798년

첫째, 1711년에 있어서 彦陽縣은 비슷한 시기인 1717년의 丹城縣에 비해 幼學戶의 전체 수도 적을 뿐만 아니라(109/392), 그 비율도 절반 정도이다(11/23). 그것마저도 특정 姓氏에 집중된 것이 아니고 분산되어 있는 형편이며, 절대 戶數가 적은 晋州 姜氏와 靈山 辛氏를 제외하고는 대부분이 丹城縣 각 姓氏의 비율에 미치지 못하고 있다.

둘째, 彦陽縣의 경우 1798년에는 전체 幼學戶의 증가율이 1711년에 비해 4배 이상으로 크게 늘어났고(49/11), 아울러 각 姓氏의 幼學戸가 차지하는 비율도 40% 이상으로 증가된다. 이는 丹城縣의 大姓인 金海金氏가 1786년에 와서야 겨우 10戸의 유학호를 갖는 것과는 극히 대조적이다. 또한 丹城縣의 전체 幼學戸가 1717년에서 1786년 사이에 겨우 1.4배 정도로 늘어났을 뿐이다.

<표 Ⅵ-17> 主要姓氏의 전체 戸數에 대한 幼學戸의 비율

時期\n姓氏	Ⅰ(1711)	Ⅱ(1798)	丹城縣의 경우(1717)	
東萊鄭氏	16/53(30)	52/63(83)	安東權氏	57/63(90)
密陽朴氏	13/103(13)	42/89(47)	陜川李氏	40/97(41)
慶州李氏	9/104(9)	47/111(42)	晋州柳氏	38/80(48)
靈山辛氏	8/14(57)	27/31(87)	密陽朴氏	26/156(17)
金海金氏	7/197(4)	72/155(41)	南原梁氏	25/33(76)
晋州姜氏	6/8(75)	20/36(56)	星州李氏	21/48(44)
淸州韓氏	5/18(31)	21/24(88)	尙州金氏	17/22(77)
慶州崔氏	4/46(9)	41/92(45)	晋州河氏	12/33(36)
慶州金氏	2/39(5)	56/80(70)		
전체통계치	109/1,027(11)	584/1,192(49)	전체통계치	392/1,700(23)

※( )는 백분비

이러한 현상을 어떻게 이해해야 할까. 아마 彦陽地域이 士族이나 兩班層에 의한 촌락지배가 미약한 사실을 반영한 것으로 보인다. 그렇기 때문에 상대적으로 丹城縣에 비해 兩班層(幼學)으로의 신분 상승도 용이했을 것이다.

이와 같이 1711년에는 양적으로 보아 幼學戸의 비율이 적었고, 이에 비해 1798년에는 幼學戸의 비율이 크게 확대되는 것은 많은 동족집단이 존재했음에도 불구하고 동족마을으로서의 영향력이 타 지역에 비해 크게 뒤지는 현상을 반영한 것으로 보인다. 이와 관련하여 1개里 내에 5戸 이상의 동족집단을 정리해 보기로 한다. 편의상 1711년과 1798년의 경우만을 가지고 <표 Ⅵ-18·19>를 작성하였다.

　　<표 VI-18>에서 보는 바와 같이 1711년의 경우 전체 동족집단의 수는 62이며, 이중 里 단위에 5戶 이상의 幼學戶를 가진 동족집단의 수는 5개에 불과하다. 이는 1717년 丹城縣의 경우와는 매우 대조적이다.

<표 VI-18> 面別 同族集團數(1711)

面別	同族集團	집단총수
上北面	金海金氏 3, 慶州崔氏 2, 密陽朴氏 1, 慶州李氏 1, 東萊鄭氏 1, 慶州金氏 1, 月城崔氏 1	10
中北面	金海金氏 3, 慶州劉氏 1, 安東崔氏 1, 密陽朴氏 1	6
下北面	金海金氏 4, *密陽朴氏 3, 慶州金氏 2, *東萊鄭氏 2, 仁同張氏 1, *淸州韓氏 1, 晉州姜氏 1, 慶州孫氏 1, 慶州李氏 1, 慶州陳氏 1	17
上南面	*東萊鄭氏 2, 金海金氏 2, 文化柳氏 1, 慶州朴氏 1, 驪州李氏 1, 慶州李氏 1, 密陽朴氏 1	9
中南面	金海金氏 3, 慶州李氏 3, 密陽朴氏 2, 坡平尹氏 1, 慶州崔氏 1, 黃澗韓氏 1, 靈山辛氏 1, 文化柳氏 1	13
三同面	金海金氏 3, 密陽朴氏 2, 慶州李氏 1, 大邱徐氏 1	7
計	幼學戶 5	62

1. *표는 里 단위에서 5戶 이상의 幼學戶가 있는 경우임.
2. 下北面의 密陽朴氏 3, 東萊鄭氏 2 중 幼學戶는 각 1임, 또 上南面의 東萊鄭氏 2 중 幼學戶는 1임.

<표 VI-19> 面別 同族集團數(1798)

面別	同族集團	집단총수
上北面	*金海金氏 3, *慶州崔氏 3, 慶州李氏 2, 密陽朴氏 2, 慶州金氏 1, 完山李氏 1, 順天千氏 1, *仁同張氏 1	14
中北面	水原白氏 1, *安東權氏 1, *淸州韓氏 1, *金海金氏 1, 密陽朴氏 1, 慶州金氏 1, *慶州崔氏 1	7
下北面	*東萊鄭氏 3, 慶州崔氏 2, *淸州韓氏 1, 慶州孫氏 1, 晉州姜氏 1, *慶州李氏 1, 密陽朴氏 1	10
上南面	*金海金氏 2, 慶州金氏 2, *慶州李氏 1, *文化柳氏 1, 海州吳氏 1, *東萊鄭氏 1, *密陽朴氏 1	9
中南面	金海金氏 2, 慶州李氏 2, 慶州崔氏 1, 坡平尹氏 1, 密陽朴氏 1	7
三同面	*金海金氏 3, 慶州李氏 3, *靈山辛氏 2, 慶州崔氏 2, 密陽朴氏 2, *丹楊禹氏 1	13
計	幼學戶 28	60

1. *표는 里 단위에서 5戶 이상의 幼學戶가 있는 경우임.
2. 上北面 의 金海金氏 3, 慶州崔氏 3 중 幼學戶는 각 1임, 下北面의 慶州崔氏 2중 1임, 또 上北面 金海金氏 2중 1임.

이에 비해 1798년의 경우에는(<표 VI-19>) 앞서 살핀 바와 같이 幼學戶의 수가 증가함에 따라 전체 동족집단의 수는 거의 변화가 없는 60이지만 리 단위에 5戶 이상의 幼學戶를 가진 동족집단은 28에 이르게 된다. 이상에서 丹城縣과 彦陽縣의 戶籍大帳을 중심으로 하여 조선후기 동족마을의 실태를 조사하여 보았다.

주지하다시피 동족마을의 형성은 17세기 이후에 들어와서 이루어지고 있다는 것이 현재의 공통된 견해이다.11) 동족마을이 同祖意識을 가진 同姓同本의 男系親族이 집단적으로 거주하는 마을이라고 할 때 17세기 초의 山陰帳籍의 예에서 볼 수 있다시피 그 때까지는 동족마을의 형성을 확인할 수 없기 때문이다.

동족마을의 형성 이유에 대해 아직 완전히 밝혀지지 않았지만 최소한 상속이나 祖上의 奉祀에 있어 男系中心이 이루어져야 하며, 또한 族譜의 기재에 있어서도 父系中心, 男系中心으로 옮아가야 하는데 그러한 현상은 17세기 중엽 이후에 가서야 확인되고 있다.12)

이렇게 볼 때 앞에서 살핀 丹城縣과 彦陽縣의 동족마을은 시기적으로 동족마을의 전형을 보여주는 것이라 생각된다. 그러나 丹城縣과 彦陽縣의 지역적 특성은 동족마을의 성격 형성에도 다른 면모를 갖게 하고 있음을 알 수 있다. 두 縣의 경우 한 里 안에 5戶 이상의 同姓同本戶를 갖는 집단을 조사한 결과 1姓의 同族戶가 압도적 다수를 차지하면서 동족마을을 형성하는 경우는 드물고, 2개 또는 그 이상의 同族戶가 마을의 중심세력을 이루고 있는 것이 대부분이었다.

같은 동족마을이라고 하더라도 지역사회를 지배하며, 族譜를 발간하

---

11) 註 1) 참조.
12) 崔在錫,「朝鮮時代의 族譜와 同族意識」,『歷史學報』 81, 1979, 74~79쪽.

고 국가에 대한 자위력을 행사하는 등의 역할을 할 수 있는 것은 常民層의 동족마을보다는 班村 쪽이라 할 것이다. 그래서 양반 중에서 가장 핵심을 이루는 幼學戶를 기준하여 유학호로 구성된 同姓集團을 동족마을로 파악하고 同姓集團을 조사한 결과, 丹城은 1717년의 경우 95개의 동족마을 중 28개가 幼學戶의 동족마을임에 비해, 彦陽의 경우는 1711년에 전체 62개 동족마을 중에서 幼學戶의 것은 5개에 불과함을 볼 수 있다. 彦陽은 丹城에 비해 전통적으로 兩班·士族의 지배가 미약했던 지역이라고 할 수 있는데 위의 사실이 바로 그것을 입증해 주는 것이라 볼 수 있다.

그러나 彦陽은 1711년에 5개에 불과하던 幼學戶 동족마을이 1798년에는 28개(전체 60개 중)로 급격한 증가를 보여주고 있다. 이 시기는 이미 신분해체가 이루어지고 있던 시기이니 만큼 幼學戶의 증가가 의심스러운 것은 아니라 할 수 있다. 그렇다고 하더라도 丹城이 1717년에서 1786년 사이 幼學戶의 증가가 1.4배에 불과했던 것에 비해서는 상당한 증가현상을 나타내고 있다. 그러므로 외형적인 측면에서 18세기 말엽에 彦陽에서는 동족마을의 조직이 강화된 것 같은 느낌을 받을 수 있으나, 그것이 과연 丹城에서와 같은 형태의 동족마을로의 기능적 측면을 다하였는지 하는 것은 의문으로 남는다.

2. 특수신분마을

戶籍帳籍의 조사에서 주목을 끄는 것은 일반 村落과는 달리 특수한 身分職役을 갖는 사람들이 집단을 이루어 한 마을 내에 거주하는 특수신분마을이 있다는 사실이다. 몇 개의 예를 들어 보기로 하겠다.

1) 驛吏마을

(1) 단성

驛吏란 특수 職役으로 신분상의 제약을 받아 온 계층이다.[13] 이들의 集團居住部落은 北洞面 四里 新安村과 都山面 六里 碧溪村으로 이 곳 에는 각각 新安驛과 碧溪驛이 있었던 곳이다. 먼저 新安驛을 보면 肅宗 代 마을 총호수 56호 중 35호가 驛吏戶로 63%를 점하고 그 밖에 驛保 1호, 驛吏戶는 아니나 그 子가 驛吏인 호가 7호, 妻夫가 驛吏인 경우가 2호로 驛吏와 관계있는 戶數는 총 34호가 된다.

碧溪村은 총 45호 중 驛吏戶가 29호, 驛保 1호, 驛卒 2호, 子가 驛吏 인 戶 1호, 母가 驛女인 1호로 구성되었고 驛吏와 전혀 관계가 없는 호 는 6호뿐이다. 驛吏는 그 직무상 驛의 소재지에서 멀리 떨어져 살 수 없 기 때문에 驛 부근에 집단으로 거주했던 것으로 생각된다. 碧溪村의 同 族數를 보면 驛吏戶 29戶 중 大姓에 속하는 金海 金氏가 16戶, 晋州 姜 氏가 7戶로 동족마을을 형성하고 있다.

(2) 언양

彦陽縣에 설치된 驛의 현황에 대해 살펴보기로 한다. 彦陽縣에는 조 선초부터 德川驛[14] 하나만이 설치되었으며, 이것이 조선후기까지 계속 되었다. 德川驛에 대해서는

德川驛 在縣南五里 東距蔚山掘火驛三十里 西距淸道西芝驛八十里 南距梁山渭川驛四十里 北距慶州仍甫驛二十里 中馬二匹 卜馬六匹 驛

---

13) 驛吏에 대해서는 『經國大典』 卷35, 賤妾子女條에 "鄕吏・驛吏・鹽干・牧子等 嫁自己婢所生 於父役處定役 不通仕路"라 하였고, 『續大典』 刑典 公賤條에는 "驛吏가 良女를 娶妻하여 소생한 男子는 驛吏로 하고 여자는 驛女로 하며, 또 公私賤을 娶妻하여 소생한 男女는 모두 母役에 따르게 한다"고 하여 驛吏를 公賤條에서 취급하고 있다.

14) 『世宗實錄地理志』 卷150, 彦陽縣條에 德川驛이 기록되어 있는데 글자상 德泉 驛으로 잘못 사용되어진다고 지적하고 있다.

吏一百五十三人[15]

이라고 한 것에서 그 현황을 짐작할 수 있다. 그런데 戶籍大帳에 의하면 彦陽縣의 驛吏 중에는 德川驛吏가 주축을 이루며, 위의 사료에 명시된 것처럼 사방으로 彦陽에 인접한 지역에 설치된 驛의 驛吏들도 보인다.

그러면 彦陽縣의 驛吏戶의 분포실태와 수적 변동에 대해서 검토하기로 한다. 이를 <표 Ⅵ-20>으로 작성하였다. 편의상 里 단위당 대략 5戶 이상을 기준으로 하였다.

다음 <표 Ⅵ-20>에서 알 수 있는 바와 같이 彦陽縣의 驛吏 수는 18세기에는 크게 변동이 없다가 19세기 후반에는 약 3분의 1정도로 줄어들고 있다. 또 驛吏의 분포는 德泉驛이 설치된 中南面과 인접한 三同面에 집중되어 있으며, 특히 中南面의 德泉里와 三同面의 鵲洞里가 수적으로 두드러진 驛吏 마을이다. 德泉里의 경우 1711년에는 전체 戶數 92戶 중 52戶가 驛吏集團이고(61%), 1798년에는 德泉里가 德泉驛里와 德泉民里로 분화되어 전체 호수는 각각 31호, 20호인데 이 중 德泉驛里의 31호는 모두 驛吏戶이다. 또 1861년의 경우에도 德泉里는 전체 28호 중 21호가 驛吏戶이다(75%). 이로 보아 德泉里는 전형적인 驛吏村이라 할 수 있다. 이에 비해 鵲洞里의 경우는 각 式年別로 16/49(33%), 7/42(17%), 4/56(7%)의 비율로 보아 驛吏村에서 서서히 그 성격이 변하고 있음을 알 수 있다.

그러면 3개 式年分 중 里 단위로 5戶 이상의 驛吏戶를 가진 同姓集團을 찾아보면 1711년의 경우에는 德泉里 3(慶州 李氏 15戶, 金海 金氏 13戶, 密陽 朴氏 16戶), 鵲洞里 1(大邱 徐氏 7戶)이고, 1798년에는 德川驛吏 3(金海 金氏, 慶州 李氏, 慶州 崔氏 각 6戶)인데, 1861년에는 하나도 보이지 않는다. 이들에 대해서는 이미 面別 同姓集團數에 포함시켜 정리한 바 있다.

---

15) 『彦陽縣邑誌』, 1832, 奎章閣 소장본 참조.

<표 Ⅵ-20> 驛吏戶의 분포와 수적 변동실태

面里 \ 時期		1711	1798	1861	계
上北面	邑內里	6	4	1	11
	泉所里	8	2	-	10
中北面	庫下里	5	-	-	5
上北面	鳴村里	10	1	-	11
	川前里	-	5	-	5
中南面	德泉里	56	31	21	109
	坪地里	-	15	6	21
	雙水亭里	5	5	-	10
	巠川里	5	4	-	9
三同面	鵲洞里	16	7	4	27
	早日里	-	5	1	6
其他		7	24	7	38
計		118	103	40	261

　　이들 중 中南面 德泉里의 慶州 李氏의 혈연관계를 검토하기로 한다. 우선 1711년의 德泉里의 慶州 李氏를 살펴보기로 한다. 德泉里에는 전체 92호 중 慶州 李氏가 15호 보이는데 모두 驛吏戶이다. 이들의 혈연관계를 다음의 <예 3>으로 정리해 보았다.

<예 3> 慶州李氏 系譜(中南面 德泉里, 1711)

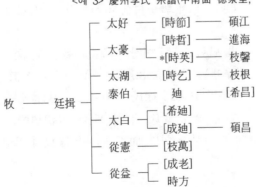

※ [ ]는 戶主名임

　위의 <예 3>에서 보는 바와 같이 15호 중 9호는 동일 혈족임을 알 수
있고, 나머지 6호 중 1호를 제외한 동일 혈족인 4호와 독립된 1호도 앞의
9호와 혈연관계가 있다고 짐작된다. 이러한 현상은 1798년의 德泉驛里
의 驛吏戶인 慶州 李氏 5戶에서도 발견되고, 이 중 <예 3>에 *표시한
時英(1798년의 戶籍에는 榮)의 후손들로 구성된 4戶의 驛吏戶를 찾을
수 있다.

　이와 같이 驛吏戶로서 동족마을을 이룬 경우, 幼學戶를 중심한 동족
마을에 비해 그들 거주지역에서 그들의 영향력은 미약했을 것이다. 그렇
지만 驛吏로서 職役이 일치할 뿐 아니라 혈연관계도 동일하다는 데서
오는 결속력은 그들로 하여금 신분상승과 경제력을 강화하는 원동력으
로 작용하였을 것이다.

　2) 匠人마을

⑴ 단성

　① 縣內面 十三里 扮里川村은 肅宗代 12戶 중 生鐵匠이 8戶이고, 자
제가 生鐵匠인 戶가 1戶이며, 生鐵匠과 전혀 관계없는 戶는 3호뿐인 生
鐵匠마을이다.

　② 縣內面 十四里 瓮店村의 경우 그 지명이 말하듯 14戶 중 瓮匠이
11戶로 되어 있다.

③ 縣內面 十四里 靑溪岩村은 총 20戶 중 生鐵匠 9戶, 水鐵匠 6戶, 盤匠 1戶로 16戶가 匠人戶이다.

④ 生比良面 八里 能串村은 42戶 중 瓮匠 30戶, 鐵匠 3戶, 子가 匠人인 戶가 2戶로서 匠人과 관계없는 戶는 7戶뿐이다.

匠人들로만 이루어진 촌락이 縣內에 4개가 있으며 장적상으로 編戶가 되어 있으나 그들은 직업상 流民層에 속하는 경우가 많아 이동이 심하였기 때문에 실제 그 마을 내에 定住하고 있었는지는 의문이다.[16]

(2) 언양

彦陽縣의 匠人戶는 1711년에 91戶이었지만 1798년에는 13戶, 1856년에는 1戶도 나타나지 않는다. 이와 같이 彦陽地域에서 이미 18세기 말에와서 匠人戶의 소멸 현상이 급격하게 나타나는 것을 어떻게 이해해야할까. 이에 대한 해명은 현재 필자로서는 아직 능력 밖의 과제이다. 다만앞서 말한 바와 같이 彦陽縣 전체의 분위기로 보아 신분상승, 즉 신분해체 현상이 타 지역에 비해 빨랐기 때문에 賤役으로 취급되어 온 匠人들도 이에 편승하여 급격하게 소멸되었던 것으로 추측된다.

이 같은 현상은 彦陽縣 전체 노비수의 변동에 대해서는 알 수 없으나匠人戶와 거의 같은 비율로 급격하게 감소하는 奴婢戶에서도 찾을 수있다. 奴婢戶는 1711년에 92호, 1798년에 13호, 1861년에는 3호로 감소되고 있다.

그러면 匠人戶와 奴婢戶의 분포지역과 동성집단에 대해 살펴보기로한다. 1798년과 1861년의 경우 그 절대수가 급격하게 감소되기 때문에1711년의 경우를 중심으로 검토하기로 한다. 우선 匠人戶의 경우 里단위당 5戶 이상이 되는 지역을 살펴보면, 下北面 禾皮里(13戶), 石南里(32

---

16) 『肅宗實錄』 卷4, 肅宗 1年 10月 辛亥, 「五家作統事目」 중에 "流民層에 속하는각종 匠人(水鐵匠, 磨造匠, 柳器匠 등)은 이동이 심하니 定住地를 갖지 못하더라도 原住地의 統에 編入시킨다"라고 하고 있다.

戶), 上南面 鳴村里(11戶), 中南面 雙水亭里(9戶), 竺川里(5戶), 三同面 松面里(6戶) 등 6군데 뿐이다. 이들과 里 전체 호수와의 비율을 정리하면 禾皮里 13/35(37%), 石南里 32/54(59%), 鳴村里 11/70(16%), 雙水亭里 9/48(19%), 竺川里 5/89(5%), 松面里 6/43(14%) 등으로 된다. 이들 비율과 丹城縣의 경우(1717년)를 비교할 때 전형적인 匠人마을은 下北面 石南里 뿐이라고 할 수 있다.

3) 奴婢마을

⑴ 단성

官奴마을 : 縣內面 九里 新邑內村은 64戶 중 官奴戶가 25戶로 縣內의 촌락 가운데 가장 많은 官奴가 집단 거주하고 있다.

校奴마을 : 縣內 六里 校洞村 20戶의 절반인 10戶가 校奴戶이며 그 밖에 私奴 4戶, 幼學戶 6戶이다.

私奴마을 : 마을내 私奴만이 거주하고 있는 마을은 없다. 대부분 兩班戶의 비중이 높은 마을에 私奴戶가 많이 살고 있다. 마을 총호수 중 私奴戶가 반 이상을 점하고 있는 곳은,

元堂面 : 元堂村, 墨谷村, 沙月村
縣內面 : 九印村
悟洞面 : 上丁太村
新燈面 : 丹溪村

등 6개 마을이다.

⑵ 언양

奴婢戶의 경우 1711년 92戶, 1798년 13戶, 1861년 3戶로 18세기 말 이후가 되면 급격하게 감소하는데, 이 중에서도 1798년 이후에는 奴婢戶의

戶主로서 私奴가 하나도 보이지 않는다는 점이 주목된다. 즉 1798년, 1861년에는 官奴, 院奴, 校奴, 驛奴, 定屬婢 등만이 戶主로 보인다는 점이다.

그런데 彦陽縣의 경우 奴婢戶의 절대다수가 다른 지역에 비해 극히 적으며, 그러다 보니 다른 지역처럼 집단 거주하는 마을이 보이지 않는다. 다만 上北面 邑內里의 경우, 1711년에 官奴 11호, 私奴 15호로 가장 많이 나타나고 있는데, 이것도 비율로는 18%(26/143)에 불과할 뿐이다. 이와 같이 邑內里에 그나마 奴婢戶가 집중되어 있는 것은 앞서 언급한 바와 같이 邑內里가 행정, 경제활동의 중심지라는 점에서 기인한 것이다.

이상에서 본 바를 정리하여 보면, 驛吏戶의 경우 匠人戶나 奴婢戶처럼 급격한 감소 현상은 발견되지 않는다. 그리고 이들은 비록 동족마을으로서 영향력은 미약하지만 대체로 같은 혈연관계를 가진 경우가 많았다. 이와 같이 동일한 職役에 의한 유대의식뿐 아니라 혈연에 의한 결속력이 강인하였기 때문에 中人들과는 다른 방향에서 신분상승과 경제력을 강화하는 계기를 마련할 수 있었다고 본다. 驛吏마을은 丹城내에서는 新安村과 碧溪村 두 곳이며, 彦陽縣 내에서 전형적인 驛吏마을은 中南面 德泉里 한 곳이라고 할 수 있다.

匠人戶는 18세기 말 이후가 되면서 거의 소멸하게 되는데, 이를 단순히 신분상승(해체)의 산물이라고 볼 수도 있겠지만 특히 匠人들의 流亡 현상과도 관련되리라 본다. 상대적으로 다른 職役에 비해 이러한 유망현상이 많다는 것은 결국 匠人에 대한 가중한 부담 때문이었을 것이다. 匠人마을로는 丹城에 네 곳이고, 彦陽에는 下北面 石南里 한 곳 뿐이다.

奴婢戶의 경우, 匠人戶와 마찬가지로 18세기 말 이후에는 거의 소멸하고 있다. 丹城의 奴婢마을은 縣衙가 있었던 縣內面과 鄕校가 소재한 校洞村이고, 私奴만이 거주하는 마을은 없다. 彦陽의 경우도 彦陽縣의 행정·경제활동의 중심지인 上北面 邑內里에 奴婢戶가 집중되어 있다.

맺음말

　현존하는 18·19세기의 戶籍大帳 중 慶尙道 丹城縣과 彦陽縣의 것을 主資料로 삼고 일반사료를 이용하여 戶籍大帳에서 살필 수 있는 향촌사회의 제문제를 구명하여 보았다. 이 연구를 통하여 얻어진 결과를 개괄하여 보기로 한다.

　먼저 신분변동을 보면 丹城·彦陽의 경우 18세기 초까지는 지배층과 피지배층의 구성비가 봉건사회의 신분구조를 이루고 있으나, 18세기 말에는 兩班戶의 수가 급격히 늘어났고 常民·奴婢戶는 급격히 감소하고 있다.

　이로 미루어 18세기 말엽에는 양 지역의 신분제가 크게 무너지고 있다고 보아지며, 이 중 兩班戶의 증가에는 幼學戶가 가장 많아 앞으로 이 유학호의 실태가 밝혀져야 하겠다. 그리고 상민호와 노비호의 격감 현상은 常民·奴婢들의 신분이 상승된 결과이다. 그리고 이를 大邱·蔚山地域의 연구성과와 비교하여 보면 주목되는 점은 신분변동에 있어서 彦陽과 蔚山이 비슷하고 大邱·丹城 보다는 신분의 해체가 일찍이 이루어져 갔다는 점이다. 이는 班村的인 색채가 짙은 고장(丹城), 또는 地域의 행정 중심지(大邱) 등은 해체과정이 느리다는 것을 시사하고 있다고 하겠다. 그러나 신분변동 문제는 통계적인 수치로만 나타낼 수 없는 것으로, 당시 그 당사자의 사회경제적인 실체, 그 위치 등의 파악이 필요하다. 戶籍에서 파악된 신분이 반드시 그 사람의 사회경제적인 실체와 일치하는 것이 아니기 때문에 앞으로 신분의 개념정립, 職役의 문제 등이 더욱 규명되어야 할 것이다.

그리고 우리나라의 전통적인 가족형태는 흔히 대가족제였다고 한다. 이를 밝혀보기 위해 戶籍上의 기재를 통하여 그 실상을 밝혀 보았다. 丹城의 경우 戶當 口數를 산출해 보니 혈족·비혈족을 모두 포함한 平均戶當 口數는 대체로 4.57명으로, 이는 전국이나 大邱의 경우와 큰 차이가 없고 비혈족을 제외하고 고유의 가족과 동거 중인 혈족만을 대상으로 보면 3.5명이다. 이로써 보면 戶籍상에 나타나는 가족의 숫자로는 이른바 대가족제도는 성립되지 않았다고 생각된다. 그리고 彦陽의 경우는 혈족·비혈족을 포함한 평균 戶當 口數는 18세기에는 7.3명, 19세기 초·중엽에는 9.1명이다. 이 같은 彦陽의 현상은 전국이나 丹城·大邱의 평균치와 비교할 때 단연코 높다. 또한 혈족만의 口數도 戶當 8.2명으로 이 역시 丹城이나 大邱, 전국의 평균치에 비해 월등히 높다. 이는 彦陽의 戶의 編制가 他邑과 다른 것이 아닐까 생각되며 일반적으로 대가족제, 同族家族이 많은 것은 상층신분인 반면 소가족제를 이루고 있는 것은 하층신분이라는 개념은 丹城·彦陽의 경우는 해당되지 않는 것으로 나타나 주목된다.

挾戶는 民이 국가로부터 부과되는 각종 役을 도피하는 데서 발생하였으며 그들은 貧殘農民層이었다. 18세기 말엽 彦陽의 경우 挾人을 保有하고 있는 戶數는 兩班·準兩班層이 전체의 60% 이상을 차지하고 있다. 그러나 挾人口數에 있어서는 常民主戶가 兩班主戶보다 많아 상대적으로 常民層이 우세하다. 全挾人數의 점유비는 總人口數 중 12.7%로, 이 지방의 率居奴婢數나 雇工數보다 훨씬 많다. 이 같은 挾戶나 挾人數의 占有比를 보아 이 시기의 挾戶는 主戶의 從屬小作人 또는 從屬勞動과 같은 형태도 존재했겠지만 主戶의 家屋 일부를 빌리든지 또는 부근에 집을 가지고 籍을 다만 主戶에 올린것이 아닐까 생각한다. 그러므로 挾戶 중에는 조선후기 농민층의 분화가 격화된 결과로 생겨난 농민 중에서 자유로운 임노동자인 短期雇工이나 品人類에 속하는 자도 상당히 포함되었던 것이라 생각된다.

18·19세기의 彦陽戶籍에 나타난 사례를 중심으로 본 雇工과 雇主의 실태를 大邱地域의 연구성과와 비교 검토하여 본 결과, 雇工은 良人과 奴婢로 구성되어 있고, 시대가 내려옴에 따라 良人化가 이루어져 19세기 초엽에는 거의 전부가 良人(良女)雇工으로 구성되고 있다. 이는 奴婢雇工 특히 非雇工化가 날로 증대되어 갔다고 하는 大邱地域과는 판이한 양상으로 나타난다. 그리고 18세기 초엽에는 농업노동력으로 적합한 청·장년층이 주가 되었으나 점차 청·장년층이 女性雇工으로 대체되어 가고 있다.

그런 까닭에 彦陽戶籍에서는 임금과 기한을 약정하고 입적되어 雇工法의 적용을 받는 雇工은 그 수가 격감된 반면 나이 어린 여성고공이 주축을 이루며, 이들이 장기간 保有되는 실태이다. 그러므로 이들 戶籍에 기재되어 있는 雇工은 임금을 받는 長期雇工이나, 季節的으로 고용된 자유로운 賃勞動者인 短期雇工으로 볼 수는 없다. 의·식·주만을 제공받고 雇主에 人身上으로 예속된 無賃의 使役人口로 보아야겠다. 그리고 농촌지역인 彦陽에서는 雇主로 주로 상층신분에 속하는 양반과 준양반층으로 이루어지고 있으며 그들의 노비소유 상황으로 보아 경제적으로 비교적 부유한 家戶라 생각된다.

신분별 총호수 중에서 奴婢戶가 점유하는 비율을 보면 丹城·彦陽 두 지역 모두 18세기 말에는 격감되다가 19세기 중엽에는 거의 소멸되어 가고 있으며 그 중에서도 私奴婢戶의 消滅이 두드러지게 나타난다. 이는 下代로 올수록 奴婢에 대한 실질적인 신분상의 제약이 약화되고 있는 것이라 이해된다. 그리고 戶籍大帳에 登載되어 있는 外居·逃亡奴婢 등 他處住奴婢도 점차 그 數가 크게 줄고 노비소유는 솔거노비에 집중하여 표현되어 있는 것을 볼 때 사실상 이들 他處住奴婢에 대한 소유주의 소유권이 포기되어 가고 있음을 의미하는 것이라고 하겠다.

한편 奴婢戶 激減·消滅이라는 현상과는 대조적으로 率居奴婢는 18

~19세기에 걸쳐 그 수에 큰 변동없이 보유되고 있는 점이 주목된다. 또한 노비의 소유에 있어서는 大奴婢所有形態에서 小奴婢所有形態로 바뀌어 19세기 중엽에는 1~2口의 奴婢를 保有하고 있는 戶가 절대다수를 차지하고 있으며, 이 중 奴보다 婢의 수가 증가되고 있다. 이 같은 현상은 18~19세기에 있어서 많은 奴婢勞動力을 필요로 하지 않는 농업경영형태의 변화와 노비노동에 대체될 수 있는 고용노동력의 광범한 존재 때문이라고 생각된다. 따라서 이러한 小奴婢保有形態로 보아 원래 奴婢가 갖는 경제적 기반으로서의 비중은 큰 의의를 갖는다고 볼 수 없다. 그리고 奴婢의 소유는 下代로 올수록 양반층에 더욱 집중되어 양반상전에 의한 독점적 양태를 보이고 있다. 이로 미루어 솔거노비는 크게 증가되는 兩班戶(주로 幼學戶)에 의해서 소유되고 있었다고 하겠다.

조선초기부터 문헌상으로 早婚의 폐단에 관한 논의가 있었던 것으로 보아 法典에 규정된 可婚年齡(남 15, 여 14)이 잘 준수되었다고 보기는 어렵다. 그러나 1717년의 丹城戶籍을 분석하여 보면 戶籍의 記載上으로는 可婚年齡에 미달된 혼인관계는 단 1건도 보이지 않는다. 그리고 年齡階層別 有配偶率을 이용해서 산출한 平均婚姻年齡은 남자 25.9세, 여자 20.7세이다. 그러므로 본 자료에서 얻은 결과로는 早婚이 널리 행해졌다고 하는 통설은 인정하기가 어렵다고 생각된다.

혼인관계에 있어서 早婚과 함께 문제가 되어 온 것이 妻가 男便보다 年上인 부부가 많다고 하는 통설이다. 이를 18세기초 丹城戶籍을 이용하여 살펴보니 부부의 연령차에 있어 妻가 年上인 경우는 22.3%이고, 나이 차이는 1~2세가 가장 많다. 우리나라에서 妻가 年上인 부부가 많았다고 하는 통설이 22.3%의 비율로써 성립될 수 있을런지 의문이나 壓倒的인 현상이 아닌 것만은 확실하다.

同姓禁婚制는 조선초부터 婚姻規定으로 정해져 왔고 현종 10년(1669)부터는 同姓異本婚에까지 확대 적용되었다. 이 같은 법제상의 禁制가 실제 생활면에서 어떻게 반영되었는가를 실증적으로 丹城·彦陽戶

籍에서 고찰하여 보았다. 그 결과를 보면 同姓婚 중 同姓同本婚의 경우를 보면 두 지방 모두 점차 그 비율이 낮아지고 있으며 그 신분을 보면 두 지방 다같이 대부분이 常民層이었으나 점차 兩班의 數도 증가되어 간다. 그리고 同姓異本婚은 同姓同本婚보다 모두 월등히 높으며 그 신분은 18세기 초에는 兩班보다 常民의 數가 많았으나 점차 兩班의 數가 증가되며 이 중 대부분이 幼學이었다. 이와 같이 同姓婚에 대한 禁制에도 불구하고 18·19세기에 비록 그 수는 적지만 同姓異本婚은 물론 同姓同本婚도 실제 생활에서 이루어지고 있었다.

다음으로 奴婢 婚姻關係를 보면 奴·婢 모두 賤賤相婚이 약 76%이고, 良賤交婚이 약 24%이다. 奴의 賤賤相婚에서는 配偶者가 私婢에, 婢의 경우에는 私奴에 집중되고 있다. 良賤交婚에서는 奴는 良女에, 婢는 기본적으로 良役人口에 집중되고 있다. 父母代와 비교하면, 두 世代가 모두 賤賤相婚이 良賤交婚보다 높은 비율을 보이고 있다는 점은 비슷하나 良賤交婚率에 있어서는 子女代에 와서 증가되는 경향을 보이고, 특히 奴와 良女와의 婚姻率이 급증하고 있다는 점이 주목된다. 이는 後代로 갈수록 사노비의 혼인에 의한 양인층에 대한 侵蝕比率이 증대되어 가고 있음을 뜻하는 것이다. 이와 같은 외거노비의 혼인실태는 良役人口의 減少와 良人層의 몰락을 의미하는 것이고, 나아가 廟堂에서 良賤交婚 所生의 身分歸屬 문제를 둘러싸고 논의를 일으키게 한 배경이 되었다고 생각한다.

丹城과 彦陽의 동족마을은 시기적으로 동족마을의 典型을 보여주는 것이라 생각된다. 그러나 이 두 지역의 지역적 특성은 동족마을의 형성에 다른 면모를 갖고 있다. 丹城은 1717년의 경우 95개의 동족마을 가운데 28개가 幼學戶의 동족마을임에 비해, 彦陽의 경우는 1711년에 62개의 동족마을 중에서 幼學戶로 이루어진 것은 불과 5개에 불과하다. 이는 彦陽은 丹城에 비해 兩班의 支配가 약했던 지역이라고 하는 데 그 원인이 있는 것 같다. 그러나 1798년에는 彦陽地域에는 幼學戶의 동족마을

이 28개로 急增하고 있어 동족마을의 조직이 강화된 것 같기는 하나, 幼學戶의 증가 그 자체가 문제가 있는 만큼 동족마을로서의 기능을 어느 정도 발휘하였는지는 의문으로 남는다.

제2편

조선후기의 사회변동

Ⅰ. 李夢鶴亂에 대한 고찰

머리말

선조 25년(1592)에 일어난 壬辰倭亂을 당하여 민중들이 보인 동태 중
주목할 만한 것은 밖으로 異民族의 침략에 대한 항쟁인 義兵活動과 안
으로 封建支配層에 대한 저항인 叛亂이라 할 수 있겠다. 의병에 관한 연
구는 근래 수편의 勞作들이 발표되어 진전이 있었다고 보아진다. 후자에
대해서는 壬亂中에 일어난 전반적인 민간반란을 취급한 李章熙氏와 李
夢鶴亂에 관한 日本人 藤井誠一氏의 論考가 있기는 하나 개괄적인 것
이고, 특히 藤井氏는 亂 발생 원인의 究明을 현실적 조건 이외에 당쟁과
의 관련 속에서 파악하려고 시도하고 있다.[1]

필자는 본고에서 난의 발생 소지를 통하여 민중들의 투쟁력이 배양되
어 亂으로 발전하는 과정과 난의 성격 문제를 중심으로 고찰해 볼까 한
다. 그런데 이 난에 관한 사료는 극히 적은 편이다. 따라서 한정된 사료
로써 문제를 취급하게 되어 미비한 점과 논리의 전개에 어려운 점이 많
음을 자인하며, 선학 諸賢의 叱正있기를 바라마지 않는다.

---

1) 李章熙,「壬辰亂中 民間叛亂에 對하여」,『鄕土서울』32, 1968, 29~69쪽 ; 藤井
　誠一,「李夢鶴の亂について」,『靑丘學叢』22, 1935, 152~173쪽.

1. 亂의 경위

壬辰亂이 끝나고 丁酉再亂이 일어나기 前年인 선조 29년(1596) 7월 初6일에 鴻山(現 扶餘)지방의 민중들은 이몽학을 領導者로 삼아 官에 항거하는 반란을 일으켰다. 이몽학은 亂을 일으키기 전에 先鋒將 韓絢 등과 함께 오랜 시일을 두고 모의하고, 同甲契라는 비밀결사를 조직하여 동지를 규합하였다. 韓絢은 亂前에 御使 李時發의 휘하에서 湖西의 군사를 조련하라는 명령을 받았으나, 민심이 怨咨하고 軍備가 없음을 보고 몽학과 함께 기회를 보아서 일을 도모하려고 하였다. 그러나 父親喪을 당하여 洪州에 있으면서 몽학에게 먼저 擧兵할 것을 命하고 자신은 內浦로부터 相應할 것을 약속하니 몽학은 '安民定國'의 기치를 들고 僧俗將軍, 文武 假稱淸顯官職 등을 정하여 배치하고 鴻山 雙防策에서 일어났다.[2]

7월 6일 새벽에 僧俗軍人 수백명을 거느리고 鴻山縣 衙門을 공격하여 현감 尹英賢을 捕得하고 그 印信을 받은 다음 軍器를 찾아내고 縣吏에게서 抄軍成冊을 받았으며, 다시 진군하여 林川郡에 쳐들어가 군수 朴振國을 포박하였다.[3] 이어 初7일에는 定山縣을 함락시키니 현감 鄭大卿이 도망하였으며, 8일에는 靑陽縣을 공략하자 현감 尹承緒는 싸우지도 않고 도주하였다. 이리하여 수 일 동안에 亂民의 수는 수천명에 이르렀고, 9일에는 大興縣을 공략하니 현감 李質粹는 산중으로 도망쳐 간신히 賊情을 중앙에 보고하게 되었다.[4]

한편 부여현감 許守謙과 같은 자는 亂軍이 犯境하기도 전에 기겁하여 하수인들이 군기를 난군에게 수송하는 것을 보고도 감히 처단치 못하는 형편이었다.[5] 이와 같이 수령들은 모두 패하여 도주하거나 降附하게 되

---

2) 『宣祖修正實錄』卷30, 宣祖 29年 7月.
3) 『宣祖實錄』卷77, 宣祖 29年 7月 甲戌·辛巳.
4) 『宣祖實錄』卷77, 宣祖 29年 7月 丙子·戊寅.
5) 『宣祖實錄』卷77, 宣祖 29年 7月 庚辰.

니 吏民은 모두 賊의 호령에 따르게 되어 그 수가 수만 명에 이르렀다.6)

이어 10월에는 洪州城을 공격하려고 하였다. 한편 洪州에서는 大興郡守의 急報를 받고 牧使 洪可臣이 즉각 民兵을 모으고 巡察使 李廷馣의 從事官인 李景行을 맞이하여 상의한 끝에 嬰城固守의 계책을 세워서 堅守拒戰키로 하였다. 李景行은 인근 수령들에게 명령을 전하니 藍浦縣監 朴東善, 水使 崔湖, 保寧縣監 黃應星 등이 率兵入城하고 州居의 武將 朴名賢, 林得義 등이 자진 應召하여 관군의 세력이 매우 떨치고 守城準備가 완료되었을 때, 亂軍이 州境에 도착하였다. 이때 朴名賢이 무사들을 많이 보내 賊軍의 선봉을 쳐서 생포하는 바가 많았다. 亂軍은 더 진군하여 성밖 2~30리 가까이까지 이르렀는데, 五陣을 치고 各陣에 천여 명씩을 배치하였다.7)

이 무렵 忠淸兵使 李時言은 급보를 都元帥 權慄에게 고하니 都元帥는 全羅監司 朴弘老에게 命하여 全州에 군사를 모아 諸將과 함께 礪山府에서 尼山으로 향하였는데, 賊勢가 매우 盛한 것을 알고 忠勇將軍 金德齡에게 命을 내려 군사를 이끌고 來援케 하였다. 한편 嶺南 諸鎭에 軍官을 分送하여 降倭를 모아서 데리고 오도록 하였다. 兵使 李時言은 禮山縣 無限城에 이르렀으며, 巡按御使 李時發은 維鳩驛에 진을 치고 장차 洪州로 향하려 하였고, 中軍 李侃은 靑陽縣에서 역시 洪州로 향하려 하니 관군의 위세 또한 매우 떨쳤다. 賊勢가 불리하게 되자 叛徒 중 金慶昌, 林億命, 太斤 등 3人이 이몽학을 臥席에서 斬殺하니 烏合之衆은 일시에 潰散되고 朴名賢 등이 추격하여 이들을 捕獲剿滅하였다.8)

韓絢은 叛徒 수천명을 이끌고 洪州에 머물렀으나, 李時言, 洪可臣 등의 관군에게 무너지고 생포되어 京師에 送致되니9) 반란은 일단 진압되었다.

---

6) 『宣祖修正實錄』卷30, 宣祖 29年 7月.

7) 『燃藜室記述』卷17, 「諸道土賊之起」丙申.

8) 『亂中雜錄』卷2, 丙申 7月.

9) 『宣祖實錄』卷77, 宣祖 29年 7月 壬午 및 『亂中雜錄』卷2, 丙申 7月.

이와 같이 忠淸道 鴻山에서 일어나 며칠 사이에 五邑을 점거할 정도로 규모가 크고 위세를 떨치던 반란도 洪州牧使 洪可臣, 武將 朴名賢 등 관군의 勇戰과 반군의 내부분열로 종식되었다. 이 반란으로 야기된 사회의 불안은 대단히 컸던 것으로 보인다. 그것은 『亂中雜錄』에,

> 都中洶懼 振威·水原之人 皆荷擔而立

이라 말하고 있음에서도 알 수 있다. 또 조정의 賊徒索出 과정에서 官兵의 횡포가 심하여 민간인의 피해가 컸으니,[10] 이는 민간인의 참가가 많았던 것을 암시하고 있다.

난이 진압되었다고는 하나 재발할 소지가 역시 있었으니, 司憲府 狀啓에,

> 湖西之賊 嘯聚不逞之徒 數日之內 連陷三邑 勢將鴟張 不可不及時 剿捕但役苦民怨 處處同然 聞風嚮應 難保其必無 今日之虞 豈獨在於 湖西哉[11]

라고 한 바와 같이 동일한 처지에 놓인 민중이 상응하여 봉기하지 않을까 염려하여 민심의 수습에 힘쓰고, 범법자는 매우 준엄하게 다루는 한편 論賞은 최대한으로 후하게 행하였다. 承旨 柳熙緒를 扶餘·林川 등 諸邑에 보내어 大小의 인민을 聚會宣諭하고 있으며,[12] 亂民 중에 체포된 자는 각지에 투옥되고, 義禁府都事 尹承勳을 稷山에 파견하여 죄인의 경중을 가려 輕한 자 또는 脅從한 자 등은 석방하고 중한 자는 京獄

---

10) 『宣祖實錄』卷77, 宣祖 29年 7月 辛卯, "逆變之後 或稱監司兵水使軍官 托以 捕賊 突入村家 結縛男丁 老弱皆畏 竄山谷 家有雜物 誣以賊贓 盡數收取 以此 閭里蕭然云云".

11) 『宣祖實錄』卷77, 宣祖 29年 7月 丙子.

12) 『宣祖實錄』卷77, 宣祖 29年 7月 辛卯.

으로 拿致하였다.[13] 중앙에는 推鞫廳이 설치되고 난의 주모자와 先鋒者
등은 모두 응분의 처형을 당하였는데, 京獄에 械送된 자는 朴彦義·李
光春 등 백여 명으로 그 중 推鞫에 승복하여 처형된 자는 33명에 달하
고,[14] 定山에 구금되었던 80여 명은 그 곳에서 처분되었다.[15]

亂民에 의하여 참수된 주모자 이몽학의 頭·手足은 서울로 보내져 鐵
物前路에서 3일간 梟首되었다가 3일을 경과한 후에는 사방에 傳示되었
으며,[16] 同謀者인 韓絢은 7월 27일 왕의 親鞫을 받아 반란의 사실을 승
복한 뒤 처형되었다.[17]

24일에는 이몽학과 한현의 所居가 破家瀦宅되고,[18] 27일에는 韓絢의
아들 毅然이 絞殺되었으며, 夢鶴의 同性 三寸叔 李杙, 金養浩의 同性
三寸叔 金渙生, 韓絢의 同性 三寸姪 韓浩然 등은 물론이고, 그 밖의 주
동자들의 가족들도 三水·甲山의 諸堡에 유배되었다.[19]

이상과 같이 반란 주동인물들의 처단은 일단락되는 것 같았으나, 賊口
에서 나온 義兵將들의 誣引事件으로 더 큰 문제가 야기되었다. 즉 유명
한 의병장 출신인 忠勇將軍 金德齡, 軍官 崔聃齡, 永川郡守 洪季男, 助
防將 郭再祐·高彦伯 등이 이 역모에 가담되었다는 것이다.[20] 그러나
『宣祖修正實錄』에 "上命皆下問 只命拿金德齡來"[21]라 하여 金德齡만을
拿捕토록 하고, 그 밖의 인물들에 대해선 불문에 부치고 있으며, 다른 사
료에서도 金德齡·崔聃齡 외에 관계된 자료를 찾을 수 없다. 다만 『燃

---

13) 『宣祖實錄』 卷77, 宣祖 29년 7月 丁亥.
14) 『宣祖實錄』 卷77, 宣祖 29년 7月 戊午.
15) 『宣祖實錄』 卷77, 宣祖 29년 7月 戊午·甲午.
16) 『宣祖實錄』 卷77, 宣祖 29년 7月 丁亥.
17) 『宣祖實錄』 卷77, 宣祖 29년 7月 壬午.
18) 『宣祖實錄』 卷77, 宣祖 29년 7月 己丑.
19) 『宣祖實錄』 卷77, 宣祖 29년 7月 壬辰 ; 『瑣尾錄』 「丙申日錄」, 閏8月 25日.
20) 『亂中雜錄』 卷2, 丙申 7月, "初逆賊李夢鶴伏誅 捜文書 有金·崔·洪三姓 及
韓玄(絢)就縛 元帥問之供曰 金德齡·崔聃齡·洪季男 又曰 郭再祐·高彦伯
皆我腹心也".
21) 『宣祖修正實錄』 卷30, 宣祖 29년 7月.

藜室記述』에 "郭再祐 被拿到京 未久蒙還鎭"이란 記事가 있을 뿐이다.
그 뒤에도 그는 계속 활약하고 있는 것으로 봐서 큰 문제는 없었던 것
같다.

金德齡은 이에 관련되어 자기의 결백함을 역설하였으나 在獄 20여 일
동안 嚴訊 六次에 끝내 승복하지 않고 杖斃당하고 말았다.[22] 그의 軍官
이었던 崔聃齡도 수차의 刑訊 끝에 獄死를 당했다.

이 반란의 진압에 공헌한 유공자들의 論功行賞을 보면 이몽학을 참수
한 金慶昌과 朴億命을 嘉善大夫에 特陞케 하였고, 太斤에게는 6品 實
職을, 또 반군이 洪州城에 來侵할 때 지연작전을 쓰는 데 공을 세운 李
希·申壽에게도 6品 實職을 除授했다.[23]

朝臣들 가운데 巡按御使 李時發과 洪州牧使 洪可臣을 通政大夫로,
兵使 李時言, 水使 崔浩를 嘉善大夫로 陞敍하고, 武將 朴名賢의 功은
모두 특출하다고 생각하였으나 恩賞을 받지 못하였는데, 조정에서 여러
번 논의되다가 뒤에 가서야 嘉善大夫로 追陞되었다.[24]

그 후에도 論功의 문제는 여러 번 논의되었고, 선조 37년 10월 19일에
三功臣(扈聖, 宣武, 淸難) 祿俸決定에 따른 敎書가 반포되어, 洪可臣을
淸難一等功臣에, 二等에 朴名賢·崔浩, 三等에 李景行·林得義 등으로
결정하고 있다. 또한 선조 38년 4월 16일에는 淸難原從功臣을 封했는데,
혜택을 받은 사람은 臨海君 이하 수백 명에 달했다고 한다.[25]

22)『宣祖實錄』卷78, 宣祖 29年 8月 己亥·己卯·戊午.
23)『宣祖實錄』卷77, 宣祖 29年 7月 庚寅;『燃藜室記述』卷17,「諸道土賊之起」
   丙申.
24)『宣祖實錄』卷180, 宣祖 37年 10月 乙亥.
25) 藤井誠一의 앞의 논문에 인용한 경북 안동군 柳承佑氏 소장의「淸難原從功臣
   錄券」에 의거하였음.

2. 亂發生의 소지

　왜군이 침입하여 별다른 저항도 받지 않은 채 불과 수십일 만에 兩湖
地域을 제외한 거의 전국토를 유린하였던 壬辰倭亂도 明 援軍의 출병,
義兵의 봉기, 李舜臣의 활동 등으로 전세가 역전되어, 선조 26년 정월부
터 일본군은 후퇴를 시작하였다. 한편 조선측의 강력한 반대에도 불구하
고 明軍은 위협적인 태도로서 일방적인 강화회담을 추진시켜,[26] 晉州攻
防戰 이후에는 전투는 소강상태에 들어가 일본군은 경상도 연안지방의
요지에 성곽을 構築하고 耕農도 하며 장기전에 대비하였다.[27]
　전쟁의 참화는 상상하기 힘들 정도로 커, 尹國馨의 『聞韶漫筆』에는

　　壬辰亂後 人民離散 雖大家世族 擧皆失農行丐 婦女無尊卑 見汚賊
　　手者甚多……父而賣子 夫而鬻妻 至於癸巳春 人相殺食……自東方變
　　亂之禍 慘酷之甚 未有如今日也[28]

라 하여 왜란을 맞아 인민은 離散하고 비록 大家 世族들이라 해도 거의
失農行丐하였으며, 부녀자는 尊卑를 가릴 것 없이 賊의 손에 淫奸당하
는 자가 많고, 父는 자식을 팔고, 남편은 처를 팔아 그것으로 생명을 유
지하고, 癸巳年(선조 26)에는 사람을 서로 죽여서 먹어 東方의 變亂에
오늘과 같이 참혹한 적은 없었다고 기록하고 있다.
　한편 전쟁에는 기근과 질병이 따르는 것이지만 선조 26·27·28년에
걸쳐 나타난 기근이 가장 참상을 이루었던 것 같다. '人相食'의 기록은

---

26) 『宣祖實錄』卷37, 宣祖 26年 4月 庚寅, "爾國更欲進戰 當以爾國兵馬爲戰 若
　　勝 則我當上本 大加褒賞 若不勝 則其將官及主張之人 並依軍律處斷".
27) 『宣祖實錄』卷61, 宣祖 27年 3月 壬寅, "兼三道防禦使權應銖馳啓曰 蔚山郡守
　　金太虛馳報於臣曰 西生浦賊藪 比前無減 今年爲始 遍野開墾 運粮船隻 倍前
　　出來 城子逐日加築 前排垓子 改掘退排 垓子內邊 生松如柵木樣栽植 稱爲夏
　　日特變時避署云云".
28) 尹國馨, 『聞韶漫筆』(『大東野乘』所在).

『實錄』을 비롯하여 여러 문헌에 많이 보이고 있는데, 한 예로서『宣祖實錄』에 의하면,

> 丙申 司憲府啓曰 餓饉之極甚 至食人之肉 恬不知怪 非但剪割道殣
> 無一完肌 或有屠殺生人 并與腸胃腦髓 而噉食之[29]

라 하여 腸胃腦髓까지도 噉食하는 참상을 記述하고 있다. 또『亂中雜錄』에는, 도로에 餓殍가 相枕하고 飢民은 人肉을 爭食하는 처참한 형편이었으므로 여자나 아이들은 홀로 出行할 수 없었다 한다.[30] 이 극심하였던 기근은 계속되는 한재에도 원인이 있었겠으나, 특히 戰禍에 의한 것이 컸다고 볼 수 있다. 亂初에 벌써 비축미는 戰火 속에서 탕진되었고, 일본군이 침입하였던 지역은 농민의 離散으로 경작이 거의 불가능하여 收穫이 격감된 이외에도, 明軍·日本軍이 군량의 대부분을 현지조달하였던 것이다. 한편 疫疾의 참상은 慶尙右道 監司 徐渻의 狀啓에 따르면

> 兵火癘疫之餘 癘疾大熾 十口之家 七八臥痛 冬月以來 致死者多[31]

라 하였으니 질병이 만연하여 많은 인명을 빼앗아 갔음을 알 수 있다.
　이와 같은 전국적인 참상을 해결하기 위하여 정부에서는 賑救廳을 설치하여 선조 26년 2월부터 수 차에 걸쳐 飢民을 賑恤하려고 노력하였으나, 饑饉人員에 비하여 賑恤穀의 양이 부족하고 또 관리자들의 부정 등으로 성과를 얻지 못하였다 한다.[32] 이에 양곡의 收集策으로 새로 納粟策을 마련하여 민생의 救恤에 충당하는 정도였다.
　이렇게 전쟁이 장기화하고 전국적으로 심한 기근과 癘疫이 계속되어

---

29)『宣祖實錄』卷47, 宣祖 27年 正月 丙申.
30)『亂中雜錄』卷2, 甲午 夏四月.
31)『宣祖實錄』卷72, 宣祖 29年 2月 辛亥.
32)『宣祖實錄』卷49, 宣祖 27年 3月 庚寅.

절망적인 상태에 놓여진 민중들에게, 설상가상으로 과중한 부담이 가해
지고 있었다. 이 실정을 亂의 발생지역인 호남지역을 중심으로 살펴보
면, 丁酉再亂時까지는 일본군의 침략을 받지 않아 비교적 안전지대였던
이곳도 민간인 吳希文의 避難日記인 『瑣尾錄』에,

> 唯是兩湖 不陷於賊藪 恢復根本 猶在於此 而民生又苦於徭役 或荷
> 戈守壘於賊境 或負戴粮餉於諸陣 道路相續 猶且調度御使 督納兩年之
> 貢物 督運御使 促輪天兵之粮餉 巡行列邑 督促急於星火 捶扑隨至 殞
> 命者亦多 列邑之官儲罄竭 又石給年例之糶穀 生民安得不困且流離乎
> 又有諸處召募之官 自稱御使 巡行諸邑 諸邑不勝支供 小不如意 辱及
> 守宰 捶楚繼之 官吏安得不苦而逃散乎 以此兩湖之民 亦不得之 一里
> 之內 十室九空之處 頗多[33]

라고 한 것과 같이 호남지역은 賊軍의 직접적인 침입으로부터 벗어났다
하더라도 계속되는 徭役, 官·義兵의 徵募, 粮餉의 징발 및 수송뿐 아니
라 前年度分까지의 밀린 貢物의 督納, 거기에다 明軍의 군량까지 조달
·운반해야 하는 등, 오히려 他道民보다도 무거운 부담에 허덕이지 않으
면 안 되었다. 그 위에 또 下來하는 召募官들의 접대에 郡邑에서는 그
요구를 충족시킬 수 없었는데 조금만 여의치 못하면 횡포를 부리게 되
니, 백성들은 감당치 못하고 逃散하여 "一里之內 十室九空之處"가 되는
실정이었다. 전쟁이 소강상태에 들어간 뒤로도 戰後의 복구작업과 일본
군의 재침에 대비한 城築·軍備를 서두르는 때였으므로 백성들의 부담
은 무거워지기만 하였다. 亂이 발생한 뒤에 正言 鄭糓은 上啓하기를,

> 喪亂之後 征徭日繁 孑遺生民 嗷嗷於塗炭之中 惠澤不加 怨咨益深
> 知有虐我 而不知有國家 識者之寒心久矣 頃者土逆之變 雖出於潢池從
> 惡之輩 而數日盜弄……目今 强寇壓境 國家多事 凡鍊兵峙粮築城 皆

---

33) 『瑣尾錄』「癸巳日錄」4月 初8日.

> 不可己者……其中貢賦之不緊者 城役之不急者 姑令蠲罷 以慰人民[34]

이라 하여 난의 원인을 거듭되는 役事와 과중한 貢賦에 있다고 보고, 긴
요치 않은 貢賦와 不急한 城役 등은 모두 蠲罷하여 민심을 수습하도록
건의하고 있다.

한편 지방관리들의 탐학도 심하여 司憲府나 巡按御使의 上啓만도 수
십을 넘는다. 그 중 몇가지 예를 들면,

> 司憲府連啓……沔川郡守李汝溫 爲人巧詐 到任以後 無意恤民 而惟
> 以干譽爲事 而潛結豪右 虛張治聲 至欲欺誣言 圖陞官秩 送人京師 責
> 粮於民 其用心之無狀 極矣 請命罷職……不允[35]

이라 하여 恤民에는 뜻이 없고 백성을 수탈하여 일신의 영달에만 급급
하고 있다고 하였으며, 또 督運御使 尹敬立의 馳啓에는,

> 湖南一道 素稱富庶 而事變之後 官軍義兵所需 不可勝計……守令得
> 其人 則庶有保存之望 而近日差除武弁 軍功過半 廉恥都喪 食虐倍前
> 一日在官 貽民生一日之害 故臣將萬頃縣令奇孝說 臨波縣令都藎國 庸
> 愚食虐之狀 經稟東宮 用慰南民剜心之痛矣[36]

라 하여 수령들의 탐학이 倍前하여 그들의 一日在官이 백성들에게는 곧
一日之害가 된다고 말하고 있다. 이런 판국에 飢民들 중에는 土賊化하
여, 관아를 습격하고 官庫를 약탈하는 사태가 빈번히 일어났다. 특히 선
조 26년 말경부터는 경기·영남지역이 심하였으며, 선조 27년 정월에는
忠淸道 鴻山에서 宋儒眞이 왕의 정치적 失德을 규탄하고, 賦役과 도탄

---

34) 『宣祖實錄』 卷77, 宣祖 29年 7月 癸巳.
35) 『宣祖實錄』 卷66, 宣祖 28年 8月 丁巳.
36) 『宣祖實錄』 卷47, 宣祖 27年 正月 辛巳.

에 빠진 민중을 구출한다는 것을 이유로 亂을 일으키려다 사전에 발각되었다.37) 또 同年 3월에는 경기도 여천·이천지역에서,38) 그리고 5월에는 全羅道의 羅州·南平·南原·光州·任實·全州·金提·扶安·古阜·泰仁·興德·井邑·高山·礪山·錦山 등지에서 심하여 白晝에 거리낌없이 횡행하므로 체포하여 투옥·처형하여도 계속 일어나는 형편이었다.39) 또한 6월 이후에는 嶺湖의 각 지방에 千百群을 이루어 봉기하니 南原의 土賊 金希·李福·高波 등과 嶺南의 林傑年 등이 가장 强勢로 길을 막을 정도여서 官에서도 능히 禁하지 못하였다. 관군의 토벌은 여러 번 패하였다가 겨우 乙未年(선조 28) 봄에 진압하였다.40) 그러면 이 土賊이란 무엇인가? 이들은 搶掠求食하는 窮民이요, 民生이 困悴하여 바야흐로 죽음에 직면한 怨苦의 民이며, 避役困窮의 백성이었다.41)

이상에서 본 바와 같이 밖으로는 倭寇가 壓境을 계속하고 안으로는 戰禍와 자연적 재해에 따른 극심한 기근, 무서운 유행병의 만연, 그 위에다 가중되는 부담, 관리들의 侵奪, 群盜의 횡행 등의 현실적 조건으로 농민층에는 내부적 激發의 조건이 갖추어져 갔던 것이다.

한편 壬辰倭亂이 발발할 당시부터 민심은 극도로 離反되어 있었다. 유교적 윤리에 얽매이고 엄격한 신분제도하에서 살아온 민중은 오랜 압제에서 벗어나기 위해 왜군의 침입이 있자 각지에서 민란을 일으켰다. 慶尙道巡察使 金誠一의 馳啓에,

37)『宣祖實錄』卷47, 宣祖 27年 正月 庚寅 ;『亂中雜錄』卷2, 甲午 正月條, "王惡不悛朝黨不解 賦役煩重 民生不安至有膚楊牧野 雖有愧於夷齊 吊民伐罪 實有光於湯武云云".
38)『宣祖實錄』卷49, 宣祖 27年 3月 己卯.
39)『宣祖實錄』卷51, 宣祖 27年 5月 壬辰.
40)『燃藜室記述』卷17,「諸道土賊之起」條.
41)『宣祖實錄』卷59, 宣祖 28年 正月 己卯, "奇自獻啓曰 全羅道 雖未經變 蕩敗之地 生民困悴 將盡死亡 蠲減之命雖下 而生民不蒙澤 至有知命令之下者 怨苦朋興 土賊蜂起 此由於監司守令 不能奉行而然矣".

近來 賦役煩重 民不聊生 刑罰又從太酷 軍民怒氣滿腹 無路可訴 其
心離散已久[42]

라고 하여 근래에 부역이 煩重하고 형벌도 매우 가혹하여 軍民은 怒氣
가 滿腹하나 호소할 곳도 없어 민심이 離反된지 오래라고 하였고, 왜군
이 침입한 후 장수나 수령들의 무능이 폭로되자 민중은

汝等平日 偸食國祿 然今乃誤國欺民 乃爾耶……相與號呼曰 旣欲棄
城 何故給我入城 獨使魚肉於賊手耶[43]

라 하여 너희들은 평소에는 國祿을 偸食하고서 지금에 와서는 나라를
그르치고 백성을 배반하였다고 하고는, 왜 성을 버렸으며, 적군의 침입에
우리들을 魚肉으로 삼느냐고 비난하고 있으니, 이런 민중들의 감정이 봉
건지배층에 대한 반항으로 나타났던 것이다. 즉 서울에서는,

都城宮省火 車駕將出 都中有姦民 先入內帑庫 爭取寶物者 已而駕
出 亂民大起 先焚掌隷院刑曹 以二局公私奴婢文籍所在也[44]

라고 하여 亂民이 掌隷院과 刑曹를 불살라 봉건적 신분질서에 대한 불
만을 터뜨렸으며, 왕이 평양에서 다시 북행하려 하자 평양의 吏民들은
난동을 부려 廟社의 位版을 모시고 宮人을 호위하여 먼저 성문을 나서
려던 宰臣 盧稷 일행의 길을 가로 막아 位版을 길바닥에 떨어뜨리고 大
駕의 出城을 막으려 하였다.[45] 또한 경상도 鎭海·固城 등지에서는 현

---

42) 『宣祖實錄』卷27, 宣祖 25年 6月 丙辰.
43) 『宣祖修正實錄』卷27, 宣祖 25年 6月.
44) 『宣祖修正實錄』卷26, 宣祖 25年 5月.
45) 『懲毖錄』卷之一, "宰臣盧稷等 奉 廟社位版 弁護宮人 先出 於是城中吏民作
   亂挺刃橫路縱擊之 墜廟社主路中……至宮門亂民塞街 皆袒臂持兵杖 遇人輒擊
   紛囂雜沓不可禁云云".

령을 살해하기 위해 일어났고, 전라도 玉果·淳昌 등지에서는 군대 안에
서까지 반란이 일어났다.[46]

그러나 이와 같은 지배층에 대한 반항도 이민족의 침략에 대한 抗戰
으로 돌려 적을 적으로 의식하고, 적 擊滅의 戰列에 나서게 되었으니,[47]
이것이 곧 義兵活動인 것이다.

義兵이란 관의 召募를 기다리지 않고 자진 倡義한 민중들이었으며,
그 지도자는 대개 유생 또는 前職官僚들이었다.[48] 즉 유생·사족들을
지도자로 삼아 결집된 농민군인 동시에 일반민중의 전위부대였다.

임진왜란의 난국을 타개함에 있어서 이 의병이 조국수호에 주동적인
역할을 담당하였음은 주지의 사실이다. 壬辰年 6월 成渾은 上啓에서

　　至六月以後 南方義兵初起 引軍勤王 道路傳說 大張其聲勢 然後吏
　　民方有向國心[49]

이라 하여 의병의 봉기로 인하여 비로소 관민이 국가에 충성심을 갖게
되었다고 말하고 있으며, 또 列郡瓦解의 난국으로부터 국가의 今日을
있게 한 것은 의병의 공로라고 한 데서도 알 수 있다.[50]

그러나 지배계급에 반항하던 민중이 舊官人層과 손을 잡은 것은 부패
한 관인층을 위해서가 아니라 이민족의 침략으로부터 자신들의 해방과
향토 나아가 조국의 수호를 위해서 손을 잡은 것이니, 그들은 항상 官에
대한 저항심을 갖고 있었다고 생각된다.

이런 점은 戰亂 중의 의병활동에도 나타났으니, 그 두드러진 예로서

---

46)『宣祖修正實錄』卷26, 宣祖 25年 5月.
47)『宣祖實錄』卷27, 宣祖 25年 5月 丙辰, "臣 今以聖旨 招諭散亡 使之還集 則父
　　老儒生有識者 皆曰 民亦終知必死皆思自奮".
48) 金錫禧,「壬辰亂의 義兵에 關한 一考」,『鄕土서울』15, 1962, 128쪽 ; 李載浩,
　　「壬辰義兵의 一考察」,『歷史學報』35·36, 1967, 307쪽.
49)『宣祖修正實錄』卷26, 宣祖 25年 6月.
50)『宣祖實錄』卷35, 宣祖 26年 2月 辛亥.

義兵將 郭再祐와 趙憲이 각각 慶尙監司 金睟와 全羅監司 李洸을 論罪함에서 찾아 볼 수 있다. 郭再祐는 金睟의 죄를 論하면서

> 夫使民心離散者 金睟也 金睟再爲此道監司 苛政甚於猛虎 聖澤壅而不下土崩之形 已見於無事之前 及其寇來 身先退竄 使一道之守將 一未嘗交兵相戰 開城門 納大賊 猶恐或後 若喜夫倭賊之滅我國者然 金睟之罪 擢髮而誅之 猶不足以厭人心[51]

이라 하여 虐政을 행하여 민심을 離反시키고 적군이 침입하자 먼저 도주하여 적을 맞아들였으니 목베어 죽여도 인심을 만족시킬 수 없다고 극언하고 있으며, 趙憲도 그의 상소에서

> 金睟殘虐於嶺南 賊至而退縮 李洸領湖南之衆 至公州而前却 繼而勤王到振威而逗遛 以致三道潰散 更難收拾……繼斫睟洸之首 懸之漢江南江 則華夷之人 必有聳動觀聽[52]

이라 하여 金睟와 李洸의 죄상을 논하고 그들의 목을 베어 漢江과 南江 위에 높이 단다면 내외의 인심이 聳動될 것이라고 극언하고 있다. 이렇듯 평소부터 民怨의 대상이 되고 국사를 그르쳤던 方伯守令들을 모두 國賊으로 단정하고 이들을 먼저 처단하려 하였던 것은 민중의 절대적인 지지를 받던 지도자로서 민심을 반영한 것이라 볼 수 있다.

그러나 壬辰年 11월 경부터는 의병에 대한 논의가 자주 일어나고, 의병에 대한 통제가 강화되어 갔다. 壬辰年 11월에 南方의 의병을 禹性傳으로 하여금 통제케 하고,[53] 또 경기·충청·전라의 의병을 權慄과 權徵에게 分屬시키거나 각 巡察使가 領率할 것 등으로 의논이 거듭되다가[54]

51)『忘憂堂集』卷2, 自明疏.
52)『宣祖修正實錄』卷26, 宣祖 25年 8月.
53)『宣祖修正實錄』卷26, 宣祖 25年 11月.

前 右議政 沈守慶이 의병을 일으키자 조정에서는 建義大將으로 삼아 諸道의 의병을 領率케 하였다.[55] 그러나 官에 의한 통제는 잘 되지 않았던 모양으로 선조 26년 정월에는 權慄이 "義兵旣不可用"[56]이라 하였고, 또한 備邊司는

　　義兵之弊 論之已熟 前後行移 非一非再 而日益驕橫 使聽監司之令 則不從 聽禹性傳節制 則亦不從 皆稱無餉 一向渙散云 其不統於邑倅 不從將令者 一以軍法從事[57]

라고 上啓하여 날로 驕橫하여 監司의 명령에도 복종하지 않을 뿐 아니라 禹性傳의 節制에도 역시 복종하지 않으니 군법에 의하여 처벌하자고 말하고 있으며, 이 결과로 違命의 의병에게 군법이 적용되게 되었다.

　　이와 같이 의병에 대한 물의가 일어나고 통제가 가해진 이유는 무엇일까? 그것은 亂初에 부진하였던 抗戰이 義·官軍의 활약으로 壬辰年 말기부터는 戰局도 호전되어 갔고, 또한 明軍의 來援으로 전투의 방향도 달라져 가는 가운데 官에 의해 관군의 편성, 관권의 강화가 企圖되는 것에서 기인된 것 같다.[58] 그러나 한편으로 의병의 힘이 성장되어 갔음을 간과해서는 안되겠다. 즉 선조 25년 12월에 巡察使 成泳은

　　所謂統義召募士人 或未必不爲衛身擁兵 中道不相統攝 不服節制者 此是今日之巨弊也[59]

라고 하여 의병이 서로 統攝되지 않고 節制에 불복하니 이것이 今日의

---

54) 『宣祖實錄』 卷32, 宣祖 25年 11月 壬申·辛未·己巳.
55) 『宣祖實錄』 卷32, 宣祖 25年 11月 甲子.
56) 『宣祖實錄』 卷35, 宣祖 26年 2月 己亥.
57) 『宣祖實錄』 卷34, 宣祖 26年 正月 癸亥.
58) 金錫禧,「壬辰亂의 義兵에 關한 再考察」,『釜山大學校論文集』13, 1972, 113쪽.
59) 『宣祖實錄』 卷33, 宣祖 25年 12月 丙午.

큰 폐단이라고 말하고 있는데, 이는 이면에 의병의 힘의 성장을 나타내
는 것이라 생각된다.

이 시기에 의병은 난립하고 의병에 의해 관군의 편성은 지장을 초래
하고 있다. 즉『宣祖實錄』26년 12月條의 글 중

> 慶尙道則雖無餘力 而忠淸道全羅道 尙多遺漏精兵 且自變初 忠淸道
> 以義兵起軍者 無慮五十餘 此屬皆托於義兵 任意進退 不服官軍調發
> 而朝廷又不區處收拾[60]

이라 하여 충청도에서는 민중은 의병에는 참가하면서 관군의 調發에는
불복하고 있음을 말하고 있다. 뿐만 아니라 심지어는 관군에서 의병으로
投屬하는 사태까지 일어나고 있으며,[61] 의병 중에는 避役者들이 많았다
고 한다.[62] 그 중에는 의병을 稱托하고 민간에 作弊한 假義兵들도 있었
지만,[63] 이런 동향은 평소 민중들이 갖고 있던 反官的 태도가 의병 활동
에서의 조직적 생활, 전투경험 등을 통한 힘의 성장에서 집약되어 나타
난 것이라 보아진다.

그러나 의병에 대한 관의 통제는 날로 강화되어 의병은 점차 해산되
어 갔다. 선조 27년 4월에는 諸邑의 잔여 의병에게 해산을 命하여 金德
齡에게 예속시켰으나, 군량을 확보하지 못하여 成軍되지 않았다고 한
다.[64]

---

60)『宣祖實錄』卷46, 宣祖 26年 12月 壬子.
61)『亂中雜錄』卷1, 壬辰 9月, "南原前參奉邊士貞與本府父老 募聚散卒 近邑官軍
　　投屬甚多 數旬之內得二千餘名 隨闕假差 使之察任後 啓聞".
62)『宣祖實錄』卷35, 宣祖 26年 2月 癸卯.
63)『宣祖實錄』卷36, 宣祖 26年 3月 己亥, "同福縣監 奇孝曾 雖稱義兵 了無討賊
　　之效 所過列邑 只肆橫暴 飮食迎送 一不如意 則刑訊隨之 至於官庫 任意開閉
　　軍器軍粮 取之如己有 守令莫敢開口 吏民不堪其苦 聞其先聲 皆爲逃避".
64)『宣祖修正實錄』卷28, 宣祖 28年 4月, "命罷諸道義兵 屬于忠勇將金德齡 德齡
　　留晉州 粮盡衆散 不能成軍".

壬辰倭亂이 일어나 "吏竄民散 四境土崩 無一人出而捍衛"[65]일 때에 분연히 일어나 왜적을 무찌르고 국가와 인민의 유지를 가능케 하였던 의병은 아무런 보답도 없이 해산되어 갔으니, 司諫院의 狀啓에

> 司諫院啓曰……變生之後 列郡瓦解 志士一倡 朝家立爲事目 許以免賤除官四方響應之人 皆希尺寸之功 櫛風沐雨 以待恢復之期 國家之得有今日 無非義兵之力也 乃夫箕城纔復 未有命令 而義兵已罷 此類自從軍 已得罪於本主本官 故一時駭散 不能安接鄕土[66]

라고 한데서 알 수 있다. 그러면 의병이 해산되어 갈 당시의 실정은 어떠했는가? 『宣祖實錄』27년 정월條에 보면

> 忠淸道盜賊之事……大抵兵興之後 百役叢集 調發轉輸 括粟催科 今已三年民不堪命 而生理頓絶 敢出剽掠 此事勢之必然者 且本道 以義兵爲名者 處處相聚 而朝廷不於賊退之後 登時善處 使有統屬 以此自爲屯結 挾持軍器掠奪閭閻 漸成獷捍難制之盜[67]

라 하여 조정에서 적절한 조치가 없음으로 해서 현실의 어려운 생활을 견디지 못하여 군기를 갖고 집단적인 도적이 되어 가고 있음을 말하고 있다. 또한 의병들이 渙散될 때 정부에서는 그들이 가진 무기를 회수하였던가? 兵曹의 狀啓에

> 忠淸道義兵 當初團結者 幾至四五十處 所備軍器亦多 賊退後 處置得宜 則必無渙散之患 而旣不能然[68]

---

65) 『宣祖實錄』卷35, 宣祖 26年 2月 己亥.
66) 『宣祖實錄』卷35, 宣祖 26年 2月 辛亥.
67) 『宣祖實錄』卷47, 宣祖 27年 正月 庚寅.
68) 『宣祖實錄』卷47, 宣祖 27年 正月 甲午.

이라 한 데서 의병들이 갖고 있던 많은 군기는 그들이 渙散될 때 그대로 갖고 흩어졌음을 알 수 있다.

　이러한 정부의 태도를 민중에 대한 배신행위로 보고 비판하고 있으니, 즉 『燃藜室記述』 第17卷 「義兵摠論」에

　　恢復國家 乃義兵之力也 事定後 悉以軍臣作爲隊伍 或分防海陣 或 上番京師 其怨苦極矣 至於衲粟之類 亦皆不免 非但罔民失言 他日有 事 必不得力矣

라 하여 국가를 회복한 것은 의병의 힘인데 난이 평정된 후에는 모두 隊 伍를 만들어 혹은 海陣으로 배치하고, 혹은 京師에 上番케 하였으므로 그 원망과 괴로움이 극도에 달하였고, 심지어는 納粟한 사람까지도 모두 兵役을 면하지 못하였으니, 비단 백성을 속이고 信을 잃었을 뿐 아니라 후일에 있어서도 반드시 힘을 얻지 못하게 될 것이라 하였다.

　이리하여 일반 의병들은 원래의 지위인 예속적 신분으로 돌아가지 않 을 수 없었다. 이런 시기에 현실은 어떠했는가? 前述한 바와 같이 전쟁 으로 인한 막심한 피해와 지배층의 수탈과 적의 재침에 대비키 위한 가 혹한 부담만 져야 했던 것이다.

　다음으로 의병장들이나 또 의병활동의 지도층에 있었던 인물들의 동 향을 보면 유능한 의병장들 가운데 敍職 등으로 관인으로 仕宦된 경 우가 많았으나, 그 중에는 실직이 아닌 것도 있었다. 물론 의병이 敍職을 목적으로 한 것은 아니지만 당시의 論功行賞이 완전한 것이었다고 보기 힘들다. 軍功의 論賞이 공평치 못하다는 논의는 『實錄』에 자주 散見된 다. 그 중 일례를 들면

　　司憲府啓曰 賞以酬勞 爵以勸功 自軍興以後 有功於戰陣者 自有前 後輕重之不同 而輕而後者 或受爵賞 重而先者 尙未蒙錄 間有請囑奸 濫之路 群怨朋興 將士解體 將無以激勸一世 討滅殘賊 國家之事 豈不

寒心.69)

이라 하여 賞爵에는 前後輕重이 있는데, 그 순서가 뒤바뀔 뿐 아니라 간혹 請囑·奸濫하는 길이 있어서 群怨이 일어나고 將士들이 해체되어 장차 이들을 격려하여 殘賊을 討滅할 수 없게 되었으니 국가의 일이 어찌 한심하지 않겠느냐고 말하고 있다.

　또 의병장으로 有功無賞을 호소하고 있는 경우도 있으며,70) 오랜 세월이 지난 뒤에 비로소 追敍되는 경우도 많이 볼 수 있다.71)

　이런 사실로 미루어 일부 의병장이나, 의병활동의 핵심적인 역할을 한 인사들 가운데는 壬辰亂을 겪고도 사회적으로 응분의 대우를 받지 못하고, 또 현실적으로 어려운 생활에서 오는 불만으로 민중의 생각과 호흡을 같이 할 수 있는 여지가 있었다고 생각된다.

3. 亂의 성격

　亂軍의 구성을 살펴보면 먼저 주모자인 이몽학의 傳記에 대해선 상세한 기록이 없으나 『紫海筆談』에 의하면

　　李夢鶴 京口賤孼也 落拓無行 爲其父所黜 往來兩湖間 韓絢之爲先
　鋒將也 隸其軍 與絢作亂……

이라 하여 京口에 사는 賤孼로서 零落하여 행실이 좋지 않아 그 아버지

---

69) 『宣祖實錄』卷44, 宣祖 26年 11月 甲寅.
70) 『宣祖實錄』卷47, 宣祖 27年 正月 戊辰.
71) 『東萊府邑誌』「節義編」, "金廷瑞：壬亂城陷後 士民波蕩 鳥駭魚散 而公以前 僉使 倡義募士 擊賊獻馘 七年干戈 勁節不撓……亂後十七年 府使李安訥 甄 其顯著者二四人 報請方伯 輯聞旌閭 康熙乙卯 府使魚震翼 啓聞給復 以義勇 扁門首 後於丁巳 觀察使閔應洙 啓請追贈判決事".

에게서 쫓겨나 충청·전라도 사이를 왕래하다가 韓絢이 先鋒將이 되었을 때 그 軍에 예속되어 操練將官으로 있으면서 絢과 함께 반란을 계획한 것으로 보아, 그는 신분상 庶孼이며 韓絢의 부하였음이 확실하다.

　반란을 공모하여 推鞫 후 처형된 韓絢은 어떤 인물인가?『宣祖實錄』에

　　兵曹啓曰 忠淸道義兵 當初團結者 幾至四五十處 所備軍器亦多 賊退後處置得宜 則必無渙散之患 而旣不能然 如兼司僕韓絢 素以勇健見稱 亂後在畿邑 爲義兵將 今聞 下去溫陽地 若此輩類 不可不收拾 以圖善處 請下諭于忠淸道觀察使上送 上從之[72]

라 하였으니 원래 兼司僕이란 벼슬에 있었고 평소 勇健한 사람으로 알려졌으며, 壬辰亂이 일어나자 義兵將으로 활동하였음을 알 수 있다. 또 반란 직전에는 先鋒將으로서 御使 李時發에게 예속되어 湖西의 군사조련에 종사하고 있었던 인물로서, 그도 서얼 출신이었다. 특히 위의 사료를 통해서 볼 때 선조 27년초, 충청도에서 일어났던 4~50處의 의병들이 정부의 선처를 받지 못하고 해산될 때, 병조에서는 왕에게 上啓하여 중앙으로 불러 올릴 정도로 韓絢이란 인물은 심상찮은 동향을 보였던 문제의 인물 같다. 그 뒤의 관계되는 사료는 없으나 아마 중앙에서 무마되어 그가 領率하던 의병은 해산되고 자신은 앞에서 언급한 바와 같이 선봉장으로 임용되었던 것 같다. 이 반란의 주모자인 이몽학과 한현은 신분상으로는 서얼 출신으로, 또 전쟁에 종군하여 군사적 경험을 가진 인물들이었다.

　國難을 당하자 난국을 극복하기 위해 봉건지배층은 納粟, 軍功, 盜賊의 주모자 斬首 등으로 許通시켜 신분상의 혜택을 받을 수 있는 특전을 주기는 하였으나, 그들에게는 만족한 것이 못되었던 것으로 생각된다.

---

72) 『宣祖實錄』 卷47, 宣祖 27年 正月 甲午.

戰亂을 당하여 정치적·사회적 통제도 자연히 약화되어 신분상으로 불우한 그들이 신분적 제약으로부터 벗어나기 위하여 策動함은 당연한 일이라고 추리된다. 따라서 이몽학이 반란을 계획한 동기 중에는 자기의 신분해방이라는 점도 있었다고 생각된다.

난에 참가한 자들 중 신분을 알 수 있는 몇 사람의 인물들을 보면 座首였던 白元吉, 趙應立과 別監出身인 趙光佐,[73] 生員出身인 李翼賓, 僧侶인 能雲, 私奴인 彭終 등이다.[74] 즉 지도층 인물에는 不平士族들이 연관되었고, 그 밖에도 士族子弟들이 많이 참가하였다고 한다.[75] 일부이긴 하나 사족들이 이 난에 관련되었다는 것은 주목을 끈다.

원래 座首·別監·生員 등은 당시 지방사회의 지식층이며 현실적인 실력자요 중간층 이상에 해당되는 사람들이라 볼 수 있다. 그러면 이들이 반란에 가담하게 된 이유는 무엇일까?

이들 중 원래의 위치를 유지하면서 土豪로서 官과 결탁하고 여전히 지배자적인 위치에 선 부류도 있겠으나, 그렇지 못한 경우는 몰락하여 양반이란 명분 뿐이고 실질적으로는 常民과의 차이가 해소되어 간다고 봐야 할 것이다. 따라서 현실에 불만을 가진 그들은 농민들과 동일한 측면에 설 수 있는 가능성을 가지고 있었다. 亂前부터 사족들 중에는 土賊化하여 反官的 저항을 한 예가 있으니, 備邊司의 狀啓에 의하면

　　今見姜籤狀啓 此屬 皆是避役窮困之民 而往往有士族武人 雜於其中 儼然成群 橫行無忌 將來之患 不但忠淸道而已[76]

라 하여 避役窮困한 사람들 가운데 사족·무인들이 끼어 있어서 儼然成群하여 거리낌없이 횡행하고 있었음을 알 수 있다. 뿐만 아니라 이들은

---

73) 『瑣尾錄』「甲申日錄」7月條.
74) 『宣祖實錄』卷77, 宣祖 29年 7月 壬午.
75) 註 2) 참조.
76) 『宣祖實錄』卷47, 宣祖 27年 正月 己丑.

의병의 주동이 되었고, 또 될 수 있는 신분이었기 때문에 난의 소지에서 언급하였던 것처럼 의병이 해제된 후 아무런 대우도 받지 못함에서 오는 불평도 한 이유가 되었을 것이라 생각된다.

다음으로『甲辰漫錄』에 의하면 亂軍의 구성에 대하여 다음과 같이 기록하고 있다.

　　賊衆持兵者 如軍官武士輩 數百外 皆村氓赤手云……

즉 적의 무리 중 병기를 가진 자는 軍官・武士와 같은 자 수백 명뿐이고 그 밖에는 모두 시골 백성인데 맨손이었고, 또『實錄』에는 봉기 당시 "僧俗軍人數百"이라 되어 있다. 여기서 "軍官・武士와 같은 자", "僧侶軍人』등의 성분을 밝히는 것이 매우 중요할 것 같다. 그 이유는 이들이 亂의 핵심세력이라고 생각되기 때문이다. 이들의 성분을 구체적으로 파악할 수 있는 사료는 없지만, 이들은 평소에 군사적 훈련을 쌓아온 사람들임에는 틀림없다. 그렇다면 이들은 어떤 부류의 사람들일까?

이몽학이 선봉장 한현 밑에서 操練將官으로 있을 때 召募하여 훈련하고 있던 관군 중 官의 暴斂重征의 질곡에서 벗어나기 위해 포섭된 무리와 관군이 기능을 회복한 뒤 조정으로부터 해체의 강요를 받게 되어 군기를 갖고 渙散하였으나 현실적 생활에 불만을 갖고 모여든 의병 출신들이라 생각된다. 그것은 이 반란이 발생하기 전에 성행했던 土賊들 중에는 원래 의병이었던 자들이 많이 섞여 있었기 때문이다. 즉 선조 28년 정월에 納降 土賊들을 訓練都監의 行伍에 편입하거나 農軍別哨에 충당하려고 했을 때, 吏曹判書 李德馨이

　　投降之賊 儘多義兵中 驍健殺倭之人[77]

---

77)『宣祖實錄』卷59, 宣祖 28年 正月 丙子.

이라 하여 투항한 土賊 중에는 의병으로서 驍健하여 倭人을 죽인 사람도 많다고 한 것이 그것이며, 또 앞에서 본 바와 같이 의병 해체 후에 집단적으로 도적화되어 감을 볼 수 있다. 의병이란 농민군이요 해체된 후로는 하나의 예속적 신분인 농민으로 돌아가는 것이고, 다시 관군으로 편입되어 기타의 부담을 지지 않을 수 없는 입장이 되는 것이다.

이 반란에 즈음하여 일반 백성들의 동태를 『亂中雜錄』에서 보면

　　是時 人民困於亂離 侵漁之酷 從者靡然 不數日兵至數萬……時賊兵所過 耕田者持鋤 行商者持杖 奔走樂從

이라 하여 전쟁과 관리들의 侵奪에 시달린 백성들이 叛徒들에게 호응하게 되어 몇 날이 못되어 군사가 수만명에 달하였다 하였고, 또 叛民들이 통과할 때 전답에서 김을 매던 사람들은 호미를 들고 행상하던 사람들은 막대기를 가지고 다투어 따랐다고 한다.

이상에서 본 바와 같이 이 반란은 거의 모든 사회계층의 사람들이 참가하였다. 庶孼·不平士族들과 같은 지식층들이 지도세력을 구성하였고, 다음으로 戰亂 중 의병활동 등을 통해서 얻은 군사적 경험을 가진 농민군이 반란군의 주력부대로 핵심적 역할을 담당했으며, 거기에다 일반 민중이 봉기하였다. 즉 위로는 사족으로부터 아래로는 賤人에 이르기까지 전 민중이 참가한 반란이었다.

그러면 그들이 내세운 요구는 무엇이었는'가? 구체적인 기록은 없으나 이몽학이 '安民定國'을 내세우고, '遺民을 水火之中에서 구하겠다'[78]는 구호를 내걸고 있다. 이는 봉건왕조에 대한 도전이며, 새로운 정권 수립을 목표로 한 것이다. 이 구호는 지도층의 정치적 요구가 보다 크게 표현되어 있다고 생각된다. 그것은 조정의 처사에 대한 불신, 계속되는 기근과 전쟁준비로 가해지는 과중한 부담에 대한 반대, 지배층의 수탈과 부

---

78) 『亂中雜錄』 卷2, 丙申 7月.

정에 대한 공격이다.

　이 반란이 庶孽・不平士族들에 의해 계획되고 지도되기는 했으나, 농민을 중심으로 하는 일반 민중들의 불만의 폭발이 이 반란을 지탱케 한 큰 원동력이었고, 그들의 투쟁력은 壬亂 중의 의병활동을 통해서 얻어졌다고 생각된다.

　戰亂 중에 봉건지배층에 대한 반항은 外敵과의 항전에 방해가 되는 것이기 때문에 소극적이었던 것이 전쟁이 소강상태에 접어들자 보다 강한 저항으로 나타났던 것이다.

맺음말

　朝鮮의 봉건사회는 건국 후 宣祖朝까지 '昇平二百年'의 기간 동안 정치・사회・경제적으로 병폐가 누적되어 국력은 약화되고 민중생활은 도탄에 빠져 있었다.

　우리나라의 존립을 위협했던 미증유의 국난이었던 壬辰倭亂을 당하자 봉건지배층에 대한 민중의 분노는 反封建的・反專制的 運動으로 나타났으나, 이민족의 침략에는 분연히 일어나 의병활동을 통한 抗倭戰線에 결속・참여하였다.

　戰亂 중에 민중의 反官的 태도는 外敵과의 抗戰으로 다소 약화되기는 했으나, 官・義軍 사이의 마찰 등으로 계속되었다. 국운을 소생시키는데 결정적 역할을 담당하였던 의병은 官의 통제를 받아 강제적으로 해산되고, 의병장 중에는 官屬・官職으로 포섭된 사람도 있었으나 그 중 일부는 혜택을 받지 못한 사람들도 있었으며, 일반 의병은 아무런 보답도 받지 못한 채 원래의 예속적 신분으로 돌아가지 않을 수 없었다. 극심한 기근, 유행병의 만연, 관리들의 侵虐, 거기에다 적의 재침에 대비한 가혹한 부담만 져야 했던 것이다. 전쟁이 소강상태에 접어들자 戰亂을 통하여 배양된 힘을 이용하여 무능・부패한 지배층에 대한 보다 강력한

저항을 보이게 되었다.

이몽학의 亂은 이몽학 개인의 목적은 어쨌던 간에 일부 庶孼·不平士族들에 의해 계획되고 지도되었으나, 농민을 중심으로 하는 일반 민중들의 봉기였다. 이 난은 의외로 규모가 컸고 또 동일한 처지에 놓인 타 지역에서도 봉기의 소지가 컸으니, 조정에서는 민심수습에 전력을 傾注하고 관련자는 엄하게 다루는 한편 論賞은 최대한으로 후하게 행하였다.

농민들의 의식과 힘이 戰亂을 통하여 배양되었다고는 하나 자체의 힘이 아직도 미약하여 결국 난은 실패로 돌아갔지만, 이 亂은 봉건사회의 支配體制를 동요시키는 계기가 되었고, 또 농민들이 봉건정부의 일방적인 탄압에 저항할 수 있는 힘을 더욱 의식하게 되었으며, 사회 자체도 점차 변질되어 갔던 것이다.

끝으로 부언해 두고 싶은 것은 의병장들의 連坐問題이다. 앞에서 언급한 바와 같이 주모자의 한 사람인 의병장 출신 韓絢은 직접 관련되었음이 밝혀졌으나, 忠勇將 金德齡과 그 軍官이었던 崔聃齡은 확실한 증거도 잡지 못한 채 처형되고 말았다. 이보다 앞서 宋儒眞의 亂에도 의병장 李山謙 등이 희생되고 있다. 실제 이들이 반란에 가담했던 것일까? 확증은 없었으나 결과적으로 관련자로서 처형되었다.

叛徒들이 난을 성공시키기 위해 유명한 의병장의 이름을 이용하려고 했을지도 모르나 어쨌던 그들이 衆望이 두텁던 인물들임에는 틀림없다. 李山謙이나 金德齡은 끝까지 의병활동을 하였고, 난이 발생할 당시 어느 정도의 義兵勢力의 기반도 갖고 있었다. 戰亂 중에는 민중이 무기를 갖고 싸우는 것이 위정자로서는 도움이 되는 일이겠으나, 그들의 힘이 커지고 또 戰局이 호전되면 이런 세력은 새로운 국면을 초래할 수 있는 존재가 되는 것이다. 더욱이 민심의 동요가 심한 때는 위험한 대상이 된다고 생각된다.

결국 이몽학난은 官의 반대 세력인 의병장들에 대한 탄압에 이용되었고, 이런 조치는 성과를 얻었다고 보아진다.79)

79) 『宣祖修正實錄』 卷30, 宣祖 29年 8月, "金德齡 詣獄栲死……德齡起兵三年 值和議方張 不得與倭交鋒 而倭人畏之 不敢近其陣……南道軍民 常以爲重 死非其辜 聞者莫不冤傷之 自是南方士民 以德齡爲戒 凡有勇力者 皆悔匿 不復稱義兵起矣".

II. 조선왕조의 納粟補官考

머리말

納粟補官(納粟授職)이라 함은 국가재정책의 하나로 米粟의 上納量에 따라 국가에서 일정한 位階·官職을 수여하는 일종의 賣官을 말한다. 중국에서는 납속보관의 사실이 일찍이 秦代에서 비롯되어 漢武帝 때 집중적으로 시행되고 그 후로도 계속되었던 것이라 한다.[1] 우리나라에서는 이 제도가 언제부터 시행되었는지 그 시기가 분명치 않으나 고려시대에는 시행되었음이 확실하다.[2] 조선시대에 있어서는 이 납속보관제가 일반적으로 임진왜란이 일어난 선조대부터 시행된 것처럼 생각되고, 또 왕조말기까지 재정의 궁핍과 사회의 불안으로 계속 실시되어 신분제의 동요를 비롯하여 많은 문제를 야기하였다고 운위되어 왔다. 그러나 이 납속보관 문제만을 고구한 논고는 없고 다만 부분적으로 취급한 것이 몇 편 있을 따름이다.[3] 이에 필자는 우리나라의 납속보관제 연구의 일환으로 조선시대를 중심으로 하여 이 제도가 갖는 목적과 기능은 무엇이며, 또 어떤 구조하에서 시행되었는가, 그리고 이 제도가 조선사회에 경제적·사회적으로 어떤 영향을 미쳤는가를 구명하고자 한다. 이 방면의 연

---

1) 李 鉉, 「金代의 納粟補官制에 대하여」, 『東亞論叢』 9, 1972, 261쪽.
2) 『高麗史』 卷75, 志 卷29 選擧3 ; 『高麗史』 卷80, 志 卷34 食貨3 참조.
3) 四方博, 『李朝人口에 關한 身分階級別的 考察』, 梨大出版部, 1962, 31~46쪽 ; 車文燮, 「壬亂以後의 良役과 均役法의 成立(下)」, 『史學研究』 11, 1961, 98~104 ; 金容燮, 『朝鮮後期 農業史 研究』, 一潮閣, 1970, 409~444쪽.

구가 거의 없기 때문에 필자로서는 힘에 겨운 작업이라 생각된다. 다만 동학제현의 질정을 바랄 따름이다.

1. 納粟補官 사례

납속보관이란 일반백성들이 국가에 대해 다량의 米粟을 납입하고 그 대상으로 양반의 위계·관직을 취득하거나, 또는 현직관리가 직접 납속하거나 납속할 능력이 있는 자를 알선 혹은 모집하는 경우에 遷官·陞職을 허가한 것을 말한다. 특히 서민층이 補官되는 것은 군공과 납속에 의한 경우 뿐이었다. 이 제도의 시행 초기에는 納官 대상이 주로 미속이었는데 경우에 따라서는 미속에만 국한되지 않고 다른 재물에 의해서도 허용되었다. 본 논고에서는 미속만이 아니라 그 밖의 재물도 함께 취급하고자 한다.

1) 納粟補官

조선시대 납속보관제에 대하여 논술하기에 앞서 이에 영향을 주었을 것으로 생각되는 고려시대의 시행사례를 먼저 보기로 한다.『高麗史』卷 80, 志 卷34 食貨條에 다음과 같은 기사가 있다.

　納粟補官之制 忠烈王元年十二月 都兵馬使 以國用不足 令人納銀拜官 白身 望初仕者 白銀三斤 未經初仕 望權務者五斤 經初仕者二斤 權務九品 望八品者三斤 八品望七品者二斤 七品望參職者六斤 軍人 望隊正者 隊正 望校尉者三斤 校尉 望散員者四斤 散員 望別將者二斤 別將 望郞將者四斤 三年 二月 都兵馬使言 古之鬻爵 非令典也 然國 庫殫竭 無以生財 請如乙亥年判 令無功及不次而求官者 科等納銀國贐 都監 而後授職 從之
　忠穆王四年二月 征東省都事岳友章 從事前員外郞石抹完澤奉議等

上書于王曰 竊念民飢餓莩 蓋因歲亽年凶 今高麗西海 楊廣在城等三處
自去年 旱潦霜災 百物枯槁 人民死者 甚衆 誠可哀憫 本國 已有選法
將比合元朝 入粟補官之例 賑恤飢民 似爲不負聖朝恤民之意 其補官輸
米者 白身入從九品者 米五石 正九品 十石 從八品 十五石 正八品 二
十石 從七品 二十五石 正七品 三十石而止 或有前職 輸米一十石者
隆一等 四品至三品以上 不拘此例 辛禑二年十二月 令西北鄙 納粟補
官 以充軍食 自白身 補伍尉者 出米十石·豆五石 自檢校 補八品者
出米十石·豆十五石 自八品 補七品者 米豆各十五石 自七品 補六品
者 米豆各二十石

즉 충렬왕 원년에 都兵馬使에서 國用不足으로 納銀拜官을 실시하였
고, 충목왕 4년에는 征東省 都事 岳友章 등의 上書로 元朝의 入粟補官
의 예에 준하여 기민진휼책으로, 또 우왕 2년에는 군량을 충당하기 위해
서북의 변방에서 실시하고 있다. 이로써 고려시대에 시행된 납속보관제
는 그 목적이 국가재정의 보충, 救貧진휼 및 군량보충 등에 있었음을 알
수 있다. 뿐만 아니라 납속보관 대상자의 신분과 납속량 및 위계·관직
등이 명시되어 있고, 특히 白身(平民)의 보관도 허용되고 있어 고려시대
에 과거나 음보 이외에도 이 납속보관으로 관계에의 진출이 가능했음을
말해주고 있다.

　조선시대에 있어서 납속보관 문제가 최초로 논의된 것은 成宗 11년 9
월에 知事 徐居正이

　　漢有納粟補官之法 後世有非之者 然此一時權宜之策 請令納粟 隨其
　　多少授四五品職 則外方富民之無職者 皆願爲之矣 上曰 此亦救時之策
　　當令該曹議啓4)

라고 한 것이다. 그는 富民을 대상으로 납속케 하고 그 양의 다소에 따

4)『成宗實錄』卷150, 成宗 11年 9月 己丑.

라 西·五品職을 제수하자고 건의하고 있는데, 이에 대해 국왕은 救時
之策으로 받아들이고 있다. 그 뒤 朝臣들간에 찬반 양론이 거듭되다가
경기도 관찰사 孫舜孝, 領事 李克培 등의 주장으로 同王 16년 8월 壬辰
日에는 드디어 실시를 보게 되었으니

> 上曰 非令典 今欲擧行 重民命也[5]

라고 하여 법전에는 없는 것이나 백성의 목숨을 중히 여기기 위해 실시
코자 한다고 하고 있다. 그러니 성종 16년까지에는 납속보관제가 제도화
되어 있지 않았던 것으로 생각된다. 더욱이 이 점은 성종 때에 납속보관
제 실시에 반대한 鄭昌孫이

> 在壬辰甲子年 民多餓莩 然不納粟補官 若國儲皆竭 無可奈何 則已
> 矣 今國家猶有蓄積 不可遽行此策[6]

이라 하여 기근이 심했던 세종 18년인 丙辰年과 세종 26년인 甲子年에
도 납속보관을 실시하지 않았는데 국가에 아직도 儲蓄이 있는 지금에
실시함은 불가하다고 한 데서 더욱 분명해진다. 명종 8년에는 경상도 지
역의 飢民救濟를 위하여 삼남지역의 納粟者를 모집하고 있으며,[7] 그 뒤
임진왜란으로 국토가 황폐해지고 재정이 파탄에 이른 선조대에 와서 절
정에 달한다, 즉 선조 26년에는 호조의 건의로 납속사목이 발표되고,[8]
納粟帖·空名帖의 매매가 성행하였다. 그 후에도 계속되는 흉년, 사회의
불안, 재정의 궁핍 등으로 왕조말에 이르기까지 수없이 많이 실시된 사
례를 『朝鮮王朝實錄』을 비롯한 諸史書에서 흔히 읽을 수가 있다. 그러

---

5) 『成宗實錄』卷182, 成宗 16年 8月 壬辰.
6) 『成宗實錄』卷180, 成宗 16年 6月 甲辰.
7) 『明宗實錄』卷15, 明宗 8年 11月 癸酉.
8) 『宣祖實錄』卷35, 宣祖 26年 2月 辛丑.

나 이 납속보관제는 항구적인 것은 아니었고 필요한 시기에 따라서 시행
되었고 수시로 置廢되었던 것으로 생각된다. 이 점에 대해서는 선조 26
년에 비변사에서

啓曰 納粟 初出於一時救急之政 而非常行之規9)

라고 한 데서나 또 조선후기의 실학자인 柳壽垣이 蠲恤賑救策을 논하면
서

凶年鬻官 臨渴堀井之類也 宜於豊熟平常之年 量其地方民戶多少 設
立倉廩寡粟 以備凶年可矣10)

라 하여 흉년에 賣官하는 것은 가뭄에 임하여 샘을 파는 것과 같은 것이
라 하여 풍년이 들 때 미리 준비를 해 두는 것이 옳은 일이라고 하는 데
서도 알 수가 있다.
　또『文獻備考』卷170 市糴考8, 영조 즉위년조에

英祖甲辰行召對 金弘錫 (時檢討官) 論空名帖發賣之弊……曾於凶
年 富民私賑則 觀其穀數多少 監司狀聞 有相當職除授之事 故富民相
爭勸賑救飢民矣 近來則 監司雖有狀聞者 一無除職之事 無以激勸 故
富民私賑 漸不如前 此後則私賑人穀數多者 相當職除授事 更爲分付如
何 上曰……此後分付該曹 使之除職可也

라 하여 檢討官 金弘錫이 공명첩 발매의 폐단을 논하면서 전에는 흉년
에 富民이 私賑하면 그 穀量에 따라 상당직을 제수하니 서로 다투어 기
민을 진휼하였는데 근자에 와서는 이들에게 제수하지 않으니 부민으로

　9)『宣祖實錄』卷38, 宣祖 26年 5月 己亥.
　10) 柳壽垣,『迂書』, 서울大古典刊行會, 1971, 124쪽.

서 私賑하는 자가 전과 같지 않다. 그러니 그 私賑한 穀數에 따라 제직하도록 하자는 건의에 왕이 재가하고 있다. 이 사례는 미속을 관부에 납입하도록 하는 것 만이 補官의 대상이 된 것은 아니고 개인이 私賑한 경우도 보관이 가능하였음을 말하고 있는 것이다.

2) 納物者補官

『光海君日記』卷156, 光海君 12년 9월 戊寅條에 다음과 같은 기사가 보인다.

> 傳曰 金萬鎰 獻馬五百匹 超資實職除授 其子大鳴守令除授 次子大
> 聲陞堂上 其孫金礦本道邊將除授……金萬鎰 每島中一丘氓也

이것은 섬에 사는 백성(平民)인 金萬鎰이 말 500필을 바치고 그 대상으로 본인은 실직을, 그 장자는 수령에, 차자는 당상으로, 그 송자는 변장으로 각각 제수받았다는 것이다. 또 인조 6년에 제주도민들이 牛馬를 납입하고 그 多寡에 따라 관직을 제수받거나 면역의 恩賞을 받은 사실도 있다.[11] 이는 우마가 미속과 마찬가지로 하나의 재산으로서 평가되어 왔기 때문이며 특히 말은 군마의 확보에 필요한 것으로 납속보관제에 있어서 納馬가 차지하는 비중이 컸던 것으로 생각된다. 다음으로 은이 納官의 대상이 되었음은 앞의 고려 충렬왕 원년에 納銀拜官한 사례에서 보았다. 조선시대에 들어와 전기에는 납은으로 보관된 사례는 찾기 힘들다. 이는 아마 금은의 채굴이 지극히 어려웠고 그 산출량 또한 미미하였기 때문인 것으로 생각되나[12] 그 밖에도 明이 金銀歲貢을 강요함으로써

---

11) 『仁祖實錄』卷19, 仁祖 6年 9月 己卯.
12) 『太宗實錄』卷13, 太宗 7年 3月條에 "辛酉辛巳之秋 行遍慶尙道 聚民堀山 意不得一錢 丙戌之冬 又歸金海淸道 聚軍堀地 亦無所得"이라 하여 금은채굴이 어려웠음을 말하고 있다.

곤란을 겪은 뒤 세종 12년에 해결을 보기는 하였으나 그 뒤로 다시 明의 요구가 있을까 두려워하여 국내의 금은채굴을 금지한 결과라고 생각된다. 후기에 오면 光海君 때

司諫院又啓 納銀賣官 雖出於不得已者 貽辱朝廷13)

이라고 한 기사를 비롯하여 납은보관의 사례를 산견할 수가 있다. 이는 "임진왜란 중에 군량·포상용으로 明의 은이 많이 들어오면서 국고의 수요에 따라서 은광의 필요성이 더욱 강조되고 활발한 채광이 이루어진 결과"14)라고 생각한다. 또 현종 원년의 募穀別單에

如有願以銀布折價代納者 聽許爲白乎矣15)

라 하여 미곡 대신으로 은만이 아니고 布木도 납관의 대상이 되고 있다. 그리고 납속보관책을 취할 때 정부에서는 納錢도 대상으로 삼고 있다.16)
   그 밖에도 광해군 11년에는 營建時에 石子, 材木, 正鐵 등을 납관하여 관직을 제수받기도 하였으며,17) 심지어 『仁祖實錄』 卷15, 仁祖 5년 3월 癸未條에는

是時 成復興者 出酒百盆醬一甕 以餉防灘軍 命相當職除授

라고 되어 있다. 군대에 술과 장(醬)을 바쳐 보관되고 있음을 알 수 있다.
이상에서 본 바와 같이 납속보관제의 실행을 가능케 한 납관의 대상물은

---

13) 『光海君日記』 卷16, 光海君 元年 5月 甲申.
14) 高承濟, 「李朝鑛業의 流通部面에 관한 分析」, 『人文社會科學』 1, 서울대학교, 1954, 193∼228쪽.
15) 『備邊司謄錄』 顯宗 元年 12月 初4日.
16) 『仁祖實錄』 卷2, 仁祖 元年 7月 甲子.
17) 『光海君日記』 卷143, 光海君 11年 8月 甲戌.

미속 이외에도 牛馬·銀·布·錢 등 다양하였다.

2. 시행의 목적

1) 貧民賑恤

납속보관제가 실행된 가장 중요한 목적 중의 하나로 천재지변에 의한 빈민을 구제하는 빈민구휼에 있었음을 들 수 있겠다. 이 점은 중국에서도 일찍부터 납속보관제의 목적 중의 하나로서 간주되어 왔고[18] 우리나라에서는 고려시대에 또한 그러하였다. 앞에서 본 『高麗史』食貨志, 忠穆王 4년 2월조에 보면 旱·水·霜災로 백성들이 많이 죽어가니 이를 진휼하기 위해서 元朝의 入粟補官의 예에 준하여 실시케 되었음을 말하고 있다. 그러므로 고려시대에도 구황을 목적으로 납속보관제가 실시되었음은 명백하다. 조선지대에 있어서는 어떻게 실시되었는가를 보면 성종 16년에 국왕이

> 上曰 今年凶荒 忠淸監司 請移全羅之粟 而全羅道亦無蓄積 民之飢饉 無以賑救 當此之時 林福以愚庸之人 納粟救之 其爲國之心 不可不褒賞也[19]

라 하여 흉년이 들었을 때 納租한 林福이란 사람을 면천해 준 것을 비롯하여 명종 9년의 사헌부 上啓記事에

> 憲府啓曰 救荒無上策 自古卽然 國無儲蓄 則不得不勸分於民……我國自近來以來 水旱相繼 千里爲赤 今者納粟補官之擧 此良策也……答曰如啓[20]

---

18) 閔成基,「漢代入粟受爵制」,『釜山敎大學報』別冊, 1963, 59~61쪽.
19) 『成宗實錄』卷181, 成宗 16年 7月 丙子.

라 되어 있다. 자고로 구황에는 상책이 없고 국가에서 저축한 바가 없어
민을 진휼하지 못하면 납속보관제를 실시하는 것이 양책이라는 건의에
왕은 시행할 것을 허가하고 있다. 그리고 또 현종 11년에는

> 時 中外飢饉已甚 公私蓄積俱空 凡所以得穀之道 靡不用極 乃成送
> 老職嘉善通政 贈知事右判尹判決事通禮佐郎 影職判官主簿 以至許通
> 校生免講補充隊等帖文于諸道 以募粟21)

이라 하여 倉空歲饑의 해결책으로써 諸道에 老職帖・贈職帖・影職帖
・許通帖・校生免講帖・補充隊帖 등 諸帖을 보내 募粟을 하고 있다.
또 英祖 원년에는 삼남지방이 심한 凶荒을 입게 되자 救賑策으로 私賑
人들에게 參奉・將校 등으로 보관하고 있다.22)

　이상에서 열거한 제사례를 종합해 보면 조선시대에 있어서 납속보관
제가 제정・실시된 목적의 하나가 빈민구휼이었음을 명백히 알 수 있다.

2) 國家財政補塡

　다음으로 납속보관제가 갖는 또 하나의 목적으로 국가재정이 궁핍할
때 그 보전책으로 시행된 점을 들 수 있겠다. 이미 고려시대에도 "以國
用不足 令人納銀拜官"이라 하였거니와 조선시대 명종 9년에도 다음과
같은 기사가 있다.

> 時 忠淸全羅慶尙三道 連年大饑 民多流離顚連 餓殍相望 國無所儲
> 不能救濟 春年 時爲大司憲 力建是議 厥後村巷無知之人 納粟拜官23)

---

20) 『明宗實錄』 卷16, 明宗 9年 3月 戊申.
21) 『顯宗實錄』 卷18, 顯宗 11年 9月 甲子.
22) 『英祖實錄』 卷7, 英祖 元年 9月 辛酉.
23) 註 21) 참조.

즉 삼남지역에 해마다 큰 기근이 들었는데 국가에 저축한 것이 없어 납속보관을 실시하였다는 것이다. 이것은 기근구휼을 목적한 것이기도 하거니와 재정보전책의 성격도 가지고 있다. 그리고 光海君 때는 營建事業에 재정이 궁핍하여 賣官贖刑을 실시해서 재정을 보전하고 있으며[24] 인조 5년에는 "若以高爵募得 則可補國用"[25]이라 하여 國用보전책으로 매관을 하고 있다. 심지어는 재정난 타개책으로 국가가 납속첩을 늑매까지 강행하고 있으니 영조 원년에 副校理 徐宗燮이

　　近來凶荒之餘 民間赤立 願買空名帖者絶少 故各邑出賣之時 舉皆勒
　　定民間督捧不納 則或至捶撻囚繫[26]

라고 한 것이 그 예이다. 흉황으로 민간에 여력이 없어 납속첩을 원하는 자가 극히 적기 때문에 각읍에서는 강제로 판매하고자 하였고, 명을 받들지 않으면 종아리를 치고 잡아 가두기까지 하였다는 것이다.

이상에서 재정보전책은 납속보관제가 본래부터 가지고 있던 속성임을 알 수가 있다.

3) 國防費補助

끝으로 이 제도가 軍餉의 조달 등 국방비 보조를 목적으로 시행된 것은 가장 두드러진 사실로서 알려져 있다. 세종대에서 성종대에 이르기까지 6朝에 걸쳐 활약한 경륜가인 梁誠之는 備邊十策 중 儲粮餉條에서

　　儲粮餉 古人云 雖有十萬之師 有一日之粮 方爲一日之師 用兵之道

---

24) 『增補文獻備考』卷154, 財用考1, 光海君 3年條, "是時 以營建財乏 故賣官贖刑以補國用…".
25) 『仁祖實錄』卷16, 仁祖 5年 5月 壬申.
26) 『備邊司謄錄』英祖 元年 5月 8日.

足食爲先……又其次行鬻爵之令而已[27)]

라고 하여 用兵之道는 무엇보다도 軍糧이 풍족해야 한다는 것을 들고 그 군량의 儲備方法 중의 하나로써 매관(鬻官)을 내세우고 있다. 그리고 중종 6년에는 文成府院君 柳洵 등이 함경도의 군자보충 문제로서 왕에게 납속책을 건의하고 있다.[28)] 그 뒤 임진왜란을 당하여 해결해야 할 가장 시급한 것이 군량문제였으니 선조는 비변사에 다음과 같은 교서를 내렸다.

上敎備邊司曰 此時得正兵爲急 京中亦設武科 且軍糧百計無策 若盡抄男丁 其不堪赴戰者 使之納粟爲免[29)]

즉 군량을 보충할 길이 없자 군역을 감당할 수 없는 자에게 면역을 조건으로 하여 납속케 하고 있다. 그리고 임란시에는 明軍의 군량문제 또한 큰 부담이었고 시급히 해결해야 할 일이었으니 선조 29년 11월에는

天兵粮餉 措置無策 四方納粟人 皆願受老職訓導參下影職等 故如是啓達矣……成帖下送宜當 敢啓 傳曰 依啓[30)]

明軍의 군량문제 해결을 위해 각종의 공명첩을 발행하여 募粟하고 있다. 이같이 전란이 일어나자 군량조달에 바쁜 나머지 매관을 자행한 결과로 많은 문제가 생겨났다. 선조 33년에 사간원은 이 납속책이 얻는 것보다 잃는 것이 많으니 거행하지 말 것을 건의하고 있다.[31)] 그러나 그

27) 梁誠之,『訥齊集』奏議.
28)『中宗實錄』卷14, 中宗 6年 9月 甲辰.
29)『宣祖實錄』卷46, 宣祖 26年 12月 庚午.
30)『宣祖實錄』卷82, 宣祖 29年 11月 戊申.
31)『宣祖實錄』卷122, 宣祖 33年 2月 庚子, "司諫院啓曰 兵興以後 急於調粮 苟且創法 不可彈記……此路一開 頗有混亂之譏 況賣六品之官 求六斛之穀 所得小

뒤 광해군 때도 군량보조책으로 납속자에게 납입량에 상당하는 실직까지 수여하고 있으며[32] 또한 정묘·병자호란을 겪은 인조 때에도

> 近來國家連有師族 加之以飢饉 募民納粟 在所不已 納粟除職之敎
> 前後相繼[33]

라 하여 국방비 보조와 기민구제 관계로 '募民納粟'이 성행되고 있다. 이상의 여러 사례에서 보듯이 군량조달 등 국방비 보조를 목적으로 납속보관제가 시행되었음을 알 수 있다.

3. 운영의 실제

조선시대의 납속보관제가 어떤 조건하에서 실시되었는지 그 운영의 실제에 대해서 보기로 한다. 전술한 바와 같이 본 제도가 필요에 따라 수시로 시행되었던 것이기 때문에 초기에 있어서는 구체적이고 명확한 구조를 알 수가 없다. 前揭한 바 있는 성종 11년 9월조의 기사에

> 請令納粟 隨其多少 授四五品職 則外方富民之無職者 皆願爲之矣

이라 한 것이라던지 同王 16년 6월에 납속보관제 실시에 반대한 병조판서 鄭佸이

> 今令募人納粟賞職……官爵至重 不可輕用 具民間有穀者 以販賣規
> 利爲念 誰肯應募 今雖立法 恐有名無實也[34]

而所失大 物情皆以爲未便 其公事 請命勿爲擧行".
32)『光海君日記』卷153, 光海君 12年 6月 己未.
33)『仁祖實錄』卷42, 仁祖 19年 12月 甲子.

라 하여 관작은 至重한 것이니 가벼이 남용해서는 안되며 또 민간의 有
穀者는 납속에 응하는 것보다 판매하여 이득을 얻기를 도모할 것이니
비록 立法은 하였지만 유명무실하지 않을까 두렵다고 한 것 등 몇 가지
사례에서 보면 납속자의 位階·官職은 분명히 제시되지 않고 있다. 그러
나 上揭한 '外方富民' '民間有穀者'라는 표현이나 또 이 제도 자체가 갖
는 성격으로 미루어 보면 납속보관제는 상당한 재력을 소유한 자를 대상
으로 삼고 있었다는 점은 분명하다. 명종 8년 경상도의 기민구제를 위해
삼남지방의 납속자를 모집했을 때의 사정을 보면 다음과 같다.

　　賞止於士族 則其納必不裕 如公私賤則免賤 鄕驛吏則免役 諸色軍人
　　則陞授相當職 或影職補充隊入屬……然所納穀數過多 則納者必少 宜
　　斟酌定數 多不過米百石 小不下五十石 皮雜穀亦以此爲準 使人便易而
　　喜納[35]

　　즉 납속자는 신분적으로 士族, 公私賤, 鄕吏·驛吏, 諸色軍人 등이 대
상이 되었으며 사족에게는 관직을, 공사천은 면천을, 향리·역리는 면역
을, 제색군인들은 상당직을 제수하거나 혹은 影職을, 또는 보충대에 入
屬시키고 있다. 이같이 납속자의 신분 및 賞職은 명백히 제시되었으나
납속량에 있어서는 최고 100석에서 최하 50석 이내로 하여 정수를 참작
한다고 하였다. 그러므로 납속량의 경우는 구체적인 방책이 인정되지는
못했던 것 같고, 다분히 유동성이 있었던 것 같다.
　　다음으로 납속자의 신분, 납속량, 그리고 납속자가 보임되는 位階·官
職이 명시되어 있는 최초의 것으로, 전술한 선조 26년의 호조의 건의로
된 『納粟事目』을 들 수 있다. 이것이 어떠한 원칙하에 시행되었는가를
고찰해 보기로 한다. 이를 요약하여 도표화하면 <표 1>과 같다.

---

34) 註 6) 참조.
35) 註 7) 참조.

<표 1> 宣祖代의 納粟事目

區 分	納 粟 量	賞 職 名	備　考
鄕吏	三石	三年免役	至十四 逐石次次加 一年 十五石 己身免役 并其二子免役
	三十石	免鄕授參下影職	
	四十石	參下影職	
	四十五石	相當軍職	
	八十石	東班實職	
士族	三石	參下影職	○ 元有職者 每十石 陞品 ○ 資窮者 三十石 陞堂上
	八石	六品 〃	
	二十石	東班九品	
	二十五石	〃 八品	
	三十石	〃 七品	
	四十石	〃 六品	
	五十石	〃 五品	
	六十石	〃 從四品	
	八十石	〃 正四品	
	九十石	〃 從三品	
	百石	〃 正三品	
庶孼	五石	兼司僕, 羽林衛	或西班 軍職六品
	十五石	許通	
	二十石	并前所生	
	三十石	參下影職	
	四十石	六品 〃	
	五十石	五品 〃	
	六十石	東班九品	
	八十石	〃 八品	
	九十石	〃 七品	
	百石	〃 六品	

이 <표 1>에 의하면 향리에게는 免役에서 東班實職까지, 사족에게는 參下影職에서 東班堂上까지, 서얼에게는 兼司僕에서 東班六品까지의 位階·官職을 주고 있다. 여기에서 주목되는 바는 전게한 명종대의 事目에 들어 있던 諸色軍人이 빠진 점이다. 이는 아마 농민들의 逃役을 막기 위해 제외한 것이라 생각된다. 또 參下影職을 제수받는 데에 향리 및 서얼은 각각 30석을 납부해야 하는데 비하여 사족은 불과 3석으로 가능

했다. 이는 당시로서는 신분의 차를 감안한 자연스러운 조치였다고 생각
된다. 그리고 전술한 바 있는 명종 8년의 사목에서 납속량을 최고 100석
에서 최하 50석 사이에서 참작하여 정하도록 되어 있었던 것에 비하면
매우 감량되었음을 알 수 있다. 이는 임진왜란을 당하여 국토의 황폐, 재
정의 고갈, 군량의 부족 등 급박한 사정으로 보다 많은 납속대상자를 얻
기 위한 결과라고 생각된다.

　이와는 별도로 시기를 달리하고는 있지만 납속으로 보관될 수 있는
위계·관직이 명확히 표시되어 있는 것으로서 가장 상세한 것은 현종 원
년과 2년의 募穀別單이다.36) 이것 또한 편의상 도표화하면 <표 2>와 같
다.

<표 2> 募穀別單

	顯宗 元年 12月	顯宗 2年 8月
老職帖	年 60以上 納米 5石者 通政	4石
	年 70以上 納米 3石者 通政	3石
	已爲通政者 納米 3石 嘉善	2石
	年 80以上 通政者	2石
庶孽許通帖	良妾子 許通 納米 4石	4石
	賤妾子 許通 納米 6石	6石
追贈帖	直長·參軍·禁府都事·別坐 米 5石	2石
	佐郎·監察 米 6石	3石
	正郎·都事 米 7石	3石
	僉正·經歷 米 8石	通禮·僉正 米 4石
	副正·相禮 米 9石	
	通禮正 米 10石	
	判決事 米 15石	5石
	參　議 米 17石	6石

36) 註 16) 참조.

追贈帖	左右尹·同知 米 20石	同知 6石, 左右尹 7石
	參 判 米 22石	7石
	知 事 米 25石	8石
	參下 納米 3石 陞5·6品	1石
	5·6品 納米 3石 陞3·4品	1石
	3·4品 納米 3石 陞 堂上	2石
	堂上 納米 4石 陞 嘉善	2石
	嘉善 納米 5石 陞 資憲	2石
	○參判·左右尹·參議·判決事 只許 士族爲白乎矣	2石
加設實職帖	察訪·別坐·主薄 米 12石	10石
	判官 米 15石	11石
	僉正 米 18石	13石
	副正 米 21石	14石
	通禮正 米 24石	15石
	僉知 米 40石	30石
	同知 米 50石	40石
	○謝恩·封贈 一依正官例 而只許 士族爲白旀 賤人及良民之應有軍役者 則勿許. 僉知·同知則勿論士族良民 竝許爲白乎矣 良民則比士族加納十石 爲白齊	40石
	出身 納米 4石者 萬戶帖	3石
	納米 6石者 僉使帖	4石
	僧 人 納米 5石者 環俗後 終身免役	5石
	○如有願以銀布折價代納者 聽許爲白 乎矣 租則每石以米六斗 折許爲白齊	
額外校生 免講帖		納米 4石 10年 免講(全右·慶·忠右)
		納米 5石 10年 免講(全左·忠左)
		納米 8石 10年 免講(黃)
		終身免講(全右·黃·忠左)
		納米 10石 10年 免講(平)
		終身免講(全左·忠左)
		納米 13石 終身免講(黃)

※( )안은 道名임.

이 <표 2>에 따르면 다음과 같은 몇 가지 사실을 알 수가 있다. 첫째,
현종 원년과 2년의 납속량을 비교하면 불과 1년 사이에 많은 減石이 있
었다는 점이다. 追贈帖의 경우는 半數 이상이 減石되었고, 加設實職帖
에서 몇 가지 예를 들면 察訪·主薄 등이 12석에서 10석으로, 僉知는 40
석에서 30석으로, 同知는 50석에서 40석으로 각각 감소되고 있다.

이는 현종 1년과 2년에 모두 흉년이 들었으나 후자인 현종 2년이 더
심했던 결과라고 생각된다.[37] 이로 미루어 생각할 때 납속량은 그 시기
의 국가재정 형편이나 흉풍 등을 참작하여 정한 것으로, 가변적인 것임
을 알 수가 있다. 더욱이 영조 때는 加設帖의 主薄·察訪의 대가가 米
40석, 同知·僉知의 대가가 400석으로 규정되고 있다.[38]

이처럼 시대에 따라 補官의 대가는 달라졌지만 이 같은 제도화된 事
目에 의해 농민들은 양반들의 직역을 합법적으로 취득할 수 있었던 것이
다. 둘째로 2년의 별단에서는 공부해야 할 校生들에게까지 免講帖을 발
행하여 10년 또는 종신토록 免講을 허용하고 있다. 셋째로는 평민·천민
에 대한 보관의 제한이 많이 완화되었다는 점이다. "賤人及良民之應有
軍役者 則勿許"라 하여 군역을 지고 있는 자가 아니면 追贈帖에 있어서
는 參判·左右尹·參議·判決事 등 사족에게만 허용하는 관직을 제외
하고는 모두 가능하였고, 加設實職帖도 사족에게만 주는 謝恩·封贈 외
에는 보관될 수 있게 규정하고 있다. 그 밖에도 미곡 대신에 은이나 포도
납관대상으로 허용하고, 피곡은 매석마다 미 8두로써 折計하도록 하였

37) 『備邊司謄錄』 顯宗 2年 8月 4日條에 "今年三南凶歉 甚於上年 職帖之價 若不
減數 則應募之人必少 故臣等反覆相議 各項帖價 次次量減"이라 되어 있다.
38) 『英祖實錄』卷32, 英祖 8年 7月의 『勸分富民施賞節目』을 보면, "千石以上―
實同知·僉知 從其本品陞差 武蔭初仕中 隨其相當職. 百石以上―判官·主薄
·察訪中 加設帖成給 不願者 改授通德郎·副司果等正職敎旨 竝限七年烟役
勿侵 其或願受帖文加資者亦聽 穀數竝以皮穀計數 而有米錢者 皆以皮穀折計"
라 하였다. 이 납곡량은 피곡으로 표시된 것이다. 피곡은 <표 2>의 募穀別單에
"租則每石以米六斗折計"한다고 하였으니 피곡 100석은 미 40석, 1000석은 미
400석으로 환산된다.

다.

이상의 여러 사례를 종합해 보면 조선시대 전기에 있어서는 납속자의
신분, 납속량, 납속자의 위계·관직 등이 불분명하였으나 후기로 접어들
면서 세부사항까지도 제도적 원칙 아래서 납속보관제가 시행되었음을
알 수 있다.

4. 納粟補官制의 기능

납속보관제의 시행을 통치자의 입장에서 본다면 농민의 피폐를 구제
하고 군량과 국가재정의 부족을 보충하려는 당면이 급무로서 시행된 것
이었다. 보관을 목적으로 전술한 제물품을 납관한 被補官者의 측면에서
보면, 보관 그 자체가 虛名에 그치는 것이었다면 납속을 기대하기가 어
려웠을 것이다. 이 제도가 계속 실시된 것으로 보아 단순히 보관되는 혜
택만이 아니고 어떤 다른 이점이 있었다고 생각된다. 여기에 납속보관제
가 갖는 기능문제가 대두된다. 다음과 같은 몇 가지 유형으로 나누어 검
토해 보고자 한다.

1) 신분의 상승

납속보관이란 정부가 실시한 매관이었고, 납속자가 얻을 수 있었던 관
직은 老職·贈職·影職·加設職 등 일종의 명예직으로서 제도상으로는
실직과 구별되어 있었고, 누구나 마음대로 될 수 있는 직은 아니었다. 老
職이란 老人職으로서 경로사상의 표현으로 80세 이상의 남녀에게 官·
民·常·賤을 막론하고 수여하던 직이며, 贈職은 追贈職으로서 원래 종
친과 從二品 이상 문무관의 3대나 충신·효자 또는 학행이 현저한 사람
에게 사후에 추증하던 위계·관직이다. 影職은 借衡이라고도 하여 실직
에 반대되는 것으로서 직함은 있으나 職事는 없어서 정부기구 운영의

편의상 다만 資品과 관직을 수여하기 위해 설치한 직이며, 加設職은 실
직은 실직이되 관원의 席窠를 정원 이외에 加設하여 그들의 명예증진을
도모한 직이었다.39) 이와 같이 정부는 양반신분을 직접 매매한 것이 아
니고 명예직을 매매한 것이었다. 被補官者들은 이 같은 명예직을 취득하
려고 다량의 미속을 납관했던 것일까? 비록 제도상의 제한은 그러했지
만 실제에 있어서는 이것을 계기로 양반사회에의 진출이 가능한 이점이
있었던 것이다. 이러한 사정은 영조 5년에 特進官 李森이

　　森曰　納粟加資之類　戶籍中不書納粟二字　只稱通政折衝　以此之故
　　朝士大夫常漢　莫能卞之　實爲可駭　且不書納粟　只書通政　而不爲應役
　　故一河言之　數百戶之中出役者　不過十餘戶40)

라고 한 데서 알 수 있다. 호적대장에 納粟通政이니 納粟折衝이니 하는
'納粟'이란 두 字를 기입하도록 되어 있었는데 '納粟'이란 단서는 없어지
고 다만 통정이니 절충이니 하는 직함만이 기록되어 사대부와 상민의 구
별이 어렵게 되고 또 이들은 應役하지 않으니 한 洞里를 두고 말한다면
수백호 중에서 出役者는 불과 십여호에 지나지 않는다고 하고 있는 것
이다. 이는 납속에 응하는 사람들이 대개 일정한 수준 이상의 재력을 가
졌던 사람들임을 생각할 때 그들이 관리들을 매수하여 '납속'이란 단서를
삭제해버린 결과하고 생각된다. 또『備邊司謄錄』순조 22년 11월조에는

　　本道鄕綱不嚴　任路太雜　鄕錄儒案　容易新添　空帖實差　朝夕遞改41)

라 되어 있다. 향촌에서 양반들이 등록하는 鄕錄·儒案에 납속보관자들
도 實差와 함께 쉽사리 添錄될 수 있다고 하였으니 이는 납속으로 보관

---

39)『韓國大百科辭典』, 을유문화사, 1972, 486쪽.
40)『備邊司謄錄』英祖 5年 5月 7日.
41)『備邊司謄錄』純祖 22年 11月 初2日.

된 사람도 본래의 양반층과 마찬가지로 행세를 할 수 있게 되었다는 것
이다. 전술한 바와 같이 납속보관제는 원래 명예직의 매매로서 그것만으
로는 완전한 양반신분이 될 수가 없었으나 결국엔 그것을 계기로 해서
양반신분에로의 상승이 가능했다는 것이다. 이리하여 양반이나 혹은 천
민까지도 堂上・堂下의 위계와 관직을 얻는 경우가 많아졌다. 인조 원년
에 沈光世는

　　空名告身 散於八道 欲其易售 定加甚廉 是以雜役之徒 群起應募 市
　　中無賴至受西班實職 自稱大官 妻封夫人 都下如此 外方可知 雜色軍
　　民公私賤隷 無不圖受職帖 身服賤役 出稱爵號 村閭賤婦 皆受帖[42]

즉 "空名帖・告身帖을 八道에 흩어 파는데 쉽게 팔려고 하다보니 그
정가가 너무 싸서 雜役의 무리들이 대량으로 應募하였고 따라서 市井의
불량배들이 西班의 實職에 채용되어 스스로 大官이라 칭하고 그의 妻는
夫人으로 封해지기에 이르렀다. 서울이 이러한 형편이 되었으니 지방에
서의 혼란상은 물론 더하였을 것은 짐작하고도 남음이 있다. 그 많은 군
졸, 상민으로부터 공사천인에 이르기까지 직첩을 받으려고 획책하지 않
는 자가 없고 실제로 몸은 부역에 종사하면서도 밖에 나가서는 爵號를
칭하였다. 심지어 시골의 천한 아낙네들도 모두 직첩을 받았다"고 하고
있다. 이리하여 "耕夫牧子가 鬢玉帶絳하여 遍滿於街路"[43]하는 현상이
일어나 엄격했던 봉건적 신분제 사회에 있어 일반 평민층도 점차 사대부
로 승격되어가 신분질서의 동요를 초래하고 있었다. 이런 사정에 대해
『擇里誌』의 저자 李重煥은

　　士大夫或夷爲平民 平民久遠 則或昇漸爲士大夫矣[44]

---

42) 『增補文獻備考』卷299, 職官考16.
43) 『肅宗實錄』卷30, 肅宗 22年 2月 丙午.
44) 李重煥, 『擇里誌』, 總論.

라 하고 있다.

2) 免役

납속보관으로 평민들이 실제에 있어 양반신분으로의 상승이 가능했음을 보았다. 양반신분으로 행세케 되면 어떤 이득이 수반되는 것일까? 현실적인 이해관계에서 보면 가장 중요한 문제는 役의 면제에 있었다고 생각된다.

조선시대의 양반에게 免役의 특권이 부여되었음은 재론할 필요가 없을만큼 명백한 사실로 되어 있다. 『迂書』의 저자인 柳壽垣은 이 문제에 대해서

> 我國家貢稅之外 不得以丁口 賦民身庸 此何故哉 非但優待兩班 故不得徵 其力役也 兩班不農工商 元無手業 雖欲徵出身庸 其可得乎 口賦之制 歷代同然 而獨以優待之虛名 坐致國計之窮 窘其失一也[45]

라 하였다. 즉 양반만을 대우하기 때문에 그 力役을 징발하지 못하고 역대로 非兩班戶에만 부과해 왔기 때문에 국가재정의 궁핍을 초래했다는 것이다.

일반 평민들은 田稅·賦役·貢納들의 의무를 부담하고 있었고, 그 중에도 양민에게 있어서 가장 무거운 부담이 된 것은 부역 중 軍役이었다. 군역이란 良役으로도 불리워지며 일정한 연령을 중심으로 하여 국가에 대해 의무적으로 져야 하는 力役形態이고, 대다수의 양민이 반영구적(16세~60세)으로 지는 군역을 지칭하며 군역이 사실상 모든 양민층의 역을 대표하는 것이었다.

정부가 공포한 납속사목 중 대표적인 것으로 되어 있는 선조 26년의 사목에는 평민이 제외되어 있고, 그 뒤 현종 때의 사목에도 "賤人及良民

---

45) 柳壽垣, 앞의 책, 20쪽.

之有應役者 勿許"라 하여 군역의무자는 대상에서 제외시켰으며, 『續大典』兵典 免役條에도

納粟堂上有軍役者 勿頉 無役者 充定

이라 규정해 놓고 있다. 이는 농민들의 피역을 방지하기 위한 조치였다고 생각된다. 이 규정이 나오게 된 것은 면역이 널리 행해지고 있었음을 반증하는 것으로도 볼 수 있다. 그러나 이와 같은 규제에도 불구하고 현실적으로는 납속보관으로 역의 면제자가 늘어 갔으니 『宣祖實錄』에

故當初事目 只論士族庶孽公私賤 而不及軍士者 其急有在 今以軍士或托以校生 或以閑良 冒名納粟 得爲訓導或影職者甚多 軍額漸縮 殊非事目本意弊有所難防 軍士納粟蒙賞者 ――覈考 別施他賞[46]

이라고 기록된 바와 같이 군사들은 혹은 校生 혹은 閑良에 假托하여 冒名納粟하여 訓導나 影職을 얻어 역을 면하기 때문에 군액이 점차 감축되는 현상이 나타났고, 또 전게한 특진관 李森이

故以一洞言之 數百戶之中 出役者 不過十餘戶

라고 한 것도 납속자로 인해 출역자가 매우 줄어 들었음을 말하는 것이다. 이 밖에도

年少良丁 一受一帖 輒免軍役 故各邑閑丁 亦多見失

이라 하여 연소한 良丁이 한번 受帖하면 문득 군역을 면하니 각읍 閑丁을 역시 많이 잃게 된다는 이러한 기록은 여러 곳에서 볼 수 있다.[47] 이

46) 註 9) 참조.

는 국가가 의도한 바는 어떻든 간에 납속보관자들은 사회적으로 사실상 하나의 특권층으로 성장해 가고 있었던 것이라 하겠다. 국가로서도 원칙적으로 군역의무자를 대상에서 제외하였지만 사태가 급해지면 때로는 면역을 허가하기도 하였다. 그 예로써 숙종 26년 8월의

朝家 急於賑飢 募民納粟 授其職牒 而此類 既受加設同知等帖文之後 自本官充定軍役 故來呈籌司稱冤者多 既有身役者 則只榮其身 勿減其役 自是事目而初無身役之人 則曾不擧論於事目矣 既使之納粟受帖 終未免軍役 則不但渠等之呼冤 其在朝家事體 決不當若此 凡納粟受帖之類 勿定軍役 若有新定者 則竝令頉下似當矣 上曰 受其職帖 而不免軍役 事涉不當 勿充軍役 可也[48]

라 한 기사를 들 수 있다. 이는 조정에서 賑救에 급한 나머지 아무런 특별규정없이 加設同知帖 등을 발부하여 그 榮身만을 보장하고 그들이 원하는 면역은 허가하지 않으니 그들의 불평이 심하다는 건의에 대해서 왕은 "事涉不當"이라 하여 "勿充軍役이 可하다"고 한 것이며, 또 『仁祖實錄』 卷36 인조 16년 5월 甲子條에

賑恤廳 請納粟受職者 勿定軍役 以紓民怨 答曰 實職則六品以上 影職則三品以下 例爲定軍 而民情如此則勿定

라 하여 진휼청에서 납속수직자들에게 勿充軍役하여 민원을 풀어 주도록 啓請한데 대하여 왕이 民情이 그러하니 勿充軍役하라고 한 것이 그것이다. 그러나 朝臣들의 반대에 부딪치면 다시 면역을 취소하였으니 숙종 30년에 이조판서 李濡가

> 嘉善募粟 出於荒歲 萬不得已之擧 而在前則受帖者 只以閑其身 元
> 無軍役免除之事矣 庚辰年間 因湖西監賑御史啓達 始創勿侵之軍役之
> 例 當此良丁難得之日 不過納數石之米 得名軍役……自今一依舊例 良
> 人之受通政者 勿使免軍役 宜當以此 各別申飭諸道如何 上曰 所達誠
> 是 依爲之[49]

라 하여 요즘같이 良丁을 얻기가 어려울 때 불과 數石의 納米로서 군역
을 면한다는 것은 부당하다고 주장하니 국왕도 이를 허락하고 있다. 이
와 같이 정부에서는 국가재정의 위기나 흉년이 심하지 않을 때는 면역을
불허하고, 위급하게 되면 良丁의 면역을 허하기도 하였다. 이는 "계급을
擅賣함으로써 줄어지는 良丁의 수와 많아지는 지배층의 수, 이것을 다소
나마 억제해 보고자 한 것이 군역의무자에게는 공명첩을 발부하지 않고,
군역의무에서 벗어난 자에게만 발부하여 양민에게서 이중의 수탈계획을
세운 것이다. 즉 양역의무자에게는 收布해서 國家財用을 채우고 의무에
벗어난 자에게는 이름만의 影職이나 加設職을 팔아서 그들의 욕구를 충
족시키려고 한 데 불과한 것이었다".[50]
  이 같은 정부당국의 필요에 따라 면역을 허가하기도 하고 또 취소해
버리는 시책으로 해서 농민들은 면역이 되는 줄 알고 납속했다가 안되는
줄 알면 그 원망이 매우 심했으니, 영조 원년에

> ―愚民 未諳朝令 希其免役 初或有自願 而未免充役 則其怨尤甚[51]

이라고 한 것이 그 예이다.
  아무튼 양민들이 역의 의무에서 벗어나려면 납속정책에 응모하여 양
반직역을 얻고 양반신분으로 행세하는 것이 첩경이었다. 보관의 대가는

---

49) 『備邊司謄錄』 肅宗 30年 2月 2日.
50) 車文燮, 앞의 논문, 103쪽.
51) 註 46)의 英祖 元年條 참조.

사목에 명시되어 있으니 이 사목에 제시된 경제력만 있으면 양반층의 직역의 취득은 가능하였고, 그러기에 수단과 방법을 다하여 양반신분으로 행세하려 하였다. 이리하여 결국에 양역인구의 감소를 초래하고 이 납속보관제가 목적으로 한 재정의 補塡策은 일시적인 것에 그쳤고 실제로는 "空名 萬에 달할지라도 朝家의 得함은 千餘萬金에 불과하다. 여기에서 壯丁 萬名을 잃고 5年內에 또 10萬兩의 良布를 잃어 버리는 결과"52)를 가져와 국가재정을 더욱 고갈시키는 요인이 되어 버렸다.

　3) 贖良

　조선시대에 있어서 납속보관제도의 또다른 하나의 기능으로 노비들의 贖良問題를 들 수 있겠다. 노비들의 贖良策으로서는 軍功・代口贖身・奴婢從母法 등과 함께 납속책에 의해서도 가능했다는 것이다. 성종 16년 7월에

　　命承政院 招林福問其所欲 福請免其四子爲良 命議于領敦以上及議
　　政府……林福納穀二千碩 足以救百人之命 從自願良其子 以相當奴婢
　　充及其主 沈澮洪應議 若開納穀從良之路 則背主者蜂起 誠非細故 傳
　　曰 林福四子皆從良 以公賤償給本主53)

라 하여 2천석을 納穀한 林福이란 자의 請을 들어 그 네 아들의 從良을 허가하고 있다. 이때 沈澮 등은 만약 납곡에 의한 종량의 길이 열리게 되면 주인에게 배반하는 자가 생겨날 것이니 매우 작은 일이 아니라고 반대하여 신분질서의 해이를 염려하고 있다. 그러나 국가가 납속보관책을 시행하게 된 의도가 재정난의 타개를 위한 것이었기 때문에 그 대상에서 천민층을 제외할 필요는 없었던 것이다. 그 뒤 명종 8년 11월에는

---

52) 『增補文獻備考』卷229, 職官考16.
53) 『成宗實錄』卷181, 成宗 16年 7月 丙子.

공사천이 납속상직의 대상에 올라 면천이 가능하게 되었고,[54] 그리하여
최대의 국난인 임진왜란을 겪은 선조대가 되면 상민층에 대한 문호가 널
리 개방되어 정부에서는 면천첩도 발행하니 천민 중에서 재력을 가진 자
는 속량은 물론 양반의 위계·관직까지도 취득하게 된 자가 점차 증가하
게 되었다. 즉 선조 33년 10월에

>   史臣曰 難後軍需 無以措辦 只用空名告身 以募布粟 奴隷下賤 皆帶
>   僉知之號 無知蠢氓 至得參判之資 名器至此 墜地而掃如矣[55]

라 한 것이 그것이다. 또 전후에 재정적으로 어려웠던 광해군 때에는 納
錢免賤者가 많이 나왔다.[56] 이리하여 더욱 속량의 길은 확대되어가 결
국엔 '役重名賤'한 신분으로부터 합법적으로 벗어나기 위해 재력있는 자
들은 납속에 응하게 되니 賤籍은 점차 감소되어 갔고,[57] 면천자 중에는
과거에도 응시하여 양반신분이 되기도 하였다.[58]

  이상에서 본 바와 같이 천민도 일정한 부를 축적하여 납속책에 응하
게 되면 양민으로, 심비어는 양반의 직역까지 얻을 수 있게 되었다. 이
같은 신분제의 동요나 혼란은 조선왕조의 기존 구조를 변동시키는 한 요
인이 되었던 것이다.

4) 減免罪

  조선시대에 있어서 이것이 시행된 경과를 보면 중종 8년 5월에 관찰

---

54) 註 7) 참조.
55) 『宣祖實錄』卷130, 宣祖 33年 10月 壬申.
56) 『仁祖實錄』卷2, 仁祖 元年 7月 乙巳, "特進官 李曙曰 光海時各司奴婢免賤者
    甚多 若還給其價而還賤 則幾至二千五百兩之銀……".
57) 『肅宗實錄』卷30, 肅宗 22年 2月 甲子, "奴婢役重名賤 少有餘貲輒圖贖免 加
    又官婢之爲娼妓者 多爲士大夫所占蓄 因以籍力贖身 賤籍日縮……".
58) 『顯宗實錄』卷4, 顯宗 2年 4月 辛卯.

사 韓世桓이

　　且納粟免罪 亦救荒之策 請擧行如何 傳曰 納粟免罪 果是救荒之良
　　策也[59]

라 하여 救荒之策으로 納粟免罪의 실시를 건의한 데 대해 왕은 良策으
로 받아들여 납속책의 한 형태로서 채택하고 있다. 그리하여 同王 15년
8월에는 연산군 때 被罪된 羅福中이란 사람이 납속으로 면죄되고 있으
며,[60] 전게한 명종 8년 11월의 納粟賞職에 있어서는 綱常 및 臟盜에 관
련된 사람을 제외한 범죄인들에게 納粟免罪를 하고 있다. 이와 같은 납
속면죄에 대해『宣祖實錄』卷17, 선조 16년 5월 壬午條에는 兩司에서

　　兩司論備邊司公事 從良納粟免罪等事 竝勿擧行 皆不允

이라 하여 반대하고 있으나 왕은 듣지 않고 있다. 임란후에는 軍餉의 보
충을 위한 방편으로 더욱 납속면죄를 허용하고 있고, 심지어 지방으로
파견된 宣傳官을 구타하고 그 標信까지 겁탈한 죄인까지도 납속으로 면
죄케 되고,[61] 인조 때의 납속사목에는

　　雜犯罪 斬十二石 絞十石 流三千里四石 徒三年三石 徒二年半二石
　　半 徒二年二石 徒一年半一石半 徒一年一石[62]

라 하여 제범법자의 납속량까지 명시하고 있다.
　이상의 사례에서 본 바와 같이 납속면죄는 납속보관제가 가지는 또

<hr>

59)『中宗實錄』卷18, 中宗 8年 5月 丁丑.
60)『中宗實錄』卷40, 中宗 15年 8月 丁丑.
61)『宣祖實錄』卷35, 宣祖 26年 2月 丙午.
62) 註 34) 참조.

하나의 속성적 기능임을 알 수 있다. 이러한 납속에 의한 면죄는 결과적
으로 조선사회의 사회질서에 동요를 가져오고 지배층의 권위를 추락시
키는 요인이 되었지만, 일반적인 보관이나 從良 등의 은상만으로서는 확
보하기가 어려웠던 납속량을 해결하기 위한 방법으로 시행되었다고 생
각된다.

맺음말

이상에서 조선시대의 납속보관제를 검토해 보았는데, 그 논지를 요약
해 보면 다음과 같다.

⑴ 본 제도의 시행목적은 시행주체인 통치자의 입장에서 볼 경우, 빈
민진휼·재정보충·국방비보조 등에 있었고, 그 기원은 오래된 것으로
생각되며 조선시대에서는 성종대부터 실시되었다. 그러나 임진왜란을 계
기로 시행된 것처럼 되어 있는 제 개설서의 기술은 시정되어야 하겠다.

⑵ 납관의 대상물은 미속을 비롯하여 우마·포·은·전 등으로 다양
하였다.

⑶ 이 제도는 필요에 따라 수시로 치폐된 것으로, 전기에는 제도적 내
용이 분명치 않으나, 후기에는 납속자의 신분·납속량·납속자의 위계·
관직과 그 밖의 세부사항까지도 명문화된 제도적 원칙하에서 운영되었
다.

⑷ 보관의 대가는 납속사항에 명시되고, 그 양은 그 때의 국가재정의
형편이나 흉풍을 감안하여 정했기 때문에 일정하지 않다. 그러나 평민들
에게는 재력만 있으면 합법적으로 양반직역의 취득이 가능하였다.

⑸ 기능면에서 보면 납속책에 의해 취득된 관직은 명예직이었으나, 실
제로는 이를 계기로 양반신분으로 상승될 수 있었으며, 또 무거운 역역
의 부담으로부터 벗어날 수가 있었고, 그 밖에도 면천·감면죄 등의 특
전이 있었다.

　　결국 납속보관제는 국가가 당면한 재정적 위기를 타개하기 위해 부득
이 지배층의 신분인 양반의 직역을 피지배층에게 매매한 사회정책이었
다. 그러나 일시적인 재정보충책에 불과하여 재정책으로도 큰 효과를 기
대하기 어려운 한계가 있었고, 나아가 조선사회의 질서 특히 신분제의
동요를 야기하여 엄격한 신분제를 기반으로 성립된 조선사회의 내재적
붕괴 요인으로 기능하였던 것이다.

Ⅲ. 조선후기 僧役에 대한 고찰

머리말

朝鮮王朝가 표방한 崇儒抑佛策으로 인하여 불교는 역대 위정자들에 의해 배척과 억압을 당한 수난의 불교였다. 특히 명종 21년(1566) 승과가 폐지되고 度僧法이 금지된 후, 이 조치는 왕조말까지 法制上으로 유지되어 僧侶의 사회적 지위는 더욱 떨어지고 사찰은 온갖 침탈을 당하였다. 그러나 정부의 이 같은 斥佛政策에도 불구하고 승려들은 그들의 신분향상과 사찰의 유지를 위해 갖은 노력을 다한 결과 왕조말기까지 승려나 사찰의 수는 크게 감소됨이 없이 그 명맥을 유지하여 왔다.[1) 『純祖實

---

1) 寺刹數의 변동을 파악하기 위해 『新增東國輿地勝覽』(중종 25년, 1530)과 『輿地圖書』(영조 33~41년, 1757~1765)에 기재된 것과 總督府에서 1926년에 조사한 寺刹數를 자료로 삼아 다음 표를 작성하였다.

寺　刹　數

	16世紀 初葉	18世紀 中葉	20世紀 初葉
京畿道	212	152	183
忠淸道	250	180	137
慶尙道	284	331	369
全羅道	280	214	253
黃海道	213	129	49
江原道	113	161	125
咸鏡道	75	138	102
平安道	221	230	145
計	1,648	1,530	1,363

錄』卷18 순조 15년 정월 辛丑條에 보면 영의정 金戴瓚이 上啓하기를 "先朝부터 巫覡과 女僧의 都城出入이 금지되어 있는데도 최근에 와서 다시 거리낌없이 門안으로 出入하여 거의 모든 사찰에는 祈禱와 齋를 올리는 사람이 넘쳐 있으니 罰로서 다스려야 한다"고 하였으니, 민중속에 뿌리 박고 있는 불교의 힘은 계속되는 정치권력에 의한 탄압에도 불구하고 유지되어 왔던 것이다. 당시에 있어서 법적으로 공인될 수 없었던 승려가 존재하고, 사찰이 유지될 수 있었던 이유에 대해서는 삼국시대 이래로 면면히 계승되어 온 호국사상을 비롯하여 불교의 교리문제, 또는 왕실과의 관계 등 여러 측면에서 연구될 수 있는 문제이다. 그러나 본고에서는 조선조 후기에 있어서 정부와 승려·사찰과의 사이에 현실적인 이해관계가 얽혀 있는 승려들의 力役負擔의 실태를 통하여 그 원인을 찾아보고자 한다. 기왕에 이 문제에 대한 언급이 전혀 없었던 것은 아니나,2) 모두 부분적인 고찰로 그쳤기에 이에 僧役全般－築城役, 守城役 및 紙役을 비롯한 雜役과 雜貢－에 걸쳐 다루어 보기로 하였다. 城役事는 그 범위가 매우 넓으므로 여기서는 남한산성·북한산성·동래산성을 중심으로 그 폭을 좁혔다. 그 외의 城役도 대체로 이와 비슷한 실태였다고 보아지기 때문이다. 끝으로 이 拙稿를 작성하는 데 이 방면의 勞作을 발표하신 諸氏의 연구 성과를 참고하였음을 밝혀 둔다.

＊古跡條에 기재된 숫자와 '今廢' 또는 '今無'로 표기된 것은 모두 통계에서 제외하였음.

＊朝鮮總督府에서 조사한 자료는 高橋亨의 『李朝佛敎』, 959쪽에서 인용함.

2) 高橋亨, 『李朝佛敎』, 寶文館(東京), 1929 ; 李炫熙, 「朝鮮 南漢築城蠡測」, 『史叢』7, 1962 ; 金龍國, 「肅宗朝 北漢築城考」, 『鄕土서울』8, 1960 ; 禹貞相, 「南北漢山城 義僧防番錢에 대하여」, 『佛敎學報』1, 1963 ; 李光麟, 「李朝後半期의 寺刹製紙業」, 『歷史學報』17·18, 1962.

1. 築城과 승역

壬辰倭亂에 봉기하여 국난극복을 위해 활동하였던 승군은 戰亂이 끝나자 대체로 隊伍를 풀고 각각 山寺로 돌아갔다. 그러나 壬辰亂을 통하여 僧侶가 국가에 유용한 존재임을 認知한 조정에서는 寺刹僧侶를 산성의 축성 및 守備에 동원하였다. 즉 「南漢山城守成緇營條」에 보면

> 朝鮮以來 崇儒抑佛 若干僧徒 不敢喘息 一自壬辰之役 僧軍奏功之後 僧徒對朝家示有用之材 朝家認僧徒不棄之物 於是 思所以安處之道 驅使之方命使僧徒 築南漢城 卽其一例 而寓僧於兵之制度乃出焉 僧軍之制度出[3]

이라 하여 僧侶들의 최대임무가 산성의 축성과 그 수비에 있는 것처럼 단적으로 설명하고 있다.

이제 前述한 산성의 축조에 대해서 記述해 보기로 한다.

남한산성은 북한산성과 같이 삼국시대부터 축성한 사실이 있다고 하나, 조선초기에는 별로 중시되지 않았다. 그 이유는 明나라와의 事大政策으로 인하여 북방민족에 대한 위압감을 갖지 않았으며, 漢陽이 安全之地로 있었기에 이를 보호할 필요성을 느끼지 않았기 때문이다.[4]

그러나 壬辰倭亂이 발발하면서부터 도읍의 안전방위를 위하려 이 성의 축성문제가 논의되기 시작하였다. 먼저 義僧將 泗溟堂은 도읍의 산성으로서 남한산성의 개축·보강을 역설하였으나 성과를 얻지 못하였고, 그 후 수차에 걸쳐 廷議에서 논의된 바 있으나 흐지부지되고, 泗溟堂으로 하여금 남한산성에 주둔하고 精兵을 양성하여 緩急에 대비케 하였을 뿐,[5] 대대적인 修築은 이루지 못하였다. 그러다가 인조 2년(1624) 李适

---

3) 李能和, 『朝鮮佛敎通史』下篇, 1918, 827쪽.
4) 李炫熙, 앞의 논문, 83쪽.
5) 『宣祖實錄』 卷161, 宣祖 36年 4月 丁酉.

의 亂과 북방 後金의 압력이 가중해 옴에 따라 남한산성 修築問題가 廷議에서 결정되어 李曙에게 명하여 비로소 축성의 실행을 보게 되었다. 즉 『南漢誌』卷9, 下篇 城史條에

> 仁祖二年 秋七月 命築山城 仍設京廳 節制廣州等鎭軍務 始稱摠戎使 主其事 南陽府使柳琳 爲牧使 自适變後 議者言畿輔近地 宜有保障 領議政李元翼延平府院君李貴 請修南漢山城 命曙監築 曙廣召諸名僧 覺性・應聖等 各摠其徒 分地賦功 而別將文希望・李一元 稗將李光春等 監董之

라 하였으니 仁祖 2년 7월에 始築한 것을 알 수 있고, 이에 곧 京廳을 설치하여 工役의 계획을 세웠고, 처음으로 摠戎使制를 두어 李曙를 摠戎使로 삼아 築城에 관한 업무를 주관하게 하였다. 이는 李适의 亂 이후 京畿 근처에 保障之地로 적합한 곳이 있다고 하여 李元翼과 李貴 등이 修築을 청하여 李曙에게 監築之任을 맡도록 하였던 것이다. 이리하여 李曙는 覺性・應聖 등과 같은 名僧을 널리 소집하여 그들로 하여금 僧徒를 摠管케 하여 分地 賦功케 했으며, 文希聖・李一元 같은 別將과 稗將 李光春 등으로 城役을 감독케 하였다. 이렇게 시작된 남한산성의 축성은 만 2년 4개월 후인 인조 4년(1626) 11월에 완성을 보게 되었다.[6] 이와 같이 축성한 남한산성의 규모를 보면

> 本朝 仁祖四年 改爲石築 周六千二百九十七步 女堞一千八百九十七 瓮城三一 周三百四十四步 女堞一百九 一周二百七十六步 女堞八十七 一周九十八步 女堞三十一 城廊合一百十五 有四門十六暗門內有井八十 池四十五[7]

---

6) 洪敬謨 編, 『南漢誌』卷9, 下篇 城史條, "(仁祖)四年(丙寅) 冬十一月 城役告竣 乃移廣州邑治于山城 以牧使兼防禦使 以廣州田二千餘結 屬之山城".

7) 『增補文獻備考』卷26, 輿地考 14 關防 2 城廓條.

라 하여 總周圍 6,297보요, 4개의 문과 16개의 暗門이 있고 우물이 80개,
못이 45개나 되는 거대한 산성임을 알 수 있다.

　남한산성의 축성에 있어서 僧侶들의 동원에 관한 사실을 보면,『仁祖
實錄』卷7, 仁祖 2년 11월 30일條에

　　備邊司因元帥馳啓 覆奏曰 關西僧徒 連年赴役於義州等 築城之所
　　脫有邊警 亦當爲守城之軍 南漢山城之築 豈可調發西之僧 就役畿內乎

라 하였으니 남한산성 築城의 중대한 의무를 僧徒들에게 의뢰할 것이
논의되었음을 알 수 있으며, 인조 2년 李曙가 監築之任에 被命되었을
때 먼저 두 名僧을 찾았던 것으로『南漢誌』에

　　命(李)曙監築 曙廣召諸名僧覺性應聖等 各摠其徒 分地賦功[8]

이라 하여 당시의 名僧 覺性과 應聖 등이 소집되어 築城役事의 일익을
담당하였고, 또한『南漢誌』卷3, 上篇 佛宇條에

　　按 仁祖甲子(二年) 築城時 以僧覺性爲八道都摠攝 專任城役 召寡八
　　道僧軍 且令城內各寺 分掌八道赴役僧軍供饋等事 故各寺始有主管 各
　　道義僧立番及僧摠節制中軍主將之名

이라 하였으니 그들 중 覺性은 八道都摠攝이 되어 城役을 전임하였으며
都摠攝이 全道의 僧軍을 통솔하고, 各道義僧이 立番하여 各邑에서 차
출된 僧侶들이 축성에 赴役하였음을 알 수가 있다. 그리고 築城役에 동
원된 僧侶의 수에 대해서는 정확히는 알 수 없으나, 8도 승군이 거의 다
동원되었던 것이 아닌가 생각한다.[9]

---

　8) 註 6) 참조.
　9)『仁祖實錄』卷8, 仁祖 3年 2月 壬寅, "李曙出赴山城 多有施設 故廣州一境 盆

또 남한산성이 거의 완성되어갈 무렵인 인조 4년 7월의 기록에 보면

上 下敎曰 南漢城 雖在內地 地實天險 未雨綢繆 意非偶然也 幸賴當
事之臣 竭力擔當 耽禪之輩動苦服役 二里高城 兩載屹成 其功甚疾 千
古無儔 予甚嘉喜 董事員役 其令該曹 各別論賞 以示優異之典[10]

이라 하여 중대한 공사의 성과에 국왕도 僧侶들의 노고를 충분히 인정
하고 論賞問題까지 말하고 있다. 정부에서 인조의 진의를 받들어 優異
之典을 베풀었는지는 확실치 않으나, 어쨌든 이로 미루어 보아도 僧侶들
의 노고와 함께 城役에 있어서의 승려들의 역할을 짐작할 수 있는 것이
다. 또한 全南 求禮 華嚴寺에 소장되어 있는 인조 4년의 敎旨에

都摠攝覺性 南漢山築城時 董率緇徒 盡心完役 其有功於邦家固大
至爲可嘉 爲報恩闡敎圓熙國一都大禪師 特賜衣鉢者[11]

라 하였으니 摠領導者로서 覺性의 偉勳이 빛났음과 아울러 남한산성의
築城은 각 軍門의 軍卒이나, 京都民도 동원되었겠으나 僧侶들의 力役
이 주축을 이루었음은 분명한 사실이다.

북한산성 역시 三國時代부터 築城되었으며 高麗朝에서도 그 古城을
몇차례 修築하였다. 그러나 朝鮮朝에 와서는 漢城에 도읍을 옮기고 난
후 그 城이 국방상 중대한 의의를 갖는 것으로 인식되었지만, 북방으로
부터의 위협도 별반 없었으니 修築할 일도 없었다. 그러나 壬辰・丙子
의 亂을 겪고 난 후부터 국방에 대한 관심이 높아져 북한산성 築城論이
대두하기 시작하였다. 즉 壬辰倭亂을 겪은 선조 29년(1596)에 시작된 이
논의는 일단 후일을 期한다는 것으로 끝나고, 丙子胡亂(인조 14, 1636)

怨李曙 至於僧徒遍於山城近處作弊萬端 加以斫伐士大夫先墓樹木 人皆嫉之".
10) 『仁祖實錄』卷13, 仁祖 4年 7月 壬辰.
11) 李能和, 앞의 책(上篇), 489쪽.

의 참화를 겪은 후 효종조에 다시 논의가 일어났으나 결국 논의에 그치고 말았다. 그러다가 숙종 즉위 후 재차 築城論이 일어나고 여기에 可否間의 신중한 의견들이 제기된 끝에 결국 숙종 37년(1711) 4월에 工役이 시작되어 同年 10월에 이르러 완공을 보게 되었다.12) 『備邊司謄錄』에

　　司 啓辭 北漢山城役 三軍門分授 自四月初三日始役 體城女墻 至九月鮮次畢役 門役今始完畢13)

이라 하였으니 이 城役은 三軍門이 분담하여 추진하였음을 알 수 있다. 즉 山城의 水門北邊에서 龍岩까지는 訓練都監에서, 龍岩南邊부터 普賢峰까지는 禁衛營에서, 水門南邊부터 普賢峰까지는 御營廳에서 각각 맡아 공사를 하였다.

　이렇게 해서 완공을 본 산성의 규모는 總周圍 7,620步이며, 高築 2,746步, 半築 2,906步, 半半築 511步, 只築女墻 1,457步였다.14) 한편 僧聖能의 저서인 『北漢誌』에는 이 城과 城門의 규모를 좀더 자세하게 설명하여 平地體城 高築 14尺 或 12尺, 山上體城 高築 10尺 半築 6尺 或 7尺, 只築女墻 高4尺 或 3尺이라 하였으며, 문이 15개가 있는데 그 중 5개 문은 높이 10尺 或 13尺, 넓이 13~14尺이고, 水門은 높이 6尺, 넓이 50척으로 나머지 9개문은 高低가 같지 않다고 하였다.

　이와 같은 방대한 북한산성의 난공사에 동원된 出役 人夫를 보면 三軍門의 군사는 물론, 都城 주민의 戶別出力 및 募集役軍을 동원하였는데, 그 중 남한산성의 예에 쫓아 북한산성의 築城에서도 僧徒들이 대거 동원되었다.

　일찍이 북한산성의 축성 논의가 대두되었던 선조 29년에 備邊司에서

---

12) 金龍國, 앞의 논문, 97쪽.
13) 『備邊司謄錄』 第63冊, 肅宗 27年 10月 18日.
14) 註 13) 참조.

重興洞 舊有山城 今尙石築宛然 世傳高麗時 崔瑩駐兵處 今其上峯
岩石尙有竪旗之穴 其洞口極險 故倭人 但得一至其處云 此乃京城後面
至近之地近日 在下之議 亦以爲此地 當爲別設一營 或寺刹 招集僧徒
應募者 輒與免役度牒 則不久 遠近之僧 皆來集 因使一人統之 練習火
砲等技 操鍊成軍是與京城 爲子母輔車之勢 萬一賊兵 雖來迫一面 而
不敢圍繞山後云 此言亦甚其利[15]

라고 하여 북한산성 지역인 重興洞의 지세의 유리함을 論하고, 그 곳에
한 軍營이나 사찰을 설치하여 僧徒를 모집해서 조련하여 두면 적에 대
비할 수 있다고 하였다. 이로 미루어 보아 일찍부터 사찰과 僧軍의 중요
성은 인정되어 왔다. 그러면 실제 城役에 僧侶들이 동원된 사례를 보기
로 한다. 『朝鮮佛敎通史』 下篇에

尙玄曰 南漢築城 統率僧徒者 有僧覺性應聖等 北漢築城 奔走竭力
者 有僧聖能 盖覺性 應聖 聖能 皆名僧也[16]

라 하여 북한산성의 築城에서는 名僧 聖能이 盡力하였다고 하였다. 이
는 僧侶들의 役事動員을 말해 주는 것이며, 또 『肅宗實錄』에 의하면 남
한산성 築役이 완료되었을 때 統率僧徒者로 都摠攝이었던 義僧將 聖能
의 노고를 극찬하고 賞賚의 差가 있었다[17] 하였으니 築城에 僧軍이 대
거 동원된 것을 알 수 있다. 그리고 승군을 총지휘한 義僧將 聖能은 築
城始末을 상세히 기록하여 『北漢誌』를 남기기도 하였다.
　한편 북한산성의 外護가 되는 蕩春台 築城時에는 禁軍別軍 尹慤이
都廳에 임명되어 軍門將校와 經理廳 軍官을 지휘하고 收募軍과 僧徒를
동원해서 숙종 44년(1718) 閏8월 26일에 工役을 착수하여 10월 初6일까

15) 『宣祖實錄』 卷73, 宣祖 29年 3月 庚辰.
16) 李能和, 앞의 책(下篇), 833쪽.
17) 『肅宗實錄』 卷50, 肅宗 37年 10月 19日.

지 전후 40여 일간 築城을 하였다는 기록18)이 보이는 바 이 같은 사실에서도 僧侶들이 築城에 동원되어 役을 담당했다는 것을 알 수 있다.

다음에는 東萊城의 築城關係를 보기로 한다.

東萊는 예로부터 남방의 國防要衝地로서 중시되어 왔던 古邑으로 일찍이 國防施設이 발달되어 온 곳이며 성에는 읍성과 산성이 있다. 그러나 동래산성의 창건은 문헌상으로 분명치 않으며, 대체로 三國時代에 처음 築城되었던 것이 아닌가 보고 있다.19) 특히 東萊는 麗末鮮初에 왜구 침입의 대상지였고, 釜山浦에는 倭館이 설치되어 恒居倭人이 거주하고 있었으며, 중종 5년(1510) 三浦倭亂 때는 그들이 횡포를 부렸던 곳이며, 壬辰亂 때는 적이 처음 침략하였던 곳이다. 따라서 國防에 대해서는 특히 논의가 많았으나, 지금 東萊 金井山에 남아있는 이 성은 역시 국방에 대한 관심이 고조되었던 숙종조에 축성된 것으로『東萊府誌』에 의하면 숙종 29년(1703)에 당시 慶尙監司 趙泰東이 東萊府가 南方의 極邊에 처해 있으므로 방비가 없어서는 안된다고 하여 金井山에 축성할 것을 조정에 奏請하여 허가를 얻어 東萊府使 朴泰恒으로 하여금 공사를 주관케하여 축성하였다.20) 그 후 숙종 33년(1707)에는 산성의 주위가 너무 넓다 하여 府使 韓配夏가 다시 中城을 쌓고 시설을 완성하였다. 이 성은 그 후 100여 년간이나 관리가 소홀하였던 관계로 거의 황폐한 지경에 이른 것을 순조 6년(1806)에 府使 吳翰源이 조정에 이 사실을 알리고 허가를 얻어 그 이듬해 役事를 일으켜 城堞을 修築하였다.21) 이 산성의 城役은 어떤 편제에서 또는 어디에 소속된 인정에 의해 役事되었는지 알 수 없으나 후술할 동래읍성의 경우와 같은 형태로 役使되었던 것이 아

---

18)『備邊司謄錄』第71冊, 肅宗 44年 8月 1日 및 12月 20日.

19) 朴敬源,『慶南의 遺蹟과 그 文化』, 東雲社, 1955, 24쪽.

20)『東萊府誌』卷18, 城廓條(『東萊府誌』는 英祖 16년에 편찬된 것으로『港都釜山』1에 수록되어 있음).

21)「金井山城復設碑」. 이 碑는 純祖 8년(1808)에 府使 吳翰源이 세운 것으로 그 내용은『鄕土文化』2, 釜山鄕土文化硏究會編에 실려 있다.

닌가 생각된다.

다음으로 동래읍성에 대하여 살펴보면 邑城 역시 三國時代부터 築城
되어 있었다고는 하나 이 또한 문헌상으로는 불분명하며, 다만 麗末에
왜구로 말미암아 축성되었다고 한다. 壬辰亂 전에 있었던 城은 주위가
3,090尺에 높이가 13尺이었다고 하나 戰亂에 파괴되고, 그 후에도 오래
도록 修築되지 않고 있다가 영조 7년(1731)에 東萊府使 鄭彦燮이 발의
하여 축성하였다.[22] 이 築城工事의 始末에 관해서는 萊州築城碑記[23]에

　　辛亥正月丁卯 尺量城基 分定各任牌將 其器機物力 宿已儲備 無一
　　之不給焉 乃發號出令 烈如風火 無敢違拒者……厥四月城成 五月城門
　　成 七月門樓成……以八月己酉 燕飮以落之……

라 하여 영조 7년(1731) 1월 3일에 성터를 측량하여 各任 牌將을 나누어
정하고 공사를 시작하여 同年 4월에는 성벽, 5월에는 성문, 7월에는 門
樓가 각각 완공되어 8월 19일에 이르러 落成式을 거행하였다고 하였으
며, 이때 쌓은 邑城은 둘레 17,291尺, 女墻 1,318垜, 높이 17尺이며 성내
에 10개의 우물과 1개의 城池가 있었다고 한다.

이 동래읍성을 修築하는 데 동원된 인력을 보면, 東萊·梁山·機張·
金海·蔚山·彦陽 등 7個郡의 烟軍(農民) 29,916名이 3일~18일 동안이
나 부역한 것을 비롯하여 東萊府 각처 즉 儒敎生, 別騎衛, 軍官廳, 武士
廳, 別典廳, 將官廳, 旗牌官廳, 運米軍 등과 各鎭의 군졸 도합 5,987명이
扶助軍으로서 1일~10일간씩 부역하였다. 이밖에도 東萊府內 各所의 各
牌私軍(士兵) 8,199명이 동원되었다. 그러나 이 축성 공사에서 가장 많
은 노고를 치른 것은 경상도내 65읍에서 차출·징발된 승군 7,901명이었
다. 이들은 8일~55일간이나 동원되어 가장 많은 일을 해내었던 것이

---

22) 『東萊府誌』 城廓條 참조.
23) 萊州築城碑는 英祖 11年(1735)에 府使 鄭彦燮이 건립한 것으로 현재 부산의
　　'東萊金剛公園' 내에 있다.

다.[24]

이상에서 살핀 바와 같이 국방의 요충인 남·북한산성과 동래성의 築城 공사가 대부분 僧侶들의 勞役에 의하여 이루어졌음을 보아왔다. 이밖의 大小築城役도 대체로 이와 비슷한 실태였다고 생각된다. 이와 같이 조선후기에 접어들면서 정부는 국가적인 큰 공사에는 僧侶들의 힘을 빌리지 않을 수 없었다. 壬辰·丙子의 양대 兵禍를 겪은 후, 사회의 제 질서가 무너지고 재정적 파탄이 오자 정책적으로 排佛策으로 일관하면서도 현실적으로 불교 교단을 이용하려고 하였다. 그리하여 僧侶들에게 築城役과 같은 國役을 부과하게 되었으니, 이는 寺刹僧侶들이 지닌 여러 가지 장점을 인식하였기 때문이었다. 僧侶에 대한 力役徵發은 현실적으로 諸經費를 僧侶들이 自擔하였기 때문에[25] 정부로서도 어려운 국가재정의 보완책이 될 수 있었고, 또 조직면에서도 뚜렷한 명령체계가 서 있어 僧侶의 동원이 工役을 추진하는데 매우 능률적이었다.

현종 10년 6월 廣州府尹 沈之溟의 上啓에 따르면

> 之溟曰 丙子得力僧軍爲最……臣於昔歲 建北西兩門時 民丁三日之役 不及僧軍一日之役 槪僧人赴役 必盡其死力故也 上曰 僧人一倍加護可也[26]

즉 民丁이 3일 걸리는 일을 役僧軍이 1일에 할 수 있는 것은 반드시 사력을 다하는 까닭이라 하였는데 대하여 왕은 승려들을 가일층 보호하라고 하였다. 승려들의 勞役이 民丁의 경우보다 훨씬 효율적이었음을 말하고 있다고 하겠다. 그리하여 정부에서는 이 같은 승려들을 使役하기 위해서 부득이 승직을 수여하고 廣牒을 발급하여 이를 미끼로 삼아 승

---

24)「東萊府築城謄錄」,『釜山府史原稿』第1卷 鄕土編, 465~472쪽 참조.
25)『仁祖實錄』卷6, 仁祖 2年 7月 己酉, "備邊司請發忠淸道僧軍二百名 自備粮費限二朔築平壤城 上從之".
26)『顯宗實錄』卷17, 顯宗 10年 6月 辛巳.

려를 모집·동원하였던 것이다.27) 이는 유교지상주의를 표방하던 당시
로서는 모순된 처사였으나, 심각한 현실타개의 묘책이 없는 한 부득이한
일이었다.

한편, 僧侶들은 이 새로운 國役負擔으로 갖가지 어려움을 겪게 되었
으나 열성을 다하여 工役을 완성하였다. 이는 그들이 갖고 있던 전통적
인 호국사상의 영향을 받은 바도 있겠으나, 보다 중요한 것은 度牒制 폐
지 이후 국가로부터 아무런 신분의 보장을 받지 못하고 있던 그들로서는
이 기회에 신분을 공인받고 사찰을 유지하기 위한 한 방편으로 삼으려
한 데 있었다고 하겠다. 정부와 僧侶간에 얽힌 이해관계 속에서 결과적
으로 불교 교단은 국가에 쓸모있는 단체로 인식되고 스스로 그들의 지위
를 향상시키는데 효과를 가져왔던 것이다.

2. 守城과 승역

1) 僧軍의 편성

앞에서 築城時 僧侶들이 대거 사역되었음을 살펴보았지만 한편, 築城
後의 수비에도 그들에게 役을 부과하였다. 그리하여 산성을 근거로 하여
승군이 편성되어 常備軍으로 등장하였다. 前記한 「南漢山城守城經營
條」에

命使僧徒 築南漢城 卽其一例 以寓僧於兵之制乃出焉 僧軍之制度出

이라 하여 僧侶들로 하여금 築城케 하고, 또 僧軍別度가 나왔다고 하였
다. 승군의 편성을 남한산성의 경우에서 보면

---

27) 高橋亨, 앞의 책, 545쪽.

　　營制 僧軍摠攝一人 僧中軍一人 敎鍊官一人 哨官三人 旗牌官一人
　十寺(城內九寺及東門外靈源寺合十寺) 原居僧軍一百三十八名赴操 義
　僧三百五十六名列在京畿 江原 三南 黃海 每年分六運 立番兩朔[28]

이라 하여 僧軍摠攝 아래 각급 지휘관을 두고 산성 부근의 승군 138명
과 전국 각지에서 차출되어 立番하는 義僧 356명으로 구성되어 있었다.
　북한산성의 경우에는

　　置將校吏卒及僧營 僧營 僧大將一員(以八道都摠攝兼) 中軍 左右別
　將 千摠把摠 左右兵房各一人 敎鍊官 旗牌官 中軍兵房各二人 五旗次
　知一人 都訓導別庫監官各一人 射料軍十人 書記二人 通引二人 庫直
　三人 冊常務 板掌務各一人 吹手二人 各寺僧將十一人 首僧十一人 義
　僧三百五十人(分定各道一年分六次上番)[29]

　산성 부근의 승군과 지방에서 차출되는 義僧으로 편성되고, 지방의 義
僧은 역시 전국적 규모로 동원되고 있다. 北漢山城은 수도방위의 가장
중요한 要塞地로 지목된 그대로 僧大將一員은 八道都摠攝의 지위를 갖
고 있었으며, 僧營의 조직은 南漢山城과 같이 각급 지휘관을 두고 그 밖
에 軍務를 分掌하는 각 所任을 두어 일반 軍營과 같이 조직화되어 있었
다.
　동래산성의 경우에는 判決事 李正臣의 上疏에

　　判決事李正臣 疏論金井山城利害……且城內兩寺僧 爲百餘名 梵魚
　寺緇徒 亦不減三百之數 呼吸之間 可以守堞 且三邑各寺僧徒 合而計
　之 則必不下數千餘名 平時但令作隊成案 有事之時 收合使用 則足爲
　添兵之一助也[30]

---

28) 李能和, 앞의 책(下篇), 829쪽.
29) 앞의 책, 832쪽.
30)『肅宗實錄』卷54, 肅宗 39年 8月 丙戌.

라 하였으니 東萊·粱山·機張 등 3읍에 있는 각 사찰의 승려들로 하여
금 평시에 대를 편성케 하였다가 유사시에 이들을 불러 모아 산성의 방
비에 도움이 되도록 하였음을 알 수 있고, 또한 『東萊府誌』 軍摠條에 보
면

　　僧作隊 三百十六名內 把摠一人 哨官三人 旗牌六人

이라고 한 데서 僧作隊의 편성을 알 수 있으며, 또한 산성에 僧作隊가
있었음을 짐작케 한다.
　이와 같이 僧侶들에게 부과된 守城役은 僧侶나 사찰에 부담이 되었으
며, 특히 남·북한산성의 義僧 차출문제는 갖가지 폐단을 초래하였다.
義僧軍立番으로 인한 폐단에 관한 기록은 여러 문헌에서 많이 볼 수 있
으나, 일례를 영조 30년 4월 湖南釐正使 李成中의 復命書啓에서 보면
다음과 같다.

　　南漢義僧上番 爲僧徒苦弊 本道則大寺四五名 小寺一二名 而一名資
　　送 幾至百金 以一寺 而每年責四五百金之費 彼草衣木食之類 安得不
　　擔鉢離散乎[31]

　즉, 매년 6차에 걸쳐 立番 교대하는 義僧을 治送하는 일이 지방 各寺
剎이나 僧侶들에게 큰 부담이 되고 있음을 말하고 있다. 이런 폐단 때문
에 義僧上番制는 폐지되고 英祖 32년에는 금전을 代納케 하여 산성 부
근의 原居僧에게 지급하여 그 役을 대행케하는 이른바 防番錢 징수제도
가 실시되었다.[32] 이 조치로 1년 6차에 걸친 輪番交替制는 없어지고 1
인당 40兩의 除番錢을 납부하면 정부에서는 그 除番錢으로써 原居僧을
雇役케 하여 이에 兩山城 常住義僧軍制가 확립되었다. 이 제도가 실시

31) 『英祖實錄』 卷81, 英祖 30年 4月 戊申.
32) 禹貞相, 앞의 논문, 200쪽.

된 초기에는 종전보다 폐단이 많이 시정되었던 것 같다. 즉

> 在昔徵番之時 一僧資裝 一寺傾産 賣器賣田 徵隣徵族……於是乎斷
> 自宸衷錢以代番 使六路緇髡 擧獲安堵之樂 行之多年 有利無害 聖敎
> 若及於爲民除瘼之事[33]

라 하여 각 지방의 僧侶를 산성수비에 立番시킴으로 해서 그 비용 마련
에 사찰은 기울어지고 큰 고통이 되었던 것을 금전으로 대행할 수 있게
한 것은 감격적인 처사라고 표현하고 있다. 그러나 番錢의 부담도 결코
가벼운 것이 아니었다. 고통을 다소 덜어 주기는 하였으나 근본적인 해
결책이 될 수는 없었다. 番錢代納制가 실시된 지 약 30년 후인 정조 5년
(1781) 12월 28일 慶尙道 觀察使 趙時俊의 上疏에 보면

> 道內義僧之弊也 僧役偏苦 殆甚於平民……故凡諸營邑策應之役 雖
> 或從便革減 而至若義僧番錢 則無敢變通矣 大低南漢義僧 一百六十一
> 名 北漢義僧八十六名 兵曹屬義僧五名 合二百五十二名 每名防番錢二
> 十二兩 合五千五百四十四兩 分排於列邑各寺 使之徵棒上送 夫良丁之
> 役 無過一疋而如樂工匠保之類 其身役多少 雖或不一 豈如一僧番錢
> 至二十二兩之多也哉 以是之故 零殘緇徒……百僧之役 歸於十僧 十寺
> 之役 萃於一寺……而本道義僧三四十名 特爲減額 或每名番錢 減其數
> 爻 則謹當就諸寺刹 隨其殘盛 酌量存減 俾爲僧道一分紓力之道矣[34]

라 하여 番錢의 부담이 良役보다 심하여 사원과 승려의 수가 종전보다
십분의 일로 줄었으며, 그대로 두면 불교가 멸망할 것을 진술하고 경상
도내의 義僧 책임정원을 3, 40명 줄이고, 그 番錢의 액수도 감액해야 한
다는 것을 건의하고 있으니, 番錢으로 인해 사원의 경제가 파탄되고 僧

---

33) 高橋亨, 앞의 책, 831쪽 ; 李能和, 앞의 책(上篇), 741쪽.
34) 『正祖實錄』卷12, 正祖 5年 12月 丙申.

侶들의 고통이 매우 심하였음을 알 수 있다. 그러나 그 당시에는 별다른 해결책을 찾지 못하다가 남·북한산성 수비로 인하여 寺院의 재원이 극도로 악화되자 정조 9년 2월에 番錢半減問題가 논의되어[35] 徵錢을 半減하여 징수하게 되고 이는 甲午更張까지 계속하여 실시되었다.

2) 寺刹의 건립

조선왕조는 崇儒抑佛策으로 인해 사찰이 정리되고, 국법에서는 사찰은 『여지승람』에 기재된 바와 같이 寺基 외에는 원칙적으로 건립하는 것을 금하였다고는 하나, 산성의 築城과 수비의 任으로 말미암아 사찰의 건립이라는 일이 官으로부터 뒷받침되었다. 따라서 각 산성마다 병영의 성격을 띤 많은 사찰이 건립되고 그러한 사찰은 군사적 기능을 다하였다. 남한산성의 예를 보면

> 按仁祖甲子 築城時……蓋城內九寺 自甲子始 而望月最古 玉井次之 其餘七寺 皆新創 東林最後 靈源又晚置 皆任守城事 九寺各藏軍器火藥[36]

이라 하였다. 즉 남한산성내에는 9개의 사찰이 있었는데 望月과 玉井寺는 古刹로 이미 있었으며, 나머지 七寺는 모두 새로 세웠는데, 東林寺를 최후에 세우고 靈源寺를 추가로 창건하였으며 각 寺刹은 軍器火藥을 저장하였다고 하였다.

각 사찰의 명칭과 위치를 『朝鮮佛敎通史』下篇에 의하여 보면

開元寺 在東門內
漢興寺 在開元東麓

---

35) 『正祖實錄』 卷19, 正祖 9年 2月 辛巳.
36) 李能和, 앞의 책(下篇), 828~829쪽.

國淸寺 在西門內
望月寺 在長慶後麓
長慶寺 天柱寺 玉井寺 東林寺 以上幷城內寺[37]

라 하여 城內 8개 寺刹名을 열거하고 있으나 제일 늦게 창건한 靈源寺
를 합하여 城內九寺라 한 것과 같으며, 이밖에도 城內에는 19個寺와 12
個所의 庵子가 있었다.[38]

북한산성의 경우도 남한산성의 예와 같이 성내에 사찰을 건립하여 營
門化하고 수도원으로 겸용하였다. 이 북한산성의 사찰 건립은 진작부터
계획되었던 것이니 城役 도중인 숙종 37년 7월 初8일에 城役主管堂上이
었던 戶曹判書 金宇杭이

　　　北漢 只有重興一寺 不可不多置寺刹 故募得僧徒中數三人 使之主張
　　鳩財先建數處僧舍 而若無顧助之事 則成就未易 渠輩願得空名帖 以爲
　　補用之計俗通政折衝帖 各三百張 嘉善帖一百張 僧通政帖二百張 嘉善
　　帖一百張 合一千張 分付成出 前頭寺刹營建時 參酌分給何如[39]

라고 한 데서 알 수 있다. 즉 북한산성에 사찰이라고는 重興寺 한곳 밖
에 없은즉 많은 사찰을 營建하기 위해 數三僧徒들로 하여금 鳩財케 하
여 우선 몇 개소의 사찰을 세우게 해야 하겠는데, 그들의 말이 정부에서
원조치 않으면 성사할 수 없다고 하면서 공명첩으로 경비의 보조를 해
줄 것을 요망하고 있는 바, 俗·僧人分 합하여 각종 공명첩 천매를 발급
해 주는 것이 좋을 것 같다고 奏請하였다. 결국 국왕의 재가를 얻어 요
구한 수량 그대로 공명첩이 발급되었으며, 이에 寺刹建營의 계획은 築
城工事와 함께 병행해서 실현단계로 들어 갔던 것이다. 이리하여 창건된

---

37) 註 35) 참조.
38) 李炫熙, 앞의 논문, 134쪽.
39) 『備邊司謄錄』 第63冊, 肅宗 37年 7月 初8日.

사찰의 명칭과 위치 및 그 間數를 보면 다음과 같다.

> 龍岩寺 在日出峰下 七十八間
> 普光寺 在大成門下 七十一間
> 扶旺寺 在僊岩峰下 一百十一間
> 西岩寺 在水口門內 一百三十三間
> 元覺寺 在甑峰近東 七十四間
> 國寧寺 在義相峰下 八十六間
> 祥雲寺 在靈鷲峰下 一百三十三間
> 太古寺 在太古臺下 凡一百三十一間
> 鎭國寺 在露積峰下 八十五間

성중에 10個寺가 있었고, 이밖에도 奉聖·元曉庵 등의 부속 營門寺院
이 있었다.[40] 그리고 北漢山城內의 중심 사찰인 重興寺에 대하여는

> 北漢寺刹之見于北漢志者 卽如重興寺 在登岸峰下 古寺有三十餘間
> 乃築城後 增建爲一百三十六間[41]

이라 하여 重興寺는 古刹로서 30餘間 밖에 되지 않았는데, 築城後 136
間의 巨刹로 확장되었다고 하고 있다.

한편 이러한 사찰들이 건립됨에 따라 많은 僧侶들이 聚集하였는데 이
에 사찰 및 僧兵을 통솔하기 위하여 성내 各寺에는 僧將과 首僧을 임명
하기도 하였으며,[42] 전술한 바와 같이 각 사찰을 중심으로 僧營을 설치
하고 八道都摠攝이 僧大將을 겸하여 예하의 諸職을 통솔하여 제반 군
무와 사찰 관계의 일을 조직적으로 운영하였다.

---

40) 金龍國, 앞의 논문, 120쪽.
41) 李能和, 앞의 책(下篇), 834쪽.
42)『三角山太古寺重創上樑記』(『朝鮮佛教通史』下篇, 834쪽)에는 北漢山城內 10
　　개 寺刹의 所任을 기재하고 있음.

동래산성의 예를 보면 산성이 있는 金井山에는 梵魚寺, 國淸寺, 海月寺 등 14個寺가 있었고, 그 외 인근에 仙庵·和池·摩訶寺 등 여러 사찰이 있었다.[43] 이 사찰들도 역시 승군의 역을 맡고 있었다고 생각된다. 이러한 산성과 사찰의 관계를 알 수 있는 자료로는 國淸寺懸板[44]이 있는데, 그 말미에는 同 寺刹의 重建所要經費를 醵出한 기관 및 사찰명이 기록되어 있다. 이에 의하면 監司·左右兵營, 地方官衙와 각지의 사찰, 그리고 민간에서 부담하였음을 알 수 있다. 그리고 重建時 役員으로 僧將 萬弘의 이름이 기록된 것으로 보아 僧侶들의 守城과 寺刹重建關係를 짐작할 수 있으며, 또 위의 기록에서 國淸寺에 火藥庫가 있었음도 알 수 있다. 이는 남·북한산성의 경우와 마찬가지로 사찰이 병영·군기고로 그 성격이 변모되고 있음을 말해 주는 것이라 하겠다.

이와 같이 산성 부근에 건립된 많은 사찰은 다음의 기록에서와 같이 僧營으로서의 비중이 매우 커져 갔다.

僧軍之制度出 而禪敎之宗事退 靑山白雲之間 聽彼梵宮鍾磬之聲 霜月秋夜之中 雜於軍營刁斗之響 乃使袈裟錫杖龍象之衆 遂作介冑棍棒豼貅之隊 時勢之變 亦難思議也[45]

즉 사찰 본래의 佛道는 등한시되고 僧侶는 軍兵으로 변모되어 僧侶의 袈裟·錫杖을 대신하여 甲冑와 무기로서 장비된 무리로 바뀌었고, 사찰에는 軍營의 刁斗 소리가 들린다고 하였다. 바로 이것이 조선후기 산성 부근의 사찰의 모습이었다.

이상에서 僧侶들이 국토방위를 담당하는 상비군으로까지 등장한 경위와 그로 인해 사찰이 받은 경제적 타격이 극심하였음을 밝혔다. 그리고

---

43) 『東萊府誌』 卷25, 佛宇條.
44) 國淸寺는 東萊金井山城內에 있으며 懸板의 제작연대는 분명치 않으나 이 사찰이 復建되었던 純祖 24年(1824) 경에 만들어진 것이 아닌가 생각된다.
45) 李能和, 앞의 책(下篇), 828쪽.

산성 부근에는 국가가 발급하는 空名帖으로 그 비용을 충당하는 등 官의 지원으로 많은 사찰들이 건립되었고, 그 사찰은 僧兵의 합숙소이며, 兵舍요 또 軍器庫로서의 성격이 있음을 살펴보았다.

3. 雜役과 雜貢

조선후기 僧侶나 사찰이 紙役을 비롯한 각종 잡역이나 雜貢에 너무 시달려 마침내 '僧殘寺敗', '寺樣凋殘'의 결과를 초래하였다는 기록은 『王朝實錄』을 비롯한 각종 사료에 자주 나타난다.

먼저 사찰에 부과된 紙役의 실태를 보면 다음과 같다.

대동법이 전국적으로 실시되면서부터 공물은 大同米로 바꿔져야 하는 것이 원칙이었다. 그러나 대동법 실시 후에도 예외로 物納으로 정수를 하는 품목이 있었으며,46) 紙物의 경우에도 종전의 貢物上納制를 일부 倂用하여 조달케 되었다. 이는 막대한 紙物이 朝貢品으로 보내졌고, 또 국가 자체의 수용도 계속 늘어갔으나,47) 대동법의 실시로 주산지였던 삼남지방의 楮田이 모두 '種穀之地'가 되어 紙物이 귀하게 되고 국가의 수요를 충족시킬 수 없었기 때문이었다. 즉『備邊司謄錄』第50冊, 숙종 25년 12월 初1일條에

今十一月三十日 大臣備局堂上 引見入侍時 行戶曹判書閔鎭長所啓
……而槪自大同設立之後 三南楮田 盡爲種穀之地 紙地絶貴 實由於此

라고 한 데서 알 수 있다. 이리하여 紙貢만은 지방 군현에서 상납키로 하였으며,48) 숙종 26년에는

---

46)『續大典』戶曹 徭賦條.
47)『萬機要覽』歲幣 方物條 ;『度支志』卷16, 經費司 賓禮 上 참조.
48)『備邊司謄錄』第21冊, 顯宗 3年 10月 初2日.

領議政徐(文重)所啓……大低一自大同紙地上來之後　三南楮田皆罷
中外紙地以此甚爲稀貴 不可不運送本道 而非但久罷之餘 外方猝難盡
辦 貢物主人 亦有預受價者 不可無變通之道 一半則還送本道 一半則
仍令主人輩備給 似便矣此事 自外相議於左右相·戶判 未及出仕 而時
節已晩故敢此仰達矣 上曰 一時盡爲變通爲難 則一半備給 可也49)

라 하여 영의정 徐文重의 건의를 받아들여 국가수요량의 절반은 지방
군현에서 부담하고 나머지 반은 공인에게 請負시켜 조달키로 하였다. 이
와 같이 대동법이 실시된 후에도 紙貢을 부담케 된 地方官府에서는 紙
匠이나 농민들에게 부과하여 징수하였으나 紙物의 조달이 매우 어려운
형편이었다. 그리하여 地方官府에서는 그들이 조달해야 할 紙貢의 일부
를 차츰 사찰에 강요하게 되었던 것이다. 이러한 실정은 현종 11년 10월
辛卯에 司憲府 執義 申命圭 등이

民徭莫重於白綿等地 而各邑皆責辦於僧寺 僧力有限 不宜偏侵 全羅
監營例納之紙 不爲多 而近年又創新規 一年每捧 大利八十餘卷 小
利六十餘卷 僧徒逃避 諸寺蕭然 此而不革 害將及民 請令本道監司 亟
罷各寺疊捧之弊 上皆從之50)

라고 한 上啓에서 알 수 있다. 즉 各邑에서 부담해야 할 것을 사찰에 강
요하여 전라도감영에서는 일년에 紙物을 大利에 대해서는 80여 권, 小
利에 대해서는 60여 권을 바치게 하자 僧徒들은 도망하고 諸寺利은 蕭
然하니, 本道 監司로 하여금 그 폐단을 시정해 달라는 것이다. 이와 같
이 地方官府가 僧侶나 사찰에 대해서 떠맡기기 시작한 紙役은 점차 범
위를 확대시켜 전국의 사찰에 미치게 되었다. 정조 10년 4월에 정조가
妙香山에 관하여 물어보았을 때 工曹判書 尹蓍東이 답하기를

---

49) 『備邊司謄錄』 第51冊, 肅宗 26年 正月 21日.
50) 『顯宗實錄』 卷18, 顯宗 11年 10月 辛卯.

　　我東名山 妙香爲最……今則居僧鮮少 寺刹凋殘 山中諸菴 十空七八
紙役之應 未滿十年 弊端百出矣 其勢難支[51]

라고 한 것을 보면 紙物의 所産地도 아닌 평안도까지 紙役의 범위가 확
대되었고, 紙役이 課해진 지 10년이 못되어 僧徒는 도피하고 사찰이 凋
殘하여 산중의 여러 암자는 十空七八이라 하였으니, 그 폐단이 매우 심
하였음을 알 수가 있다. 이처럼 전국의 각 사찰은 地方官府의 부과로 중
앙에 상납할 紙物을 제조할 뿐만 아니라 지방관부에서 소용되는 紙物까
지도 제조하여야만 되었고, 호남과 영남의 사찰 중에는 各軍營에 分屬
되어 紙物을 바치기도 하였다. 원래 사찰의 紙物 제조는 사찰의 수요에
응하여 자급자족하였을 뿐 貢物로서 국가에 납부한 일은 별반 없었으나,
壬辰倭亂을 지나 조선조 말기에 이르러서는 상기한 바와 같이 사찰이란
국가의 紙物을 제조하는 곳이라고 생각할 정도로 막대한 분량의 紙物을
해마다 제조하여 납부하고 있었다.[52]
　　그런데 地方官府나 軍營에서는 과중한 紙役을 사찰에 부과함에 있어
서 紙價도 정당하게 지불하지 않았으니, 이는 관권을 이용한 일종의 수
탈에 지나지 않았다. 한 예를 들면, 정조 10년 7월의 行左承旨 李在學의
所啓에

　　湖南紙邑 爲弊滋多 而其中淳昌 爲最甚 蓋因楮價 近益騰踊 僧徒轉
至凋殘紙物貴錢 古今懸殊 而三年軍門所納軍布 以紙代納 其數合爲七
千餘束 每束折價 比時直 僅爲三分一 流來謬規 雖未知創自何時 而莫
重軍布……每年責納無異勒貿 僧役之苦重 寺弊之難支 至於斂及平民
害遍一境云云[53]

────────────

51)「妙香山萬合寺扁額」,『朝鮮寺刹史料』下卷, 207~208쪽.
52) 李光麟, 앞의 논문, 201쪽.
53)『備邊司謄錄』第169冊, 正祖 10年 7月 24日.

이라 하여 호남이 紙役에 대한 폐단이 심하였으며, 그 중에도 특히 淳昌
이 심하였는데, 近年에 楮價가 騰貴하고 僧侶는 役의 가중에 凋殘하니
紙物은 騰貴하게 되었다. 그에 따라 三軍門에 所納하는 軍布를 紙地로
代하니 그 수는 합하여 7,000餘束이나 되었다. 그런데 紙價는 每束에 時
價의 1/3밖에 되지 않았으니, 이는 勒買와 다름이 없다. 僧役의 苦重을
사찰에서 지탱하기가 어려워지니 민간에까지 가렴주구가 행하여지고 피
해가 一境에 이른다 라고 말하고 있는 것이 그것이다. 또 한 예를 들면
정조 8년 12월 28일 原春道監司의 啓에

　　原春道(江原道)平康民人蔡五得等　上言紙所之弊　詳査決處後　狀聞
　事　行會矣　觀此原春監司徐鼎修狀啓　則以爲　紙民爲弊　大抵難支　而甲
　申辛丑　兩次減給　爲六百五十餘卷　卽今一年應納　猶爲一千五十九卷
　而其價白官防給　紙面結役二十六結　價錢爲二百十一兩零　以此分排於
　行用之價　則不足之數　二百五十兩零　此外又有牌子紙　年分紙等　多般
　名色紙　民輩稱寃54)

이라 하였다. 즉 平康人 蔡五得 등이 紙所의 폐단을 건의할 때 당시 監
司 徐鼎修가 狀啓하여 영조 40년과 정조 5년 두 차례에 걸쳐 紙物應納
을 감하여 650여 권이었던 것이 정조 8년에 이르러 1,059권에 달하였는
데도 관청에서는 紙價를 겨우 211兩밖에 지불하지 않으니, 부족액이 250
兩이나 되었다고 하며, 또 그밖에 牌子紙, 年分紙 등의 명색으로 料外徵
納까지 하였으니 紙所民의 원성이 심하였다고 한다. 이와 같이 紙價에
대한 정당한 지불이 없는 가운데 수납을 강요하는 사례는 『備邊司謄錄』
정조・순조조의 기록에서 허다히 볼 수가 있다. 이러한 실태는 사찰에
대한 경우만이 아니라 紙物의 貢納을 부담하는 貢人에게까지 어려움을
겪게 하고 있는 정도이다.
　정조 14년 2월 15일 備邊司의 上啓에 의하면

──────────────
54)『備邊司謄錄』第167冊, 正祖 8年 12月 28日.

　　三南方物紙契貢人等　所懷內方物　白棉紙　始而楮貴僧殘　求收如山
　　終而營邑紙役滋甚　害歸貢人　幾至廢貢之境　營邑紙役除減之意[55]

라 하여 楮는 귀하고 사찰은 衰殘한데 밖으로 요구는 많고, 營邑紙役의
가중함은 사찰에 紙物을 구하는 공인에 누를 끼치게 되어 공인은 폐업
할 지경이 된다고 하였으니, 공인의 조달이 상납의 책임을 지고 있던 地
方官府의 방해를 받았음도 알 수 있다.
　　또한 사찰이 紙役을 부담함에서 오는 어려움은 원료인 닥나무(楮)를
확보하는 데도 있었다. 원래 사찰에서 紙役을 담당케 된 이유 중의 하나
는 그 위치관계로 楮를 많이 재배하고 있었기 때문이었다.[56] 그러나 모
든 사찰이 그랬던 것은 아니었으며 자체에서 원료를 생산하지 못할 경우
에는 때로는 관에서 닥나무를 받아[57] 제조해서 바치기도 하였으나, 대부
분의 경우 닥나무를 다른 지역에 가서 구입하여 종이를 생산해야만 했으
니 僧侶들의 고충이 가중되었던 것이다. 경북 의성에 있는 孤雲寺의 경
우를 보면

　　嶺之州　其土宜楮　生山野原林之間　其取易　其用博　其利專　故爲桑門
　　釋氏之所業……獨孤雲古刹　處山野之間　有絺麻之利　故其釋　皆業麻
　　而不業楮　縣邑歲月之供　必買諸他郡[58]

이라 하여 孤雲寺는 주로 麻를 재배하고 楮를 생산하지 않기 때문에 官
府에 납부할 紙貢을 위해 他處로부터 매입한다고 하였다. 이와 같이 사
찰은 地域官府와 軍營으로부터 紙役을 강요당하였을 뿐만 아니라 지역
의 양반들로부터도 수탈을 당하였으니

---

55)『備邊司謄錄』第17冊, 正祖 14年 2月 15日.
56)『正祖實錄』卷38, 正祖 17年 12月 丁丑條에 "備邊司啓言 種楮 本是僧業"이라
　　하였음.
57)『備邊司謄錄』第122冊, 英祖 27年 2月 29日.
58)「孤雲寺善政碑閣記」,『新佛敎』第22輯, 1940, 35쪽 소재.

各寺僧人處 境內兩班 侵徵草紙 或有橫侵之弊極矣 隨聞而防弊也[59]

라고 한 데서 알 수 있다.

이상에서 본 바와 같이 조선후기의 사찰은 官府나 양반들에 의해 紙役을 강요당하고 수탈을 당하였다. 그 결과 사찰의 재정은 파탄되고 '僧殘寺敗'의 지경에 이르지 않을 수 없었다. 사찰에 대한 잡역 중 가장 폐단이 컸던 것이 紙役이라 할 수 있는데, 이는 다음과 같은 通文을 통해서 그 사정을 짐작할 수가 있다. 즉 영조 3년 梁山郡守 金聲發이 梁山 通度寺에 내린 完文을 보면

　　右爲完護事
　　官到任之後 糾察境內 各寺弊端 不一之中 紙役之爲弊 其一矣 思所以革罷 故弊之擧 方欲變通之際 各寺僧徒 滿庭呼訴矣 僧徒不居各寺處在路傍 爲役浩煩 不勝支吾 千年梵宇 一朝空虛 寺中多端弊瘼 雖未能一一蠲減 其中若無紙役 則離散僧徒 庶下還集……[60]

이라 하여 천년의 역사를 가진 通度寺가 갖가지 폐단 때문에 一朝에 空虛케 되었는데, 여러 폐단 중 紙役을 면제하여 주기만하면 離散된 僧徒들이 可히 還集할 수 있다고 하였다. 이 밖에도 紙役의 弊에 관한 것은 각종 사료에서 많이 찾아 볼 수 있으니 전국의 사찰은 紙役으로 인해서 큰 타격을 받게 되었던 것이다.

다음으로 紙役을 제외한 잡역이나 雜貢에 대한 예를 몇 개의 사찰에서 찾아보면 다음과 같다.

우선 忠北 報恩 俗離山 法住寺의 경우를 보기로 한다. 이곳은 三韓古刹로 세조가 駐蹕한 곳이요, 원종과 宣禧宮의 願堂이었으며, 순종의 胎室을 奉安하던 비중이 매우 큰 사찰이었다. 그러나 철종 2년(1851) 3

59) 內藤吉之助,『朝鮮民政資料』牧民篇, 1942, 127쪽.
60) 高橋亨, 앞의 책, 747~748쪽.

월에 禮曹에서 내린 法住寺 判下 完文節目[61])을 보면

梵宇年久頹廢 僧徒漸就凋殘 莫重守護不得擧行

이라 하여 대소 잡역과 雜貢으로 해서 사찰이 頹廢하고 僧侶가 凋殘되었음을 말하고 있다. 왕실과의 관계가 밀접하였던 法住寺가 이 같은 실정이었으니 그렇지 못한 다른 諸寺刹의 곤경은 짐작할 수가 있다. 그러면 法住寺에서 부담하고 있었던 잡역이나 雜貢의 규모를 좀더 구체적으로 알기 위해서 前記 完文에 있는 禁飭細目을 보면 다음과 같다.

一. 本寺守議之着實 在於僧徒之奠接 當初定式 非不嚴截 而飭弛弊生 寺敗僧殘 專由於責應之多端 雜役之橫侵 義僧等役 及諸般大小雜役 一竝蠲除爲齊
一. 官用燻造 以太出給於本寺 使之作燻之弊 已自營邑革罷 今不必更論 而至於山果山菜 以山中所産 每於當節 一二巡 封納於本邑 係是弊端 自營邑一竝革除爲齊
一. 鄕校書院鄕廳等三所 亦有山果山菜例納之事 而旣罷官納 則校院鄕廳 非所可論 一竝革除爲乎矣……
一. 郡司作廳通引官奴使令等廳 良中 亦有山果山菜例給之事……永爲革罷爲旀
一. 自寺中 每年秋 都書員 有燻造一石例納之事 而此是殘僧之弊端 永爲革罷爲去乎……
一. 境內及各處士夫家 與遊人過客之以松茸 木笴 繩鞋 素饌 山果 山菜等屬求索於本寺 亦一大弊瘼……且本邑以士夫家之索洗踏砧 搗衣砧等屬 勿爲更侵之意……
一. 通引官奴使令等廳 良中 僧徒以契防通引廳二兩 官奴廳二兩五錢 使令廳三兩式 僧徒之自願 每年秋 自各廳捧用云 其時如無渠輩之

61) 高橋亨, 앞의 책, 852~857쪽 ; 總督府內務部, (增補校正)『朝鮮寺刹史料』(上), 84쪽.

所請 豈有自願契防之理乎 事極駭然……

一. 巡審行次 入于本寺時 出站下屬 及本邑帶率下人等一從人把色目
定其名數 每名時粮饌價 竝參分式自備 出站前 各其頭目 照數持來
逢授於首僧以爲朝夕之供……

一. 京外使星 歷抵本寺時 亦爲定數出站 爲旅 粮資價之自備 一如巡審
行次時 定式施行……

一. 京外使星 各處出使及遊人過客藍輿擔負之節 官長處 切勿擧行 爲
旅 繩鞋討索之 一切嚴禁……

즉 ① 官府에서 所用되는 燻造(메주), 山果, 山菜의 例納.

② 鄕校·書院·鄕廳에 대한 山果, 山菜의 例納.

③ 郡廳의 書吏·通引·官奴使令廳에 대한 山果, 山菜의 例納.

④ 每秋 都書員에 대한 燻造 一石 상납.

⑤ 郡內各處의 士大夫·遊人過客들의 요구에 따른 松茸, 木笒(공대),
繩鞋, 素饌, 山果, 山菜 및 洗踏站(빨랫돌), 搗衣站(다듬이돌) 등의
제공.

⑥ 每秋에 通引廳에 二兩, 官奴廳에 二兩五錢씩을 自願形式으로 바치
는 契防錢.

⑦ 京官이나 地方官의 巡審行次 때 그 일행 전원에 대한 供饌.

⑧ 貴人들이 來遊할 때 轎輿를 메는 일.

등으로 이로써 法住寺뿐만 아니라 당시 사찰들이 입고 있던 弊瘼의 실
태를 알 수 있다. 이 중 僧侶들이 직접 가마를 메는 '藍輿擔負之役'은 거
의 전국적으로 만연되어 있던 惡風인 듯하다.

『朝鮮佛敎通史』에 실려 있는 哀話에

昔某官人 至金剛山 促發山僧 擔輿登山 任其喘息 少無憐意 二僧謀
曰 今吾兩人 死則一也 蓋與彼俱幷乘輿漢 墜死于千仞之眞珠潭 至今
山中 傳爲美談[62]

이라 하였으니 國家所定의 役도 아닌 擔興役이 얼마나 고역이었던가를
알 수 있다.

　다음으로 梁山 通度寺의 부담 실태를 헌종 4년(1838)에 慶尙道監營에
서 내려보낸「梁山郡通度寺紙役革罷及各樣雜役存減節目」[63]에서 보면
다음과 같다.

　　　減秩
　　一. 寺結六斗米
　　一. 忠烈祠壯紙壹束 油紙拾貳張 笠帽捌事 白紙陸束 各色菜 白紙拾捌
　　　　束 交遞時祠 生案壯紙給張 冊衣壹張
　　一. 鄕校油紙壹束拾張 笠帽壹竹陸事 皮紙貳束大繩參拾巴 細繩壹斤
　　　　交遞時校生案壯紙拾張 冊衣壹張
　　一. 客舍塗褙代錢 參兩
　　一. 新延時東軒塗褙代錢參兩 籠三丁代錢參兩 油衫代錢參兩 屛風代
　　　　錢參兩
　　一. 大同所祝文壯紙壹束 大祝文紙壹張
　　一. 海運監色麻鞋貳部 笠帽貳事 油紙拾張 男梳貳事
　　一. 戶籍所笠帽壹竹 大冊衣壹束
　　一. 紙所納壯紙 公壯紙 內梳 笠帽 油紙 紅壯紙 黃壯紙
　　一. 巡營主人壯紙壹束 麻鞋貳部
　　一. 新延到任後雨備紙 戴笠
　　一. 京接慰官下來時壯紙拾束
　　一. 使令房窓戶紙拾張
　　一. 官奴房窓戶紙拾張
　　一. 柤骨匠例給黃租捌拾斗
　　一. 寺主人各色 春等白米肆拾斗 秋等白米肆拾斗 燻造拾伍斗 鹽價壹
　　　　兩 生麻拾伍斤
　　一. 巡營主人 春等例給錢參兩 秋等例給錢參兩

────────────────

62) 李能和, 앞의 책(下篇), 783쪽.
63) 通度寺에 현재 所藏되어 있으며, 慶尙南道 動産文化財로 등록되어 있음.

一. 兵營主人春秋例給錢肆兩
一. 鎭營主人春秋例給錢肆兩
一. 成均館納朔紙拾柒束
一. 慶州鎭營年例納大壯紙壹束 小壯紙拾柒束 修理紙柒束 燻造太柒
   斗伍刁

　存秩
一. 大小別星行次入寺時 出站下人等供饋 例捧七里食價租擧行
一. 蔂古・松花・石茸
一. 籠三丁索
一. 革鞋

　위의 節目은 通度寺 승려들이 보낸 호소문을 받아들여 취해진 조처로
減秩條와 存秩條를 보면 19세기 초엽에 사찰에 부과된 紙役을 비롯한
잡역 및 雜貢의 실태를 알 수 있다. 이러한 과중한 부담과 수탈을 위의
節目에서는 "諸般物種之一年應役者가 口囁目駭"라고 표현하고 있다.
　이와 같이 조선후기의 사찰은 紙役을 부담하여 다량의 紙物을 생산하
는 곳으로 바뀌어 中央官府나 地方官府 또는 군영의 수요를 조달하는
데 공헌하였다. 또 官府나 지방의 兩班 土豪, 심지어는 군현의 말단 吏
屬輩들까지도 사찰에 대하여 雜役・雜貢을 강요하였고, 사찰에서는 이
들의 욕구를 희생을 감수하면서까지 충족시켜 주었다.
　승과가 없어지고 度牒制가 폐지된 당시에 官이 법을 엄중히 시행했으
면 僧侶의 존재는 공인될 수 없었던 것이나 현실적으로 이득이 있었기
에 묵인한 것에 불과하였으며, 승려의 입장에서는 이러한 요구를 거절할
힘이 없고, 또 이것을 거절하려면 환속하는 도리밖에 없어 부득이 수탈
에 응할 수밖에 없었다.[64]
　이 같은 과중한 부담으로 사찰이 衰殘하자 관에서는 때로는 부분적으

---

64) 高橋亨, 앞의 책, 744쪽.

로 보호하기도 하였다. 순조 27년 11월 26일 江原監司 鄭元容의 上啓에
의하면

> 其一 金剛諸刹 舉皆荒廢……國內名山寺刹 自朝家每有修補者 非爲
> 崇佛 實寓關防之計 則院宇之頹敗 僧徒之流散 亦不可不念 且從前此
> 等之役 許給空名帖 亦多已例 俗帖一百張 僧帖五十張 特爲頒下何
> 如……竝依回達施行可也[65]

라 하였다. 즉 정부에서는 종전부터 崇佛에서라기보다 국방을 위해 사찰
을 보수하였는데 지금 황폐화된 金剛山 諸寺刹의 보수를 위해 종전의
예에 따라 空名帖을 발급해 달라는 것이다. 이밖에도 정부가 사찰을 지
원하는 사례는 많이 찾아볼 수 있는데, 諸寺刹에 내린 紙役을 비롯한 雜
役・雜貢 면제의 完文도 그 한 예가 되겠다. 또 때로는 지방관에 의해서
사찰의 잡역이 감해지고 紙役을 면제해 주어 사찰이 보호되기도 하였으
나, 각 사찰 구내에 남아 있는 '頌德碑'는 바로 이 사실을 설명해 주고
있다.[66]

맺음말

壬辰倭亂을 치르고 난 후부터 정부는 국방에 대한 관심이 높아져 각

---

65) 『備邊司謄錄』第215冊, 純祖 27年 11月 26日.
66) 梁山通度寺의 例
　① 都巡相國權敦仁永世不忘碑
　郡守 吳 夏 哲
　紙與雜役 一切蠲除 其恩其德 如山如海
　道光 十九年 乙亥 五月日立
　② 郡守李候發源蠲役善政碑
　九百紙錢 一時蠲瘼 其恩其德 如海如岳
　道光 十一年 辛卯 五月日立

지의 군사 요충지에 산성을 修築하거나 축조하는 일이 많았다. 이러한 城役에는 일반 民丁과 軍兵의 동원도 있었지만 주로 승려를 동원·조직하여 役事에 종사시켰다. 정부로서는 諸經費를 自擔하는 승려의 동원이 국가재정에 도움이 되었고, 또 工役에 있어서도 일반 民丁보다 훨씬 능률적이었기 때문에 僧職수여, 度牒의 발급 등을 미끼로 삼아 승려를 모집·동원하였다. 이는 排佛策을 표방하던 조선왕조로서는 모순된 일이었으나, 당시의 심각했던 현실 타개책으로 취해진 부득이한 조처였다. 한편 度牒制 폐지에 따라 국가로부터 하등의 신분보장을 받지 못한 승려들은 신분의 공인과 사찰유지를 위해 갖은 희생을 겪으면서 役事에 열성을 다하였다. 이 결과로 사찰·승려가 국가에 유용한 존재로 인식되고, 승려의 지위향상에 효과를 가져오게 되었다.

그리고 산성 주변 사찰의 승려를 승군으로 조직하고, 또한 전국 각지의 승려로써 義僧入番制를 적용하여 산성 수비의 임무를 맡게 하였다. 그러나 특히 義僧入番制는 사찰·승려에게 큰 부담을 주게 되었으므로 이를 폐지하고 그 대신 防番錢制를 실시하여 금전을 대납받아 산성 부근의 原居僧에게 지급하여 그 役을 대행시켰다. 이리하여 승려들이 국토방위를 담당하는 상비군으로 등장하게 되었다.

山城築城 및 수비의 역 등으로 부근의 사찰은 그 규모가 확장되었고, 또 많은 사찰이 官의 지원 아래 건립되기도 하였다. 그러나 이 사찰의 건립은 불교의 興隆을 위한 것이라기보다 군사적 목적을 위한 것이었고, 사찰 본래의 성격보다는 승병의 막사와 같은 것이었다.

이와 같이 조선후기의 사찰은 군사적 측면에서 국가에 크게 공헌하였으며, 또한 국가에 봉사하는 가운데 유지되었던 것이었다.

한편, 조선후기의 사찰은 紙役도 부담하여 다량의 紙物을 생산하여 官의 수요를 충족시키는 데 공헌하였다. 그러나 紙價도 정당하게 지불받지 못하는 등 관권에 의한 수탈을 당하였고, 또 그밖의 과중한 雜役·雜貢의 부담으로 사찰의 재산은 탕진되고 승려는 도산하는 사태까지 일어나게 되었다. 度牒制가 폐지된 당시로서는 법을 엄중히 시행하였다면 승려의 존재는 공인될 수 없었기에 승려들은 이러한 과중한 요구를 거절할 수 없었고, 반면에 官에서는 이를 묵인하는 대가로 갖가지 雜役·雜貢 등을 부과하여 현실적인 이득을 취하였던 것이다. 이 같은 이해관계가 있었기 때문에 官에서는 부분적으로 사찰에 대한 보호조치를 취하기도 하였다. 물론 이런 보호가 불교 자체의 발전을 위한 것은 아니었지만 조선말까지 사찰·승려가 명맥을 유지하게 된 한 요인이 되었다고 생각된다.

Ⅳ. 조선후기의 分財記考
-咸安 山仁面 朴氏家의 사례를 중심으로-

머리말

咸安郡 山仁面 內仁里의 密陽 朴氏 令同正公派의 宗孫 朴性吉氏家에는 教旨, 分財記, 土地·奴婢文書, 戶口單子, 訟事·立案文書, 簡札 등 많은 古文書가 소장되어 있으며,[1] 그 중에는 연대는 달리하고 있는 分財文記 4통이 있다. 分財 시기는 16세기 초(중종 18, 1523), 17세기 중엽(인조 22, 1644), 18세기 초(숙종 29, 1703), 18세기 초(영조 5, 1729)이며 약 206년간(1523~1729)에 걸쳐 있다.

본고에서는 이 分財記를 분석·검토해 보고자 한다. 分財記는 그리 희귀한 사료는 아니고 이를 통하여 여러 편의 연구결과[2]가 나와 대체적인 윤곽이 잡혀 있다. 그 연구성과와 대비하면 시대적인 변화, 지역성,

---

1) 慶尙南道文化財 103號로 지정되어 있다.
2) 姜仁求,「栗谷先生男妹分財記考」,『文化財』4, 文化財管理局, 1969 ; 崔在錫,「朝鮮時代 相續制에 關한 研究-分財記의 分析에 依한 接近-」,『歷史學報』55·56, 1972 ; 李光奎,「朝鮮王朝時代의 財産相續」,『韓國學報』3, 1976 ; 李樹健,『慶北地方古文書集成』, 嶺南大學校 民族文化研究所, 1981 ; 崔淳姬,「勸大運諸同生和會成文」,『文化財』13, 文化財管理局, 1980 ; 崔承熙,『韓國古文書研究』, 韓國精神文化財研究院, 1981 ; 金容晩,「朝鮮時代 均分相續制에 관한 一研究-그 변화요인의 역사적 성격을 중심으로-」,『大邱史學』23, 大邱史學會, 1983.

家門에 따른 특성이 파악되리라 믿어진다. 이 연구는 기존의 연구와 비
교하는 데 중점을 둘까 한다.

1. 家系

咸安에 자리를 잡은 密陽 朴氏 令同正公派 11世孫 景玄 이후의 家系
를 宗孫을 주로 하여 간략하게 고찰하고자 한다.

이 家門은 密陽에서 咸安으로 移居한 在地地主이며, 사족으로서 武
班職을 주로 하였다. 密陽에서 咸安으로 온 것은 參軍 景玄 때의 일이
며, 연산군 때의 戊午士禍를 피하여 兄 節度公과 함께 관직을 버리고 密
陽 龜齡里로부터 咸安 杜陵村으로 옮겨왔다.3) 이어 12世孫인 아들 如
達은 다시 下里 儉岩村으로 이사하였다.4) 그후 후손들은 타지방으로 흩
어지기도 하였으나 宗孫은 대대로 현재까지 함안을 지키고 있다.

종손의 人的事項은 世譜에 기재된 약력과 配偶者, 자녀만 적는다.

11世 景玄은 國子進士로 세조 庚辰年에 武科에 급제하고 訓練參軍
에 올랐으나 관직을 버리고 下鄕하였다. 配는 宜人 舟陽 蘇氏 進士 勉
의 따님이며, 子는 如達이고 두 딸은 趙漢孫의 妻, 安邦俊의 妻이다.

12世 如達은 遺逸로 參奉을 제수받았으나 昏朝의 政事로 벼슬에 나
가지 않았다. 配는 咸安 趙氏 璃의 따님이다. 一男二女를 두었는데,5) 子
는 榴, 二女는 鄭文遇의 妻, 朴德孫의 妻이다.

13世 榴는 중종조에 무과에 급제하고, 保寧, 沃溝, 務安 등 현감을 역
임하였다. 명종조에 耆社에 오르고 嘉善大夫 工曹參判에 贈職되었다.

---

3) 1955年(乙未) 再建된 聞道齋(咸安郡 艅航面 陽村里 所在)에 있는 記文 및 世
   譜 11世 景玄條 참조.
4) 世譜 12世 如達條에 있음.
5) 世譜에는 一男二女인데 分財記에는 二女 幼學 安繼姜의 처가 첨기되어 있으
   므로 一男三女인 셈이다.

配는 貞夫人 巴山 李氏 大司憲 梅幹 仁亨의 따님이다. 子는 允秀, 宗秀
이며 두 딸은 周悟의 妻, 趙應世의 妻이다. 宗秀는 忠順衛 贈嘉善大夫
漢城府尹을 제수받았다.

14世 允秀는 명종조 丙辰年에 武科에 급제하고 司憲府 監察御使에
올랐다. 配는 順興 安氏 취우정 관의 따님이다. 子는 晛, 弼, 暠, 曦이고
女는 李偁(星山人, 持平, 退溪門人)의 妻, 趙信道(咸安人, 溫陽郡守, 壬
難殉節, 贈兵曹判書)의 妻이다.

15世 晛[6)는 生父가 宗秀인데 允秀의 繼子가 되고 있다.[7) 初試에 응
시하여 누차 三場에 피선되었으나, 父 別世 後 응시하지 않았으며 鄭文
穆, 崔守, 趙宗道 등 당대 名士와 교유하고 임진난이 일어나자 趙宗道와
平安之事를 의논하였으나 甲午年(선조 27) 4월에 별세하였다. 刑曹判書
로 贈職되었다. 配는 贈貞夫人 載寧 李氏 參判 景成의 따님이고, 繼配
는 贈貞夫人 檜山 黃氏 倫의 따님이며, 學德으로 盧陽書院에 享祀되었
다. 子는 震英, 女는 辛砷(靈山人, 현감, 贈兵曹判書)의 妻, 李達(郡守,
兵曹判書)의 妻이다.

16世 朴震英[8)(선조 2년, 1569~인조 19년, 1641)은 鄭逑의 門下生으
로 文學과 騎射에 능하여 武科에 급제하고, 임진난을 당하자 군수 柳崇
仁과 함께 義兵을 모집 기병하였으며, 參奉으로부터 軍資監正에 이르렀
으며 宣武原從三等의 錄勳을 받았다.[9) 선조 32년(1599) 龍宮縣監, 광해

---

6) 密陽人 功臣彥忠后 號桐川 遊丁瑛李楨門 踐履篤實士多推許 贈判書 有文集
   眉叟許穆撰碣(『嶠南誌』卷65, 咸安郡 人物 儒行條).

7) 世譜 允秀條.

8) 『嶠南誌』卷65, 咸安郡 人物 忠義條, "朴震英 晛子 號匡西 寒岡鄭逑門人 有
   文學 善騎射 宣廟武科 壬辰倡儀錄勳 仁廟甲子 有尺紙奪萬師之功 除兵參不
   起 丙子與嶺伯沈演 起義旅 至鳥嶺 聞渝盟 入匡盧山逝終 仁廟傳曰 嶺之秉義
   沒身 惟鄭蘊朴震英而已贈判寧 諡武肅 配食大報壇 有實記".
   그 외 『人物考』, 『西征錄』에도 기재되고 있으며 許穆이 찬한 「朴震英墓碣銘」
   에도 자세하게 기록되어 있다.

9) 宣祖 宣武原從功臣錄券 참조.

군 5년(1613) 慶興都護府使를 역임하였다. 인조 2년(1624) 李适의 난 때 海西道防禦使로서 都元帥 張晚의 휘하로 종군하여 東郊에서 대승한 공으로 平山都護府使를 제수받고 海西防禦使를 겸하였다. 子 庚龍, 任龍도 父를 따라 난의 진압에 참가하여 父子 三人이 모두 振武一等功臣이 되었고, 인조 4년(1626)에는 兵曹參判을 제수받았으나 취임중 병으로 하야하였다. 丙子胡亂이 일어나자 任龍과 함께 서울로 향하였으나 인조가 항복하였다는 소식을 접하고는 초야에서 은둔 생활을 하다가 별세하였다.

사후 崇祿大夫判敦寧府事兼判義禁府事 五衛都摠管에 追贈되었다. 諡號는 武肅이며 道溪書院에 享祀되었다. 配는 貞敬夫人 咸從 魚氏 贈 漢城府右尹 應海의 따님이고, 繼配는 貞敬夫人 全州 朴氏 護軍 香秀의 따님이며, 繼配는 貞敬夫人 洪川 金氏 國子監 漢豹의 따님이다.

자녀는 嫡·庶를 합하여 男 9명, 女 7명으로,10) 子는 亨龍, 庚龍, 任龍, 起龍, 子龍, 見龍, 季龍, 源龍, 禹龍이며, 女는 尹泰之의 妻, 權福慶의 妻, 金鼎耆의 妻, 南斗柄의 妻, 南斗格의 妻, 郭智立의 妻, 鄭沆의 妻이다.

庚龍은 광해군 때 무과에 급제하여 栗浦權管을 지냈다. 配는 淑夫人 鐵城 李氏 通德郎 大林의 따님이며, 振武一等功臣으로 固城에서 여생을 보냈다.

任龍은 광해군 庚申에 무과에 급제하여 積城縣監이 되었다. 치적으로 通政에 오르고 효종 북벌시 都元帥 申瀏 밑에서 副元帥가 되어 공을 세웠다. 嘉善大夫 兵曹參判을 제수받았다. 振武一等功臣으로서 만년에는 京畿道 果川에서 지냈다. 配는 貞夫人 驪州 李氏 兵曹參判 元錫의 따

---

10) 許穆이 撰한 「墓碣銘」에는 男 7人, 女 6人이 기재되어 있으며, 世譜와 대조하니 男은 世龍이 첨가되어 있고, 季龍·源龍·禹龍이 빠져있다. 女는 鄭沆의 妻가 빠져 있고, 權福慶도 權復慶으로 되어 있다. 分財記에는 男 8, 女 6이 기재되어 있으며, 이를 世譜에 비교하면 禹龍이 빠져 있고, 女는 鄭沆의 妻가 빠져 있다.

님이다.

17世 亨龍은 金東溟의 門下로 뒤에는 許穆에서 師事받았으며, 遺逸로 麒麟察訪을 제수받았으나 나가지 않았다. 사후에 忠孝와 德行으로 司憲府特平을 贈職받은 뒤에 同中樞大司憲이 加贈되었다. 配는 贈貞夫人 玄風 郭氏 某氏의 따님이며 繼配는 贈貞夫人 咸安 趙氏 知中樞 味道의 따님이다. 子는 師古, 昌百, 昌萬, 昌億, 昌兆, 昌世가 있었으며, 女는 盧湍의 妻, 幼學 崔慶胤의 妻, 故學生 李聖來의 妻, 幼學 李世禧의 妻로,11) 자녀는 男 6명, 女 4명이다.

18世 師古는 通德郎으로 文行이 뛰어났으며, 配는 恭人 玄風 郭氏 文典籍 融의 따님이다. 슬하에 자녀는 없었다.

19世 尙乾은 師古의 繼子로 生父는 昌百이고, 配는 光州 金氏 通德郎 最의 따님이요 縣令 夏鉉의 손녀이다. 女는 幼學 權璆의 妻이다.12)

20世 祖赫은 尙乾의 繼子로 生父는 尙伯이며, 嘉善 副護軍을 제수받았다. 配는 安東 權氏 壽應의 따님이다. 자는 馨升, 馨喆, 馨春이다.

21世는 馨喆이며, 配는 幸州 鄭氏 經臣의 따님이다(자녀는 생략함).

22世는 秀藩으로, 配는 載寧 李氏 潤智의 따님이며, 繼配는 寧越 辛氏 以調의 따님이다.

23世는 致容이며, 配는 全州 崔氏 광오의 따님이고, 繼配는 陽川 許氏이다(자녀는 생략함).

24世는 來善으로, 配는 潭陽 田氏 世華의 따님이며, 繼配는 海州 吳氏 鳳善의 따님이고, 繼配는 晋陽 鄭氏 奎俊의 따님이다(자녀는 생략함).

11世孫~17世孫까지의 實職, 贈職 등을 도표화하면 다음과 같다.

18世부터 23世까지는 登科한 이가 없고 또한 官職을 제수받지 않았

---

11) 分財記, 世譜에는 女가 기재되어 있지 않다. 또 分財記에는 昌胄가 기재되어 있는데 이는 昌世가 改名한 것으로 보인다.

12) 世譜에는 無子로 되어 있으나 分財記에는 一女가 기재되어 있다.

다. 이는 조선후기 嶺南士林의 일반적 경향과 같다.

　국초부터 중기까지는 역시 영남사림들이 대거 중앙정계에 진출하고 있는 추세와 마찬가지로 朴氏家門도 여러 명이 武科에 급제하여 官途에 오르고 있으며, 특히 武班職으로 고위직에 오르고 있는 이는 朴震英으로 아들 2명과 함께 功臣의 勳祿을 받고 있어 羨望의 대상이 되었다. 그리고 朴昕는 학문이 뛰어나 書院에 享祀되고 있다.

　그리고 대대로 사족의 지위를 유지하였음은 宗孫의 通婚圈으로도 알 수 있다. 즉 丹陽 蘇氏, 咸安 趙氏, 巴山 李氏, 載寧 李氏, 檜山 黃氏, 咸從 魚氏, 玄風 郭氏, 光山 金氏, 安東 權氏, 幸州 鄭氏, 寧越 辛氏, 陽川 許氏, 晋州 鄭氏 등과 통혼하고 있는데, 이들은 대부분 낙동강 以西 慶尙右道 一圓의 士林家門이다.

　이런 점 등으로 보아 朴氏家門은 사회적으로 경상우도에서는 사림으로서의 기반이나 지체를 갖춘 가문임을 알 수 있다.

<표 IV-1> 密陽朴氏 令同正公派 11世孫~17世孫의 實職 및 贈職

世代	姓名	登科	實職	遺逸	功臣	贈職	其他
11	朴景玄	武科	節度使				
12	朴如達			參奉不就			
13	朴 瑠	武科	縣監			嘉善大夫 工判	
14	朴允秀	武科	司憲府 監察御使			嘉善大夫 漢城右尹	
15	朴 昕					刑曹判書	盧陽書院
16	朴震英	武科	平山都護府使 兼海四防禦使 兵曹參判不起		宣武原從三等 振武功臣一等	崇祿大夫 敦寧府事	道溪書院
17	朴亨龍			麒麟察訪不就		大司憲	

2. 分財文記의 검토

조선시대의 상속은 家屋, 土地, 奴婢 내지 家財道具를 포함하는 재산 상속, 가족의 구성원을 구성하는 家長權의 身分相續, 그리고 祭祀에 관한 권리·의무를 내용으로 하는 祭祀相續이 있다.13)

分財文記란 모든 一家의 재산을 자녀 등 一族에게 상속 또는 분배하는데 관한 文書로서, 다음과 같은 종류가 있다.14)

① 許與文記 : 주로 父母나 父 또는 母가 자기의 자녀에게 재산을 급여하는 文書로서 「許與文記」, 「子女分衿文記」, 「成給文書」, 「許給成文」, 「分給文書」 등으로 표현되기도 하나 일반적으로 「許與文記」로 쓰인다. 때로는 傍孫 및 姻戚에 대한 給與를 기록한 경우도 있다.

② 和會文記 : 財主(父) 死後에 母와 자녀의 和會에 의해서, 또는 父母俱沒 후에 兄弟姉妹의 和會에 의하여 재산이 分執된 것을 내용으로 하는 文書.

③ 分給文記 : 財主(父)가 生前에 자녀들에게 재산을 나누어 주는 文書.

④ 衿付文記 : 和會文記나 分給文記와 다른 점은 兄弟姉妹의 分衿내용을 동일 文書에 표시하지 않고, 자녀 별로 몫을 別書해 주는 文書.

⑤ 別給文書 : 이 文書는 넓은 의미의 分財文書에 포함될 수 있겠으나 財主가 父·祖에 限하지 않는다는 점에서 일반적인 재산상속과는 구별된다. 따라서 별급되는 대상자의 범위가 넓은 것이 특징이다. 別給은 科擧及第, 生日, 婚禮, 病治療, 得男을 기념하거나 축하할 만한 일이 있을 때, 또는 빈곤하여, 기특하여, 정이 들어서, 또는 감사한 마음을 표하기 위하여 행하여진다.

---

13) 鄭光鉉, 『韓國家族法硏究』, 서울大學校出版部, 1967 참조.
14) 李樹健·崔承熙, 앞의 책 참조.

1) 記載樣式의 검토

(1) 嘉靖 二年 癸未 四男妹 奴婢許與文記

이 文記는 朴氏家의 分財記 중 가장 오래된 것으로(중종 18년, 1523)
父(12代 宗孫) 如達의 사망 후, 財主인 母 咸安 趙氏(趙瑞의 女)가 4男
妹에게 奴婢를 分與한 文記이다. 일반적으로 許與文記의 양식은 ① 序
頭, ② 本文, ③ 末尾의 세 부분으로 구성되어 있다. 序頭에서는 作成의
年月日, 事由, 分財의 원칙, 그리고 자손들에 대한 당부 등이 기재되며,
本文에서는 분재되는 내용이 구체적으로 기록된다. 그리고 末尾에는 財
主, 證保人 및 筆執人의 着名, 署名(手決 또는 印章)이 기재된다. 본 分
財文記의 기재양식을 例示하면 다음과 같다.

　　(序頭) 嘉靖二年 癸未 十一月十五日 子息四男妹亦中 奴婢許與爲臥
乎事段女身矣亦時年六十餘歲 以宿疾纏綿爲沙餘良 今年八月 始吐耳
腫得發 至今未差 生死難知是乎等乙用良 家翁成草導良 奴婢數少乙仍
于別給新奴婢勿論 竝只口數 都許各衿 都文記成置 平均分給爲去乎
各各後所生 幷以子孫 傳持 鎭長使用爲乎矣 汝等徒同腹等 雜談 或有
去等 此許與 皃如告辨爲旀 田地及遺漏奴婢乙良 汝等徒 隨後和議分
執爲乎事

즉, 財主(母)의 나이가 60을 넘은 데다가 宿疾이 금년 8월부터 더욱
악화되어 생사를 예견치 못하겠으므로 家翁의 遺書에 따라 分衿하는데,
奴婢口數가 적은 탓으로 別給한 新奴婢는 물론 모든 口數를 합하여 文
記를 작성, 平均分給한다. 그리고 同腹間에 혹 문제가 생기면 이 許與文
記에 기록된 대로 告辨하고 田地 및 遺漏奴婢는 남매가 이후 和議하여
分執토록 한다는 것이다.

　　(本文) 長女 萬戶鄭文遇妻衿 母邊傳來婢 斤非二所生 奴上同 年六
十五 己卯 父邊傳來 婢……

二女 幼學安繼姜妻衿……
三女 進士朴德孫妻衿……
一男 訓練院奉事朴榴衿……

　본문의 受衿者 배열순서는 남녀 관계없이 출생순위로 되어 있다. 이는 대체로 17세기 이전까지는 子・女에 관계없이 출생순에 의하였다고 하는 기존 연구성과와 같다.15) 자녀의 호칭은 長女, 二女, 一男 등으로, 女息의 경우는 婿名에 妻로 표기하고 있다. 재산의 기록은 家翁邊, 父邊, 母邊傳來로 기재되어 있다.
　末尾를 보면 다음과 같다.

　　財主 母　　　趙

　　證保 家翁同生妹夫 幼學趙韓孫
　　證保 四寸娚 幼學朴權
　　筆執 生員李澍

　　此亦中女矣俱證筆成置文記乙後子孫
　　等萬一奸詐人 謀奪他衿奴婢 欲毁起訟
　　者有之可慮子
　　和會分衿 使同着名署末端粘付 以杜
　　其漸

　　長女 故萬戶鄭文遇妻朴
　　二女婿 幼學安繼姜
　　三女婿 進士朴德孫
　　子 訓練院奉事朴榴

15) 李樹健, 앞의 책, 12쪽 참조.

원래 末尾에는 財主, 證保人, 筆執人의 着·署名이 기재되게 되어 있으나, 이 文記에는 手決이나 印章이 빠져 있다. 그리고 但書가 있는데 이는 分財 후의 紛爭을 막기 위한 것이며, 끝으로 受衿者의 着名은 되었으나 역시 手決은 없다.

(2) 甲申 正月十八日 許與文記

이 文記는 1644년(인조 22) 父인 16代 朴震英(1569~1641)의 3년상이 지난 후 財主인 貞夫人 母 魚氏(漢城府右尹 應海의 여식)가 家翁遺意에 따라 嫡·庶 자녀 14명[16]에게 分財한 文記이다. 양식은 앞의 許與文記와 동일하다.

이 文記의 기재양식을 보면 다음과 같다.

　(序頭) 甲申正月十八日 嫡子及諸◻◻◻處 一依家翁遺意 田民◻◻◻處 文劵成置事段 咸安畓全◻◻察位施行 **家翁遺敎**是乎◻◻ 祖先地數少故家翁買得及別得畓 并伍拾斗落以察位充定◻◻◻ 先代祀位田民段 元來祀位以仍存爲遺 家翁祀位段 買得別得畓 并計貳拾肆斗落及田拾伍斗落以充定◻◻◻ 妾子女中亦不無差等 而家翁或以公賤作妾後有贖身者 或以自己◻◻◻作妾而從良者 別◻◻◻等 亦 ◻◻◻翁遺敎 故其中非不知自有分◻◻◻辨等級 至於田民 一樣分給是㫆 妾子庚

---

16) 『國朝人物考』(서울대출판부, 1978) 朴震英條에 보면 그 자녀에 관하여 다음과 같이 기록되어 있다.
"貞敬夫人魚氏 籍咸從贈漢城府右尹應海之女 生二男世龍亨龍 庶出男五人 庚龍任龍起龍守龍見龍 庚龍栗浦縣菅 任龍積城縣監 女六人 二人直長尹泰之節度使南斗柄妾 四人嫁爲南斗格權復慶金鼎耉郭智立妻……". 嫡室이었던 貞敬夫人 魚氏 所生으로 世龍·亨龍 두 아들이 있는 것으로 되어 있으나 이 分財記나 이 집안의 族譜에는 世龍은 보이지 않고 亨龍만이 嫡子로 올라 있다. 이는 世龍이 夭折하였기 때문인 것으로 생각된다. 그리고 『國朝人物考』는 庶子 男五人이라 하였는데 分財記에는 季龍·元龍이 더 나타나고 있으며, 女息의 경우는 庶出 6名이라 하였는데 分財記와 합치된다. 族譜에는 嫡·庶가 구분 등재되어 있지 않기 때문에 族譜를 통한 嫡·庶의 구분은 어렵다고 하겠다.

龍任龍等　登科別給奴婢後所生等乙□□□　家翁生時　他妾子等處分給
是如自中相詰爲臥事　至於□□□　永無爭訟之端是乎等以　別得奴婢　則
□□□給施行是在果　大槪嫡庶有分　而田民不夥　不拘典例　破格分給凡
乳母所生□□□及登科別給外　諸妾子等處　各田貳石拾斗落　畓拾伍斗
落　奴婢各壹口　分給是□□□　妾女息等段　奴婢則或旣有區處　或不爲
區處　故旣有區處者　則仍存不改　不爲區處者　則奴婢中壹口式　論衿是
旀　田畓則不必不衿是乎矣　不忍取舍　勿論存沒　其有子支者　則各田壹
石落　畓伍斗落　均給□□□　家翁生時　觀其妾子女等　自中相詰則永無
更□□□之道盆不喩　家翁生時　亦或□□□處給者　故諸妾子女等田民各
衿乙　族親諸會處　具證筆別張成給爲去乎　使之各各傳持使喚耕食事

序頭를 보면, 落字가 많아 완전한 판독은 어려우나 대략 요약하면 다음과 같다.

① 咸安에 있는 畓□은 祭位로 施行하고 祖先傳來의 田地가 적기 때문에 家翁이 買得한 것과 別得畓을 아울러 50斗落으로 충당한다.
② 先代祀位田民은 원래대로 祀位하고 家翁祀位는 買得, 別得畓을 아울러 24斗落과 田 15斗落으로 충당한다.
③ 妾子女 중 차등이 없지 않기에 혹 公賤으로 作妾한 후에 贖身한 자, 혹은 □으로 作妾 후에 從良한 자에게 別給한 것은 家翁의 遺敎이다.
④ 妾子 庚龍, 任龍 등의 登科別給 奴婢의 所生 등은 家翁生時에 他妾子에게 分給.
⑤ 대개 嫡庶는 區分이 있지만 田民이 不夥하여 破格分給한다. 乳母所生 □□과 登科別給外 諸妾子에게 田 2石 10斗落과 畓 15斗落, 奴婢 각 1口씩을 分給한다.
⑥ 妾子息에게는 이미 처리된 奴婢는 그대로 仍存케 하고 처리되지 못한 奴婢가 있으면 그 중 1口만 分給하고 田畓은 存沒을 막론하고 子女가 있으면 田 1石落과 畓 5斗落을 均給한다.
⑦ 族親이 모인 가운데 諸妾子에게 田民各衿을 證筆을 갖추어 別張成

給함.

本文에는 먼저 奉祀條가 나오고 다음에는 受衿者名과 그 分財內容 순으로 기록되어 있다. 먼저 奉祀條를 보면, 이 文記에는 先代祀位와 家翁祀位로 구분해서 기록되어 있다. 대개 奉祀條는 16세기 중엽까지는 '奉祀條', '承重條', '奉祀位' 등으로 일괄하여 표시되기도 하고, 또 기재순서는 대개 奉祀者의 財産 다음에 오거나 文記의 末尾에 기록되었으나 16세기 말부터는 점차 그 위치가 分財記의 序頭 다음에 오고 있는데,[17] 17세기 초엽의 이 文記도 그와 같이 序頭 다음에 기재되어 있다.

다음으로 受衿者의 기재를 보면 자녀의 출생순으로 되어 있으나, 앞의 嘉靖 2년의 分財記와는 달리 자녀의 호칭은 長女, 一男 등의 표시가 없고 嫡庶의 구분이 명기되었으며, 女息의 경우는 婿名 뒤에 妻字를 붙였다.

財産의 기록에는 父邊傳來, 母邊傳來 등의 구분이 없고 단지 祖上傳來의 재산으로 되어 있으며, 재산의 기재순서는 노비, 전답 순으로 되어 있다.

本文 중 전답의 기재양식을 보면 다음과 같다.

(田) 咸安 二大坪員 六百五十二 直田參拾壹卜貳束 捌斗落 六百五十三 梯田拾二卜六束 柒斗落
(畓) 咸安 二大坪員 六百五十五 直畓二夜 八卜六束 貳斗落

원래 전답의 기재는 그것이 위치하고 있는 郡(面)別, 員別, 字號別, 地番, 地目 등의 순으로 되어 있다. 이 文記도 그 원칙을 따르고 있으나 字號가 없이 員名 다음에 바로 地番이 나오고 있다. 六百五十二, 六百五十五 등과 같은 수치는 字別 量田單位의 地番으로서 筆地의 순서를 표

17) 金容晩, 앞의 논문, 18쪽 참조.

시하고 있다. 이 筆地 다음에 官量案에는 東犯, 北犯 등으로 量田 방향
을 나타내고 있지만 이 分財記에는 빠져 있으며, 원래 전답의 品等이 기
록되게 되어 있으나 빠져 있다. 또 直田, 梯田 등은 전답의 형태를 표시
하고 있다. 畓의 경우 夜의 표시가 있는데 夜는 畓의 한 구역을 나타내
는 것이며 官量案에는 없다.

夜는 원래 夜味(배미)라는 말이며 夜, 味 등으로 줄여 쓰기도 하는데
이는 畓의 한 구역을 나타내는 동시에 면적의 단위이기도 하다. 十六卜
四束 등은 실제 전답의 면적을 등급별로 계산하여 課稅의 표준을 정한
結負法에 의한 면적이다.

이 文記에는 筆地別로 結負束과 斗落이 幷記되기도 하고 結負만 기
록되고 斗落 표시가 없을 때에는 각 筆地를 합하여 두락18)으로 표기되
어 있다. 이같이 結負法과 두락이 幷記되는 文記는 드물다.19)

⑶ 康熙 四十二年 癸未 五月三日 和會文記

이 文記는 17대 종손인 朴亨龍(1594~1676)의 사후 27년이 지난 1703
년에 10名의 자녀가 和會하여 分財한 것이다. 和會文記의 양식은 許與
文記와 같이 序頭・本文・末尾의 세 부분으로 구성된다.

먼저 序頭를 例示하면 다음과 같다.

(序頭) 康熙 四十二 癸未 五月三日 同生中……
……成文爲臥乎事段 先代祀位田民……

---

18) 斗落(마지기)이란 단위면적에 뿌릴 종자의 수량을 말한다. 즉 1斗의 종자를 뿌
    릴 수 있는 면적을 1斗落이라 한다. 1斗落의 실면적은 지방에 따라 다르나 和
    田一郎의 『朝鮮土地地稅制度調査報告書』에서는 120坪~180坪으로 계산하고
    있다. 이 斗落制는 조선후기의 농촌사회에서 사용하는 하나의 관례적인 단위였
    다.
19) 李樹健의 앞의 책에 수록된 分財記 資料를 보면 대부분이 두락만으로 기재되
    어 있다.

……其餘奴婢數多散亡 時存不夥是乎等……
……勿論時執 而混同新奴婢二口式 各定爲遣
……爲旀 田畓段 先代賣用田畓 鈔出許除後
……父母主祀位除出爲遣 各宅曾前時執田畓乙仍于 私自賣用庫乙良
當分 衿以混入平均分□□ 爲旀 父主外邊祀位田民 一依父主遺敎
歸之□□第六宅爲乎矣 至於奴婢 各宅衿數不足乙仍于 只以奴婢貳
口乙計出爲遣 其餘祀位所生奴婢乙 不拘典例 破格分執爲旀 固城西面
畓貳拾伍斗落只 玄風率禮買得家垈柒斗落只段 祖母主曁父母主遷葬
時 葬需措備□□計置爲遣 京中北部安國坊洞家垈百間及瓦家四間乙
良 父主遺敎導良 直孫次知爲乎矣 其中有不肖子孫 潛隱放賣爲去等
諸孫呈法司治罪後 隱賣者處徵價還退爲遣 丹城墓下田畓乙良 宗家次
知爲乎矣 右田畓乙 不可任意擅賣爲旀 逃奴婢段 存沒及所生多少乙
未能詳知 不入於分衿中爲去乎 某宅是乃 先自推尋 則四口賞一口擇執
後亦爲 一體平均分執爲臥乎事

앞 부분에 落字가 많아 판독하기 어렵지만, 이의 내용을 요약하면 다음과 같다.

① 先代祀位의 田民 관계가 기록되고 다음으로 奴婢의 分衿 원칙이 언급되고 있는 것 같다.
② 田畓 총액 중에서 先代 賣用田畓과 父主祀位條를 제외하고 나머지는 平均分執하되 各宅이 前에 분급받은 전답 중 매각한 분도 포함하여 平均分執하고,
③ 父主外邊祀位田民은 遺敎에 따라 6宅의 몫으로 하며,
④ 固城 西面畓 25斗落只와 玄風 買得家垈地 7斗落只는 祖母 및 父母의 移葬費로 충당한다.
⑤ 京中 北部 安國坊洞 家垈 100間과 瓦家 4間은 直孫의 몫으로 하고
⑥ 丹城 墓下田畓은 宗家의 몫으로 한다.
⑦ 逃亡奴婢는 4口를 推尋하면 1口를 推尋者에게 賞으로 주고 나머지는 均執한다.

그리고 本文에는 먼저 奉祀條가 기재되어 있는데 甲申年의 것과는
달리 일괄하여 '奉祀位'로 기재되어 있다. 이는 16세기 중엽까지는 일괄
하여 표시되고 그 후 점차 세분하여 기록되고 있다는 점과는 다르게 나
타난다. 이 같은 점은 지역 또는 가문에 따른 차이라고 생각된다.

分衿 순위를 보면 子・女의 구분없이 출생 순으로 되어 있고, 자녀의
호칭은 一宅・二宅 등으로 기록되고 있으며 女息의 경우는 앞의 分財記
의 경우와 같이 婿名 다음에 妻로 표기되고 있다.

다음으로 分財 내용을 보면 父邊・母邊傳來의 구분이 없으며 그 기
재순서는 노비・전답의 순으로 되어 있다. 그 중 전답의 기재양식은 다
음과 같이 되어 있다.

① 咸安 二爾勿草員 北犯三百三十二 三等直田 四十六卜內 貳拾參卜
　東邊柒斗伍升落只
② 咸安 仇伐員 南犯六十一 四等直田 十五卜九束 南犯六十二 四等
　直田 五十九卜八束 東犯六十三 五等直田 十四卜四束 竝三庫 伍斗
　落只內 壹斗落只 竝田 肆石落只
③ 昌原西面 大峯員 無主田秩 東犯二十四 五等直田 六十三卜內 拾
　貳卜 南犯二百五十五 六等直田 四卜 同員 仍陳田秩 東犯二百三十
　等直田 八束 東犯二百二十九 五等直田 二十七卜九束內 捌卜壹束
　東犯二百三十一 六等直田 一卜三束 東犯二百三十四 六等直田 一
　束 西犯四十七 六等直田 二卜七束 同員 反川田秩 西犯十六 渠越
　六等直田 一卜一束
④ 果川下西面安陽 習字四十九 六等田十八卜一束內九卜 六十 六等
　田十卜九束 尺字二十四 六等田三卜九束 竝田壹石落只 積字十八
　五等畓十二卜七束內六卜 三斗落只 因字四百一 六等畓三卜九束內
　貳卜壹斗落只 竝畓肆斗落只(印)

앞의 甲申年 分財記에는 字號가 없이 員 다음에 地番이 나오고 있는
데, 이 文記에서도 字號가 없는 점은 같으나 員 다음에 地番 대신 方向

을 표시하는 北犯・南犯을 표시하고 다음으로 地番이 기록되고 있고, 또 田・畓에 土地의 品等이 기재되고 있는 점이 다르다. 그리고 또 이 文記의 기재양식에 나타난 특수한 점은 자료 ③번에서 보는 바와 같이 無主田秩・仍陳田秩・反川田秩 등이 기재되고 있는 점이다.

그 밖의 기재양식은 앞의 甲申年 分財記와 동일하다. 그리고 이 文記에는 앞의 分財記에서 보이지 않는 果川 下西面의 전답이 나타나고 있는데 자료 ④에서 보는 바와 같이 이 기재양식에는 字號가 나오고 品等도 기재되어 있어 전답의 기재양식으로는 官量案에 가장 가깝다.

末尾에는 分衿者와 筆執者의 著, 署名이 되어 있으나 2宅과 7宅에는 手決이 되어 있지 않다.

> (末尾) 故通德郎師古養子 幼學尙乾(手決)
> 故學生盧湍養子 幼學世勛
> 故通德郎昌百代子 幼學尙謙(手決)
> 故通德郎昌萬代女婿 幼學李聖時(手決)
> 幼學崔慶胤 (手決)
> 通德郎昌億 (手決)
> 故學生李聖采代子
> 通德郎昌兆 (手決)
> 通德郎昌胄 (手決)
> 幼學李世禧 (手決)
> 筆執 異姓九寸姪 幼學李汝聘 (手決)

⑷ **雍正 七年 己酉 六月初一日 男妹和會文記**

이 文記는 財主인 父 19代 종손인 尙乾(1671~1710)의 사후 19년만인 1729년에 남매가 分財를 和會한 문서이다. 기재양식은 앞의 康熙 年間의 和會文記와 같다.

(序頭) 右成文爲臥乎事段 先代祀位田民乙良 仍存爲遣 父母主生時
所賣及母主□喪時 賣用田畓 鈔出許除後 餘存略干田民 以祖父母主父
母主兩代祀位除出爲遣 男妹二人 平均分執爲乎矣 婢太丁婢正月二口
段 母主在世時 以妹主新婢 旣以定送於于歸之日 故不得擧論於分衿中
爲㫆 亡兄亦以長殤之魂 不可無祀位 各衿中一斗畓式 玆以除出爲乎矣
妹家則以自己買得畓替出 以爲祭祀之地爲去乎 雖終祭之後 仍作當身
墓位 年年伐草 而執持子孫 永勿私自賣用事

　序頭를 요약하면 ① 先代祀位의 田民은 예전 그대로 두고 父母主 生
前에 매각한 것과 母主喪 때 매각한 전답을 제외한 나머지 田民 中 祖
父母主와 父母主 兩代의 祀位條를 除하고 男妹가 平均分執하며, ② 亡
兄의 祀位條로 남매가 각각 畓 1斗落씩을 내되 이 土地는 사사로이 팔
지 못하도록 약속하고 있다.

　本文에는 먼저 奉祀位條가 기재되고 있는지 '祖父母主祀位', '父母主
祀位', '亡兄祀位'로 祭祀의 종류가 세분되고 있다.

　受衿者의 순서는 앞 分財記의 경우와 같이 출생 순으로 되어 있으며
자녀의 호칭은 一宅·二宅으로 되어 있다. 女息의 경우는 '一宅幼學權
璆妻衿'이라 하여 婿名 다음에 妻字가 기록되고 있다. 재산의 내용은 역
시 노비와 전답으로 되어 있으며 그 중 전답의 기재양식을 보면 다음과
같다.

　(田) 咸安 安仁員 男字六十一 梯田十二負四束 參斗落只
　(畓) 咸安 三大坪員 彼字二十三 直畓壹夜 九負四束 參斗落只

　대체로 앞의 分財記 양식과 같으나 字號가 있는 반면 品等의 기재가
없다. 그리고 康熙年代의 分財記에 보이던 果川의 전답이 보이지 않는
다. 末尾의 약식은 다음과 같다.

妹 幼學權 璆 (手決)
男 幼學朴汝興改祖赫 (手決)
證 同姓從祖父 通德郎昌世 (手決)
證 同姓三寸叔 幼學尙咸 (手決)
筆執 同姓五寸叔 幼學尙節 (手決)

受衿者와 證保人·筆執者의 着·署名(수결)이 되어 있다. 일반적으로 和會文記에는 證保人이 필요없다고 하였는데,[20] 이 文記에는 證保人이 있는 것이 특색이라 할 수 있겠다.

2) 分財內容의 검토

⑴ 嘉靖 二年 癸未 四男妹 奴婢許與文記

16세기 초(중종 18년, 1523) 4男妹에게 분급한 재산의 분배상황은 <표 Ⅳ-2>와 같다.

<표 Ⅳ-2> 嘉靖 二年 奴婢許與文記

區分	家翁邊		父邊		母邊		
	奴	婢	奴	婢	奴	婢	計
長女 萬戶鄭文遇妻	·	3	1	3	6	7	20
二女 幼學安繼姜妻	1	·	5	6	3	5	20
三女 進士朴德孫妻	5	4	2	7	1	1	20
一男 訓練院奉事朴榴	3	4	5	4	3	4	23
計	9	11	13	20	13	17	83

分財記의 序頭에서 언급된 바와 같이 別給된 노비를 합하여 자녀에게 平均分給되고 있다. 즉 세 女息에게 각 20口씩, 아들에게는 23口가 給與되고 있는데 아들에게 3口를 더 급여한 것은 家翁邊傳來奴 3口가 奉祀位條로 급여된 때문이다. 그러나 嫡子女에 대한 分給은 『經國大典』의

<hr>

20) 李樹健, 앞의 책, 14쪽 참조.

'衆子女에게 平均分給한다'[21])는 규정을 따르고 있다.

奴婢 83口 중 家翁·父邊이 53口, 母邊이 30口로 父邊 측의 노비가 더 많다. 그리고 조선전기 경상도 在地兩班이 보유한 노비의 평균적 규모가 대체로 60~80口인 것으로 볼 때[22]) 이 가문의 경우는 평균치를 넘고 있다.

이 노비의 許與文記에서 주목되는 점은 노비의 동일 소생이 자녀에게 專給되지 않고 골고루 나누어 지고 있다는 점이다. 예를 들면 다음과 같다.

長女 萬戶鄭文遇妻衿
……父邊傳來婢 勝今一所生 奴萬竹 年四十六 戊戌……
二女 幼學安繼姜妻衿
……父邊傳來婢 勝今六所生 奴莫金 年二十八 丙辰……
三女 進士朴德孫妻衿
……父邊傳來婢 勝今三所生 婢萬今 年三十六 戊申……
一男 訓練院奉事朴榴衿
……父邊傳來婢 勝今四所生 婢萬非 年三十四 庚戌……

(2) 甲申 正月十八日 許與文記

1644년(인조 22) 작성된 이 문기의 분재 내용은 <표 Ⅵ-3>과 같다.[23])

---

21) 『經國大典』 刑典 私賤條.
22) 李榮薰, 「朝鮮社會 率居·外居奴婢區分再考」, 『權丙卓博士華甲紀念論叢』Ⅱ, 1989, 34쪽.
23) 이 表의 작성에서는 田과 畓 모두 斗落으로 계산하였다. 원래 이 分財記에는 田畓 모두 結負法과 斗落을 倂記하고 있으나, 때로는 "咸安二大坪員 493 直田 7卜6束內 北邊3斗落"이라고 한 경우나, 또 結負표시가 없이 "昌原西面員40斗落"이라고만 한 것과 같이, 結負數를 알 수가 없고 斗落만이 파악되는 경우가 있기 때문이다. 그리고 斗落은 대체로 斗−升으로 쓰여 있는데 때로는 石落只가 사용된 경우도 있다. 1石落只는 대개 15~20斗落只로 환산하고 있으나 여기서는 20斗落只로 환산하였다. 그것은 다음의 康熙年間의 分財記 3宅故通德郎

먼저 奉祀位條를 보면, 先代祀位는 傳來된 田地가 적기 때문에 家翁이 買得·別得한 田地 50두락으로 구성되어 있고 家翁祀位는 買得·別得 田畓 39두락으로 충당되어 있다. 노비의 경우는 전체 55口 중 12口(약 1/5)로,『經國大典』의 규정된 바 '衆子女의 1/5'의 수준을 유지하고 있으나 전답은 89두락(약 8%)으로 규정에 미치지 못하고 있다.

다음으로 자녀에 대한 分衿 내용을 보기로 한다. 조선시대에 嫡庶의 차별이 심하였다는 것은 잘 알려진 사실이다. 이 文記에도 그 차가 현저하게 나타나고 있다. 노비 분급의 경우 嫡子에게는 16口, 妾子에게는 2口씩 분급되고 있으나 妾子 중 장남인 庚龍에게는 4口가 주어지고 있으며 그 위에 登科別給分 2口가 더 주어지고 있다. 그 다음의 任龍도 登科別給으로 2口를 더 받고 있으며. 妾女息들에게는 1口씩 給與되고 있다. 庶子에게는 각 2口씩 , 庶女에게는 각 1口씩으로 노비 분급에 있어서는 嫡·庶와 子·女에 따라 차등 지급되고 있음을 확인할 수 있다.

전답의 경우도 嫡·庶와 子·女에 차등을 두고 있다. 嫡子에게는 218.4두락이 급여된 반면 妾子息에게는 일률적으로 65두락을 급여하고 있다. 그러나 武科及第한 庚龍·任龍에게는 登科別給으로 각각 전답 130두락을 더주고 있으니 이는 及第에 따른 파격적인 分給이라 하겠다. 妾女息에게는 각각 25두락을 급여하고 있어 전답의 분급에도 노비 분급의 경우와 같이 嫡·庶와 子·女의 차등이 뚜렷하게 나타나고 있다.

분급된 총재산을 보면 노비 55口, 전답 1,072.4두락이다. 奴婢數는 嘉靖 때의 分財記에 보이는 83口에 비하면 激減되고 있다. 이는 兩亂을 겪은 뒤인 17세기부터 逃亡奴婢의 증가, 노비의 佃戶化·雇工化 내지는 良民化가 급격히 진행된 결과로 생각된다.

전답의 경우를 보면, 財主였던 震英이 先代로부터 상속받은 수량을 알 수가 없으나 그 자녀에게 총 1,072.4두락을 급여하고 있다. 여기에는

昌百衿 중에 "竝田 一石十七斗落"으로 표기되어 있기 때문에 1石落只를 15斗落只로 보기 어렵기 때문이다.

<표 VI-3> 甲申正月十八日 許與文記

區分	奴(口)	婢(口)	田(斗落)	畓(斗落)	合計 奴婢(口)	合計 田畓(斗落)
先代祀位	3	4	30	20	7	50
家翁祀位	2	3	15	24	5	39
嫡子 亨龍	11	5	140	78.4	16	218.4
妾子 庚龍	3	1	0	15	·	15
(登科別給)	2	2	110	20	8	130
任龍	1	1	0	15	·	15
(登科別給)	1	1	110	20	4	130
起龍	1	1	50	15	2	65
故直長尹泰之妻	家翁生時許與不錄		20	5	·	25
金昇耆妻 召史	1	0	20	5	1	25
子龍	1	1	50	15	2	65
見龍	1	1	50	15	2	65
季龍	1	1	50	15	2	65
元龍	1	1	50	15	2	65
女召史	0	1	20	5	1	25
水使南斗柄妾 召史	0	1	20	5	2	25
南斗格妻 召史	1	0	20	5	1	25
敎智立妻 召史	1	0	20	5	1	25
總計	31	24	775	297.4	55	1072.4

魚氏夫人의 재산도 포함되었다고 생각된다. 이 두락이란 토지에 대한 파
종량을 기준으로 한 것이기 때문에 실제의 소출량은 매우 큰 것이었다고
생각된다.[24] 이는 그가 功臣이요 漢城府右尹 魚應海의 女婿로서 또 그

---

24) 單位面積에서의 所出量을 算出하기란 매우 어려운 일이다. 그것은 田과 畓에
따라 다르고 또 土地의 肥瘠, 農作의 豊凶, 지방의 농업관습 등에 따라 다르기
때문이다. 여기에서는 斗落當의 所出關係를 비교적 상세히 밝혀놓은 조선후기
의 內需司黃海道庄土文積(金容燮, 『朝鮮後期農業史硏究』Ⅰ, 一潮閣, 1970,
377쪽에서 재인용)을 기준으로 대략적인 소출량을 계산하여 볼까 한다.
浦平垌 : 載寧地 土品最上 故逢豊則每斗落只 可出三十五斗 雖平年 可出 三
十斗
新　垌 : 載寧地·信川地 ┐ 此兩處 土品爲其次 豊年則每斗落只 可出
牛山垌 : 載寧地·信川地 ┘ 三十斗 雖平年可出二十五斗

가 高官을 역임한 결과로 보이며, 이 가문의 재산은 이 震英代부터 상당히 증식되었다고 생각한다.

그리고 이 分袊된 전답의 소재지를 보면 <표 Ⅳ-4>와 같다. 주로 咸安郡內 9개 員, 昌原郡內 4개 員 모두 13개 원에 散在하고 있는데, 咸安郡內에서는 가장 토지가 비옥하고 농경에 알맞은 二大坪員과 三代坪員에[25] 집중되고 있으며 昌原郡內에서는 西面 大·小峯員에 집중되고 있다.[26]

蓮花垌 : 信川地 ┐ 此兩處 土品爲中 豊年則每斗落只 可出二十斗 雖平年
倉底垌 : 載寧地 ┘ 可出十五斗

白石垌 : 載寧地·信川地 土品其中最下 豊年則每斗落只 所出不過十五斗 平年則所出爲十斗

이 자료에서도 各垌에서의 토품과 豊凶에 따른 1두락의 所出量이 크게 차이가 나고 있다. 여기에서는 朴氏家의 전답을 모두 中品等으로 평균하여 계산해보면, 그 所出量은 豊年일 경우 20斗×1072.4=21,448斗로 되며, 平年作일 때는 15斗×1072.4=16,086斗로 된다. 1石을 20斗로 보고 換算하면 平年作일 경우 그 所出量은 약 804石이 된다. 조선후기 농촌에서 1人當 40두락 즉 약 1結의 소유자를 富農으로 보면(金容燮, 앞의 책, 145쪽), 이 집안의 土地所有量이 갖는 比重을 짐작할 수 있겠다.

25) 大坪員은 現 咸安郡 가야읍 소재의 한바다 또는 한밭들로서, 吳宖默의 『咸安郡叢瑣錄』上(韓國地方史資料叢書 17, 驪江出版社, 1987)에 다음과 같이 기록되어 있다. "山外面自此始 川之東卽儉岩洞 上中下三村 合爲百有餘戶 前有大坪 土沃水優 七面之民 皆農于此".

26) 昌原郡 西面은 현재의 義昌郡 內西面 中里로 이곳은 咸安郡 山仁面과 바로 접해 있는 곳이다. 이 집안에 傳來되는 호구단자에 의하면 震英의 庶子인 源龍, 季龍 등이 거주한 것으로 나타나며 현재에도 그 자손들이 많이 거주하고 있다.

(戶口單子)

○康熙二十年五月日昌原府

考幸酉成籍戶口帳內 西面中里住第十四統 第三戶 業武朴源龍 年肆拾伍丁丑生.

○康熙八年九月日昌原縣戶口

考己酉成籍戶口帳內 西面中里住戶 業武朴季龍 年三十七癸酉生.

<표 Ⅳ-4> 分給田畓의 所在地別 分布狀況

소 재 지		1644(甲申年)		1703(康熙 42年)		1729(雍正 7年)	
		田(負-束)	畓(斗落)	田(負-束)	畓(斗落)	田(負-束)	畓(斗落)
咸安宗家基田		30斗落					
安仁員	山仁面			540-2		37.2	
松亭員	〃				3.5		
山翼伊峴員	〃		6.6	4-0	6		
仇音谷員	〃			113-3			
加沙員	〃			106-8	19		3
冷井員		186-0					
二大坪員	가야읍	39-6	76	86-0	22.6	41.9	4.5
三大坪員	〃	17-8	32.8		2		3
廣井員	〃			35-3			
長朴員	郡北面			20-2	28	4-0	
柳等浦員	〃		5.1	112-8	11.5	8-8	
大池員	〃			18-9	6.5		5
外杜谷員	餘航面				5		
內杜谷員	〃	163-6			3		
外代山梨木員	代山面			34-0		27-4	
外代山臼只員	〃			136-0			
內代山一沙員	〃			31-6			
阿見員	〃	135-8		135-0		13-1	
二爾勿草員	法守面	31-2	31	295-5	62.7	29-9	6
仇伐員	〃		2	170-6			
昌原西面員	義昌郡內西面	336	51				
大峯員	〃	581-8	68.9	992-7	56.2	41-7	29
小峯員	〃	623-3	13	391-9		8-2	
二斗方員	〃		11		4	14-1	5
綿弓員	〃	71-8					
雨也員	〃			25-7	7		
南面內毛三員	義昌郡				6		
虎□員	?			21-4			
果川下西面安陽	경기도 과천			297-6	36		
固城西面釜丁員					2		
計		2,186-9	297.4	3,569-5	281	226-2	55.5

※비고

1. 이 표는 田은 結負法, 畓은 斗落으로 계산하였다.
2. 각 員의 現地名은 現地踏査와 『한국지명총람』 10, 한글학회, 1980을 참고
   하였다.

(咸安郡)

安仁員(현 山仁面 內仁里), 松亭員(山仁面 松亭里), 山翼伊峴員(山翼面은
山仁面의 옛이름), 仇音谷員(山仁面 雲谷里 굼실), 加沙員(佳士伐, 山仁面
松亭里의 原名?), 冷井員 大坪員(가야읍 한바다, 한밭들), 廣井員(가야읍
廣井里), 長朴員(郡北面 朴谷里 큰재밑 작은 박곡마을 남쪽), 柳等浦員(郡
北面 柳峴里 소재 유전늪 ?), 大池員(郡北面 長池里 ?), 杜谷員(餘航面 杜
陵里), 外代山梨木員 · 臼只員 · 內代山一沙員 · 阿見員(현 代山面), 爾勿草
員(法守面 主勿里 소재 이물이 미을), 仇伐員(구들, 法守面 沙亭里 소재
?)

(昌員郡)

西面 大 · 小峯員, 二斗方員, 綿弓員, 雨也員, 虎□員(현 義昌郡 內西面
中里)

果川 下西面 安陽은 현 경기도 果川임

그리고 宗家가 있는 安仁員에는 전답이 없는 것으로 되어 있으나 所
在地가 기록되어 있지 않은 宗家墓田 30두락이 安仁員에 소재하고 있었
다고 생각된다.

(3) 康熙 四十二年 癸未五月三日 和會文記

父(亨龍) 사후 27년만인 1703년에 10男妹가 和會하여 분재한 내용을
보면 <표 Ⅳ-5>와 같다.

이 文記의 序頭에 "各宅曾前時執田畓……"이라 한 것으로 보아 이전
에 재산의 분급이 있었음을 알 수가 있다. 금번의 和會는 母 사후에 나
머지 유산에 관한 分衿이라 하겠다.

<표 IV-5> 康熙 四十二年 癸未五月三日 和會文記

受衿者 \ 區分	奴婢		田畓(斗落)		計		備考
	奴	婢	田	畓	奴婢	田畓	
奉祀	2	2	10	15	4	25	
一宅 故 通德郎 師古	6	5	130	27.5	11	157.5	大小峯員無主·仍陳·反川田秩 66負6 束 제외
二宅 故 幼學 盧湍 妻	6	5	130	27.5	11	157.5	〃 32-8 제외
三宅 故 通德郎 昌百	6	5	120	27	11	147	〃 74-3 제외
四宅 故 通德郎 昌萬	6	5	110	27	11	137	大小峯員無主 反川田秩 27-7 제외
五宅 故 幼學 崔慶胤 妻	6	5	113	27	11	140	大峯員無主田秩 13-2, 大小峰員同員反川田秩 17-9, 小峯員仍陳田 17-6 제외
六宅 通德郎 昌億	1	1	40	12	2	52	父主外邊奉祀條
	6	5	130	27	11	157	大小峯員無主田 19-1, 同員仍陳田 6-9, 同員反川田 34-6, 小峯員仍陳田 7-2 제외
七宅 故 學生 李聖采	6	5	130	27	11	157	大峯員無主田秩 14-2, 同員反川田秩 90-4 제외
八宅 通德郎 昌兆	6	5	130	27	11	157	大峯員無主·反川·仍陳 32-0 제외
九宅 通德郎 昌胄	6	5	130	27	11	157	大峯員無主·仍陳 및 小峯員合 62-4 제외
十宅 幼學 李世禧 妻	2	2	70	10	4	80	小峯員反川田秩 19-8 제외
計	59	50	1,243	281	109	1,524	

※이 표의 작성은 <표 IV-3>의 기준에 따랐다. 다만 無主田秩, 仍陳田秩, 反川田秩의 기재에는 結負만 기록되고 두락의 표시가 없기 때문에 各衿의 합계에서는 제외하였다.

먼저 奉祀位條의 田民을 보면 노비 4口와 전답 25두락으로 되어 있다. 이는 앞의 甲申年 分財記의 노비 12口, 전답 89두락에 비하면 매우 적은 것이다. 대체로 奉祀條의 田民은 時代가 내려올수록 증가되는 것

이 일반적인 추세인데 18세기 초의 이 경우는 그와는 다르게 나타나고
있다. 이는 이미 보유되고 있던 祀位田民을 제외하고 금번 和會分財時
의 몫만 기재한 것 때문이라 생각된다.

자녀들의 分衿을 보면 노비의 경우는 10男妹 중 9男妹가 子·女의 구
분없이 각각 11口씩을 분급받고 있으며(6宅의 경우 2口가 더 많은 것은
父主 外邊奉祀條로 지급되었기 때문이다), 다만 10宅인 李世禧妻衿만 4
口로 크게 차이가 난다. 그 이유를 확실하게 알 수 없으나 아마 庶女였
기 때문이 아닌가 생각된다. 전답의 경우를 보면 10宅을 제외하고는 다
소의 차이는 있지만 대체로 均分되고 있다. 各宅의 몫에 차이가 있는 것
은 序頭에 "各宅 曾前時執田畓乙仍于 私自賣用庫乙良 當分衿以混入
平均分執爲旀"라 한 바와 같이 이미 분급한 전답 중 매각해버린 것도
모두 混入하여 分執한 데서 그 차이가 나타난 것으로 보여진다. 그리고
17세기 후반이 되면 宗法的 家族制가 확립되고 재산도 長子우대·差等
分給을 실시하게 되었다고[27] 하는 기존 연구결과와는 달리, 18세기 초의
이 문기에는 諸子女에게 均分되고 있다. 그러므로 한 지방 또는 몇 개의
分財記 분석으로 단정적 결론을 내리는 것은 再考되어야 하겠다.

이 문기에서 특히 주목되는 점은 첫째로 전답의 分給問題인데, 奴婢
의 경우와 마찬가지로[28] 전답의 분급에 있어서도 각처에 소재한 전답을
자녀들에게 소재지·거주지역별로 배정하지 않고 한 필지의 토지를 子
女數대로 분할하여 분급하고 있다. 예를 들면 二爾勿草員 北犯 687필지
의 경우 56斗落只 중 1宅에서 8宅까지 각각 東邊 7斗落只가 분급되고
있다.[29] 이러한 分財方式은 겉으로 보기에 매우 복잡하고 불편한 것 같
지만 財主의 입장에서는 조상의 유산이 孫外傳系됨을 예방하고, 자기
자녀가 공동으로 연대의식을 가지고 관리하게 되면 그만큼 위험 부담을

---

27) 金容晩, 앞의 논문, 33쪽 참조.
28) 嘉靖 2年의 分財記 참조.
29) 資料 참조.

감소시킬 수 있다고 생각했기 때문이다. 다시 말하면 子女均分 相續制의 취지와 함께 祖上傳來의 유산이 財主의 內外諸孫에 의하여 世系됨으로써 그만큼 孫外與他나 他人被奪의 위험 부담을 줄일 수 있다고 믿었기 때문이다.[30]

둘째, 財主였던 亨龍이 父 震英으로부터 분급받았을 때 노비가 16口, 전답이 218.4두락이었는데 그가 자녀에게 분급한 재산은 노비 109口, 전지 1,524두락이다. 이는 그가 분급받은 후 노비·전답이 그간 약 7배로 늘어났음을 보여준다. 더구나 奴婢數가 격감되어 가전 18세기 초에 109口를 소유하고 있었던 것에서 보는 바와 같이, 그의 재산은 당시 咸安 지방에서는 대단한 것이었다고 생각되며, 이 朴氏家門의 재산이 이때에 이르러 가장 크게 늘어난 것으로 보인다.[31] 그리고 田地의 소재지를 <표 Ⅳ-4>에서 보면 甲申年에 咸安郡의 9개 員이었던 것이 18개 員으로 늘어났다. 宗家가 있던 安仁員을 비롯하여 山仁面內의 전답 특히 田이 급격히 늘어나면서, 郡北面·代山面·法守面 등으로 확대되고 있는 것이다. 郡北面에는 田·畓이, 代山面에서는 田이, 法守面에는 田·畓이 늘어나고 있다.

昌原郡內에는 甲申年과 같이 大·小峯員을 중심으로 전답이 늘어나고 있으며 그 밖에 甲申年에 없던 果川 下西面 安陽의 전답이 나타나고 있다. 아마 이 전답은 財主였던 朴亨龍이 漢城府 北部 安國坊에 居住한 것으로 보아(자료 戶口單子 참조) 이 시기에 買得한 것으로 생각된다.

⑷ 雍正 七年 己酉 六月初一日 男妹和會文記

18세기 초엽(1729년)에 작성된 이 分財記의 분재 내용은 <표 Ⅳ-6>

---

30) 金容晩, 앞의 논문, 10쪽 참조.
31) 註 4)에서와 같은 방법으로 이때의 田畓所出量을 환산하여 보면, 豊年일 경우 20斗×1,524=30,480斗이며, 平年作으로 보면 15斗×1,524=22,860斗로 平年作으로 계산하여도 1,143石이 된다.

과 같다.

<표 IV-6> 男妹 和會文記(雍正 7, 1729)

區分 / 受衿者	奴婢		田		畓		計			備考
	奴	婢	負-束	斗落	負-束	斗落	奴婢	負-束	斗落	
祖父母主祀位	1	1	22-8	6	17-6	3	2	40-4	9	
父母主祀位	1	1	10-2	3	28-1	6	2	38-3	9	
亡兄祀位	0	0	0	0	8-2	2	0	8-2	2	
一宅 權璆妻	2	6	100-3	40.5	90-3	21	8	190-6	61.5	婢 6口 중 2口는 外居
二宅 汝興(祖赫)	2	6	92-9	38.5	73-1	23.5	8	166-0	62	
計	6	14	226-2	88	217-3	55.5	20	443-5	143.5	

　　표에 나타난 奉祀條의 田民은 노비 4口, 전답 20두락으로 26년 전의 康熙 연간(1703) 분재시와 비교하면 노비는 같으나 전답은 5두락이 감소되고 있다. 자녀들의 分衿 내용을 보면 奴婢의 경우 一宅인 女息이 8口, 二宅인 아들 汝興(祖赫)이 8口로 子·女의 구분없이 均分되고 있으며, 田畓의 경우를 보면 一宅이 190負 6束(61.5두락), 二宅이 166負(62두락)이다. 結負數를 보면 다소 차이가 있으나 斗落으로 환산하여 보면 均分이 이루어지고 있음을 알 수 있다. 그러므로 子·女에 대한 差等分給이 앞에서 언급한 바와 같이 17세기 후반부터 일반화되어 長子우대로 바뀌게 된 것 같다는 견해와는 다르게 나타난다. 특히 이 文記에서 주목되는 것은 祖父인 師古가 1703년에 분급받았을 때의 재산이 노비 11口, 전답 157.5두락이었는데 祖赫 남매가 그 養父인 尙乾으로부터 分給받은 것은 노비 20口, 전답 143.5두락으로 노비는 그간 9口가 늘고 있으나 전답은 14두락이 감소되고 있는 점이다. 그리고 그 祖父 師古가 분급받았을 때의 이 집안의 총재산(노비 109口, 전답 1,524두락)에 비해 이 分財時 총재산(노비 20口, 전답 143.5두락)은 크게 감소되고 있는 것이다. 물론 재산의 분배는 일차에 한하지 않고 수시로 이루어지기도 하기 때문에 이 문기에 기록된 내용만으로 이 집안의 재산상태를 정확하게 알 수는 없

다. 그러나 이 시기에 이 집안의 재산에 큰 변동이 일어났다는 점은 알수 있겠다.[32)]

그리고 전답의 分布地를 보아도 咸安郡內 9개 員에서 昌原郡內 3개員으로 감소되고 있다.

맺음말

(1) 기재양식

① 他地方의 것과 비슷하나 부분적으로 차이가 있다. 가령 和會文記에는 보증인이 기재되고 있다.

② 奉祀條 기재는 下代로 내려갈수록 세분화된다고 하였는데, 18세기초에 일괄하여 奉祀條로 기재되고 있다. 分財記는 私文書이기 때문에官量案과 차이가 나며, 結負와 두락이 병기되고 있으며 분재기 4통에 각각 다소 차이가 있다.

(2) 분재 내용

① 奉祀條의 田民은 分財記上으로 볼 때 下代에 증가되지 않고 감소하는 추세이다.

② 임란 전에 분재기에는 재산이 父邊傳來, 母邊傳來로 구분되어 있으나 나머지 3통, 즉 壬亂 후는 祖上傳來의 것으로만 기록되어 있다.

③ 17세기 후반부터는 嫡長子優立相續이 보편화되고 있다는 견해가있으나 여기서는 18세기 초까지 子女均分이 행해지고 있다.

④ 노비나 전답의 分給時는 分割主義를 취하고 있다.

⑤ 土地의 소재지는 宗家가 있는 山仁面을 비롯한 咸安郡內의 인접

---

32) 그 이유를 정확하게 알 수 없으나 養子入養에도 한 원인이 있지 않나 생각된다. 祖赫의 祖父인 師古가 20세에 夭折하고 조카 尙乾을 繼子로 삼았으며, 祖赫또한 養父인 尙乾의 繼子로 入養되고 있다.

면과 昌原郡內의 西面에 집중하고 있다.

⑥ 분재기에 나타난 토지의 所有量, 所出量이 함안지역에서 갖는 비중은 매우 크며 지방에서는 대지주라고 할 수 있겠으나 전국적으로 볼 때는 중소지주라고 보아진다.

⑦ 財産增殖은 累代에 걸쳐 武科合格者가 나오고 관직에 올랐기 때문이라 보아지며, 특히 朴震英이 공신이고 명문의 사위이며, 고관을 역임하고 있었기 때문이 아닌가 추측된다.

이 가문은 科擧나 任官에 관심을 갖는 한편 治産理財에도 유념하면서 學德을 겸비하며 중소지주로서의 지위를 유지함과 동시에 향촌사회의 영도적 위치를 지키는 데서 家勢를 지탱해 나갔다.[33]

---

33) 李樹健, 앞의 책, 91쪽 참조.

V. 조선왕조의 救荒制度

머리말

한국의 전근대사회에서는 고대로부터 자연재해·전쟁·유행병 등으로 생존의 위협을 수없이 받아왔다. 이러한 상황에서 특히 가난한 농민들은 굶어 죽거나 사방으로 흩어지는(流離四散) 참담한 모습을 나타내었고, 그로 인한 농경지의 황폐와 인구의 감소로 농촌사회는 황폐화되지 않을 수 없었다.

이러한 재해에 의한 농민경영의 재생산의 파괴는 국가의 입장으로서도 큰 문제가 되었고, 이에 농민보호를 위한 대책을 강구하지 않을 수 없었다. 국가는 罹災民이나 貧民의 구제에 대한 의무가 있는 것으로 생각하여 賑恤事業을 통치조직 속에 제도화 하였다. 즉 상설적인 官營 救濟機關이 설치되기도 하고 임시대책도 마련되는 한편 민간에서도 자치적인 相助制度가 생기기도 하였다.

본고에서는 현대의 사회복지제도의 역사성을 究明하기 위해 전근대사회인 조선왕조의 救荒制度를 살펴 한국 사회복지사연구에 도움을 주고자 한다.[1]

---

1) 우리나라 救荒制度의 연구는 고대에서 고려까지는 비교적 많은 연구가 있으나 조선시대의 연구는 부진한 편이다. 조선시대에 관한 논저는 다음과 같다.
具滋憲, 『韓國社會福祉史』, 弘益齊, 1970 ; 河相洛, 『韓國社會福祉史論』, 박영사, 1989 ; 金鎭鳳, 「朝鮮 世宗期의 賑恤政策에 관한 연구」1·2, 『충북대논문집』 17·19, 1979·1980 ; 李泰榮, 「李朝時代의 救荒史硏究」, 『韓』 70, 韓國硏

1. 災害狀況

조선왕조의 재해상황을 보면 <표 1>과 같다. 이 표에 나타난 통계는 실제의 사실과 반드시 일치한다고 할 수 없으나, 그 대체적인 실태는 파악할 수 있다고 하겠다.

<표 1> 朝鮮時代의 災害(1392~1910)

	水害	旱害	飢餓	風害	霜害	雹害	雪害	地震	계
27代王 (519年)	103	49	60	20	23	21	19	10	395

* 崔根茂,「災害小考」(中),『全州敎育大論文集』4, 1969.

표에 의하면 가장 피해가 심하였던 것은 수재와 한재로 나타나고 있다. 이런 경우에는 거의 예외없이 蝗害가 뒤따르고 있으며, 이 같은 재해의 발생이 연속적인가 또는 간헐적인가 그리고 지역적인가 혹은 전국적인가에 따라 그 피해상황에 많은 차이가 있는 것이다. 이러한 재해로 생겨난 飢民數를 세종 원년의 경우로 보면 <표 2>와 같다.

8도 중 3도(전라·경상·평안)가 빠진 5도의 飢民數가 약 20만명이다. 이는 15년 전인 태종 4년(1404)에 조사된 8도 인구 32만 2천7백86명의 약 2/3에 해당되는 인구가 극빈의 상태에 있었음을 알 수 있다. 이 같은 飢民들에 대한 대책으로 정부에서는 막대한 政府保有穀을 방출하여 이들을 구제하였다.2)

究院(東京), 1978 ; 吉野誠,「李朝時代の朝鮮における救荒政策」,『東海大學紀要(文學部)』39, 1983 ; 李玟洙,「世宗의 福祉政策에 관한 연구(1)」,『大邱史學』26, 1984 ; 張學根,「成宗의 救荒政策과 民意收斂」,『車文燮敎授回甲紀念論叢』, 1989 ; 金敬泰,「茶山의 賑恤糧穀 需給論」,『民族史의 展開와 그 문화』(下), 창작과 비평사, 1990.

2) 세종 5년의 경우를 보면 표와 같다.

世宗 5年 賑濟狀況(單位 : 石)

<표 2> 世宗 元年의 飢民數(1419)

道別	飢民數
京畿	16,785
忠淸	120,249
江原	44,139
黃海	4,891
咸吉	12,223
계	198,287

*『世宗實錄』世宗 元年.

이 같은 飢民數는 조선후기에도 거의 같은 상황이었다. 이른바 조선시대의 문예부흥기라고 하는 정조대에는 전 인구의 약 45%가 기아에 허덕이고 있는 것으로 나타나고 있다(<표 3> 참조).

그리고 이 같은 굶주림과 함께 큰 문제가 된 것은 傳染病(癘疫)이었다. 조선시대의 전기간을 통해 전염병은 굶주림과 함께 年例行事처럼 일어나 백성들에게 큰 희생을 가져다 주었다. 『朝鮮王朝實錄』에 나타난 전염병의 경우를 예로 들어보면 다음과 같다.

世宗代(1419~1450)……유행건수 15회
肅宗代(1675~1720)……   23회

道	民戶數	義倉穀	賑恤穀	備考
漢城府	11,056戶	7,198石	3,900石	賑濟用
開城府		10,000	9,750	
京畿	19,627	130,042	40,180	
慶尙	43,284	200,743	120,000	
忠淸	23,098	179,556	4,100	
全羅	15,923	87,125	100,000	
黃海	17,701	106,477	1,224	
江原	15,290	88,011	30,400	
平安	34,609	206,400	40,000	
咸吉	16,787	54,062	60,000	
合計	197,375	969,812	409,374	

* 李玟洙, 위의 논문 참조.

英祖代(1725~1776)……　　　　　　20회

<표 3> 正祖 10년의 飢民數(1786)

道別	飢民數(名)	賑 穀(石)	總 人 口 數
京五府	48,485(9,697戶×5名)	4,808	169,127
京畿	178,939	13,444	637,482
忠淸	-	-	864,887
全羅	1,556,439	86,171	1,221,277
慶尙	1,088,287	83,171	1,588,624
江原	1,603	994	325,804
黃海	-	-	564,734
平安	-	-	1,288,399
咸鏡(正祖13)	291,588	26,014	666,449
計	3,165,341	214,962	7,326,783

* 鄭德基, 『韓國社會經濟史』, 형설출판사, 1989, 274쪽.

이 전염병으로 사망한 수를 숙종 44년(1718) 각 지방에서 보고된 것을 보면 약 1만 6천여 명이다(<표 4> 참조).

그리고 영조 26년 3월의 경우를 보면 8도 여역사망자수가 10만여 명으로 기록되고 있다.[3]

<표 4> 肅宗 44년(1718) 전염병 사망자 수

	1월	2월	3월	4월	9월	10월	11월	12월	계
咸鏡道					230여		1,000여	1,243	2,473여
平安道	240							83	863
黃海道		17				540		300여	437
京畿道						120			1,384
江原道							1,030여		1,410여
忠淸道	642	1,454	595	3,068		380			5,759
慶尙道		75	297	2,387				346	3,105
全羅道			240	460여					700여
計									16,131여

* 『肅宗實錄』 44년

---

3) 『英祖實錄』 英祖 26年 3月 丙寅.

2. 救荒政策

조선왕조는 치국의 이념으로서 유교적 윤리에 의한 왕도주의에 입각하여 민본주의, 애민사상으로 정책을 수립·실시하였다. 즉 재해로 인한 이재민이나 빈민이 생기면 국가는 이들을 구제해야 할 의무가 있는 것으로 생각하였다. 그 한 예를 들면 태조 7년(1398)에 慶尙道 觀察使가 이재민에 대한 구제를 요청하였을 당시 左議政이었던 趙浚은 "굶주리는 백성이 국내 각처에 있는데 만일 그들 전원을 국가의 糧穀으로 구제하게 되면 국가의 全備蓄米가 없어질 것이다"고 하여 이에 반대하였는데 太祖는 "현재 경상도에 양곡이 있는데 어찌 빈민을 구제하지 않겠냐"고 하여 이들을 구제케 하였다는 데서 알 수 있다.[4] 그리고 世宗 元年의 교서를 보면

> 民은 나라의 근본이며……水旱·風雹 등 재해로 흉년이 들어 재산을 가진 자까지도 기아를 면치 못하는 사례가 있다.……이 같은 사태에는 官倉을 열어 농민을 賑濟한다. 만약 이를 시행하지 않은 수령이 있으면 治罪한다.[5]

고 하였다. 이는 민이 나라의 근본이기 때문에 재해가 생기면 즉시 官倉을 열어 구제해야 한다는 민본주의에 입각하고 있다. 그리고 재해가 일어나면 그 책임이 군주의 덕이 없음에 있는 것으로 생각하였다. 그것은 다음과 같은 사료에서 알 수가 있다.

---

4) 『增補文獻備考』 市糴考 七, "本朝 太祖七年 慶尙道觀察使 請賑飢民 左政丞 趙浚曰 饑饉之民 諸道皆然 如皆發廩賑之 臣恐國無餘蓄 上曰 慶尙有粟何不 賑之".

5) 『增補文獻備考』 市糴考 七, 世宗 元年條, "世宗元年 敎曰 民惟邦本……因水 旱風雹之災 連年凶歉 至於有恒産者 亦未免飢餓 故爰命戶曹 發倉賑濟 守令 之不恤民隱者 間亦有焉 令有司治罪……".

(1) 내가 薄德한 몸으로 백성의 위에 있으면서 萬機에 임할 때, 옳고
그름에 어두워 백가지 법이 이치에 어긋나고 잘못된 정사가 많아서 재
앙이 해마다 내려 한재가 들고 있다. 따라서 농사의 수확이 전혀 없자
굶주린 백성들을 구제하는 것이 급해졌고, 국고가 비고 백성들의 생활
이 어렵게 되었는데 백성의 부모된 내가 어찌 충족하기를 바라겠는가.
그렇다고 창고가 빈 것만 생각하여 救恤을 생각하지 않는다면 백성들
이 어떻게 고난을 견디어 낼 수가 있겠는가. 허물이 내몸에서 나왔으니,
사죄하는 것도 나로부터 해야 할 것이다.6)

(2) 君王은 萬人의 부모이므로 백성 한 명이 배고파 하면 자기 배고
픔과 같게 생각하고 백성 한 명이라도 추워하면 자기 추위와 같게 생각
해야 한다.7)

그리고 수령들이 賑恤과 구제에 힘쓰지 않을 때는 무겁게 처벌하게
되어 있어 일차적인 책임을 수령들이 지게끔 되어 있다. 조선시대의 기
본법전인 『經國大典』에

각 고을(邑)은 백성으로 하여금 해마다 흉년에 기근을 구할 수 있는
물자를 준비하게 할 것이며, 수령이 진휼과 구제에 마음을 쓰지 아니하
여 굶주린 백성을 많이 사망케 하고 그 사실을 숨겨서 보고하지 않은
자는 중벌에 처한다.8)

고 되어 있고, 또 『續大典』 戶典 備荒條에는

備荒穀을 이용하거나 대용한 경우에는, 수령은 公穀濫用律에 의해서
論罪하고 色吏는 杖 1백에 처하여 定配하고, 備荒穀을 민간에 勸分하

6) 『成宗實錄』 成宗 13年 7月 戊子.
7) 『增補文獻備考』 市糴考 七, 肅宗 24年.
8) 『經國大典』 戶典 備荒條, "諸邑令民 歲備救荒之物 守令不用心賑救 飢民多致
物故 匿不以報者 重論".

는 것을 엄금한다.

고 규정하고 있다.

　한편 조선시대에는 재해가 일어나면 즉시 각 지방에 賑恤使(賑濟使, 敬差官, 救荒巡察使)를 보내 피해상황을 조사케 하여 구제행정을 지도·감독케 하였으며, 그 상황을 중앙에 보고케 하고 있다. 그런데 지방에서 사태가 생겼을 때는 중앙의 재가를 받지 않고도 그 지방 수령이 신속하게 구제토록 하고 있다. 이는 太宗 16년의 다음과 같은 사료에서 알 수가 있다.

　　구제는 백성의 시급한 어려움을 구하는 것인데 일일이 중앙에 상신하여 재가를 받아 실시하면 失期하게 될 것이니 지방 사정에 따라 적당히 구제토록 하라.[9]

　그리고 지방관이 진휼과 구제에 힘쓰지 않았을 때의 처벌된 경우를 보면 世宗 元年 처벌대상자 101명 중 28명이 처벌되고 있는데, 현감이 "飢民只一戶"를 살피지 못할 때 減二等하고 杖八十하는 중벌을 가하고 있다.[10] 성종 12년의 경우에도 수령 20명이 처벌을 받고 있다.[11]

　이와 같이 진휼에 불성실한 관리들에게 중벌을 가하는 한편 이를 성실히 수행하는 관리들에게는 포상도 하였다.

---

9) 『增補文獻備考』 市糴考 七, 太宗 16年.
10) 『世宗實錄』 世宗 元年 8月 丙戌, "上以和州牧使許撥 鐵原都護府使洪廷安等 八人 不謹賑濟 制書有違 杖一百監考十人 減二等杖八十 珍城縣監鄭簽以飢民 只一戶 減二等杖八十 陝川監考朴藩飢民只一戶 減三等杖七十 德山縣監柳仲 敬等三人 失於參考 加減分給違令 笞五十幷令收贖不收職牒 振威記官李棄等 四人 盜用賑濟米 杖八十 特免刺字 鐵原縣監金得全 年老昏愚未減笞五十 其 餘守令七十人 監考三人 所犯皆輕 特免其罪".
11) 처 벌 내 용

3. 救荒對策

구황대책에는 여러 가지가 있으나, 본고에서는 備荒, 救荒, 救療로 크게 세 가지로 나누어 살펴보고자 한다.

먼저 조선시대의 구제 대상을 보면 다음과 같다.[12]

 (1) 養老 및 敬老에 대한 賑恤
 (2) 遺棄小兒의 수양 및 부랑아의 보호
 (3) 鰥寡孤獨에 대한 구제대책
 (4) 士族의 혼인장려책으로 국고에서 婚費補助
 (5) 宗親·士族으로 가난한 사람에게 官에서 장례비 보조
 (6) 不具廢疾者의 救恤
 (7) 이재민의 구제
 (8) 飢民 또는 빈민에게 미곡을 무상으로 給與하는 진휼
 (9) 빈민 환자에 대한 施藥 및 치료
 (10) 貧民 및 行旅乞人에게 施食
 (11) 이재민에 대한 免稅, 免役

職位 및 姓名	處罰內容	職位 및 姓名	處罰內容
文化縣監 禹孝宗	2資級 2降等	肅川府使 金嗣源	1資級 降等
鳳山郡守 安敦厚		慈山郡守 嚴鐵剛	
黃州牧使 權 引		江東縣監 南致信	
載寧郡守 柳孝達		豊川府使 朴永亨	杖 70
信川郡守 金 据		安岳郡守 郭順宗	
龍岡縣令 文碩漢		平壤庶尹 李 庚	
三和縣令 李 詮		平壤判官 趙 勖	
安州牧使 金繼宗		江西縣令 鄭仁孫	
安州判官 李壽孜		甑山縣令 權 老	答 50
咸從縣令 金 高		中和郡守 洪若沈	

(『成宗實錄』成宗 12年 11月 庚子).

12) 丁茶山,『牧民心書』愛民六條.

1) 備荒制度

이 제도는 구황에 대비한 상설적인 것으로 주로 倉制를 중심으로 운영되었다.

(1) 義倉

평소에 곡식 등을 저장하여 두었다가 흉년에 이것으로 빈민을 구제하는 관영 구제기관으로 춘궁기에 곡식을 나누어 주고 추수기에 거두어 들이는(春貸秋納) 제도이다. 원칙적으로 이자는 없고 原本만 환납하는 제도였으나, 곡물의 자연감소를 보충하기 위해 利息耗穀으로 10~20%를 받아 이를 다시 구제용으로 활용하였다.[13]

우리나라의 義倉制度는 고구려 때의 賑貸法에서 비롯되어 고려 太祖 때는 黑倉이라 하였다가 성종 5년(986)에 黑倉을 義倉으로 이름을 바꾸어 각 지방에 이를 설치하였다. 조선왕조에서는 고려시대의 이 제도를 계승하여 건국 초부터 실시되었으며, 그 범위가 전국적으로 확대되고 그 운영도 활발하였다. 그러나 점차 관리들의 농간과 백성들의 낭비로 폐단이 생겨났다. 그 후 이 제도가 큰 성과를 얻지 못하여 중종 20년(1525)에는 賑恤廳에 통합되어 폐지되었다.

(2) 常平倉

물가조절기관으로 우리나라에서는 성종 12년(993) 처음으로 兩京과 12牧에 설치되었다. 이 常平倉은 이른바 흉년에는 백성들을 구하고, 풍년에는 농민들이 손해를 보지 않게 하는(饑不損民豊不傷農) 정책에서 나온 것으로 흉·풍년을 헤아려 매매를 해서 穀價를 조절하자는 것이었다. 즉 풍년에 곡가가 떨어지면 관에서 時價보다 비싸게 미곡을 사들여 저축해 두었다가 흉년에 곡가가 오르면 時價보다 싸게 팔므로써 곡가를

---

13)『萬機要覽』財用編, 糴糶條.

조절하여 백성들의 생활을 돕자는 기관이었다.

조선시대에는 이를 계승하여 세종 27년(1445)에 시중의 穀價가 앙등하자 다시 부활시켰으며, 성종 때 兩京·12牧에 설치하여 흉년에 조적을 행하여 빈민을 구제하였다.『經國大典』戶典에

　　京外에 常平倉을 설치하여 穀物이 貴하면(흉년) 가격을 올려 布를 사들이고, 곡물이 賤하면(풍년) 가격을 내려서 布를 내다 판다.

고 하였다. 이것으로 미루어 보면 상평창은 물가조절이 주목적이었으나, 그 부수적인 업무로 진휼사업에 관련하였던 것이다.

그 후 상평창에 관한 기록은 연산군대와 중종대에 가끔 실시되었다는 기록이 있으나, 재해가 계속되고 兵亂(倭亂, 胡亂) 등으로 인하여 그 자원이 점차 감소되어 그 운영의 계속이 어려워져 인조 13년(1636)에는 賑恤廳에 병합되었다.[14]

⑶ 社倉

조선시대 지방의 각 촌락에 설치된 일종의 穀物貸與機關으로 義倉과 같은 성질의 기관이다. 그러나 義倉은 관영인데 비해 社倉은 社(행정단위로 지금의 面)의 경영으로 지방민의 자치적인 것이었다. 즉 社內의 富豪 등 社民이 공동출자하여 "公廉品官"을 책임자로 하여 상호부조하는 기관이었다. 이 사창은 의창제의 폐단을 개선할 목적으로 세종 18년(1436)에 처음으로 논의되어 세종 30년(1448) 大邱府에서 시험하여 그 후 10여개 처에서 성공하였다. 그 후 世祖 때 전국적인 시행을 꾀하였으나 성공하지 못하였고, 성종 원년년(1470)에는 폐지되었다. 그 이유는 곡물의 대여가 고르지 못하여 빈민들에게 아무런 편리를 주지 못하였고, 특히 임진왜란 후에는 社倉廢止論까지 나왔다. 효종 때, 賑恤廳에서 社

---

14)『增補文獻備考』市糴條 七, 仁祖 13年.

倉條目을 제 도의 모든 고을(邑·面)에 令示하여 백성들로 하여금 해마다 구황하는 물자를 준비하게 하고, 수령으로써 진구하는 데 마음을 쓰지 않아 기민이 많이 죽게 되어도 은닉하고 보고하지 않는 자는 엄중하게 논죄하며, 각 고을의 진휼곡은 해마다 힘이 자라는 대로 비축하되, 새로 비축한 수효를 연말마다 監營으로부터 備邊司에 보고하도록 하고 있다. 그러나 숙종 때부터 흉년이 계속될 뿐만 아니라 관리들의 농간이 매우 심해졌으므로 사창제도를 엄격히 시행하여 구해 보려는 노력으로 숙종 10년(1684)에 社倉條例를 제정하였으나 실효를 거두지 못하였고, 純祖 때 다시 폐지론이 나왔으나 사창제를 정비하여 그 폐단을 없애고 실시하기로 하였으나 별다른 성과를 보지 못하였다.15)

⑷ 軍資倉

전국의 軍田으로부터 받아들인 軍資穀을 저장하는 창고로, 이 軍資倉에서는 別倉을 두어 잡곡을 저장해 두었다가 평상시에는 백성에게 대여해 주고 가을에 곡물을 수납케 하였다. 대여받은 관곡을 반납할 때는 백성이 스스로 斗升을 되는 것을 허락하였다.16)

⑸ 交濟倉·濟民倉

각 지방의 풍·흉년이 다를 때 그 부족분을 보충하기 위해 다른 지방으로부터 곡물을 옮겨 신속하게 빈민을 구제하는 제도로서 숙종 때부터 영조대까지 70여 년에 걸쳐 설치되어 신속하게 빈민을 구제하는 데 크게 도움을 준 기관이다. 숙종 때(1672)부터 北은 交濟倉, 南은 濟民倉이라 하였다.17)

---

15) 『世宗實錄』, 『世祖實錄』, 『成宗實錄』, 『肅宗實錄』, 『純祖實錄』, 『萬機要覽』.
16) 『經國大典』 戶典, 『續大典』 戶典.
17) 『萬機要覽』 財用編 五, 荒政條.

(6) 救荒廳(賑恤廳)

흉년에 백성을 구제하는 기관으로 世宗代에 처음으로 救荒廳이란 전담기관을 설치하였다. 그 후 인조 4년(1621)에 備邊司에서 관리하던 救荒廳을 宣惠廳에 이속하고, 물가조절기관인 상평창과 합하여 전국의 耗穀發賣와 設粥 등의 일을 전담하게 하여 賑恤廳이라 개칭하였다. 주로 서울 이외의 지방을 구제하였고, 백성을 賑恤할 때는 賑恤廳이라 하고, 진휼이 끝나면 常平倉이라 하였는데, 이 방면의 담당사무는 모두 備邊司에서 맡았다. 고종 31년(1894)에 폐지되었다.[18]

2) 救荒制度

(1) 賑濟

재해가 발생하면 賑濟場(所)을 설치하여 이재민이나 빈민들에게 식량을 비롯하여 鹽·醬·衣·布 등의 현물이나 金錢을 지급하여 구제하는 제도이다.

賑濟所를 설치할 때 京中의 경우는 漢城府에 시달하여 飢民을 추려 모으고 날짜를 배정하여 진휼을 하며, 식량을 발매할 때에는 4等戶로 나누어 쌀을 받게 한다. 設賑 때 전염병이 유행할 때의 대책도 구체적으로 명시되어 있다. 그리고 지방의 경우는 각도의 監司 및 군현의 守令이 이를 관장하여, 飢民의 家戶를 추려내어 순번을 나누어 진휼을 하며 진휼용의 곡물은 常賑穀과 다른 公穀으로 조달하고, 진휼이 끝난 뒤에 上啓하여 진휼청을 경유하여 재가를 받는다고 규정되어 있다. 그리고 設賑의 방법을 京中設賑과 外邑設賑, 그리고 京廳發賣式(1朔 1巡), 最貧窮白給式(國王의 특별교시에 의한 무상지급), 外邑分賑式(1朔 3巡) 등의 정식이 수록되어 있다.[19]

---

18) 註 14) 참조.
19) 『萬機要覽』財用編 五, 荒政條.

이들에게 나누어준 전체의 내용을 世宗 6년의 경우로 보면, 15세 이상
의 남녀 각 1명에게는 하루에 쌀 4홉, 콩 3홉, 醬 3홉, 11세에서 15세까지
는 쌀 1홉, 콩 2홉, 醬 반홉, 2세에서 10세까지의 小兒에게는 쌀 2홉, 醬
반홉을 지급하고 있다.[20]

조선후기의 경우를 순조 8년(1808)에 편찬된 『萬機要覽』 財用編 荒政
條에서 보면

　　男壯 每巡米五升(每日五合) 男老・女壯・女老 每巡四升(每日四合)
　　男弱・女弱 每巡三升(每日三合) 以上 穀物 二皮穀分給則 一依準折
　　粥米 毋論男女壯老弱 每口三合 鹽醬藿 參酌分饋 多寡無恒式

이라 되어 있다. 이같이 정부에서는 이재민들에게 최소한 생명을 유지할
수 있도록 배려하여 구제하고 있다.

(2) 蠲減

재해나 흉년이 들었을 때 조세나 역역을 면제하거나 감면하는 것으로
우리나라에서는 고대로부터 실시되어 왔다.

(3) 恩免

開國이나 왕의 즉위 등 국가의 경사가 있을 때 세금을 감면하고 죄인
을 사면하는 것이다.

(4) 願納(勸分)

빈민구제를 위한 관곡이 부족할 때 그것을 충당하기 위해 민간인 중

---

20) 『成宗實錄』 世宗 6年 正月 丁酉, "飢民賑濟……十五歲以下男女 每一名 一日
　　支米四合豆三合醬三合 自十一歲至十五歲 每一名 一日米二合豆二合醬半合
　　自二歲至十歲小兒 每一名 一日米二合醬半合".

부유한 자로 하여금 곡물을 바치게 하고 납입한 자에게 관직을 주는 제
도이나, 여러 가지 폐단이 있어 英祖(1725)代에 이를 폐지하고 願納者에
한하여 포상하였다.21)

(5) 四窮의 보호

四窮이란 鰥寡孤獨을 말한다. 즉 鰥은 홀아비, 寡는 과부, 어리고 부
모가 없는 자를 孤, 늙고 자녀가 없는 노인을 獨이라 하며, 이들에 대한
보호는 우리나라에서는 옛부터 실시되어 왔으며, 조선시대에서도 이들의
보호는 국가의 의무로 되어 있었다. 四窮의 선정에는 연령과 친척과 재
산을 관찰하여 자기의 재산이 있든가, 친척이 있든가, 연령이 60세 미만,
10세 이상이면 관에서 收養하지 않아도 되는 것이었다.

(6) 老人의 보호

우리나라에서는 옛부터 국가가 하나의 惠政으로 실시하여 왔으며, 조
선시대에 시행된 중요한 노인 보호대책을 보면 대략 다음과 같다.22)

1) 국왕이 지방순회시에 지방이 孤乞者를 소집하여 衣食을 賜하거나
饗을 베푼다(삼국시대 이래의 恒例).
2) 國慶時에는 궁정에서 노인연을 베푼다(고려 이후의 예).
3) 耆老社를 설립하여 文官 正二品 이상의 자로 70세 이상된 자들과
국왕이 매년 춘추에 宴樂을 같이 한다(조선초 이후의 定例).
4) 노인으로 100세 이상의 자에게는 白米를 賜하고 매월 酒肉을 賜하
며, 90세 이상의 노인에게는 매월 酒肉과 爵을 賜하고, 80세 이상의 노인
에게는 爵을 賜하고 매년 중추에 宴을 베풀었으며, 지방에 있는 노인은
지방관으로 하여금 접대케 하였다. 一品 이상의 노인에게는 지팡이를 賜

---

21) 『續大典』 戶典 備荒條.
22) 河相洛 編, 앞의 책, 65~66쪽.

하고 공신의 부모, 처 또는 堂上官의 처로서 70세 이상의 자에 대해서는 매월 酒肉을 賜하였다(조선 세종 이후의 定例).

5) 노인직을 설정하여 位階를 주어 존경을 받게 한다(조선 숙종 이후의 定例).

6) 사형 또는 徒流刑에 처형된 자의 집에 노병의 부모 또는 조부모가 생존하고 있으나 그를 부양한 자가 없을 때는 특별히 감형 또는 환형의 처분을 하여 집에 머물러 있게 하여 노친을 보호케 한다(明律을 조선에 적용).

(7) 兒童의 보호

조선시대 아동의 구휼에 관한 것을 법전상에 나타난 것을 보면 『經國大典』 禮典 惠恤條에

집잃은 小兒는 漢城府나 그 고을에서 보호하여 양육을 원하는 자에게 주고 의복과 食料를 官給한다(10세가 넘어도 돌려 달라고 신고하는 자가 없으면 養育人에게 使役시키는 것을 許한다).

고 규정되어 있다. 즉 아동의 보호를 국가가 책임을 지고 구제하고 있음을 알 수가 있다. 그 후 숙종 21년(1695)에 賑恤廳臨時事目(收養臨時事目)이 제정되었는데, 이는 그 후 영조 20년(1744)에 편찬된 『續大典』 惠恤條에 수정·수록되어 있다. 이 같은 국초부터의 아동보호에 대한 諸施策은 정조 7년(1783)에 반포된 遺棄兒·行乞兒의 구제에 관한 법령인 字恤典則에 상세하게 규정되어 있다. 字恤典則의 내용을 보면 다음과 같다.

1. 荒歲에 行乞하는 아이는 10세를 限하고 路傍遺棄兒는 3세를 限하여 五府에서 聞見하는 대로 진휼청에서 留養토록 하되 행걸아는 麥秋까지 유양하고 유기아는 흉풍에 불구하고 節目에 의하여 시행한다.

2. 行乞兒는 반드시 부모·친척 또는 주인이 없어 無依無託한 것을 기준으로 하고 該府의 吏隷와 該里任掌 등이 符同하여 허위신고하는 일이 있을 경우에는 중히 다스리고, 시행치 말 것이며, 留養 후라도 부모·친척 또는 主家에 와서 推尋하는 경우에는 인근 사람에게 내력을 詳査하여 疑點이 없게 명백히 밝힌 후에 該府에서 月日을 기하고 내주어도 좋으나, 그 인수자가 가난하여 도로 行乞을 시키는 경우에는 다시 찾아다가 留養하고 재차 流散하는 弊가 없도록 한다.

3. 行乞兒는 賑廳 倉門 밖 空閑處에 土幕을 짓고 이것을 留接所라 하고 여기에서 留養하되 給糧은 賑廳式例를 참조하여 7세 이상 10세 미만은 1일 每口에 米 7合, 醬 2合, 藿(미역) 2立을 주고, 4세 이상 9세 미만은 1일 每口에 米 7合, 미역 1立을 계산해서 지급하고, 그 지급사무는 해당청의 庫直으로 하여금 주관케 한다.

4. 遺棄의 보고가 궁벽진 곳이나 郊外 먼 곳에서 部에 도달했을 때에는 부의 관리가 아직 직접 보지 않았다 하더라도 곧 審驗·收取하여 賑廳으로 이송한다. 단, 포대기에 싼 갓난아이를 버린 것은 急을 要하므로 里任으로 하여금 먼저 진휼청으로 보내고 나중에 該部에 통고토록 한다.

5. 遺棄兒를 留養함에는 乞食女人 중 젖있는 자를 택하여 매 1인에 두 아이씩 나누어 주고, 乳女 每口에 1일 米 1升 4合, 醬 3合, 미역 3立씩을 給한다. 단 걸식치 않는 여인으로서 取養할 것을 자원하나 가난하여 먹을 것이 부족하여 젖을 먹일 수 없는 사람에게는 한 아이를 주어 기르게 하고 每口에 1일 米 1升, 醬 2合, 미역 2立을 준다.

6. 行乞兒, 遺棄兒를 막론하고 이를 수양할 것을 자원하는 자에게는 續典事目에 의하여 廳으로부터 허가장을 발행하되 자녀로 하기를 원하는 자, 노비로 하기를 원하는 바로 쫓아서 시행한다. 良人·公私賤을 가리지 않고 수양을 허가하되 수양의 기간이 계속 60일을 경과하지 않은 자에게는 허가장을 주지 아니한다. 부모 친족 중 3월 이내에 推尋하는 자에 대하여는 수양곡물의 배를 償還하는 조건으로 데려가는 것을 허가한다. 救活 후 壓避하는 자는 叛主의 죄로써 논하고, 위세로서 還奪하는 자는 枉法의 죄로써 다스린다.

7. 행걸아, 유기아에 대한 급식과 飼乳의 절차는 관의 지도감독이 철저

치 않으면 유명무실할 것이므로 매월 말 該廳郎官은 어린이들의 살 찌고 마른 것, 동작이 빠르고 느린 것을 심사하여 급식과 飼乳를 잘 하고 못한 것을 밝혀 잘못한 고직이나 乳女를 문책한다. 部의 관원이 보고·접수의 처리를 소홀히 하거나 진청의 낭관이 留養을 게을리 하는 경우에는 어사의 염탐시 발각되는 대로 진청에 보고하여 논죄 한다.

8. 행걸 또는 유기아 중 의류가 없는 자는 賑廳前例에 의하여 제조하여 지급하고 乳女 중 옷이 없는 자도 전부 만들어 주고, 疾病者는 관청 으로부터 혜민서에 위촉하여 간호·구료케 한다.

9. 京外의 지방은 각기 面里任이 지방관에게 보고하고 지방관은 그 허 실을 심사하여 행걸아는 賑邑을 설치하여 留養하고, 유기아는 賑場 의 설치 여부를 막론하고 留養한다. 급식·飼乳의 절차와 留接·수 양의 법은 京節目에 준하여 시행한다. 곡물은 常賑穀을 이 용도에 사용하고, 장·미역 등 부식물의 조달은 지방관이 담당한다. 매월 말 구제 인원수와 소모양곡 수량을 道監營에 보고하고 감영에서는 전부 정리하여 책을 만들어 진휼청에 보고하여 후일의 증빙을 삼는다.

⑻ 埋置院

연고자가 없는 사망자나 굶주림과 병으로 죽은 빈민의 시체를 국가에 서 매장해 주기 위해 임시로 설치된 기구이다. 조선시대에는 태종 10년 (1410) 4月 司諫院의 건의에 따라 도성에 있는 시체를 매장하는 문제가 결정·시행된데서 비롯되어[23] 그 후에도 계속되었다.

3) 救療制度

조선시대의 救療機關을 보면 다음과 같다.

⑴ 惠民署(惠民局)

---

23) 『太宗實錄』太宗 10年 4月 甲辰.

서민들의 질병을 치료하고 女醫를 교육하는 곳으로 고려 예종 7년
(1112)에 혜민국으로 설치되었고, 조선 太祖 때도 이를 계승하여 혜민국
이라 하다가 세조 12년(1466)에 혜민서로 개칭되었다. 그 후 인조 때 전
의감에 합쳐졌다.24)

(2) 東西活人署

가난하고 의지할 곳 없는 환자들의 병 치료와 보호를 목적으로 설치
된 자선의료기관이다. 조선초기에는 고려에서처럼 동서대비원이라 하였
다가 문종 1년(1451)에 활인원으로 고쳤다가 세조 12년(1466)에 다시 활
인서로 개칭하였다. 이 활인서에서는 주로 전염병자를 취급하였다.25)

(3) 濟生院

제생원은 지방에 조직된 의료기관들을 통일적으로 관할할 목적에서
태조 6년(1406)에 설치된 중앙의료기관이었다. 이 제생원에서도 매년 지
방에서 올라오는 약재를 받아 일반 백성들에 대한 치료사업을 하였으며,
이 밖에 鄕藥에 기초한 의약연구도 하였다. 세조 7년(1461)에 혜민서에
통합되었다.26)

4) 救荒方

앞에서 본 바와 같은 구황대책 이외에도 정부에서는 민간으로 하여금
기근에 대비하여 草根木皮나 海藻類 등 먹을 수 있는 것은 모두 대용식
으로 준비하도록 하고 있다.『經國大典』戶典 備荒條에 보면 "令民歲備

24)『經國大典』吏典,『續大典』吏典.
25)『經國大典』吏典,『太宗實錄』太宗 11年 3月 癸未,『世宗實錄』世宗 元年 2月
己丑.
26)『經國大典』吏典.

救荒之物"이라 하였고, 또

　　諸鎭은 當番水軍으로 하여금 海鹽을 굽고 海藻를 채취케 하며 그 수를 조사하여 관찰사에게 보고한다. 諸邑은 백성들로 하여금 그 해의 구황할 물자를 준비시킨다. 수령이 救荒救濟에 힘쓰지 않아서 백성이 굶주려 많이 죽었어도 숨겨서 보고하지 않을 때는 엄중히 처벌한다.

고 규정하고 있다. 그리고 세종 원년 8월 癸未條에도

　　조정에서는 橡實(상수리와 도토리)·黃角(紅藻類에 속하는 해초, 청각의 일종으로 빛깔이 누름)·豆藿(팥잎·콩잎) 등 사람이 먹을 수 있는 모든 草木·根莖·花葉을 각 지방의 손실경차관으로 하여금 실농한 각 民戶를 分揀하여 豫備收蓄케 함으로써 이듬해의 구황에 대비케 한다.

고 하여 조선시대에 구황을 위한 대용식 관계의 저서가 많이 나와 크게 도움을 주었다.27) 이밖에도 관 주도가 아닌 민간에서 자치적으로 만든 契·鄕約 등이 있었으나 본고에서는 생략한다.

　　　맺음말

　우리나라에서는 옛부터 천재지변·전쟁·유행병 등으로 백성들의 희생이 극심하였는데 조선시대에도 예외는 아니었다. 이 같은 재해가 생겼을 때 정부는 이재민·빈민을 구제하기 위한 여러 가지 제도를 마련하여 실시하였다.

---

27) 『救荒辟穀方』(世宗), 『救荒撮要』(明宗), 『甘藷譜』(姜必覆), 『甘藷新譜』, 『種藷譜』(徐有渠).

첫째, 구황정책을 보면 왕도주의에 입각하여 구황의 책임이 국가에 있으며 이 또한 국왕의 덕이 부족한 때문인 것으로 생각하였다. 그리하여 재해가 발생하면 신속하게 대책을 강구하였는데, 그 책임은 일차적으로 지방관이 지도록 하고 구황에 대한 책임을 수행하지 못한 지방관은 엄벌에 처하도록 하였다.

둘째 구황대책을 보면, 구황을 위한 상설기관인 倉制를 마련하여 국가에서 식량 및 그 밖의 물자를 지급하였고, 救療機關을 두어 빈민을 구제하였으며 임시대책으로 賑濟所 등을 비롯한 제기관을 설치하여 구황에 힘썼다.

이 같은 조선시대의 구황제도는 고려시대보다는 제도나 운영면에서 한층 조직화 되었다. 그러나 실제의 운영에 있어서 정치적으로 안정되었던 조선전기에는 그런대로 이 제도에 의한 구제사업이 실시되었으리라 생각되나, 그 후 倭亂·胡亂 등 兩大 兵亂을 겪은 후, 그리고 조선후기의 정치기강의 문란으로 인한 삼정문란 하에서 실제로 어떻게 운영되었는지 그 실태가 앞으로 규명되어야겠다.

제3편
보 론

Ⅰ. 공민왕대의 대외관계

머리말

　공민왕대(1352~1374)는 元宗 이래 100여 년간 宗主하던 元의 쇠망기인 동시에 漢族에 의한 新興帝國 明의 勃興期로, 大陸情勢의 이와 같은 急變期에 처하여 高麗王朝의 對外關係는 또한 亟數的으로 일대 변혁을 초래하지 않을 수 없었다.

　유래로 우리나라는 半島란 지리적 조건에 제약되어 옛부터 대륙정세의 동태에 민감하였으며 또한 대륙정세의 추이에 잘 대응함으로써 國命을 유지하고 國威를 신장한 경우가 많았던 것이다.

　이와 같은 대륙과의 관계를 丁仲煥 교수는 三角關係로 설명하고 있는데 우리나라를 삼각형의 정점인 A각으로 볼 때 대륙의 北方族과 漢族을 각기 B각 C각으로 보아 이 A·B·C 간에 서로 견제하여 일종의 Balance of Power가 이루어지면 서로 並存하는 형태를 취하여 A각은 안정상태에 서게 되고, B와 C가 하나로 합쳐질 때에 A각은 그 발전이 저해되었다고 말하고 있다.[1]

　元明交替期의 경우 元은 北方族인 蒙古民族이고 明은 漢族이다. 그러나 北方族과 漢族이 끝내 分立抗爭한 것이 아니고 북방족이 지배하던 통일제국에서 漢族이 지배하는 통일제국으로 그 지배권이 옮겨간 易姓革命에 지나지 않는다. 이 혁명의 과도기가 바로 공민왕대에 해당된다.

---

　1) 丁仲煥,「古代史上의 大陸關係」,『白山學報』제4호, 1968 참조.

공민왕을 계승한 禑·昌王代는 元이 滅한 직후라 그 餘勢가 얼마동안 殘存한 터이나 이미 기진맥진하여 도저히 捲土重來할 餘望이 전연 없을 때이며 이성계가 威化島에서 회군하여 兩王을 축출하고 잠깐 恭讓王을 세웠다가 스스로 易姓革命을 감행할 때는 이미 명의 천하가 완전히 된 때이다.

즉 고려의 입장에서 보면 공민왕 이전은 元帝國이 천하를 지배한 시기이고 공민왕대는 元明交替의 과도기이며 우·창왕대는 元滅 직후의 혼란기이며 공양왕 이후 이성계의 혁명기는 이미 明帝國이 결정적으로 대륙을 지배하게 된 시기라고 하겠다.

필자는 이 元明交替의 과도기에 처하여 우리나라가 어떻게 움직였던 가 하는 점에 관하여 평소에 다소 흥미를 가져오던 바 本論에서는 이러한 국제정세 하에서 고려의 대외관계는 어떻게 전개되었으며 또한 어떻게 처리되어 갔던가, 특히 그 대외관계를 분석하여 보려고 시도한 것이다. 우리는 우리나라의 歷史上에서 古朝鮮時代의 衛滿朝鮮이 당시 북방에 웅거한 匈奴族과 漢族의 漢帝國의 정점에서 국력신장을 꾀하다가 결국 漢武帝의 來侵을 입어 멸망하였음을 알고 있고 또 저 삼국시대에 高句麗가 五胡十六國 南北朝分立期의 南北對立抗爭期를 통하여 미증유의 東方盛國을 이루었다가 隋唐의 통일제국이 나타남에 전통적인 북방적 기질에서 突厥과 通謀하고 隋唐을 견제하는 방향으로 나서다가 결국이 漢族의 통일제국을 등에 업고나선 新羅에게 그 주도권을 빼앗기게 된 사연을 알고 있으며, 고려 태조가 唐末五代의 난세를 이용하여 三韓을 再統一하고 그 건국의 이념으로 고구려의 舊土를 회복한다고 聲言하여 북진정책을 적극 추진하고 九夷를 調伏 받을 기세를 보였으나 契丹·女眞·蒙古 等 북방족의 興起로 인하여 그 뜻을 자손대에까지 성취 못한 것을 알고 있는 바다. 蒙古人의 帝國인 元도 이제 공민왕대로부터 다시 붕괴하기 시작하여 漢族의 大明으로 옮아가는 과정인 元明交替의 과도기가 바로 공민왕대이다. B각을 중심한 통일체에서 C각을 중심한 통일체로 옮겨가는 과도기이다. B각이건 C각이건 대륙에 통일된 제국이 형성될 때에는 역사적으로 우리나라는 어떠한 형태로든지 대륙과의 관계를 개선하여 자국의 國命을 유지하였던 것이 정치적인 운명이었다. 물론 近世 이후 東洋三國이란 전통적인 국제관계가 허물어지고 세계적인 국제관계가 형성된 뒤로는 이러한 논리가 성립될 수도 없고 또 형성되지도 않는 것이라 하겠으나 지역적인 관계는 현재에 있어서도 완전히 무시할 수 없음은 불가피한 사정이라 하겠다. 공민왕대는 元明交替란 革命過渡期로 비록 무력하나마 元의 명맥이 아직 잔존하고 있을 때이며, 明의 통일작업이 진행 중에 있을 때이다. 더욱이 高麗와 接地한 滿洲方面은 그 귀추를 확정하지 못하고 불안과 동요상태에 놓여 있을 때였다. 그러므로 백여 년간이나 좋건 싫건 元의 宗主下에 살아온 고려로서는 더욱이 元帝室과 高麗王室은 대대로 甥舅關係를 맺어 왔고 元의 귀족과 고려귀족 사이에 혼인관계가 빈번하여 양국의 지배층 사이에는 많은 피의 교류가 있었을 뿐 아니라 정치·경제·사회·문화·풍속·습관에 이르기까지 상호간에 깊은 유대를 가졌던 만큼 一朝의 혁명으로 말미암아 쉽게 그 심층부에 이르기까지의 변혁을 급격하게 실현하여 새로운 대륙 정세에 적응한다는 것은 심히 어려운 일이라 하겠다. 또 공민왕의 경우도 그는 元帝室의 궁중에서 생활하였고 원의 魏王女인 魯國大長公主를 왕비로 맞아 元의 비호하에 忠定王을 폐하고 왕위에 나아간 임금이다.[2]

---

2) 『高麗史』恭愍王 世家에 恭愍王의 즉위경위를 설명하여, "恭愍仁文義武勇智明烈敬孝大王 諱顓 蒙古諱伯顔帖木兒 忠惠王母弟 忠肅王十七年庚午五月生 封江陵大君 忠惠王後二年五月 元順帝 遣使召入朝宿衛 時稱大元子 忠穆王卽位 封爲江陵府院大君 忠穆薨 國人欲立王 元以忠定襲位 仍留王宿衛 初忠肅以王托尹澤 忠定元年 澤與李承老 獻書中書省請立王 是歲 王向魯國公主 三年十月 元封爲國王 遣完者不花 收國璽 忠定 遜位于江華 德興君塔思帖木兒 奔于元"이라고 하였고, 소 忠定王 世家 史臣贊에 "卒使王不幸遇鴆"이라 하였으며, 소 恭愍王 世家 卽位年 三月條에는 "前王遇鴆 薨于江華 王之遜江華也 典校令申德隣 典校丞安吉祥 義盈庫使孫桂及辭朴成亮朴思愼從行 皆進繫巡軍 止許思愼從之 供膳不充 往來又絶憂愁號位 及訃至 都人 莫不流涕"라 하여

그러나 공민왕은 자기가 父祖의 遺業을 계승하여 무엇을 할 것인가를 생각하고 또 이러한 국제정세하에 어떻게 대처해야 할 것인가를 생각할 수 있는 총명과 능력을 지녔던 군주였다. 비록 그의 업적이 "畵虎不成反爲狗" 격이 되고 말았다 하더라도 初年의 그는 난마와 같은 내정에 銳意 治平의 실적을 올렸고 혼돈한 국제정세에 중흥의 經綸을 모색하였던 것이다.

이제 元을 宗主로 의지할 수 없게 되었다. 더구나 공민왕 자신의 왕위계승문제에 있어서도 元의 간섭에 내심 불평을 품었고,[3] 그보다도 문제는 원명교체라는 이 공백기간을 이용하여 고려의 국력을 강화하고 국권을 회복하여 父祖 이래 脈脈히 전승되어 온 北進政策을 추진함으로써 건국의 이념인 고구려 舊土回復을 성취한다는 원대한 포부로 인하여 역사적 혈연적 정실에 좌우될 시기가 아님을 확실히 느꼈던 것이다. 이러한 목적을 달성하기 위해서는 먼저 元의 羈絆을 과감하게 벗어나고 국내의 민심을 통일하여 왕권을 신장시키고 국력을 축적하여 정치적 공백상태인 만주방면에 진출하여 舊土를 회복하고 신흥 明과는 우호관계를 성립함으로써 국제간의 분규를 가능한 한 야기시키지 않도록 함이 현명한 방책이라고 생각하였다. 더구나 倭寇가 거의 寧日 없이 해안지대에 侵寇하여 때로는 도성까지 위협을 당하고,[4] 한편 紅巾賊의 大擧來侵으로

지位後의 忠定王의 사정을 자세히 傳하고 있다.
3) 恭愍王의 왕위계승에 대하여 元이 간섭한 사실로는 처음 忠穆王의 뒤를 이어 세우기를 국민이 원한 바이나 元에서 忠定王을 세웠고 즉위한 이후로는 釋器 德興君 藩王系等等 王位覬覦의 王族庶孽들이 많았고 특히 奇氏一族을 滅族한 후부터 奇皇后의 보복적인 반대에서 대원관계에 시종 석연치 못한 암영이 감돌았다.
4) 高宗 10年 全州에 入寇함을 기점으로 倭寇의 患은 날이 갈수록 尤甚하여 갔으며 크게 猖獗하기 시작한 것은 忠定王 2年부터의 일이니 충정왕 2년조에 "倭寇之侵 始此"라 함은 이를 말함이다. 金庠基 박사는 그의 『高麗時代史』, 767쪽에서 倭寇의 원인을 말하여 ① 倭寇는 특히 麗元聯合軍의 日本征伐 이후에 갑자기 도약이 심하였던 것으로 보아 연합군의 실패는 왜인으로 하여금 경모심을 일으키게 하여 麗元이 특히 두려울 것이 없다는 자신을 가지게 된 듯하다. 그리

인하여 도성을 버리고 南으로 蒙塵하여야 했으며,5) 기타 덕흥군의 廢立工作, 藩王家의 執拗한 王位窺覦, 納哈出의 跋扈 등 공민왕의 뜻을 가로막는 허다한 외부적 제요인이 있었을 뿐 아니라 그보다 더 직접적이고 절실한 내부적인 제요인이 有爲한 군주의 뜻을 방해하고 있었다. 공민왕世家 史臣贊에

> 王之未立也 聰明仁厚 民望咸歸焉 及卽位 勵精圖治 中外大悅 想望太平……云云

함은 공민왕의 초기 정사에 있어서 그의 포부와 경륜을 나타냄이라 하겠다.

고려말기의 대외관계에 관하여서는 이미 先學者들에 의하여 여러 모로 검토하여 그 論著가 세상에 발표된 것만 하여도 상당수 있음을 알고 있는 바이나 거개가 대명관계 또는 대원관계에 대한 부분적인 고찰이고 공민왕 一代의 대외관계와 이에 대응하는 국내사정과의 종합적인 검토가 아니므로 필자가 本論을 시도하는 바는 실로 이 종합적인 검토에 주목적이 있는 바이다. 史料로서는 『高麗史』, 『高麗史節要』 등을 주로 하고 『元史』, 『明史』, 日本史 等을 참조하였다. 이러한 사료를 참조하는 중 필자가 새삼 느낀 바는 元史나 明史나 日本史(물론 日本史에는 紀傳

하여 그들은 바다를 무대로 하여 대담하게 진출하였던 것이다. ② 麗元兩國은 일본정벌 이후에 대륙을 봉쇄하여 일본과의 교통을 막은 결과 倭人들은 물자를 획득하는 데 있어서 폭력에 의한 약탈행위를 취하게 된 것이라 할 것이며 ③ 당시 일본에는 소위 南北朝時代가 나타나 각지에 群雄이 할거하여 서로 싸움으로써 국내의 질서가 어지러웠으며 이에 따라 邊民의 해외활동이 자유로웠던 것이란 등을 들고 있다. 恭愍王 6年 倭寇는 喬洞 昇天府等 開京 가까운 곳까지 출몰하여 遷都問題가 빈번히 일어나고 있음을 보아도 그 피해가 尤甚했음을 알 수 있다.

5) 沙劉 關先生等 紅巾賊 10만여 명이 침입했을 때(恭愍王 10年 10月) 왕이 福州(現慶北安東)로 蒙塵하고 都城이 일단 함락하였음을 말함.

体의 正史編纂이 없으므로 그러하거니와)에 『高麗史』에 기록된 사실이 거의 수록되어 있지 않다는 사실이다. 예를 들면 『高麗史』에 기록된 麗元關係의 자못 중요한 부분이나 對明關係의 큼직한 사실이나 저 尤甚하였던 倭寇關係記事가 정작 本國인 元이나 明이나 日本의 史書中에는 구체적으로 기록된 바가 필자의 淺見으로는 거의 찾아 볼 수가 없었던 것이니 그런 의미에서 종래 先學에게서 들은 바 있는 元史나 明史 연구에 『高麗史』가 귀중한 사료가 된다는 말을 입증할 수 있었으며 또한 이러한 사료를 남겨 준 先人들의 明見에 탄복하지 않을 수 없는 바이다.

이 문제를 다룸에 있어서 좀더 대외관계에 직접 간접으로 관계한 人士들의 身分・思想・行蹟 등을, 列傳을 통하여 조사 분석하고 정책수립에 그들이 어느 정도 기여하였던가를 알아서 그 표면상에 나타나는 현상을 관찰함이 필요하고 유익한 연구태도인 것을 알면서도 필자의 능력과 시간과 기타의 여건이 현재로서는 이 이상의 작업을 추진할 수 없어 우선 이 정도로 정리하여 보는 것이다. 후일 다시 보완할 기회가 있기를 바라 마지않는다. 필자와 같은 非材淺識의 初學이 이와 같이 복잡하고 범위가 넓은 문제를 종합적으로 다루어 보려고 시도한 자체가 어리석은 짓에 가까운 것인지 모르겠으나 오직 叱正과 편달 있기를 바랄 따름이다.

1. 공민왕의 維新政治

공민왕 一代의 對元關係는 너무나 우여곡절이 많다. 원의 비호 하에 왕위에 나아간 왕이나 그는 自國의 국내사정[6]과 국제정세를 감안함인

---

6) 당시 고려의 政情은 오랜 세월을 두고 元과의 종속관계에서 이원적인 지배체제가 지속되어 국내에서 불평을 품는 자는 元에 나아가 원을 배경으로 하여 일을 성취코자 하였으니 만사가 고려의 독자적인 뜻으로 되지 않았다. 특히 왕위계승문제는 복잡하였던 것으로 父子間에 撥皮(無賴者의 뜻)를 稱하고 형제 叔姪이 서로 覬覦하는 타라 黨이 생기고 派가 나뉘어 君臣이 臥薪嘗膽하고 勵精圖

지7) 封王되어 귀국하면서 벌써 蒙古風인 辮髮胡服의 풍속을 금지하고 國風으로 돌아갈 것을 명하였으며,8) 元年 2月 丙子의 宥境內宣旨中에서도 특히 祭祀 紀綱 風敎 等을 振作하여 "報天子之德 保祖宗之業"하기 위하여 "庶幾與一國更始"할 것을 강조하고 있다.9) 이 宣旨의 내용은 蒙古風도 國風도 아닌 儒風을 은연중 강조하고 있는 바이니 공민왕의 維新政治의 이념은 적어도 그 이념면에 있어서는 復古主義的 儒敎理念이 主潮를 이루고 있음을 느끼게 한다. 특히 同年 8月 己未條에 의하면

治하여야 할 중대한 시기에 부질없는 연락 등으로 허송세월하였으니 이러한 왕위계승의 문란은 그 근본원인을 캐어보면 蒙古의 部族會議(Kuriltai)에서 전승되어온 왕위계승법으로 적자세습과 같은 세습제가 확립되지 않는데서 元帝國도 이로 인하여 그 쇠망에 지대한 영향을 받았고 고려 역시 그 영향을 받아 왕위승습에 많은 문제를 남기고 있다. 이 밖에 경제 사회 문화면에 있어서도 혼란과 부조리한 양상을 露呈하고 있었다.

7) 恭愍王이 즉위한 元順帝 至正 11年으로부터 각처에서 反亂이 일어나 元의 衰運이 현저하여지고 있는데 『元史』에 의하면 "正月 庚申 命江浙行省左丞字羅帖木兒討方國珍", "五月辛亥 穎州妖人劉福通爲亂 以紅巾爲號 陷穎州 初欒城人韓山童祖父 以白蓮會燒香惑衆 謫徙廣平永平縣 至山童倡言 天下大亂 彌勒佛下生河南及江淮愚民 皆翕然信之 福通與杜杜遵道・羅文素・盛文郁・王顯忠・韓咬兒 復鼓妖言謂 山童 實宋徽宗八世孫 當爲中國主……", "八月丙戌 蕭縣李二及老彭・趙君用 攻陷徐州 李二 號芝蔴 李與其黨 亦以燒香聚衆而反", "鄆州羅田縣人徐貞一名壽輝 與黃州蘄城人鄒普勝等 以妖術陰謀聚衆 遂舉兵爲亂 以紅巾爲號", "九日壬子 命御史臺夫也先帖木兒・知樞密院事及衛王寬徹歌 總率大軍 出征河南妖寇……" 등 恭愍王이 즉위한 10月 이전에 이같이 많은 대규모의 반란이 각지에서 일어났고 또 공민왕의 妃父인 字羅帖木兒가 5月 劉福通等을 공격하다가 方國珍에게 敗한 바 되었으니 공민왕은 즉위 이전에 이미 이러한 사실들을 알았을 것이고 한편 바다로 倭寇의 侵掠은 날이 갈수록 激甚하여져서 人望이 있었던 恭愍王으로서는 이러한 국제정세 하에서 고려가 무엇을 어떻게 할 것인가를 생각하지 않을 수 없게 되었다.

8) 『高麗史』世家에는 보이지 않으나 『高麗史節要』에 의하면 恭愍王은 卽位元年 正月에 監察大夫 李衍宗이 宮에 나아가 諫하기를, "辮髮 胡服은 先王의 制가 아니니 願컨대 殿下는 그것을 본받지 말라" 하니 王이 기뻐하여 辮髮을 풀고 그의 諫言을 致賀하였다고 하였다.

9) 『高麗史』恭愍王 世家 二年條 參照.

書筵을 열어 經史를 進講하고 時政의 득실을 논하게 한 것[10]이 주목할
일이라 할 것이다. "報天子之德"이란 물론 元의 황제를 지칭한 말이다.
그러나 中華思想을 골자로 하는 儒家의 명분론에 의하면 蒙古의 황제는
北狄出身의 황제로 중국의 正統天子가 될 수 없다. 다만 中原을 지배하
고 있으니 "胡狄入主"의 變態 상태이다. 元 世祖 이래 몽고가 장기간 중
국을 지배하였고 고려로 말하면 그 사이 단순한 종속관계가 아니고 서로
甥舅關係를 맺고 내려왔으므로 元에 대한 의리는 막중한 것이다. 그러
나 만약 중국에 장차 中原을 지배할 수 있는 중국인의 세력집단이 나타
났다고 가정한다면 尊周攘夷를 大義名分으로 삼는 儒者들의 판단으로
는 胡狄보다는 中華에 귀부하기를 원할 것이다. 물론 현실문제가 그렇지
못할 경우도 있겠지만……

공민왕의 維新政治의 支柱가 된 사람들 중에는 이러한 背胡向華하려
는 尊周攘夷的 趨勢가 그 밑바닥에서 움직이기 시작한 것도 부인할 수
없는 일이라고 생각된다. 특히 元을 배경으로 하고 권세를 잡고 토지와
노비를 兼併하여 국가와 왕실마저 안중에 두지 않는 權門勢家에 대하여
불평을 품고 있던 당대의 지식인들인 사대부 출신의 관료층에서는 조만
간 무슨 변고가 일어나야 국가와 生民을 보전할 수 있다고 생각하였던
것이다. 그러나 아무리 胡狄 출신이라도 중국을 지배하고 있는 동안 宗
主國에 대하여 직접적인 불평을 터뜨릴 수 없는 형편이었다. 그런데 3年
6月 辛卯朔에 平康府院君 蔡河中이 元으로부터 돌아와 元 丞相 脫脫의
말을 傳했는데 그것은 승상 자신이 황제의 명을 받고 南征할 것인바 高
麗에서 勇銳한 將兵을 보내어 助戰하여 달라는 부탁의 말이었다. 脫脫
은

---

10) 當代의 名儒 李俊幹・李齊賢・金永煦・韓宗愈・白文寶 等을 更日 侍講케 하
고 敎하기를 "元老大臣 大夫 士 輪次入侍 進講經史法言 凡權勢所奪田宅奴婢
積年之訟 與夫冤滯之獄 其審治之 僉議監察 是予耳目 時政得失 民間利害 直
言勿諱"라 하였음.

吾受命南征 王宜遣勇銳以助之

라 하고, 이 부탁에 대한 설명으로 계속하여

時元政陵夷 河南妖寇韓山童 韓咬兒等 始鼓亂 永川妖人劉福通 又
起兵 以紅巾爲號 與其黨關先生・沙劉・張士誠等 寇掠中原 分據山東
其勢大振 盜賊群起 天下大亂[11]

이라고 하였다. 이어 丁酉에 蔡河中을 僉議政丞으로 除拜하였는데 여기
에는 元의 작용이 있었을 것으로 생각된다. 癸卯에는 元에서 또 吏部郎
中 唅剌那海, 崇文監小監 伯顔帖木兒, 利用監丞 林蒙古不花 等을 보내
어 바로 柳濯・廉悌臣・權謙・鄭世雲・李芳實 等과 西京水軍 삼백을
指定 召募하고, 또 다른 驍勇人을 召募하여 8월 10일까지 燕京에 집합
하여 張士城을 치도록 傳令하였다. 그리고 丙午에는 元에서 工部寺丞
朴寶顔不花를 보내어 赴征將軍의 路費條로 寶鈔六萬錠을 보냈다. 高麗
에서는 元의 助征出戰할 사람들을 우대하여 爵秩을 3級超授하고 百官
및 각종 僧徒에게 명하여 馬匹을 내게 하고 秋7月에는 柳濯 등 40여 인
의 出征者가 군사 2,000인을 거느리고 출발하였다. 그러나 이 해 11월 丁
亥에 出征軍人 印安이 元으로부터 돌아와 보고함에 의하면 太師脫脫이
高郵城을 공격하는데 고려인 23,000인을 前鋒으로 삼아 성이 장차 함락
하려는데 몽고인이 고려를 猜忌하여 뜻을 이루지 못하게 하였고, 이어
탈탈도 譖訴를 입어 淮安에 유배당함으로써 일은 실패로 돌아갔다고 하
였다.[12] 4年 春正月 庚午 元으로부터 紅巾賊 韓山童・韓咬兒 等을 죽

---

11) 『高麗史』 世家 恭愍王 3年條 참조.
12) 이에 대하여 元史 順帝 14年 10月條에 "丁卯 脫脫領大兵 至高郵 辛未 戰于高
   郵城外 大敗賊衆"이라 하고 이어 仝月 乙酉에 "脫脫遣兵平六合縣"이라 하였
   는데 仝 12月 辛卯條에는 "監察御使 袞賽因不花等効奏 脫脫出師三月 略無寸
   功 傾國家之財 以爲己用半 朝廷之官 以爲自隨 又其弟也先帖木兒 庸材鄙器
   玷汗淸臺 綱紀之政不修……丁酉 詔以脫脫 老師費財 己逾三月 坐視寇盜 恬

였다고 보고하여 왔으나 同王 5月 征南萬戶 權謙 等이 元으로부터 돌아
와 보고하기를

> 南賊(中國의 反亂軍)이 날로 盛하여 우리 派遣軍은 六合城을 함락
> 시키고 淮安路를 防禦하고 있다.[13]

고 하였다.

이리하여 공민왕은 이들 赴征軍士들의 보고에 의하여 元의 국력을 평
가함과 동시에 중국의 大勢를 어느 정도 파악할 수 있었다. 그 결과로
元의 內政이 부패하고 중국의 반란이 더욱 커 감을 알게 된 고려에서는
원에 대한 신뢰도가 薄弱하여져 갔음도 부인할 수 없는 사실이다. 이상
공민왕의 즉위년으로부터 同 4년까지는 내정면에 있어서

(1) 왕위문제를 둘러싸고 말썽을 일으킬만한 존재들을 처리하여 그
地盤을 鞏固히 함이니,

(가) 前王(忠定王)을 江華에 放逐하였다가 元年 3月에 配所에서 梟
弑하였고,

(나) 德興君 塔思帖木兒(忠宣王의 아들로 공민왕에게 叔行이 됨)가
元으로 出奔하였으며 (卽位年) 또한 卽位年 12月 永陵의 孽子 釋器를
削髮하여 萬德寺에 안치함으로 後日 藩王黨 塔思帖木兒 釋器 等의
王位 覬覦의 우환이 있기는 하였으나 爲先 목전에서 이것을 제거하였
다.

(2) 元年 2月 전술한 바 宥境內宣旨를 내려 민심을 쇄신하고 綱紀를

불爲意 削脫脫官爵 安置淮安路 弟恓使大夫也先帖木兒 安置寧夏路"라고 하
였는데『高麗史』에서는 이에 대하여 "丁亥 印安 還自元言 太師脫脫 領兵八萬
攻高郵城 柳濯等赴征軍士及國人在燕京者摠二萬三千人 以爲戰鋒 城將陷 礬
軺知院老長 忌我國人專其功 令曰 今日 暮矣 明日乃取之 麾軍而退 其夜 賊堅
壁設備明日攻之 不克拔 會有人讚脫脫 帝流于淮安"이라 하여 脫脫流配의 원
인의 핵심을 지적하고 있다.

13)『高麗史』恭愍王 世家 4年 5月條 참조.

바로잡아 "報天子之德 保祖宗之業"을 위하여 "庶幾與一國更始"의 slogan을 내세우고 "立綱振紀 寔寧濟于斯民 登賢使能 尙有爲於今日"의 抱負를 피력하여 維新政治에 방향을 제시하고 있다.

(3) 書筵을 열고 儒臣을 접근하여 經史를 강론하고 時政의 득실과 민간의 이해를 직언케 하고 있다.

(4) 田民詞訟이 날마다 繁雜하므로 그 해결의 지침을 제시하고 아울러 節儉을 장려하여 재정의 쇄신을 기하고 있다.

(5) 風敎의 刷新에 있어서는 自主意識과 國家思想을 중점적으로 다루고 있다는 等으로 미루어 보아 서서히 維新政治의 터전을 닦아나간 시기라고 하겠으니 對外政策에 있어서도 一時 관망하는 태세를 취하고 있다.

전술한 바와 같이 공민왕은 이미 在元中 元의 국정이 점차 소란하여 감을 見聞하였지만 그러한 국제정세에 즉각적인 반응을 보이지 않고 宣旨中에 "報天子之德"을 먼저 내걸고 있음은 그가 아직 元에 정면 대항할 수 있는 시기가 아니라는 것과 아울러 급선무는 왕권의 확립과 국력의 회복, 왜구의 방어란 세 가지 큰 목표를 위하여 그 對元關係를, 조심성 있는 반응을 보이고 있을 때라고 보는 것이 타당한 견해가 아닌가 싶다.

공민왕의 維新政治는 그 일생 동안 가지가지의 국내외 사정으로 좌절되기도 하였지만 辛旽을 처형하고 失意의 사람같이 될 때까지 끈덕지게 밀고 나간 것으로, 공민왕이 시해 당한 뒤로는 新舊兩派의 분열이 생겨 결국 新進貴族들에 依한 王朝革命으로 維新政治의 성격을 달리하게 되는 것이나 공민왕 在世時에는 아직 이러한 분열은 확연히 생겨나지 않고 내부 문제로 燒然하였을 따름이다. 李丙燾 박사는 공민왕의 維新政治를 中興政治라고 말하였는데 공민왕이 중흥정치를 일으키게 된 동기는

元帝國의 衰微로 그 國內의 動搖가 생기자 高麗는 재빨리 元의 羈絆

에서 離脫工作을 試하는 동시에 모든 變態的인 현상을 타파하고 복고
적인 中興政治를 행하려고 하였다.

하고 中興政治가 소기의 목적을 달성하지 못함은 대내외적으로 복잡다
양한 데 유인한다고 하였으며 대내적인 것은

> "뿌리 깊은 病弊 特히 貴族社會의 腐敗와 土地制度의 紊亂"을 말하
> 고, 對外的인 것은 "紅巾賊의 侵入, 倭寇, 元明交替로 인한 三角關係"
> 등을 말하고 있다.[14]

극히 평범한 이야기이나 여기에서 생각할 문제는 부패한 貴族社會에
서 維新政治를 주장한 사람은 누구였던가 하는 것이다. 물론 공민왕 단
독의 생각은 아닐 것이다. 거기에는 공민왕으로 하여금 유신정치를 經綸
케 하고 그 방안을 제시한 朝臣들이 있었을 것이다. 元의 지배 하에서
維新의 治를 經綸하였고 나아가 대담한 反元政策을 감행하였으며 明이
건국함에 솔선 向明背元의 기치를 내걸고 마침내 明帝의 詔勅을 유일한
근거로 삼아 禑・昌 兩王을 非王氏論으로 몰아내고 혁명에까지 이끌어
간 이른바 新進士流의 源流인 儒者 출신의 朝臣들이 바로 이 維新政治
의 이론적 뒷받침을 하여 온 사람들이 아닌가 한다. 그들의 계보는, 忠宣
王代에 알려진 安裕・白頤正・李齊賢・李穀・朴忠佐 등에 의하여 새
로 전해진 성리학과 과거로부터 전해오는 政治 倫理的인 儒學思想에 馴
致된 사람들로, 은연중 蒙古風과 國風을 止揚하고 새 시대의 政治風敎
의 모럴(Moral)을 수립하려는 당대의 이른바 지식층들일 것이다. 공민왕
대에는 유명한 李穡・鄭夢周・李崇仁・吉再 등 많은 성리학자가 배출
되고 있다. 이들은 성리학을 통한 새로운 세계관을 미래의 비전(Vision)
으로 삼았다. 元에서 배웠으나 蒙古風과는 다른 사상이었다. 동시에 고

---

14) 『韓國史』 中世篇, 650쪽 참조.

려의 傳統思想에도 新風을 불러일으키려 하였던 것이다. 한편 전통적인 고려무인들에게 脉脉이 相傳되고 있는 불굴의 武人精神, 이 정신은 불교의 護國精神과 결부되어 三韓을 통일하고 九夷를 調伏 받아 고구려 舊土를 회복한다는 고려의 建國理念에 연원한다고도 볼 수 있는 바, 공민왕대에는 이 두 이념이 서로 다른 차원에서 한 쪽은 이념면에서, 한 쪽은 현실적인 정치면에서 다 같이 現狀打破란 목표를 앞세우고 잠정적이나 타협할 수 있었던 것이니, 그러므로 공민왕대에 있어서는 아직 이른바 新舊派의 對立抗爭이 현저히 드러나지 않고 공동의 과제로서 維新政治 또는 中興政治를 經綸할 수 있었던 것이라고 생각된다. 그런 의미에서 공민왕 12年 5月 공민왕의 敎書 중에 "務求實效 毋事虛文 用底中興之理"란 말은 중요한 것이라고 보는 바이다. 이 말은 명분보다 實效를, 이론보다 실천을 강조하는 말이라 하겠다. 여하튼 공민왕의 維新政治는 국제정세의 변천을 전제로 한 對元關係를 계기로 하여 현상타파를 지향하는 점에서 新舊文武를 막론하고 공동목표로 삼을 수 있었던 시대적인 요청의 반영이라고 할 수 있는 것이다.

2. 공민왕의 反元政策

元으로부터 돌아온 柳濯·崔瑩 등 助戰將士의 귀환보고로 인하여 이제 元의 國命이 風前燈火격에 놓여있다는 것을 알게 된 공민왕은 世家 4年 10月 乙亥條에 "命金鏞·洪義·鄭世雲·柳淑·逐日入宮 事無大小 一切啓稟"이라 한 것을 보면 反元의 기회가 성숙하여 가고 있음을 느끼게 하거니와 王 5年 春3月에는 元 順帝의 第二皇后가 된 고려 奇子敖의 딸 奇皇后의 일족이 皇后에 倚勢하여 雙城의 叛民들과 결탁하고 모역한다는 일이 알려지게 되었다. 雙城은 본래 고려의 땅이다. 몽고가 침입한 뒤로(1258年) 趙暉·卓靑 等 叛民이 東北面兵馬使를 죽이고 鐵嶺以北의 땅을 들어 몽고에게 항복하니 몽고는 이곳에 雙城摠管府를 설

치하고 趙暉를 摠管, 卓靑을 千戶로 임명하여 이래로 元이 통치하였던
것이다. 雙城에 관한 기록은 世家 공민왕 4年條에,

> 是歲 我桓祖 以雙城等處千戶來見 王曰 乃祖乃父 身雖在外 乃心王
> 室 我祖考 寶寵嘉之 今卿無忝祖考 予將玉汝於成矣 雙城地頗沃饒 東
> 南民無恒産者多歸焉 國家聞于中書省 奉聖旨差官來 遼陽省 亦差官來
> 王遣行省郎中 李壽山往會 區別新舊籍民 謂之三省昭勘戶計 其後撫綏
> 失宜 稍稍流徙 王命桓祖主之 民由是得安其業

이란 말이 元에 歸附한 이후의 사정을 얼마만큼 전하여 주고 있는 것이
다. 5年 3月 桓祖가 來朝하였을 때 왕이 맞이하여 말하기를 頑民을 撫
綏하는데 얼마나 수고하느냐고 하니 이는 奇氏一族이 皇后의 勢를 믿고
橫暴하는지라 어떤 사람이 밀고하기를 奇轍이 몰래 雙省 叛民들과 통하
여 黨을 맺고 謀逆한다 하였으므로 王이 桓祖에게 說諭하기를 雙城에
돌아가 백성을 진무하되 만약 무슨 變이 있거든 내 시키는 대로 하라고
하였던 것이다.15) 5月 戊子에 元에서 奇完者不花를 보내어 奇皇后의 生
父인 奇子敖의 榮安王爵을 改冊하여 敬王으로 삼고 三代를 追贈하여
王으로 삼으니 이는 여러 가지 어려운 문제를 남기게 되었다. 그들 奇氏
一族이나 기타 元帝室과 인척관계를 맺어 崇爵을 받은 자들이 元으로
가서 살면 문제는 간단하였지만 고려에 그대로 머물러 살게 되니 고려에
있어서는 어디까지나 신하관계임에도 불구하고 元의 입장에서 볼 때는
高麗國王보다 奇氏의 爵位가 더 높게 되어 군신의 체통이 서지 않을 뿐
아니라 元의 배경을 믿고 국내에서 다방면으로 권세를 휘두르게 되니 고
려의 입장이 난처하였던 것이다. 기씨와 기타 元帝室의 인척들이 어느
정도의 叛意를 표하였는지 구체적인 기록은 없다.16)

---

15) 『高麗史』世家 恭愍王 5年 3月條, "是月 我桓祖來朝 王迎謂曰 撫綏頑民 不亦
勞乎時奇氏族 倚後勢暴橫 人有密告 奇轍潛通雙城叛民 結爲黨援謀逆 王諭桓
祖曰 卿宜歸鎭吾民 脫有變 當如我命"이라 하였음.

그러나 여하튼 공민왕은 同月 丁酉에 이들을 反逆으로 몰아 誅戮을 가하고 있다.[17] 심지어 奇, 權, 盧의 支黨을 놓아 보냈다 하여 左政丞 元顥, 贊成事 韓可貴를 하옥하여 죽이고 그 집을 籍沒함을 보면 이 사건을 아주 엄하게 다루었음을 알 수 있는 것이다.[18] 이와 같이 반역을 구실로 삼아 元帝室의 至近한 인척을 살해하였다는 것은 이미 元의 약세를 상세히 알고 있는 공민왕이 그동안 隱忍自重하던 反元政策을, 이 기회를 포착함으로써 표면화시켜 이제 본격적인 維新政治를 實踐遂行하는 동시에, 한편 원의 반응을 주시하였던 것이다. 과연 원이 어느 정도로 나오느냐 또한 원에 依附하고 있는 事大主義者들이 어떤 일을 꾸밀 것인가 생각건대 만약 일이 잘못되어 기밀이 누설될 경우 이들 奇, 盧, 權들은 반드시 반격하여 올 것이요 그 반격은 곧 군사적인 반격과 정치적인 반격이 될 것이니, 군사적으로는 이들의 소유한 실력으로 직접 대항하는 것이겠고 정치적 반격은 元을 통하여 크게는 王의 廢立問題와 직결할 것이고 적게는 고려의 실권을 고스란히 이들의 손에 넘기고 관계자들을 대량 숙청하는 방침을 취할 것인바, 고로 이 일은 극비리에 획책된 듯하고 또 그 治罪에 있어서도 추호의 假借를 주지 않은듯하다. 어쨌든 무사히 성공한 셈이다. 고려의 君臣은 일의 성공에 안도의 숨을 쉬면서도 원의 반응을 경계하였다. 그리고 동시에 고려에 설치되었던 元의 간섭기관인 征東行中書理問所[19]를 혁파하고 말았다. 뿐만 아니라 印璫·姜仲卿·辛珣·兪洪·崔瑩 등을 시켜 鴨綠江以西의 八站을 공략케 하

---

16) 『高麗史』 列傳 奇轍傳에 의하면 이들이 權勢를 믿고 횡포한 짓을 자행하고 不臣의 非禮를 行하였던 것은 충분히 인정되나 반역에 관해서는 뚜렷한 근거가 드러나고 있지 않다.
17) 『高麗史』 世家 恭愍王 5年條.
18) 同上.
19) 征東行省은 처음 일본정벌을 위하여 설치된 기관이나 일본정벌을 중지하게 됨에 따라 형식적인 기관이 되었으나 정동행성에 설치된 이문소는 정치적 또는 국제적 범죄자를 審問하는 기관으로 이를 통하여 원은 고려의 정치상에 여러 가지 간섭을 하였던 것이다.

고 柳仁雨를 東北面兵馬使로 삼아 雙城 등지를 수복하게 하였다. 또 이미 僧이 된 永陵孼子 釋器 등을 巡軍에 가두고 그 支黨을 或斬 或流하였으며 元과의 왕래를 끊고 드디어 6월 乙亥에는 元의 至正年號를 정지하고 敎書를 내려 奇轍 등의 伏辜함과 釋器 孫守卿 등을 처치한 것을 공포하고 있다. 실로 전격적인 처사였다.

이에 대하여 元에서는 고려의 節目使 金龜年을 遼陽城에 拘囚하고 장차 80만명을 동원하여 來討하겠다 하므로 西北面兵馬使 印璫은 援兵을 요청하여 이에 대비하였다. 또한 국내의 親元的인 분자를 숙청하고 만일을 고려하여 書雲觀에 명하여 南京에 가서 移都할 곳을 相보게 하고 있다. 이렇게 하니 자연 민심이 동요되어 男負女戴하고 남쪽으로 떠나는 자가 많았으므로 이를 금지하고 있다.[20]

7월 丁亥에는 官制를 개혁하여 文宗盛代의 自主國家体制로 복구하여 侍中, 侍郎, 平章事 등의 官名이 소생하였다. 東北面의 雙城摠管府 管內는 완전히 高宗 이전의 原狀으로 복구되었다.[21] 7월 丁酉에 元은 中書省斷事官 撒迪罕尙衣奉御 朶歹을 보내어 鴨綠江에 이르러 帝旨를 전하였는데 그 내용은 지금 姦民들이 邊患을 지어 封疆에 들어와 횡포를 자행하고 있는데 이들이 혹시 고려에서 得罪하고 온 자들인지 혹은 타국에서 와서 고려 백성이라 妄稱함인지 만일 一大討伐을 가한다면 玉石을 분간할 수 없음이라 미리 사신을 보내어 알리니 혹은 士卒을 보내어 招捕하든지 혹은 우리와 협력하여 협공하든지 하여 靖國安民하여 前好를 길이 敦篤하게 하도록 하라고 하였는데 前者 80만 대군으로 보내

---

20) 『高麗史』 世家 恭愍王 5年條.
21) 恭愍王代의 官制改革에 대하여 李丙燾 박사는 "恭愍王代의 官制改革은 무릇 四次에 걸쳐 있어 或은 舊制를 좇고 혹은 新制를 쓰기도 하여 混亂을 免치 못하였다. 三省制도 一時 이를 回復하였다가 또 後에는 門都僉議府로 고치고 또 後에는 門下府로 고치어 그 長官職에 左侍中(侍中)과 右侍中(後改守侍中)을 두었으며 尙書省도 따라 廢止되고 대신 三司를 두게 되었다."고 하였다(『韓國史』 中世篇, 653~654쪽 참조).

겠다는 遼陽城의 威脅과 아울러 고려의 上下를 진동시켰던 것이다. 부득이 그 책임자로 西面兵馬使 印璫을 베고 奇轍 등을 죽인 것은 그들이 倚勢反逆하였기 때문이며 국경에 대비한 것은 "恐有他變"하여 한 것이라고 하고 있다. 이에 대하여 元은 다만 奇氏 등의 滅族에 관하여 "如云 倉卒 不遑陳奏 事定之後 盍先馳聞"만을 責하고 관용의 태도를 보이고 있음은 元의 국력이 그만큼 쇠미하였음을 말하고 있는 것이라 하겠다. 寬容한다는 詔書로 인하여 麗元 間에는 다시 표면상 평화적 분위기가 회복되어 가는 듯하였다. 실로 元의 이 정도의 위협에 고려가 初志를 좌절함은 어떤 점으로는 이해하기 어려운 바도 있으나 한편 생각하면 元의 國名이 아직 존속하고 고려의 민심이 통일되지 않았으며 밖으로 왜구가 쉴 사이 없이 侵寇하고 있어 비록 약한 국력이나마 한곳으로 돌릴 수 없음에 기인하지 않는가 생각된다. 만약에 고려의 국력이 충실하고 上下가 모두 합심이 되어 건국의 이념에 매진할 수 있었더라면 이때야말로 北進政策을 강력히 추진할 가장 좋은 시기라고 하겠으나 불행히도 누적된 폐습을 一朝에 개혁할 수 없고 田政과 軍政의 문란이 극도에 달하여 인적으로나 물적으로나 국력의 축적을 갖지 못한데다가 上下의 민심은 離散되고 倭寇는 더욱 寧日이 없으니 아무리 有爲 有能한 군주인들 어찌 經天緯地의 대업을 수행할 수 있었겠는가.

그러나 공민왕의 反元政策은 그의 維新政治의 실천과정의 第一步로 성공을 거둔 셈이다. 당시 고려의 국력으로 이만한 일을 치루었다는 것은 결코 쉬운 일이 아니었다. 元의 위협을 받아들여 이를 변명함으로써 일은 무마되고 고려가 취한 旣定事實은 대체로 묵인을 받게 되어 국교가 다시 회복될 수 있었으니 根本國力이 無力을 한탄할지언정 정책의 실패로 돌릴 수는 없는 것이다.

3. 對明關係의 성립

貧農의 아들로 依託할 곳이 없어 僧侶가 되었다가 白蓮敎徒에 참가하여 紅巾軍에 투신한 朱元璋은 漸次로 部伍中에서 그 능력이 인정되어 그 지위가 향상되면서 民心을 收攬하여 마침내 강남지방을 대체로 장악하게 되자 1368년 1월을 기하여 국호를 明이라 하고 지금의 南京에서 帝位에 나아갔다. 그는 등극한 그 해에 바로 대규모의 北伐軍을 일으켰다. 漢人에 의한 回復中華를 기치로 내걸고 각지에서 봉기한 豪雄들을 규합하여 元末의 내분과 한몽간의 알력을 호기로 北伐事業은 순조롭게 추진되었다.『元史』順帝紀 28年 庚申條에 "大明兵入京城 國亡 後一年 帝駐于應昌府"라 하였고『明史』太祖 洪武 元年 7月條에는 "丙寅克通州 元帝趨上都"라 하고 同 8月條에는 "己巳 以應天爲南京 開封爲北京 庚午 徐達入元都 封府庫圖籍 守宮門 禁士卒侵暴 遣將巡古北口諸隘"라고 하여 저간의 소식을 전해주고 있다.

朱元璋이 明을 건국하여 皇帝라 稱하고 北伐하여 元 順帝를 應昌으로 망명케 한 洪武 元年 卽 1368年은 곧 공민왕 17年에 해당하는 해이다. 고려에서도 이 소식을 전해 듣게 되었다.

17年 1月 戊子 遼陽省平章 洪寶寶와 哈刺不花 等이 客省大使 卜顔帖木兒를 보내와 말하기를 "大明兵勢가 심히 盛하니 전력을 다하여 방비할 준비를 하라"고 경고하여 왔고 同年 8月 乙未에는 大明軍이 皇城을 포위하여 사세가 심히 급하다는 말을 듣고 左常侍 曹敏修와 前典理判書 林堅味를 시켜 安州 等 北方面을 戒嚴케 하였는데 드디어 同年 9月 元으로부터 돌아온 金之秀에게서 자세한 소식을 듣게 되었다.

九月 乙卯 本國人 金之秀 自元來言 大明舟師萬餘艘 泊通州 入京城 元帝與皇后 奔上都 太子戰敗又奔上都[22]

---

22)『高麗史』世家 恭愍王 17年 9月 乙卯條의 記事인데 이보다 앞서 8月 乙未條

중국에 있어서 이와 같은 격변은 응당 고려에 대하여서도 큰 반응을 일으킬 것이다. 元帝國과의 관계가 단순한 정치적인 宗主관계 뿐이 아니고 왕실은 대대로 甥舅관계이고 元帝室 또한 順帝의 皇后는 高麗 奇氏 출신이고 황태자는 고려의 外甥일 뿐 아니라 元 朝廷의 王公貴族 중에는 고려인과 혼인 내지 인척관계를 가진 자가 허다하였으며 이로 말미암아 元에 가 사는 고려인의 수는 이루 다 헤아릴 수 없을 정도로 많았다. 이와 같이 麗蒙關係는 역사적으로 깊은 관계를 맺고 있었던 만큼 新興 明이 元帝國을 몰아내고 중국의 주인이 되었다는 사실은 고려에 심각한 충격을 주었던 것이다. 이때 고려에서는 權臣 辛旽이 정권을 잡고 있었으며 공민왕은 魯國公主의 影殿에 정신을 쓰고 있었다. 공민왕 18년 1월에는 遼陽省의 納哈出과 平章 洪寶寶가 遣使來聘하였고 2월에는 元에서 中書省右丞 豆利罕을 보내어 王에게 衣酒를 賜하였고 3월에는 원에서 다시 遣使하여 왕을 右丞相으로 삼았다. 이에 대하여 공민왕은 懇曲한 謝恩表를 올렸으나 이미 길이 막혀 上都에까지 전달되지 못하고 중도에서 돌아오고 말았다.

천하가 그 귀추만 관망하고 있는 형세이다. 특히 元의 지배 하에 있던 滿洲方面은 아직 방향을 결정하지 못하고 우왕좌왕하는 태세였다. 그러나 대세는 이미 결정적인 것이다. 9月 丁巳에는 百官을 모아 大明에 通使할 것을 議定하였다.

　　丁巳 令百官議通使大明

당시 고려의 외교방침은 多變的인 것으로 元・明은 말할 것도 없고 吳王・淮王 내지 日本에까지 通使하고 있으니 그해 11月 丙午에 對馬

___

에 이미 "王聞大明兵圍皇城甚急 以在常侍曹敏修爲義靜州等處安慰使 前典理判書林堅味爲安州巡撫使"라 하였고 9월에 들어와 遼陽平章 洪寶寶가 遣使來聘함을 보아 그 以前에 情勢의 推移를 觀望하고 이에 對備하는 措置를 取하고 있음을 알 수 있다.

島萬戶 崇宗慶이 來朝하였을 때 宗慶에게 米千石을 賜하고 있음이 그 것이다. 물론 對馬島가 왜구의 소굴이라 宗慶으로 하여금 倭寇를 막아 달라는 뜻에서였다고 보아진다. 한편 辛旽이 집권한 공민왕 14년 이래로 왜구가 多少止息되고 각처 倭酉가 사신을 보내어 평화적인 通交를 바라 고 있다.23) 이러는 사이에 夏4月 壬辰 明太祖 朱元璋은 符寶郎 偰斯를 보내어 璽書와 禮物을 가지고 왔는데 왕은 백관을 거느리고 崇仁門外에 서 이를 맞이하였다. 이 璽書의 내용은 明太祖가 어떻게 하여 언제 황제 가 되었다는 것과 새로 건국한 國號와 年號 등을 알리고 고려와 중국과 의 역대 관계를 논하여 은근히 事大하는 일이 국가를 보전하는 길임을 시사하고 있다.24)

　正式 通告를 받은 高麗에서는 그 달 辛丑으로 元의 至正年號를 다시 停止하고 甲辰에 禮部尙書 洪尙載와 監門衛上將軍 李夏生을 賀登極 및 謝恩使로 金陵에 보내어 大明의 건국을 축하하고 앞으로 稱臣事大 하겠다는 表文을 올렸다. 同年 6月 丙寅에는 明帝가 高麗 宦者 金麗淵 과 高麗民 165人을 護送하였고 同年 8月 戊辰에는 高麗에서 摠部尙書 成准得, 大將軍 金甲雨, 工部尙書 張子溫 등을 보내어 賀聖節, 賀皇太 子千秋節, 賀正을 하게 하고 아울러 高麗가 朝賀하는 儀注를 청하고 있 다.25)

---

23) 恭愍王 17年 戊子에 日本에서 僧 梵盪・梵鏐가 金逸과 함께 報聘하였고 7月 에 對馬島에 보낸 講究使 李夏生에 대한 報聘으로 宗慶이 온 것이다. 그리고 『高麗史』에 왜구의 기록이 격감하고 있다.

24) 璽書에 말하기를 "大明皇帝 致書高麗國王 自有宋失馭 天絶其祀 元非我類 天 命入主中國百有餘年 天厭其昏淫 亦用隕絶其命 華夷擾亂十有八年 當群雄初 起時 朕爲淮右布衣 忽暴兵疾至 誤入其中 見其無成 憂懼不寧 荷天之靈 援以 文武 東渡江左 習養民之道十有四年 其間 西平漢主陳友諒 東縛吳王於姑蘇 南平閩越 勘定八藩 北逐胡君 肅淸華夏 復我中國之舊彊 今年正月 臣民推戴 卽位皇帝 定有天下之號曰大明建元洪武 惟四夷來報 故修書遣使 涉海洋 入高 麗 報王知之 昔我中國之君 與高麗壤地相接 其王 或臣或賓 蓋慕中國之風 爲 安生靈而已 天監其德 豈不永王高麗也哉 朕雖德不及中國之先哲王 使四夷懷 之 然不可不使天下周知"라고 하였음.

공민왕 19年 4月 庚辰 明帝는 道士 徐師昊를 보내어 高麗山川을 望
祭케 하니 祝文에 말하기를 "皇帝가 朝天宮道士 徐師昊를 보내어 高麗
의 首山 및 諸山과 首水 및 諸水의 神에게 致祭한다. 고려는 海東에 위
치하여 산세가 磅礴하고 水德이 汪洋하여 모두 靈氣가 모여 있는지라
境土가 安寧하고 國君이 대대로 富貴를 누리며 中國을 尊慕하여 生民
을 보호하니 神功이 큰지라 내가 布衣에서 일어나 天下를 統一하여 正
統을 계승하였는데 近者에 고려가 奉表稱臣하여 오므로 이미 王爵을 封
하였으니 古典에 의거하여 山川을 祭祀하여 神靈에 報答한다"하고 또
碑石을 깎아 都城門外에 세워 그 顚末을 새겼다.[26]

공민왕은 歷代로 이러한 일이 없었으므로 놀라 혹시 道士가 壓勝術을
행하는 것이나 아닌가 생각하여 稱疾하고 百僚를 시켜 詔書를 맞이하게
하였다. 다시 5月 甲寅에는 明帝가 尙寶司丞 偰斯를 보내어 王에게 錫
命하였는데 王은 百官을 거느리고 郊迎하였다. 誥命에서는 "高麗國王
王顓은 忠誠을 다하여 臣職을 다하므로 그대를 高麗國王으로 封하니
儀制와 服用은 本國의 習俗에 좇도록 하고 民社를 保全하여 封爵을 世
襲하고 典禮를 遵守하여 子孫萬世에 미치도록 하라"고 大統歷 匹段과
太妃 王妃 辛旽 기타 重臣들에게도 각기 匹段을 선물하였다. 동시에 去
年 8月에 보낸 成准得이 돌아오는 편에 璽書를 보내 말하기를 "近者에
使人이 돌아가매 國王의 政事를 물었더니 王은 佛敎에만 沒頭하여 倭
寇를 막지 않고 城郭도 修理하지 않고 兵甲도 嚴하지 않으며 政廳도 두
지 않았다 하니 王을 위하여 甚히 憂慮하는 바이다"하고 간곡하게 帝王
의 道를 설명하고 있는데 이것은 明帝의 政治思想과 당시 高麗國政을

25) 明史 洪武 2年 8月 丙子條에는 "封王顓爲高麗國王"이라고 하였음.
26) 徐師昊가 온 것은 明史에 記錄이 없다. 師昊의 말에 依하면 洪武 3年 春正月
癸未 朝會에 일이 決定되어 同10月에 祝文을 받고 4月 22日 高麗到着으로 되
어 있는데 明史에 依하면 6月 戊午朔에 "素服草履 步禱山川壇 露宿三日還齋
於西廡"란 말이 보이니 이 일은 正月에 決定하여 徐師昊를 高麗에 먼저 보내
고 擇日하여 6月에 中國山川을 親祭한 것이라고 하겠다.

이해하는 데 좋은 재료가 된다. 그 原文을 소개하면 다음과 같다.

"近者使歸 問國王之政 言王惟務釋氏之道 經由海濱 去海五十里 或
三四十里 民方寧居者 朕詢其故 言倭奴所擾 因問城廓何如 言有民無
城 問甲兵何如 言未見其嚴肅 問王居何如 有居而無聽政之所 朕因思
之 若果如是 深爲王慮也 朕雖德薄 爲中國主王己稱臣修貢 事合古禮
凡諸侯之國 勢將近危 朕所以持危之道 不可不諭 王知之 中古以來 王
公設險 以守其國 今王 有民而無成 則民命將危 爲國者 未嘗去兵 今
王 武備不修 則國威將危 民以食爲天 今王 濱海之地不耕 則民食將危
凡有國者 必有聽政之所 今王有居室 而聽政之所不設 非所以示尊嚴於
陪臣 若或設之 但不當過於奢侈耳 歷代之君 不問華夷 惟行仁義禮樂
可以化民成俗 今王 舍而不務 日以持齊守戒爲事 望脫愆寃以求再生之
福 佛經之說雖有然 不崇王道而崇佛道 失其要矣佛之道幽微 三皇五帝
之時 未聞有佛而天下大治 何也 蓋古人 淳朴而易化 故王道可治 後世
帝王之治不及於古 釋氏 因出其間 密贊王綱 以助治化 止天意也 王者
舉王道而應之 則無不治矣 若眞僧 化民爲善 密贊之功 己成 佛之大乘
斯非小補國王大臣 懜昧於此 而誤國之政 亦非小殃 所可汰者 冗僧耳
敬之則遊食者衆慢之則使民不敬 於佛不敬不汰則善惡不分 在王處之
如何耳 朕 幼嘗爲僧禪講 亦會參究 惟聞有佛而已 度死超生 未見盡驗
古今務釋氏 而成國家者實未之有 梁武之事 可爲明監 今乃唯佛敎是崇
非王之所宜 王之所以王高麗者 莫不由前世所積 今旣爲王 有土有民
能舉先王之道 與民與利除害 使父母妻子 飽食壞衣 各得其所 生齒日
繁 此道若舉 佛家之齋戒 其可與並驅乎 在朕思之 必不能出此道之上
誠能行此道 則福德之應 王子 必生於宮中 此則修行之大者也 朕爲人
神之主 天地百神之祀 犧牲未嘗敢闕 聞王之國 孳生不育 何以供境內
山川城隍之祀乎 有國之君 當崇祀典 劉康公有言曰 國之大事 在祀餘
戎 若戎事不備 祀事不合典禮 其何以爲國乎 今胡軍旣終 沙塞之民 非
一時可統而朕兵 未至遼藩 其間或有狂暴者出 不爲中國患 恐爲高麗之
擾 況倭奴出入海島 十有餘年 王之虛實 豈不周之 皆不可不慮也 王欲
拒之 非雄武之將 勇猛之兵 不可遠戰於封疆之外 王若守之 非深溝高

疊 廣其儲蓄 四有援兵 不能挫銳而擒敵 由是而觀之 王之負荷 可謂甚
重 惟智者 能圖患於未然 轉厄以爲安也 前之數事 所言喋喋 不過與王
同憂耳 王其審圖之"27)

동시에 왕의 冠服 樂器 陪臣冠服과 洪武 3年 大統歷을 보내고 六經
四書 通鑑 漢書 등의 서적을 왕에게 보냈으며 황후는 왕비에게 관복을
보내왔다. 그리고 甲戌에 張子溫이 돌아오는 편에 本國朝賀儀注 一冊
과 段物을 보내왔다. 乙亥에 徐師昊가 돌아가매 王은 表謝文을 보내어
은근히 問安하고 있다. 특히 국왕이 釋教만 崇重하여 政事와 戎事를 돌
보지 않고, 祀事를 등한히 하고 있다하니 王者의 信佛은 小乘的이어서
는 안되고 大乘的 견지를 취하여 輔國安民하는 일이 곧 最上의 信佛道
라는 뜻으로 誨諭하고 있는 것은 그가 일찍이 佛教에 投身한 관계라 하
겠다. 이어 明帝는 諸王子를 分封하매 禮部主事 栢禮를 보내어 頒布하
였는데28) 그 중에 高麗人은 額數에 拘碍없이 選取한다고 하였다.

　　高麗 安南 占城等國 如有經明行修之士 各就本國鄕試 貢赴京師會
　　試 不拘額數 選取

라 한 말이 그것이다. 또 明의 中書省에서 百戶 丁志와 孫昌甫 等을 보
내어 蘭秀山 叛賊 陳君祥 등을 追求하였는데 공민왕은 그 처자와 재산
을 모두 돌려보내니 무릇 100여 인이나 되었다.29)

---

27) 『明史』에는 보이지 않으나 明太祖의 人格과 思想을 살펴 보는데는 아주 좋은
　　材料이다.
28) 『明史』에 의하면 諸皇子를 分封한 것은 洪武 2年 夏4月 乙丑이고 設科取士한
　　것은 同月 己亥에 있은 일인데 一年後에 高麗에 連絡되고 있음은 使人往還이
　　遲滯함이든가 高麗史의 誤記로 보아야 할 것이다. 이 科舉程式의 詔書는 明初
　　科舉制度에 關한 基本史料가 된다.
29) 蘭秀山賊 陳君祥 등은 본래 해상에서 明軍에 반항하다가 명군이 浙東을 평정
　　한 후 일단 항복하였으나 다시 叛하여 明의 장관을 劫殺하였음으로 이를 토벌
　　코자 하니 죄를 두려워 하여 그 黨과 함께 고려로 피신 온 자들인데 마침 明州

그리하여 秋7月 乙未로부터 비로소 洪武年號를 사용하였다.[30]

壬寅에는 明帝가 秘書監直長 夏祥鳳을 보내어 五嶽 五鎭 四海 四瀆 祭했음을 來告하였는데 이 일은 고려와 하등 관계 없는 일이나 제사를 중시하는 明帝가 風敎上의 중요사라 하여 알려온 것이라 하겠다. 甲辰에 高麗에서 三司左使 姜師贊을 보내어 冊命과 璽書를 謝하고 아울러 前元의 印金을 明에 반납하면서 탐라문제를 제기하고 있다.

이상과 같이 明의 冊命을 받고 明의 印璽를 받아 元의 金印을 明에 返納하고 明의 洪武年號를 씀으로써 高麗는 그 宗主國을 元으로부터 明으로 바꾸게 된 것이다.

고려가 이렇게 急變的으로 명과 국교관계를 타결할 수 있었던 이유는

(1) 공민왕의 維新政治를 통해서 元의 羈絆을 벗어나려는 反元運動이 일찍부터 있었고,

(2) 元의 패배는 이미 결정적인 사실이었기 때문에 대륙에 新興한 明과는 好不好間에 통교하여야 한다는 현실적인 사정을 勘案하였으며,

(3) 공민왕 維新政治의 이념적인 지주가 되었다고 생각되는 원래 성리학에 순치된 士流層의 向明背元思想이 高麗朝廷에서 뚜렷한 세력을 형성하여 갔기 때문에 이들의 생각은 中原의 正統天子國에 事大하여서 그 문물을 취하면서 새 국가를 經綸하겠다는 생각에서 그렇게 된 것이 아닌가 본다.

人 鮑進保란 者가 고려에 와서 君祥 등이 家族 黨與를 거느리고 全羅道 古阜에 潛居하여 있음을 보고 돌아가 알렸음으로 中署省에서 이러한 咨文을 보낸 것이다.

30) 恭愍王 5年 6月에 일단 元順帝의 연호인 至正年號 사용을 정지하였으나 그 뒤의 通文關係로 보아 다시 至正年號를 쓴 듯하나 혹은 干支를 使用하였는지 알 수 없으나 이에 이르러 洪武年號를 쓰기 시작하였다.

4. 對明關係의 변천

공민왕 19年 姜師贊을 明에 보내어 謝冊命表를 보낸 것 까지는 좋으나 엉뚱한 耽羅計禀表를 보낸 것은 지나친 일이라고 아니할 수 없다. 元의 金印을 明에 보내는 것도 무엇한데 엄연히 고려 땅인 耽羅의 문제를 明에 提訴하고 있느냐 말이다. 참고로 그 全文을 소개하면 다음과 같다.

居高聽卑 從欲是急 以小事大 禀命爲先 玆用控陳 輒增隕越 切以耽羅之島 卽是高麗之人 開國以來 置州爲牧 自近代通燕之後 有前朝牧馬其中 但資水草之饒 其在封彊如舊 乃者 奇氏兄弟 謀亂伏誅 辭連耽羅達達牧子忽忽達思 差人究問 宰相 尹時遇等 盡爲所殺 其後 前侍中尹桓家奴金長老 黨附前賊 謀害本國 俱各服罪 島嶼雖云叢爾 人民 屢至騷然 病根苟存 醫術難効 伏望 体容光之日月 辨同器之薰蕕 將前朝太僕寺 宜徽院 中政院 資政院 所放馬匹驏子等 許令濟州官吏 照依元籍 責付士人牧養 時節進獻 其達達牧子等 亦令本國 撫爲良民 則於聖朝馬政之官 豈無小補 而小國民生之業 亦將稍安 區區之情 焉敢緘嘿"

濟州道는 元朝에서 직접 牧馬場을 경영하였던 것인데 元이 滅함으로써 그 목마장을 고려가 회수하려 하매 元의 牧子들이 반란하였으므로 이를 토벌하였으니 앞으로는 그 馬匹을 土人들이 牧養토록 하고 達達牧子들도 고려의 양민이 되도록 하면 時時로 貢馬하겠다는 뜻을 말하고 있다. 얼핏 보아 철없는 사람들의 잠꼬대 같은 소리이다. 나쁘게 말하면 아부도 너무 심하다. 새 주인에게 충성을 보이고자 함인가. 물론 耽羅의 牧胡들이 고려의 지배간섭을 빈번히 반대하여 왔으며 더욱이 한때는 元順帝가 이곳으로 와서 避亂하려고 한때도 있었다.31)

31) 『高麗史』 世家 恭愍王 16年 2月 癸未條에 "元使高大悲來自 濟州 帝賜王 綵帛錦絹五百五十疋 宰樞亦有差 時帝欲避難濟州 仍輸御府金帛 乃詔以濟州 復屬高麗時牧胡數殺國家所遣牧師萬戶以叛 及金廋之討 牧胡訴于元請置萬戶府 王奏金廋實非討濟州 因捕倭追至州境憔蘇牧胡 妄生疑惑 遂與相戰耳 請令本

그러나 엄연히 고려 땅이다. 元도 아닌 明에게 무엇 때문에 자진하여 말을 바치겠다고 자청하고 있는 것인가.

한편 遼東地方은 元의 지배력이 거세되자 원의 行省官吏들은 거취를 정하지 못하고 일시 방황하고 있으며 기회를 타서 고려에서는 東寧府와 雙城摠管府를 합하고 나아가 요동이 본래 고려의 땅임을 내세우고 있다.[32] 공민왕 20年 閏2月에 北元의 遼陽省 平章 劉益 王右丞 等이 大明에 歸附코자 하나 大明이 그 지방 주민들을 他處로 遷徙시킬까 두려워하여 遼陽은 본래 고려의 땅이라 고려에서 請命하면 遷徙시키지 않을 것으로 생각하고 이 뜻을 고려에 통고하여 왔다.

　　北元遼陽省平章劉益 王右丞等 欲歸附大明 慮遷居民 以遼陽本我地 若我國請命可免遷徙 遣使來告

이렇게 고려에 통고한 北元의 劉平章은 드디어 明에 歸附하였으니 同年 4月 戊戌에

　　中書省咨告 前元遼陽行省平章劉益 以金・復・蓋・海等地 歸順 帝 以爲本衛指揮

國自遣牧使萬戶 擇牧戶所養馬 以獻如故事 帝從之"라고 하였음.
32) 東寧府는 처음 西北面兵馬使의 記官이던 崔坦이 作亂하여 北界의 54城과 慈悲嶺以北 西海道의 6城을 들어 元에 降伏하므로 1270年 元 세조는 西京에 東寧府를 設置하였던 것인데 1275년에는 昇格하여 東寧路摠管府를 삼았으나 고려의 요청으로 1290년에 그 관할지를 고려에 돌리고 東寧府를 요동으로 옮겨갔다. 공민왕이 元과의 관계를 끊고 북진정책을 추진하려 함에 元 平章事 奇賽帖木兒가 원의 遺衆을 모아 동녕부에 웅거하여 父 奇轍의 원수를 갚고자 하므로 고려에서는 공민왕 18年 12月 元帥를 보내어 東寧府를 쳐서 北元과의 관계를 끊었고 19年 8月 李成桂・池龍壽・柳伯淵 등이 또 쳤고 同11月에는 遼東城을 치고 12月에는 또 東寧府에 글을 보내어 "遼陽元是國界"라 하여 요동이 고려 땅임을 명시하고 있다.

라고 한 것이 그것이다. 그러나 아직 東北面의 女眞界나 西北面의 遼陽
界가 완전히 안정된 것은 아니다. 明나라에의 通使는 主로 해로를 취하
고 있는데 황해를 횡단하는 일은 당시로서는 상당히 어려웠던 것임을 말
하여 주고 있다. 그러므로 同年 11月에 明의 遼東都司에게 遼東經由를
신청하고 있다. 明은 요동방면에 이른바 遼東都指揮使司를 설치하여 이
방면의 군사 행정을 총괄하고 있었는데 고려에서나 명에서 지금까지 왕
래한 것은 주로 海上을 통하였던 것을, 그 길이 불편하므로 육로로 통할
것을 요청한 것이다. 그러나 요동지방에 있어서 明의 東漸主義와 고려
의 北進政策은 조만간 충돌하지 않으면 안 될 형편이었다. 즉 明나라의
創業이 더욱 확고하여져 가매 고려의 大陸政策도 명에 事大하면서 舊土
를 回復하고 가능하면 遼陽方面에까지 진출할 뜻을 포함하고 있었던 것
이다. 고려의 건국정신인 "高句麗舊土回復"은 元末明初의 혼란기에도
遼陽省이 본래 고려 땅이란 내면적 주장에 의하여 일관되고 있음을 볼
수 있다. 뒷날 우왕이 遼東出兵을 經綸한 의도도 단순히 明의 鐵嶺衛
설치문제로 인한 것이라 함은 다소 피상적인 견해라 하지 않을 수 없다.
　공민왕 21년 3月 甲寅에 知密直司事 洪師範을 明京에 보내어 明이
蜀地를 평정함을 賀하고 또 자제를 明에 遊學시킬 것을 청하고 또 中書
省에 咨하여 樂器 구입을 周旋하여 달라고 하고 있다. 夏4月에 耽羅에
서 有旨別監兼揀選御馬使로 보낸 劉景元을 죽이고 반란을 일으켰는데
이것을 평정하기에 앞서 民部尚書 張子溫을 明京에 보내어 耽羅를 討
伐하겠다고 청하고 다시 同月 丙午에는 吳季南을 明京에 보내어 本國
馬 6匹을 보내고 있다. 그해 5月 癸亥에는 明帝가 宦者 前元의 院使였
던 延達麻失里와 孫內侍란 자를 보내와 王에게 綵段과 羅紗를 賜하였
고 明의 中書省은 帝旨를 받아 咨文을 보내왔는데 그 내용은,

　　"高麗國王은 前年부터 石碑(徐師昊의 山川望拜時 새운 石碑를 말
　　함)를 세우고 山川을 祭祀하기 위하여 各處에 捷音을 飛報하고 法服
　　을 보내기 위하여 使者가 거듭하였으니 王은 이러한 일들을 위하여 甚

히 奔忙하였다. 내가 생각건대 高麗는 山으로 限界되고 바다로 隔離되어 천연적으로 이루어진 국토이며 그 王들은 仁政으로 管撫하여 太平盛代를 즐기는데 우리나라에서 자주 사신이 왕래함은 이와 같이 王의 몸을 動勞시킴이라. 내가 一年以來 일찌기 사람을 보내지 않았으니 이제 너희 中書省은 紗羅와 段子 四十八匹을 살펴 꾸려서 元朝의 舊日 老院使를 보내어 가져가게 하되 海船 一隻을 가려 完全武裝을 한 軍人으로 船上에서 防備하게 하고, 저 陳皇帝의 家族과 夏皇帝의 家族을 태워 보내어 王京에 가서 軍에도 編入시키지 말고 民에도 編入시키지 말라. 閑暇하게 自活하게 할 것인 바 王이 그 곳에 머물러 두기를 원할 것인지 萬若 願하지 않을 때에는 도로 태우고 돌아오도록 하라. 너희 中書省은 文書로서 仔細히 說明하여라"[33]

라고 하여 其實은 陳皇帝의 家族과 夏皇帝의 家族을 明國 내에 두지 않고 고려에 보내어 살도록 하기 위하여 보내어 온 것이었다.

이러한 皇帝의 聖旨를 받아 右丞相 汪廣洋은 다시 약간의 설명을 가하여 高麗國王에게 致書하고 있다. 陳皇帝라고 함은 곧 陳友諒을 말하는 것이고 夏皇帝라고 함은 곧 明貞을 말함이다.

이리하여 이 달 乙丑日에 陳皇帝 夏皇帝의 家族인 陳理 明昇 等 男婦共二十七人이 入京하여 詣闕하였는데 공민왕은 報平廳에 거동하여 理와 昇은 階上에서 拜禮하고 王은 坐受하였다. 昇의 나이는 十八歲, 理의 나이는 二十二歲였다. 그런데 癸酉日에 孫內侍가죽었다. 『高麗史』에서는 "孫內侍 自縊于佛恩寺松樹"라고 하였는데 이 문제는 뒤에 적지 않은 파문을 던지고 있는 바 그때 다시 설명하기로 하겠다. 그리고 甲戌日字로 政堂文學 韓仲禮가 蘭秀山賊船을 매입한 것도 문제되고 있다. 즉

帝聞之曰 宰相不當買賊船 宜連推還

---

33)『高麗史』世家 恭愍王 21年 5月 癸亥條 참조.

이라 하였으므로 6月 丁丑에 韓仲禮를 巡軍獄에 내리고 이미 파괴된 선척을 독령하여 수리케 하였던 것이다. 7月 辛未에는 同知密直司事 金湑를 進方物使로, 版圖判書 林完을 賀千秋使로 明京에 보내고 8月 壬寅에는 贊成事 姜仁裕를 謝賜綵匹使로 보냈는데 姜仁裕에게 보낸 表文은 『高麗史』에 실려 있으나 대수로운 것이 아니기에 여기에서는 생략한다. 9月 壬戌에 전에 보냈던 張子溫과 吳季南이 돌아왔는데 明帝가 親諭하기를 "耽羅牧胡가 叛亂하면 칠 것이요, 倭寇가 침입하면 防備殲滅할 것이다. 그리고 高麗는 疑惑이 많은 나라라 하였는데 自古로 天下에는 中國과 外國이 있어 高麗는 海外의 나라라 中國에 通하여 事大의 禮를 잃지 않고 分을 지켜 朝聘의 禮를 缺하지 않았는데 疑惑할 것이 무엇이냐, 옛날 隋煬帝와 같은 이는 土地를 넓히고자 하여 함부로 군사를 일으켜 후세에 웃음꺼리를 남김은 내 마음속에 가장 싫어하는 바이다"라고 하였다.

明帝가 指摘한 바 高麗國內에 의혹이 많다는 말은 무엇을 뜻함인가. 明帝의 말을 분석하여 보면 이것은 바로 고려가 한편에서는 明나라에 事大의 誠을 보이듯 하면서도 요동방면에서 북진정책을 강행하고 있음을 警告함이라 하겠다. 11月에는 다시 張子溫을 遼東에 보내어 陸路入貢을 請하였으나 明은 이를 물리치고 있다. 그것은 前述한 바와 같이 고려의 태도가 의혹이 많고 北元이 아직 그 명맥을 유지하고 있어 자주 고려에 사신을 보내어 왔으므로 高麗와 北元은 그 역사적 관계에 있어서나 혈연적 관계에 있어서나 사회적 문화적 관계에 있어서나 一朝一夕에 청산될 성질의 것이 아니었기 때문이라고 생각된다.

이러한 사정은 공민왕 22年 2月 乙亥에 北元使臣이 왔을 때의 일로 충분히 납득된다.

北元遣波都帖木兒 及 於山不花來 詔曰 頃因兵亂 播遷于北 今以廓擴帖木兒爲相幾於中興 王亦世祖之孫也 宜助力 復正天下

고려왕도 世祖의 孫이니 中興을 助力할 것이라고 말하고 있다. 이에 대하여 고려가 취한 태도는,

初二人入境 王欲遣人殺之 君臣皆執不可 於是 訪以拘留·放還·執
送京師三策君臣皆曰 放還便

이라 하였고 戊寅에는 王이 밤에 元使를 만나보고 "내가 眼疾이 있어 낮에 햇빛을 보면 심히 아프므로 밤에 만나보는 것이라"고 하니 이것은 明나라를 두려워하였기 때문이라고 하겠다. 乙酉에 元使가 돌아가매 苧布를 부쳐 보내어 元帝에게 올리게 하였다. 고려의 執權君臣은 아직 北元에 마음 있음이 역력하다. 이때의 고려 사정은, 情은 北元에 있고 勢는 大明에 기울어 어수선한 국내사정과 함께 갈피를 못잡는 상황에 놓여 있었다. 魯國公主의 薨去로 精神的 打擊을 받고 공민왕은 辛旽을 起用하여 維新의 政治를 經綸하여 하였으나 新舊兩派의 비난을 받았고 국제정세가 이와 같이 갈피를 못잡게 된 22年 正初에 子弟衛를 두어 亂倫被弑의 禍源을 만든 人間 공민왕의 심중도 자못 복잡함이 있었을 것임을 推測할 수 있다. 北元使가 돌아간 5月 後인 庚寅에 判書 張子溫을 다시 遼東의 定遼衛에 보내어 朝聘의 通路를 許諾받고자 하였으나 뜻을 이루지 못하고 돌아 왔다. 그러나 賀聖節, 賀正, 賀千秋節使는 계속 明으로 보내고 있다. 그런데 이해 秋7月에 여러 가지 명목으로 明나라에 사신 갔던 사람들이 明으로부터 돌아와 그곳 사정을 알 수 있게 되었다. 이들이 傳한 明帝의 詔勅과 中書省의 咨文의 要旨는,

1. 孫內侍는 고려가 죽인 것이다. 어찌하여 보잘 것 없는 한 사람의 內侍를 죽이느냐, 생각이 모자람이 너무 심하다.
2. 國王이 나를 이렇게 疑心한다면 城廓을 修理하고 軍糧을 쌓고 武器를 準備하여 敢然히 우리를 相敵할 것이지 使行人을 보내어 偵探이나 하게 한들 무슨 所用이 있겠는가. 내가 듣건대 고려에는 城砦도

修理하지 않고 軍糧의 備蓄도 民力을 괴롭히기만 하고 百姓에게 유리한 일은 하지 않으며 倭寇가 恒時있다 하니 300 乃至 500의 船隻을 만들어 軍人으로 하여금 이를 잡게 함이 良策일 것이다.

3. 고려의 探偵은 陸路로 와서 海路로 돌아가는데 모두 와서는 偵探을 한다. 萬若에 앞으로는 探偵을 보낸다면 우리는 4~5萬의 軍馬를 動員할 것이다.

4. 우리의 중앙정부의 省과 臺의 官職에는 모두 缺員이 있는데 고려에서 만약 청렴하고 능력있고 識字있는 사람 2~3백명을 보내오면 이들을 六部와 各衛에 배치하여 官吏로 임명하겠다. 그것이 사람을 보내어 交易과 偵探에 從事시키는 것보다 유리할 것이다.

5. 내가 3年에 한번씩 進貢하라 하였는데 國王은 疑心을 많이 하니 그로 하여금 疑懼하지 말고 앞으로는 3年마다 한번씩 進貢해 오고 2~3百名의 官員을 旅費를 주어보내고 그들의 往來에 消息을 들으면 偵探을 보내는 小識見보다 낫지 않을까.

6. 元나라 조정에서 데리고 온 周哥라는 13세 소녀를 지금 데리고 있는데 그 부모 자식간의 情이 어떠하겠는가. 그런데 그 아버지를 멀리 流配하였다 하니 그들의 하는 짓이 도대체 무엇이냐.

7. 국왕이 문서로써 자기 姪女를 잃었다 하기에 나는 곧 使臣으로 하여금 各處에 찾아 들렀는데 金哥라는 內侍가 돌아와 하는 말이 분명치 않다 하여 그를 죽였다 하니 이는 또 무슨 所見없는 짓이냐. 지성으로 한다면 왕씨성의 자손이 수백년 실권하지 않을 것이요. 또 그렇게 하는 것이 좋을 것이다.

8. 나는 내가 보낸 두 사람을 죽였다고 하여 그대 나라를 정벌한다 안한다 말하기 어렵다. 만약 고려가 從來와 같이 불성실한 행동을 한다면 부득불 정벌할 것이고 그렇게 하지 않는다면 정벌하지 않을 것이다.

9. 만약 그대 나라를 정벌한다면 明州 500隻, 溫州에서 500隻 배를 만들고 泉州, 太倉, 廣東, 四川 等地에서 3個月內에 7, 8千隻의 배를 修造하여 正正堂堂하게 遠征할 것이다.

10. 그러나 아직 胡人도 멀리 몰아내지 못하였는데 그대 나라를 돌볼 겨를이 있겠는가. 天下가 平定되고 四方이 富貴하게 되면 그때 가서는 外國의 罪를 論할 때가 올 것이다. 그러므로 中國의 亂은 諸侯國

의 福이 되는 것이다. 뒷날 나도 唐高宗이 高句麗를 滅亡시키듯이 못 쳐들어 갈 거야 있겠는가. 그대 나라도 防備를 하는 것이 옳은 일이다.

11. 그대들은 표면으로는 子子孫孫 대대로 稱臣한다 하면서 內實은 여러 가지 手段方法으로 偵探을 일삼아 오니 이 무슨 所見없는 짓이냐. 以小事大는 옛날부터의 禮인데 어찌 이토록 無誠意하냐. 우리가 要求하는 濟州馬는 통 가져오지 않고 緊要치도 않은 布와 자리 같은 것만 가져오니 사람의 一身에 비하면 조그마한 腫氣도 治療하지 않으면 나중에는 醫師도 고칠 수 없게 될 것이다. 그리고 그대 國王에게 말하라. 이와 같이 小人들의 말을 듣지 말고 朴宰相과 周姓女의 父와 親族과 國王의 內侍 4, 5名을 보내도록 하라고.

12. 내가 船隻을 줄 것이니 그대들 官人은 바다로 本國에 돌아가라. 今後로는 海路로도 올 必要가 없다. 그러나 만약 청렴하고 유능한 科擧合格者 및 吏員들이라면 내가 받아들일 용의가 있다. 그 이외 사람은 오지 말라. 정말 至誠을 가지고 오도록 하라.

13. 中國使臣을 그대 나라에 보내면 打殺하니 나는 다시 使臣을 보내지 않겠다. 그대가 올 마음이 있으면 오고 올 마음이 없으면 오지 말라.

14. 내가 前에 배 한 隻을 보냈더니 그대는 많은 軍馬로써 接對하였으니 어디 그런 禮節이 있던가. 한 隻이 아니라 十隻이 간들 무엇이 두려울 것이 있겠는가. 듣건대 倭敵이 2, 3百里 內地로 侵入하여도 막지 못하고 城池도 修築하지 않으면서 우리를 疑心하니 내가 征伐 나간다면 正正堂堂하게 할 것이다. 胡人을 몰아내고 5年內에 못하면 10年內에라도 할 것이다.

그대는 올 마음이 있거든 오고 올 마음이 없거든 오지말라.

고 한 것이다. 여기에서 우리는 明太祖가 고려에 대하여 어떤 생각을 갖고 있는가를 명백히 알 수 있다. 이 기록을 통하여 元明交替期에 있어서 고려의 明에 대한 태도도 그 실체를 파악할 수 있다. 한 말로 하여 表面으로는 事大稱臣의 禮를 취하면서도 內心으로는 그 정세를 偵探하고 觀

望하며 北元과 明과의 사이에 兩面外交를 전개하고 있다는 것이다. 고려의 태도가 이러하매 明太祖도 처음에는 고려를 親近하려 하다가 다시 태도를 바꾸어 회의적인 입장을 취하고 있는 것이다. 고려의 사신을 陸路로 오지 못하게 함도 고려가 明나라의 정세를 偵探한다는 데 기인함이라 하겠고 또 明나라에서 徐師昊를 비롯한 여러 사신이 왕래함도 역시 고려의 동향을 살펴보는 임무를 띠고 있었던 것을 쉽게 추측할 수 있는 일이다.

明太祖는 고려에 대하여 위협적인 태도를 보이고 있다. 고려가 이와 같이 회의적인 태도를 가지고 至誠으로 事大하지 않으면 조만간 고려를 정벌하겠다는 것이다. 이에 대하여 고려에서는 한결 변명과 恭順의 태도를 표시하고 있으나 속담에 "미운 사람은 주려도 밉고 고운 사람은 언으러와도 곱다"는 격으로 明帝는 잘 상대를 하지 않는다. 고려에서는 변함없이 遣使하였음으로 明帝는 고려가 이행할 수 없을 정도의 세공을 정하여 시험하고 있다. 고려를 괴롭힐 심산이다.

이제 필자는 『高麗史』 공민왕 世家에 실린 많은 거래 문서를 다 소개할 수는 없다. 고려가 明에 대하여 충성을 표시하는 데도 明이 그처럼 냉담하고도 고압적인 태도를 취함은 요동문제를 중심하고 얽히고 설킨 관계에서라고 매듭지어 두기로 하겠다. 대명관계에 이와 같은 우여곡절을 겪다가 결국 공민왕은 즉위 23年 9月 甲申에 한 많은 일생을 親昵하던 子弟衛의 洪倫 등에게 被弑暴薨하게 되고 말았다.

맺음말

유래로 동양사의 주류는 漢族과 北方族과의 對立抗爭에서 전개된다 하였고 明太祖도 중국의 禍亂은 諸侯國의 복이 된다고 하였거니와 사실 만주를 통해서 한족과 북방민족을 아울러 접촉하고 있는 우리나라는 그 국제관계에 있어서 자못 미묘한 相緣관계를 갖고 있다.

明太祖가 말했듯이 중국이 分立抗爭 할 때는 우리나라의 發展雄飛할 계기가 되었고 중국이 통일된 때는 우리나라는 외교적으로 통일왕조에 事大의 禮를 치르고 그 國命을 보전하여 왔던 것이 상례이다.

저 고구려가 廣開土王·長壽王代에 저렇게 雄飛함도 따지고 보면 中國이 五胡十六國에서 南北朝로 分立하던 사이이고 高麗太祖가 後三國을 평정하여 웅대한 건국이념 三韓統一 九夷調伏 高句麗舊土回復을 내걸게 된 것도 唐末 五代의 亂世를 당하여 이룩한 일이다.

元末·明初도 고려를 위하여서는 一大飛躍이 가능한 시기였다. 그런데도 그것이 불가능하였을 뿐 아니라 도리어 대외관계에 있어서 가장 어려운 고비를 치루어야 하는 苦境에 빠진 이유는 역시 이러한 기회를 충분히 이용할 수 있는 것은 스스로의 힘을 축적한 자만이 가능하다는 것을 입증하여 주고 있는 것이다. 만약 고려가 이때를 당하여 國論이 통일되고 사회가 안정되어 민심이 왕실을 중심으로 집결되고 왕실이 賢君을 기다려 國威를 선양할 수 있었더라면 설사 왜구가 後方을 攪亂함이 있었다 하더라도 大軍을 몰아 疾風과 같이 동요하는 만주방면의 호족세력을 눌러 北元으로 하여금 타협적 자세를 취하게 하므로써 실리를 거두어 國威를 선양하고 高句麗 舊土를 일부만이라도 회복할 가능성이 있었던 것이다.

불행히 왕실은 이미 全國民의 왕실이 아니고 귀족들은 自家 및 自黨의 세력 유지에만 급급하여 민심은 이반하고 雪上加霜으로 왜구는 창궐하는데 우유부단한 외교정책으로 끝내는 易姓革命에까지 몰고 갔으니 공민왕대는 실로 高麗國命의 사활을 결정짓는 시기였고 對明關係는 가장 중요한 계기가 되었던 것이다.

고려를 위하여 가장 중요한 이 시기는 결국 高麗社稷을 멸망으로 이끌고 간 계기가 되었으니 孟子의 말한바 天時와 地利가 人和만 못하다는 것이 萬古에 名言이라 하지 않을 수 없다.

이제 공민왕대의 대외관계를 元明과의 관계를 중심하고 有機的 結合

的으로 관찰하려 보려고 시도하였던 바이나 이 문제는 필자와 같은 初年生으로서는 너무 힘에 겨운 일이라 斷案을 내리기는 어려운 일이나 결론적으로 첨언할 것은 고려를 멸망시킨 것은 결코 元도 아니고 明도 아니며 또한 倭寇도 아니고 紅巾賊도 아니라는 것이다. 다시 말하면 고려를 멸망의 구렁으로 끌고 간 것은 바로 고려 자신이었다는 것이다. 생각건대 武臣의 亂 이후로 고려에서도 封建社會가 형성되어 가던 도중에 蒙古의 대거 침입으로 인하여 이것이 저해되고 元帝國의 掊制下에 이중적인 지배체제를 형성하고 정치 사회 문화면에 元의 영향을 직접 간접으로 받으면서 자율성을 잃은 왕국으로 전락되었다. 자율성을 잃은 왕조가 그 所依하던 宗主國이 동요함에 따라 새로운 혼란과 시련을 겪게 되었고 그것이 공민왕대의 維新政治로 나타났다. 그러나 안으로는 이른바 舊勢力이라 지목되는 勳舊世臣들과 程朱學에 馴致된 新進士流로 형성되어 가는 新進勢力의 反目葛藤이 일어나고 밖으로는 元明交替期란 커다란 전환기에 처하여 여기에서 이 전환기를 각자가 유리한 편으로 이용하려는 데서 결국 舊勢力派는 비록 그 실력면에 있어서는 실현가능성을 의심할 바나 思想的으로는 元帝國의 敗亡退潮期를 이용하여 元이 지배하였던 만주지방을 고려의 판도 안에 넣으려는 舊土回復의 建國精神을 되살려 北進政策을 감행하려는 생각을 가졌고 반대로 新興勢力派는 儒敎的인 政治觀 倫理觀 經濟觀에 입각하여 新世代의 指導精神을 정립하고 이에 의하여 無秩序 無定見한 현실의 혼란을 止揚하여 새로운 통일된 왕조를 지향하였으며 따라서 패망하여가는 胡人帝國의 掊制를 벗어나 新興하는 正統帝國 明에 事大함으로써 明의 外援을 입어 국내에 있어서 自派의 세력을 공고히 하고 구세력을 제거하는 방패로 삼으려 하였던 것이다. 이에 곁들어 沿海地方에는 왜구의 침입이 날로 심하여 그 피해가 막심하였고 北方에서는 元帝國의 치하에 있던 관원 및 土着豪族들의 발호가 계속하여 고려의 병력으로는 拔本塞源할만한 형편이 되지 못하였다. 이러한 사정 하에서 新興勢力의 적극적인 親明政策과 이를 저해하려는 구세력의 소극적인 反對態度는 결국 明에 대하여 일관된 정책을 쓰지 못하고 兩面外交의 優柔不斷한 模糊政策을 쓰게 된 것이니 明太祖가 그와 같이 偵探을 일삼고 불성의한 태도를 취한다고 비난하는 것도 어찌할 수 없는 사정이었다고 보지 않을 수 없다. 결국 공민왕도 이러한 역사적 추이과정에 어쩔 수 없이 희생되어간 인물이다.

외교는 평화적으로 국력을 과시하는 방법이라 하겠다. 自國의 능력을 축적하지 못한 국가는 옛적이나 지금이나 마찬가지로 남의 부림을 받을 따름이다. 아무리 좋은 기회가 있다 하여도 스스로 그 기회를 捕捉할 수 없는 자에게는 무의미한 것이다.

Ⅱ. 조선초기의 鹽業考

머리말

근래 조선시대의 산업에 관한 연구는 국내외에서 많은 논문들이 발표
되어 장족의 발전을 이루어 왔다. 이 문제는 朝鮮社會의 기본적 경제구
조나 사회발전 요인의 究明과도 관계되는 것이기 때문에 이 방면의 연
구는 보다 기대되는 것이라 하겠다.

특히 鹽은 代替物이 없는 생활자원이었기 때문에 鹽業은 국가의 가장
중요한 산업으로서 이웃 중국에서나 우리나라에서는 일찍부터 주요한
鹽場을 국유화하고 鹽의 생산뿐만이 아니고 流通販賣까지도 국가가 管
掌하려는 權鹽法(一種의 專賣制)이 실시되기도 하였다. 그러니 鹽業問
題는 단순한 工業史 내지는 財政史上의 문제가 아니고 朝鮮王朝社會·
國家의 全体係에 관계되는 중요한 문제이다. 그러나 朝鮮時代 鹽業에
관한 연구는 의외에도 부진한 실정으로 현재까지 高承濟, 姜萬吉 兩氏
의 勞作이 발표되었을 뿐이다.[1]

따라서 본 논문에서는 연구의 대상시기를 朝鮮王朝가 건국한 후로부
터 世宗代에 權鹽法이 성립되는 初期를 잡아 조선시대 鹽制의 재편성
과정을 살피고 아울러 生産工程, 生産關係, 流通販賣關係 등을 취급해
보기로 하였다.

---

1) 高承濟,「李朝鹽業史硏究」,『近世韓國産業史硏究』, 大東文化社, 1959 ; 姜萬
吉,「李朝後期의 公鹽制度考」,『史學志』4, 1970.

경제사 연구에 있어서 문헌사료의 부족이 큰 애로임은 잘 알려진 사실이나 특히 본 논고에서는 그 시기를 초기에 국한하였기 때문에 더욱 어려움을 겪었다. 그러니 이 논문에 있어서 논리의 전개에 무리가 있음을 자인하며 동학 諸賢의 叱正이 있기를 바라 마지 않는다.

1. 鹽制의 정비

조선왕조가 건국된 후 鹽法을 어떻게 재정비하여 麗末의 모순을 극복하였는가를 고찰하기에 앞서 麗末에 있어서의 鹽法의 실태부터 보기로 한다.

鹽의 專賣法을 権鹽法이라 칭하는데 고려왕조에서 이 権鹽法이 실시된 시기에 대해서는 『高麗史』 卷79 食貨二 鹽法條에

　　國家所資 鹽利最大 國初之制 史無可考

라 하였으니 정확히는 알 수가 없다.

그러나 염은 民生의 필수품이고 鹽盆의 稅는 국가의 주요재원이었으므로 專賣法을 실시하여 鹽法의 건전한 발전을 도모했으리라 생각되며, 대체로 초기부터 소위 都鹽院制 밑에서 鹽盆은 국가의 소유로 하고 官이 직접으로 염을 제조하여 그것을 배급하는 제도를 시행해 왔던 것으로 생각된다.[2]

그러나 後期로 접어들면서 점차 鹽制가 문란해졌으니 忠烈王 22년 6월의 中贊 洪子藩이 上書한 바를 보면

　　中贊洪子藩上書曰 鹽文有稅 已有定額 今於州縣 強行科歛 誠宜禁之[3]

---

2) 高承濟, 위의 책, 122쪽.

라 하여 국가에서 정한 鹽稅 이외에 州縣에서는 科斂을 강행하고 있으
니 이를 금지시켜 달라고 하였고, 또 忠宣王의 卽位敎書에도 鹽稅는 예
로부터 天下의 公用인데 지금 諸宮院寺社와 勢要家들이 모두 다투어
據執하여 그 稅를 납부하지 않아 國用이 부족하니 有司는 窮推하여 除
罷하도록 하라[4]고 하였다. 이로써 보면 高麗末期 왕권의 쇠미에 따라
어느듯 權門·社寺 등이 鹽盆을 私占하는 바 되어 高麗期의 鹽業은 위
기에 봉착하였음을 알 수가 있다.

　이와 같이 무너져 가는 염의 專賣制度를 재확립하여 국가의 재정을
확보하려는 노력은 충렬왕 때부터 시도되기 시작하였다. 同王 14년에 비
로소 各道에 權鹽使를 파견하였으며,[5] 다음의 忠宣王 元年에는 드디어
鹽制改革이 단행되었으니

　　忠宣王元年二月 傳旨曰 古者榷鹽之法 所以備國用也 本國諸宮院寺
社及權勢之家 私置鹽盆 以專其利 國用何由加瞻 今將內庫·常積倉·
都鹽院·安國寺及諸宮院·內外寺社 所有鹽盆 盡行入官 估價 銀一斤
六十四石 銀一兩四石 布一匹二石 以此爲例 令用鹽者 皆赴義鹽倉 和
賣 郡縣人皆從本管官司 納布受鹽 若有私置鹽盆 及私相貿易者 嚴行
治罪 於是 如令郡縣 發民爲鹽戶 又令營 置鹽倉 民甚苦之……諸道鹽
價布歲入四萬匹[6]

라 한 것이다. 즉 忠宣王은 鹽政을 바로잡아 國利民富를 圖謀코자 鹽의
專賣制를 재확립하겠다는 것으로, 생산부문에 있어서는 宮院·寺社나
權勢家들이 私占한 鹽盆을 모두 沒收하여 國有로 歸屬케 하고, 유통부
문에서는 鹽價를 公定하는 한편, 염의 수요자는 모두 義鹽倉에 鹽價를

　3)『高麗史』卷34, 食貨2 鹽法條.
　4)『高麗史』卷34, 食貨2 鹽法條.
　5)『高麗史』卷34, 食貨2 鹽法條.
　6)『高麗史』卷34, 食貨2 鹽法條.

납부하고 鹽을 和賣토록 하는 방법과 지역 州縣에서는 관이 민간으로부터 布를 징수하고 그 代償으로 염을 배급하는 제도를 채택하였다. 그리고 사사로이 製鹽을 營爲하거나 혹은 생산된 鹽을 私賣하는 경우는 엄중히 처벌할 것을 규정하였으니 이는 국가가 專賣制를 실시하여 鹽의 생산과정이나 유통판매과정을 관장하여 鹽利를 독점하겠다는 것이다. 이리하여 管下의 백성을 뽑아서 鹽戶로 삼고 생산을 강요하여 鹽盆所在의 各道에서 중앙정부에 납부하는 鹽價布의 세입액은 4만필이 되었다고 한다. 그러나 '民心苦之'라 하였으니 이것은 鹽戶의 부담이 과중하였거나 또는 管鹽官들의 작폐에 기인한 것이라 생각된다.

이와 같이 鹽制의 개혁을 시도하여 鹽業의 발달을 期하려던 노력은 고려말의 정치적 혼란과 사회적 모순 등으로 소기의 성과를 올리지 못하고 문란해 지기만 하였다.

專賣制라는 명목하에 백성들에게 價布의 납부만을 강요할 뿐 염의 지급을 받지 못한 자가 십중팔구나 되었고 십년이 넘도록 염을 배급받지 못하는 경우도 있었으며 京中의 鹽舖는 권세가들이 점유하기까지에 이르렀다.[7]

이리하여 공민왕대가 되면

密直提學白文寶 上劄子 忠宣王時 所定鹽戶 因散亡 元額日減 朔鹽
不足 然民間朔布 則一依前例收納 故鹽沒布在 吏緣爲奸 民雖納布 而
未受一升之稅 今後以鹽多寡 准布之數 均給 以此爲式[8]

이라고 한 데서 알 수 있듯이 관리들의 不正收奪으로 生産擔富者인 鹽戶는 散亡되어 생산량은 날로 감소되었고 禁令을 내려 단속을 꾀하기도 하였으나, 權勢家나 鹽商人들의 獨占的 私賣 때문에 일반 백성들에게는 鹽의 공급이 제대로 안되는 실정이었다. 그리하여 高麗의 鹽法은 문란

---

7) 『高麗史』 卷34, 食貨2 鹽法條.
8) 『高麗史』 卷34, 食貨2 鹽法條.

해지고 鹽業은 쇠퇴하여 갔다.

　이상과 같이 고려말의 염업이 쇠퇴해가는 가운데 조선왕조는 건국되었다. 건국후 조선왕조의 鹽業制度 정비의 기본방향은 太祖의 卽位敎書에서 명시되었으니,

　　殿下卽位 首降德音 一革前朝弊法 每沿海州郡置鹽場 而官爲煮鹽
　　聽民將其所有之物或布或米 無論精粗親就鹽所 所稱時價之高低 計直
　　受鹽 然後納價物焉 蓋與民同其利 非禁而権之也[9]

라고 한 것이 그것이다. 즉 고려말의 弊法을 革罷하고 해안지대의 州郡에 鹽場을 설치하여 관이 직접 염의 생산을 담당하고, 그 생산된 염을 수요자를 대상으로 하여 布木이나 米穀과 교환하여 판매하려는 이른바 権鹽法 즉 專賣制를 前期에 이어 계속 실시하겠다는 것이다. 그리하여 同王 3年에는

　　山場水梁 一國人民所共利者也 或爲權勢擅執権利者有焉 甚非公義
　　也 願自今下令州府郡縣 考其境內山場水梁 如有專擅者 則將其姓名
　　一一告于憲司 憲司啓聞科罪 痛禁其弊 守令有阿勢畏威 匿不申報者
　　罪同 上兪允施行[10]

　州郡에 令을 내려 그 경내에 있는 山場水梁을 조사케 하고, 권세를 憑籍하여 私占한 者를 일일이 그 성명을 憲司에 보고케 하고, 헌사는 啓聞하여 科罪토록 하여 그 폐단을 통금토록 하는 한편 모든 公私의 鹽場을 司宰監에 소속시키고, 同王 6年에는 鹽察을 各道에 파견하여 연해지역의 鹽盆 및 製鹽區를 답사케 하고, 파악된 製鹽場의 적을 작성하여 그 생산된 염을 鹽場官으로 하여금 時價에 따라 민간의 米布와 교환시켜

　9) 鄭道傳, 『朝鮮經國典』, 景仁文化社, 1972, 14쪽.
　10) 『太祖實錄』 卷11, 太祖 6年 4月 丁未.

국가재정에 충당하였다.[11]

국가에서 설치한 鹽場에는 부근 각지로부터 동원된 鹽干을 煮鹽에 종사시켜 官鹽을 제조케 하여 1年 1盆에 10石을 貢鹽으로 관에 납입케 하고, 나머지는 鹽干에서 지급하여 생계를 유지토록 하였으며, 또 官鹽製造에는 沿海諸鎭의 當番水軍으로써 煮鹽케 하여 그것을 救荒의 자원으로 충당하였다. 그러나 私製鹽도 인정하여 1年 1盆에 4石의 鹽稅를 납부케 하고 私賣買도 허용하였다.[12]

그러니 이 시기의 鹽政은 專賣制를 지향하면서도 전국의 모든 鹽의 생산과정이나 유통부문을 국가가 완전히 관장하지는 못하였다. 官製鹽의 경우는 그 생산·운반·판매 등이 완전히 官權 하에 들어갔다고 하겠으나, 私製鹽의 경우에는 생산량의 일부분이 鹽稅로 관에 납부되었을 따름이다. 그러나 이때에는 부분적 專賣制가 실시되었다고 하겠다.

그리하여 태종 14년에는 조선조 鹽法의 첫 모형이라고 할 수 있는 다음과 같은 鹽法이 나왔다.

> 戶曹判書朴信 啓課鹽法 啓曰 鹽乃民之所資以生者 其重次於五穀
> 故古有課法 今國家沿海州郡 置貢鹽干 又收私鹽稅 其數不爲不多 然
> 其貿易 率皆不緊之物 多歸興利之人 又各道監司 或擅用於非處 故無
> 補於國 願自今將各道鹽稅 除工曹所納 與其道一年經費外 許令平民
> 勿論雜穀 減價易換 以補軍資 則民戶樂得義鹽 而一年所收之穀 不下
> 萬餘石矣 其各道貢鹽干 多少不均 所收稅數亦異 更令參酌定額 以均
> 其役 從之 信之經營富國之術 類皆如此[13]

즉 戶曹判書 朴信은 현행 염법이 沿海州郡에 貢鹽干을 두고 私鹽稅를 받고 있으나 그 액수가 많지 않은 것이 아니나, 더욱이 징세한 염으로

---

11) 『太祖實錄』 卷12, 太祖 6年 10月 丙戌.
12) 『世宗實錄』 卷109, 世宗 27年 8月 丙寅, "……一歲所貢 式干則十石 私干則四石 其餘則任其所用".
13) 『太宗實錄』 卷28, 太宗 14年 9月 丁丑.

써 긴요치도 않은 물건을 무역하고 있으니 대부분이 '興利之人'에게 돌아가 국가재정에 별로 보탬이 되지 않으니, 앞으로는 각도 염사로 하여금 鹽稅中에서 工曹所納量과 그 道의 1년간의 경비를 제외한 나머지를 平民을 상대하여 잡곡과 減價易換하여 軍資에 보충토록 하면 民戶도 쉽게 義鹽을 얻을 수 있다고 건의하였다. 이 건의는 富國之策으로 왕이 승인하고 있다.

이 기록에서 다음과 같은 사실을 알 수 있다. 첫째, 鹽의 유통부문에서 興利之人인 상인을 배제하고자 하는 뜻이 나타나 있고, 둘째로는 鹽의 和賣時에 對象物資를 米·布 이외에 새로이 잡곡까지도 등장시키고 있다는 점이다. 전자의 경우에는 유통·판매과정을 상인의 수중으로부터 뺏아 관에서 서서히 관장코자 하는 것으로 생각할 수 있으며, 후자의 경우는 鹽稅의 대상물자를 확대함으로써 염세의 부담을 경감시키려는 노력으로 볼 수 있겠다.

한편 世宗朝로 접어들면 문화는 융성하고 北邊開拓, 對倭關係 등으로 국비 지출이 팽창하고, 국민의 생활도 향상되어 그에 따라 염의 수요도 증가되니, 종전의 鹽業으로는 공급을 충족시키지 못하고 품귀현상이 일어났다.

세종 19년 5월 庚寅條에 戶曹에서 보고한 바를 보면

> 戶曹報政府曰……頗聞民庶之言 近海居民 尙艱於食鹽 況遠居之民乎 民之望鹽 甚於飢渴 一聞鹽船至於近境 則爭持米布 奔走求買 如恐不及[14]

백성들이 소금 바라기를 飢渴보다 더 심하게 여겨 한번 鹽船이 가까운 곳에 왔다는 것을 들으면 米·布를 갖고 다투어 달려가서 구매하기를 혹 남에게 미치지 못할까 두려워한다고 하였다.

---

14) 『世宗實錄』 卷77, 世宗 19年 5月 庚寅.

　이리하여 세종조에는 염의 수용공급을 조절하고 또 국가재원을 확보하기 위해서 새로운 鹽法의 제정이 논의되기 시작하였다. 세종 19년 4월 20일에 왕이 중신들을 모아 鹽法改革을 의논한 것을 보면 다음과 같다.

　　召贊成申槩中樞院事鄭欽之戶曹判書沈道源議曰　煮鹽之事　予未得其要　何如而可以便於民　益於公乎　此法未畢議定　而憲府請止之　然若得其要　而已定於心　則雖有言之者　吾不動搖矣　但議之已久　而未知其要　故予亦以爲此法難行　今卿等　又謂官爲煮鹽　則須禁私鹽　庶可以廣布官鹽於民　而公家所收多矣……予以謂禁私鹽　而官專其利　乃近於理財　非美事也　雖不得已禁之　姑停之　以得興於煮鹽然後禁之庶可矣……申槩等議云　権鹽之法　古之好高論者　必先焉　然不爲公鹽則已　如煮公鹽則當禁私鹽　又改鹽漢之號　稱鹽軍以良之有功者賞其職　且給鹽竈　以便其私　庶可自勸矣[15]

　이 기록은 세종에 의한 鹽制改革의 기본방침을 말한 것으로 私鹽을 엄금하고 官이 煮鹽하여 鹽利를 독점할 것과 그 목적을 달성하기 위해 鹽干 이외에 船軍을 동원하여 염을 생산케 하자는 신하들의 건의에 왕은 그 폐단을 염려하면서도 적당한 시기가 오면 실시할 것을 승인하고 있으며, 한편 왕의 우려에 대하여 申槩 등은 옛부터 專賣制 실시에는 반대가 있기 마련이며 公鹽을 실시하지 않으면 모르되 만일 실시한다면 마땅히 私鹽은 금지되어야 하고, 또 鹽干들의 칭호를 鹽軍으로 개칭하여 良民化하고 유공자에게는 벼슬을 주며, 또 생산용구인 鹽竈를 지급하여 생산의욕을 높이면 실시가 무난할 것이라 주장하고 있다. 이에서 우리는 일체의 民製鹽을 금지시켜 국가가 염의 생산 및 유통부문을 관장하여 鹽利를 독점코자 하는 完全專賣制의 실시가 논의계획되고 있음을 본다.

　同年 5月 1日에는 다시 호조에서 議政府에 보고하여 完全專賣制 실

---

15) 『世宗實錄』卷77, 世宗 19年 4月 己卯.

시를 강조하고 있는데 그 내용을 요약하면 다음과 같다.16)

① 明나라에서도 私鹽을 禁止하는 엄한 法을 세웠으니 그 鹽法을 受容하자.
② 우리나라는 沿海諸道에 鹽利가 많으나 그것을 利用 못하고 버려져 있다.
③ 淸廉・潔白한 守令을 골라서 敬差官으로 삼아 各地에 파견하여 製鹽場의 실태, 製鹽適合地域 및 製鹽에 필요한 설비와 연간 생산량을 조사케 한다.
④ 直接生産者인 鹽干의 신분을 향상시켜 官職도 주고, 無田者에게는 官에서 閑田을 지급하고 부역을 全免토록 하자.
⑤ 私鹽은 賦役도 없고 稅도 가벼우니 今後로는 세액을 倍額 이상으로 올리자.

이상에서 본 바와 같이 세종대에는 염의 공급을 원활하게 하고 국가 재원의 확보를 위해 계속 새로운 鹽法 제정이 논의되었다. 世宗도 실시 원칙에는 찬동하였으나 흉년을 이유로 敬差官 파견을 중지시키고 풍년을 기다려 실시하겠다는 구실로 보류하였다. 이는 私鹽의 금지에 따르는 민간의 반발을 고려한 조치였다고도 생각된다.

그 후 세종은 義倉의 부족을 보충하고 凶荒에 대비한다는 이유로 晋陽大君을 시켜 다시 전매제 시행을 심의토록 하였는데, 이 자리에서 예조판서 金宗瑞는 私鹽을 강력히 금지시키고 국가에서 염의 생산을 담당하지 않은 것이 유감이라 하여 전매제를 실시할 것을 건의하고 있다.17)

이리하여 결국 同王 27년 8월에 王은 시험적으로 실시한다는 명목하에 특별 專賣機關인 義鹽色이라는 관청을 설치하고,18) 敬差官을 鹽의 주요 산지인 三陟・南陽・甕津・東萊・泰安・興陽 등지에 보내어 민간

16) 註 14) 참조.
17)『世宗實錄』卷105, 世宗 26年 7月 辛酉.
18)『世宗實錄』卷109, 世宗 27年 8月 丁巳.

의 鹽盆을 모두 거두어 관영화하고 私賣도 금지하여 판매권도 관장하였
다.19)

　이리하여 다음 해인 世宗 28년 정월에는 생산된 염을 민간의 布·穀
과 和賣하여 다음과 같은 실적을 올렸다.20)

産地名	三陟	南陽	甕津	東萊	泰安	興陽
盆種	鐵盆	土盆	土盆	土盆	鹽井 및 土盆	土盆
盆數	9	13	4	31	14	19
使用人員	60名	140	30	229	200	100
從業期間	40日	18	28	29	48	20
製鹽高	170石	644	359	616	1,023	681
和賣布穀數 {	麻布 73疋 雜穀 32石	麻布 248同 48疋 雜穀 31石	麻布 67疋	麻布 10疋	麻布 161疋 雜穀 148石	麻布 178疋 雜穀 100石
殘鹽高	20石	79石 (耕牛使用 料24石 支拂後의 殘額)	5石 (耕牛使用 料6石 支拂後의 殘額)	597石	395石	187石 (耕牛使用 料16石支 拂後의 殘額)

　이리하여 세종대에는 국가에서 염의 생산과 유통을 완전히 독점하는
全部專賣制가 실시되기에 이르렀고, 이 같은 독점사업으로 방대한 鹽利
를 얻게된 정부에서는 더욱 강력히 추진하려고 하였다. 義鹽色에서 上啓
한 바를 보면

　　義鹽色啓 令各道各邑暫試煮鹽三千四百石 和賣得布貨七百匹　穀三
　　百石 義倉補添之策 莫過於此 前日不爲煮鹽 似乎失策 令敬差官所刷
　　一邑隱漏鹽戶甚多　監司守令不用心推刷所致也　來秋更刷隱漏鹽戶及
　　沿海住居 各司奴子與無役人 廣置鹽盆 從之21)

19)『世宗實錄』卷111, 世宗 28年 2月 庚申.
20)『世宗實錄』卷111, 世宗 28年 正月 癸未.

라 하여 일찍부터 시행하지 못한 것을 후회하고 있으며, 앞으로는 隱漏된 鹽戶를 철저히 쇄출해 낼 뿐만 아니라 생산지 부근의 各司의 奴子, 身役이 없는 농민들까지 동원하여 보다 많은 鹽盆을 설치하여 염을 생산케 하자는 주장에 왕은 그대로 따르고 있다. 그러나 세종대의 專賣制가 모순없이 순탄하게 실현된 것은 아니었다. 이미 당초 계획단계에서도 일부 신하들의 강력한 반대에 봉착하였고, 또 정부내의 지도층 사이에도 反對者·批判者가 많았다.

　그 반대론자 가운데 集賢殿直提學이었던 李季甸의 상소 내용을 요약해 보기로 한다.[22]

　① 官이 煮鹽하면 生産量은 倍加될 것이나 官에서 流通販賣를 맡게 되면 百姓들과 和賣時 守令들이 제때에 팔기 위하여, 또는 자연소모를 막기 위해서도 强制로 分配할 것이다.
　② 公私鹽干들이 重勞動을 甘受하는 것은 貢鹽을 바친 뒤의 餘鹽이 비교적 豊足하였고, 그 餘鹽을 直接 販賣할 수 있어 衣食이 裕足했기 때문인데, 官鹽만 依存하게 되면 生計가 困難하게 된다.
　③ 擔當官吏들의 定額 以上의 收奪로 鹽干들이 流離되는 現象이 招來될 것이다.
　④ 官에 의한 獨占販賣로 鹽價가 앙등할 것이며 비록 市准價보다 싸다 하여도 購入時 擔當官吏들의 농간으로 여러 날이 걸리는 경우에는 結果的으로 비싸게 되어 從前처럼 鹽干에서 直接 購入하는 것보다 不便하다.
　⑤ 生産된 鹽의 輸送에 있어서 官船의 不足으로 私船이 주로 使用될 것이나 모두 忌避하니 輸送이 困難하다.

　그는 주로 국가권력에 의한 생산수단과 유통판매권의 독점적 점유에 따르는 폐단과 생산자에 대한 가중한 수탈, 수송의 어려움 등을 들어 專

---

21)『世宗實錄』卷111, 世宗 28年 正月 己丑.
22)『世宗實錄』卷109, 世宗 27年 8月 丙寅.

賣制에 반대하고 종전과 같은 제도로 복귀할 것을 주장하고 있다.

이와 같은 反對論이 계속되는 가운데 현실의 운영면에서도 갖가지 모순이 나타났다. 특히 상품생산과 유통의 專制的 관료지배가 가져온 비능률, 불합리, 관료의 부패 등으로 鹽政은 혼란을 가져오게 되어, 실시후 얼마 안 가서 義鹽色이 폐지되고 그 업무가 司宰監으로 다시 옮겨졌다. 그 결과 私鹽에 대한 禁制도 다소 완화되기는 하였으나 鹽盆은 원칙적으로 모두 관부의 소유로 하고 官製鹽이 주류를 이루는 가운데 私鹽은 있다 하여도 그 규모는 크지 못했고 후술하는 바와 같이 유통면은 여전히 관에 의하여 관장되었다.

2. 생산공정

우리나라 鹽業의 자연조건은 삼면이 바다로 무진장한 海水에서 생산되기 때문에 鹽源은 풍부하다고 하겠다.

그러나 다른 나라에 비하여 특수하며 이웃 중국 鹽業의 자연조건에 비하여서도 매우 다른 점이 있다. 後期에 속하는 史料이기는 하나 참고삼아 인용해 보기로 한다. 『星湖僿說』에

中國山陸之地 處處産鹽 而獨我國無之 意者 我國三面臨海 海水味
鹹 煮則成鹽 鹹者五味之一 天地間元有此理 其達海處 其氣外泄 爲池
爲井 我國之無此亦宜耳[23]

라 하여 중국에서는 山陸의 곳곳에서 염이 생산되나 우리나라는 바다에서만 염을 생산해 낸다. 그러나 우리나라의 염은 해수가 갖는 鹹味를 풍기니 다행한 일이라 말하고 있다.

또 『林園經濟志』에는

---

23) 李瀷, 『星湖僿說』 卷之一(下), 鹽條.

　　盖中國 鹽品最多 有海鹽 井鹽 池鹽 醶鹽 崖鹽 石鹽 木鹽 蓬鹽之異
我東三面瀕海 通國皆食海鹽 無他種也[24]

라 하여 중국에는 海鹽을 비롯하여 井鹽, 池鹽 등 여러 종류의 염이 생
산되나 우리나라에서는 海鹽만이 생산된다고 하였다.

　　풍부한 자원을 갖고 해염을 생산하는 우리나라의 鹽業은 자연적 조건
이 유리하다고 하겠다. 그러나 또 한편으로 생각하면 중국처럼 井鹽이나
池鹽을 생산 못하고 있다는 것은 염업 발전에 있어 커다란 제약이라고
도 아니할 수 없다.

　　海鹽만을 생산하는 鹽業은 그 製鹽過程을 대규모화할 수 없으며 언
제나 영세한 생산조직에 정체하지 않을 수 없다. 그러나 중국의 경우처
럼 井鹽이나 池鹽을 생산할 경우 생산기술이 곤란하고 따라서 생산비가
비싸게 든다해도 그와 같은 불리한 생산조건을 극복하기 위하여 그 제염
과정을 확대시키지 않을 수 없기 때문이다.[25]

　　이 시기의 제염기술이나 생산공정을 구체적으로 나타낸 史料를 찾기
힘들다. 문헌사료에 보이는 몇가지 단편적인 기사를 이용하여 당시의 생
산공정을 밝혀보고자 한다.

　　염의 생산에 관계된 기사는 거의 예외없이 '煮鹽' '燔鹽' 등으로 기록
되어 있어서 鹽水의 煎熬法이 이 시기에 있어서 鹽의 생산방법의 주류
를 이루고 있었다고 생각된다. 이 煎熬法 중에는 海水直煮法과 鹽田法
이 있었다.

　　먼저 海水直煮法을 보면 세종 29년 禮曹參議 李先齊의 上書에

　　今見聞言之 用釜鐵而煎 經日夜而出素者 東海之鹽也 塗泥爲釜 或
一日而再成醎者 西南之鹽也[26]

---

24) 徐有渠, 『林園十六志』鼎俎志 味料之類 鹽條.
25) 高承濟, 앞의 책, 153쪽 참조.
26) 『世宗實錄』卷117, 世宗 29年 9月 壬子.

라 하였다. 즉 가마솥으로 달이어서 하루 밤낮을 지내서 하얗게 나오는
것은 東海地方의 소금이고, 진흙으로 솥을 만들어 혹은 하루에 두 번이
나 달이어 짜게 만든 것은 西南地方의 소금이라 하였으니 直煮法은 鐵
釜를 사용하여 주로 江原·咸鏡道 등지에서 이용되었음을 알 수 있다.

이 海水直煮法은 鹽竈만을 만들고 그 곳에 설치된 鹽釜에 海水를 부
어 다량의 연료를 사용하여 장시간에 걸쳐서 조려서 만드는 방법으로,
製鹽法으로서는 매우 원시적인 방법이나 이 같은 원시적인 製鹽法은 후
대에까지 오랫동안 지속되었다. 이 直煮法의 製鹽工程으로서 다음과 같
은 작업이 일반적으로 행해졌다고 생각된다. 즉 海水의 채취·축적, 그
海水의 煮鹽用具인 鹽釜까지에의 導入運搬, 그리고 화력에 의한 煮沸,
採鹽의 작업 등이다.

이 작업에 있어서 海水를 운반하는 데는 통(樋) 같은 기구를 사용하
고, 또 인력으로 運搬하는 이상의 보다 효율적인 기술의 개발이 있었다
고는 생각되지 않는다. 直煮法에 있어서 주요노동은 海水를 급수하여
운반하는 노동, 연료취급 및 운반의 노동과 煎熬하여 採鹽하는 노동 등
으로 구성되었다고 보겠는데, 前兩者의 경우는 특별한 기술이 없어도 가
능하였고 후자의 경우는 火力度의 가감 등 製鹽의 全工程 중 가장 경험
과 숙련을 필요로 한 작업이었다고 생각된다.

다음으로 鹽田式製鹽方法을 보도록 하겠다. 이 鹽田式製鹽은 주로
西南海地方에서 행해졌으며, 그 製鹽方法은 해변 등의 鹽場에 있어서
煮鹽 작업 이전에 鹽水를 일정한 장소나 시설에 도입하고, 자연적 조건
등을 이용하여 濃縮化시킨 다음, 이것을 채취하여 煮鹽하는 것으로27)

---

27) 『韓國産業志』에 기록된 鹽田式에 있어서의 採鹹作業을 소개하면 다음과 같다.
   "採鹹作業은 鹽井에서 撤砂를 가래로 파내는 작업에서 비롯된다. 그 撤砂를
   지게로 운반하여 鹽田에 뿌리고 수레로 鹽田面을 갈아 撤砂를 다시 고르게 편
   다. 그리고 나서 轉木으로 모래덩이를 깬 다음에 바닷물을 그 위에 뿌린다. 뿌
   린 다음에는 다시금 수레로 鹽田面을 간다. 다음 날에도 이와 같은 작업을 두
   서너번 거듭한다. 三日 내지 四日째 되는 날의 아침에 수레로 撤砂를 파서 미

이 鹽田式에 있어서는 直煮法에 비하여 훨씬 어려운 여건이 개재하였다. 다음의 기록은 鹽田에 있어서의 採鹵作業의 어려움을 말하고 있다.

> 東海 則以海者之 無翻耕取潮之苦 自南海至西海 則必待上下弦潮退
> 之時 三次駕牛而耕 取其潮水 其苦倍於治田 當其爛時 盡夜不輟 辛苦
> 如此[28]

즉 鹽田式의 採鹵作業에 있어서는 上弦・下弦의 潮水가 물러갈 때를 기다려 세 차례나 소를 멍에 메어 갈아서 潮水를 취하게 되니 그 괴로움이 밭 다루기 보다 배가 된다고 하였다. 鹽田式에 있어서는 이 工程을 보다 많은 노동력이나 축력의 동원을 필요로 했을 것이고, 이 採鹵工程은 鹽田에 있어서 製鹽의 全生産工程 중 가장 중요한 한 부분을 이루었다고 생각된다.

다음으로 이 시기의 製鹽方法이 煎熬法을 주류로 하였다면 直煮法이던 鹽田式이던 생산용구 중 가장 결정적인 가치를 차지한 것은 煮鹽用具인 鹽釜였다고 하겠다. 鹽釜에는 土釜와 鐵釜가 있는데 土釜는 주로 서남해지방에서, 鐵釜는 동해지방에서 사용되었다.[29]

우리나라에서 鐵釜가 언제부터 사용되었는지 그 정확한 시기를 詳考할 길은 없으나 이 시기에 鐵製의 煮鹽用具가 비교적 많이 출현하고 있다. 이 점을 미루어서 다음과 같은 사실을 추정할 수 있으리라 생각된다. 즉 土釜보다는 열의 전도가 빨라서 煮鹽 효율이 향상되고 土釜보다는 견고하며 내구성이 강하여 煮鹽作業에 竈를 구축하여 염부를 장치한 작

레(集板)로 긁어모아 지게로 鹽田에 운반한다. 鹽井에 운반한 撤砂를 三, 四名이 밟아서 굳게 다진 후 海水를 부어 드디어 鹹水를 채취한다. 이와 같은 採鹹作業過程에 있어서 수레, 轉木 등을 사용하는 경우에는 대개 인력을 이용한다. 그러나 모든 採鹹作業過程을 인력으로서 수행하는 방법도 적지 않다."(高承濟, 앞의 책에서 再引用).

28) 註 22) 참조.
29) 註 26) 참조.

업설비의 구축이 유리하게 되어 직접생산자의 노동 생산량을 높여 생산력 향상을 가져올 수 있었다는 것이다. 그러나 이 鐵釜의 사용에는 土釜보다도 연료의 공급문제가 보다 심각하였으며 또

　　　此道 不鐵産物 盆若破缺 難以更鑄[30]

라고 한 바와 같이 그 鑄造는 철의 생산량과도 관계가 깊은 것으로 여러 가지 약점도 아울러 갖고 있었다.

　다음으로는 연료문제인데 煮鹽過程 특히 海水를 조려서 제조하는 直煮法에 있어서는 製鹽이 완료되기까지 계속적으로 연료를 보급하는 것이 중요한 작업이다. 그러니 필요한 연료를 확보하고 보급하는 것이 불가결의 조건어었다고 하겠다.

　이 연료문제의 어려움에 대해서는

　　　臣聞鹽竈在處 燒木甚罕 鹽干輩欲燔秋鹽 當自夏月 慾燔春鹽 當自
　　　冬月 操舟往求於有木諸島 若風水不調 則一往回 或踰一月 如遇風濤
　　　則覆沒不還者 亦多矣[31]

라 하여 鹽生産地 부근에는 연료가 매우 부족하여 鹽干들이 연료를 채취 공급하기 위하여 秋鹽을 생산하려면 여름부터, 春鹽을 굽기 위하여 겨울부터 선박을 이용하여 나무가 있는 여러 섬에 가서 구하는데, 만일 풍랑이 순조롭지 못하면 한번 왕복하는데 혹 한달이 넘고, 風濤를 만나면 배가 뒤집혀 돌아오지 못하는 자가 많다고 하였다.

　또한 柴木을 연료로 이용함에 있어서는 국가의 松禁政策과 대립되기도 하여 더욱 어려움을 겪었으니

---

30) 『成宗實錄』 卷57, 成宗 6年 7月 辛酉.
31) 註 22) 참조.

近因沿邊禁松令禁 紫于遠地 以致牛馬倒損 每年稅鹽 未充其額 人
甚病之[32]

라고 한 것이 그 예이다. 製鹽場 부근의 산림에 대한 禁令으로 부득이
遠隔地에서 柴木을 採取하여 운반하게 되니 그 運搬이 어렵고 결국엔
이 燃料問題로 인하여 생산량의 감소를 가져왔음을 알 수가 있다.

심지어는 연료문제로 하여 煮鹽을 罷하는 것이 편하겠다는 논의까지
나오게 되었다.[33]

이와 같이 燃料 확보의 어려움을 지적하고 있는 것은 鹽의 생산과정
에 있어서 연료의 채취·운반에 필요한 노동력이 얼마나 중요한 위치를
차지하고 있었으며, 또 그것을 위한 노동력의 확보와 조직이 鹽業發達의
중요한 관건의 하나로 되어 있었음을 말하여 준다.

조선왕조에서는 후대로 내려오면서 鐵釜의 보급이 급속화되어 가자,
어려운 연료문제로 하여 일시 土釜에 의한 제염업만을 허용하고, 鐵釜를
사용하는 製鹽業을 금지하는 조치를 취하기까지 하였다.[34]

결국 製造鹽場에 있어서의 염의 생산량은 주로 확보할 수 있는 연료
의 양에 따라 결정되었다고 해도 과언은 아닐 것이다.

3. 생산관계

다음으로 조선초기에 官設製造場에서 염의 생산이 어떠한 형태로 영
위되었는가를 살펴 보고자 한다.

---

32)『世宗實錄』卷36, 世宗 9年 4月 壬午.

33) 註 30) 참조.

34)『秋官志』雜令 禁養 鐵盆煮鹽條에 "……蓋鐵盆之法 多燒土木 火熱極熱 然後
方可以煮取……船機長養 必待近百年如成 而斫代楡用 一時並盡……上曰 土
釜可以煮鹽 則鐵釜各別嚴禁 發覺者屬公 以一罪斷"이라 하였다.

먼저 중앙정부의 기강을 보면 太祖 때에는 正三品衙門인 司宰監을 두어 전국의 모든 公私鹽場을 관장케 하였고, 그 專屬官員으로는 判書 二(正三品), 監 二(從三品), 小監 二(從四品), 注薄 二・兼注薄 一(從六品), 直長 二(從七品) 등이 배치되었다.[35]

그 후 세종 27년에 全部專賣制가 실시되자 義監色이란 特別官廳이 생겨 염의 전매사업을 주관하였다. 義監色은 道提調 二名(左・右議政), 提調 二名(左叅贊・戶曹判書)과 그 밖에 8명의 別監으로 구성되었다. 그 후 다시 司宰監으로 그 기능이 옮겨졌는데『經國大典』吏典 京官職 條에 보면 正三品衙門으로 正 一名(正三品 堂下官), 副正 一名(從三品), 僉正 一名(從四品), 主薄 一名(從六品), 直長 一名(從七品), 參奉 一名(從九品) 등 6명의 관원이 배치되어 있다.

이 같은 중앙기관의 통제하에 鹽盆 소재지 또는 지역 군현에는 義鹽 倉을 두어 각 생산지로부터의 염을 수납함과 동시에 배치된 鹽官들로 하여금 그 판매를 관장케 하였다.

그러면 각 官設製鹽場의 생산경영의 직접적 책임자는 누구였을까?

王朝實錄에 "國家設鹽場官 燔鹽貿易", "國家設鹽場官 使燔之易民布 貨", "令各道敬差官 試驗煮鹽" 등의 기록이 보여 官設作業場의 운영관 리의 직접적 책임의 소재를 명시하고 있다. 이로 미루어 이들 鹽官에 의 해 운영 관리되었음을 알 수가 있다. 이들은 관리이지만 또한 官設製鹽 場의 실질적인 경영주였던 것이다.

그러면 이와 같은 경영 하에서 누구가 노동을 하여 염을 생산하였으 며, 그들의 신분이 어떠하였고, 어떻게 노동을 하였는가를 보기로 한다.

조선초기 製鹽을 담당한 것은 鹽干과 船軍 그리고 助役人으로서 各 司의 奴子, 無役農民, 심지어 범죄인까지도 동원되었다.[36]

먼저 船軍에 대해서 보면 國初의『續六典』에 各 浦의 船軍이 無事時

---

35)『太祖實錄』卷1, 太祖 元年 7月 乙巳.
36)『世宗實錄』卷77, 世宗 19年 6月 壬午.

에는 燔鹽, 營田, 海産物 採取 등에 隨宜 거행하도록 규제되어 있고, 실
지로 官營製鹽場의 노동력으로서 많이 동원되었다. 兵役服務 중인 船軍
을 煮鹽作業에 사역한 것은 그 급료를 지급할 필요가 없으니 그 전생산
량을 정부의 수입으로 삼을 수 있었기 때문이며, 또 군대식 조직에 의한
煮鹽作業은 보다 생산적이기 때문이었다.

　이리하여 船軍들은 계속 강제동원되어 그 고통은 형용키 어려울 정도
로 되었으니 그 실정을 세종때의 孟思誠은 다음과 같이 말하고 있다.

　　孟思誠曰 船軍之言 則寧裹粮 而漁鹽屯田 願不爲也……近者有定船
　軍而縊者 其厭苦之甚 至於如此[37]

　즉 船軍들이 차라리 군량을 자기가 싸가지고 올지언정 漁鹽屯田에 使
役되는 것을 원하지 않았으며, 심지어는 그 고통을 견디지 못하여 목을
매어 죽는 자가 생기는 형편이라 하였다. 이런 결과로 드디어는 船軍들
이 流亡四散하여 날로 그 숫자가 감소되는 현상이 일어나기까지 하였
다.[38]

　다음으로 염의 생산에서 주로 노동을 전담한 鹽干에 대해서 보기로
한다.

　왕조실록에 의하면 초기에는 여러 종류의 '干' 계층이 존재하고 있는
데,[39] 이들 '干'에 공통적인 성격은 특정된 장소나 기관에 거주하거나 소
속되어 특정물자의 제조생산이나 특정의 역역에 종사하여 王室國家에
용역을 제공하는 계층으로 그 신분을 보면 다음과 같다.

　大司憲 李根 등의 상소에 보면

---

37) 『世宗實錄』 卷37, 世宗 9年 7月 辛亥.
38) 『成宗實錄』 卷44, 成宗 5年 6月 丙申.
39) 王朝實錄의 太祖～世宗年間에 나타나는 '干'의 種類는 다음과 같다.
　　鹽干, 鐵所干, 水站干, 貢鹽干, 進上生鴈干, 酥油干, 守護干, 烽火干, 牧子干,
　　進上生鮮干, 庭燎干, 毛勿干, 鐵干, 營憘干, 生鮮干, 庭爐干, 宗廟干, 迎曙亭干.

　　兵曹受教內 以稱干稱尺者 悉屬補充軍 然干尺者 前朝之例 以役賤
　身良 付籍定役 不通於朝班[40]

이라 하여 干尺者는 고려조로부터 있어온 존재로 賤人이 종사해야 할
천역을 담당하기는 하나 신분은 良民에 속하고 朝班의 관직을 받지 못
하는 신분임을 말하고 있다.

　　또『世宗實錄』卷4, 元年 5月 庚午條에도 "國俗 以身良役賤者 或稱
干 或稱尺"이라 하여 干尺은 역시 身良役賤의 신분임을 규정하고 있고,
左議政 朴訔의 上書에도

　　稱干稱尺者 其役雖賤 異於奴婢 故其女子嫁公私奴所生 並從奴役
　且干尺之人訴良者 百無一二[41]

干尺者는 賤役에 종사는 하나 신분상으로는 노비가 아닌 자라고 말하
고 있다. 노비가 아니면 良民인가 하면 "訴良者百無一二"라 하였으니
완전한 良人이 아니었음도 분명하다. 이로써 생각하면 완전한 良民은 役
良身良인 존재이고 役賤身賤者가 완전한 賤人이었음을 알 수가 있다.
따라서 干尺에 속하는 자는 役賤身良으로 또는 身良役賤으로써 칭해지
는 양민과 천민의 중간신분에 속한다고 말할 수가 있겠다.[42]
　　이들 干尺者는 태종 15년 3월에 補充軍이 설치되자 賤役을 벗어나 京
師에서 補充軍의 役에 종사하게 되었다. 그러나 鹽干만은 補充軍에 속
하지 못하고 종전의 역에 그대로 종사하게 되었고,[43] 鹽干의 경우는 從
軍하여 第一等의 軍功을 세워야 그 褒賞으로써 補充軍에 소속될 수가
있었다.[44]

　40『太宗實錄』卷29, 太宗 15年 4月 庚辰.
　41)『世宗實錄』卷9, 世宗 2年 9月 丙寅.
　42) 有井智德,「李朝補充軍考」,『朝鮮學報』第21・22合輯, 日本天理大學, 315쪽.
　43)『太宗實錄』卷29, 太宗 15年 3月 丙午.

그러니 이와 같은 鹽干은 專制國家의 경제외적인 권력에 의하여 강제
된 생산자이다.

이들 鹽干은 官設의 생산장에서 鹽官에 의한 직접적인 감독관리하에
分番立役하여 생산작업에 종사하고 일정량의 생산을 의무적으로 강요당
하고 생산된 鹽을 관에 납입하고 급료를 지급받았다. 國初에는 一年 一
盆에 10石을 바치고 餘鹽은 자기 소용에 맡기며 이를 판매하여 생계를
유지하였는데, 世宗 때 完全專賣制가 실시된 후에는 생산량의 三分之二
를 납부하고 三分之一을 수당으로 삼아 그것도 助役하는 사람과 나누어
서 생계유지가 매우 어렵게 되었다. 이렇게 국가에 의한 수탈이 심해지
자 鹽干들이 한번 鹽干의 帳簿에 등록되면 평생 동안 鹽役을 면치 못하
게 되니 이를 두려워하여 隱漏鹽戶가 많이 생겨나 염의 생산에 차질을
가져오기도 하였다.

이상에서 본 바와 같이 官設製鹽場의 직접경영자는 鹽官들이었고 직
접생산자는 권력적으로 모은 강제노동력이었다.

4. 유통·판매관계

鹽은 대체물이 없는 생활필수품이기 때문에 상품으로서는 특이한 것
이다. 그 주요한 수요층은 타 상품과는 달라서 모든 민중들이었기에 그
수요는 지역적으로도 광범위했으며, 또 상시 계속되는 염의 거래량도 방
대하였다고 생각된다. 이 같은 염의 유통망을 독점적으로 지배할 경우
염의 거래로 인한 수익은 매우 큰 이윤을 보증하는 것이 되니 專賣制의
주요목표는 염의 생산과정과 아울러 유통부문을 국가의 직접적 지배 하
에 두는 데 있었다.

高麗末의 혼란기를 통하여 私鹽이 성행하였음을 볼 때, 유통부문에

---

44) 『世宗實錄』 卷23, 世宗 6年 丙申.

있어서의 상인들의 활동도 제법 활발했으리라 추정된다. 그러나 朝鮮王
朝는 초기의 鹽制 재정비과정에서 상인들의 참여를 배제하고 국가가 유
통판매권을 관장하는 방향으로 정비되어 갔으며,[45] 또
　세종 19년 5월의 鹽法에 관한 논의를 보면

　　今大明創業 便行私鹽私茶私鬱之禁 載諸律令 立法甚嚴……且無引
　　販賣 有違律令 凡賣鹽者 仰主司給引然後乃行其引 稅每一石 納銅錢
　　二十文 如有無引賣者及 隱漏不納稅者 令主司與經過管句官司 依私鹽
　　律論罪 沒其鹽利所出之物[46]

이라 하여 公鹽을 납부한 후에 餘鹽을 처분함에 있어서 관으로부터 鹽
引을 발급받아 판매토록 하고 引稅를 징수하자고 하였다. 이는 明나라
鹽法의 食鹽折賣制를 도입하자고 주장한 것이다. 그러나 明나라의 開中
法에서는 僻遠地에 대한 鹽 供給을 圓滑하게 하기 위하여 상인의 활동
을 허용하고 있음에 反하여 이 논의에서는 그 원칙이 거의 무시되고 있
다. 이리하여 조선왕조에 있어서는 염의 유통을 매개로 하는 관인과 상
인의 긴밀한 포함관계는 좀처럼 결성되지 못했다. 그뿐만 아니라 官人에
의한 염의 생산부문 및 유통부문에 걸친 制壓이 농화되면 될 수록 상인
은 鹽業에서 더욱 먼 거리로 배제되지 않을 수 없었다.[47]
　그리하여 世宗 때에는 販賣流通部門은 완전히 國家에 의해 管掌되어
私賣는 금지되고 그 이득은 官이 독점하게 되었다. 世宗朝에 성립된 鹽
法을 成文化한 것이라고 볼 수 있는『經國大典』호전 어염조를 보면

　　諸道魚箭・鹽盆 分等成籍 藏於本曹・本道・本邑
　　鹽盆遙隔諸邑 置鹽倉 轉稅鹽 換穀・布 補軍資

---

45) 註 13) 참조.
46) 註 22) 참조.
47) 高承濟, 앞의 책, 135쪽.

라 하여 諸道의 鹽盆을 등급을 나누어 台帳을 만들어 戶曹 및 其本道·
本邑에 비치케 하고, 생산지에서 떨어진 각도에는 鹽倉을 설치하여 官
에서 運送發賣하여 軍資로 삼는다고 하였으니 鹽의 유통부문을 各道에
서 독점하고 있었음을 알 수가 있다. 이러한 관의 독점에 대하여 前記
李季甸은

　　一歲所貢 式干 則十石 私干 則四石 其餘 則任其所有 持價來買者
　東西畓至 故雖不事農業 衣食自足 今專仰官鹽 不事農業 官掌其鹽 不
　得以時和賣 鹽干輩 上父母下妻子所養所衣 何以贍之[48]

라 하였다. 이 기사에 의하면 專賣制 실시 이전에 있어서는 생산자와 소
비자간에 비교적 자유로운 거래가 성립되고 있었음을 말하는 것이고, 전
매제 실시와 함께 유통판매가 국가에 의해 관장됨으로써 생겨난 불편에
대한 비난이라고 하겠다.
　국가가 유통과정을 직접 지배하게 되자 소비자에게 파는 가격의 결정
도 국가가 갖게 되어 높은 가격을 유지하여 농민수탈의 중요한 수단으로
삼았으니

　　義鹽之設 本欲利民 然當試驗之初 其弊已甚 往年民間 以米一斗 授
　鹽三四斗 或至五六斗 今市中以米一斗 僅換一二斗 比之往年 殆減半
　之半矣 往年只有私鹽 今則加義鹽而其有餘 不足如此[49]

　즉 官에 의한 鹽價의 독점으로 왕년보다 鹽價는 몇 배로 폭등하였으
며 국가에 의한 가격의 일방적 인상 때문에 종전의 가격체계가 무너져
감을 엿볼 수가 있다.
　다음으로 鹽의 공급상황을 보기로 한다. 염의 유통공급에 있어서는 먼

48) 註 22) 참조.
49) 註 22) 참조.

저 교통운수제도가 문제가 된다. 그것은 생산된 염이 모두 국가에 수납되고 이 수납된 염을 상인에게 불하하여 유통과정의 주요 부분이 상인들에게 委讓되는 형태가 아니었기 때문이다. 그러니 조선초기에 있어서는 생산된 염은 국가가 조직편성한 운수제도의 운송형태에 의하여 운반되었다. 이 조직으로 國初부터 시행된 漕運制度를 들 수가 있겠다. 그리하여 생산지에서 水運을 이용하여 수송할 때는 주로 官船을 사용하였다.

그러나 官船은 이미 國初부터 부족현상이 나타나 부득이 私船이 정부의 漕船 부족 현상에 따라 강제적인 징발을 당하지 않을 수 없었으니, 『太祖實錄』에

若公船不給 須借私船 及時漕運 依式給稅 依允施行[50]

이라 하였고, 또 『世祖實錄』에

公船不足 用以私船 給價漕運[51]

이라고 한 데서 알 수가 있다. 그러나 私船을 징발하여 船價를 지급해도 그 선가는 고기를 잡아 장사하는 이익보다 못하였고, 또 염을 수송할 때 자연히 耗損되는 양을 물어바치기 때문에 私船의 소유자들이 모두 기피하니 수송이 어렵기도 하고,[52] 官船 또한 부족한 실정이니 염의 수송에는 여러 가지 애로가 많았다.

그래도 船運에 의한 염의 유통은 육지에서보다는 비교적 순조롭게 이루어졌다고 볼 수가 있으나 水運만으로는 염의 보편적인 유통이 완수될 수는 없다.

陸地에 있어서는 車制가 발달하지 못했기 때문에 내륙지방에의 鹽의

---

50) 『太祖實錄』 卷14, 太祖 7年 12月 辛未.
51) 『世祖實錄』 卷27, 世祖 8年 2月 乙未.
52) 註 22) 참조.

공급이 순조롭지 못하였다. 이리하여 京外에 鹽貴現象이 일어나 王이 그 원인을 묻기도 하고 때로는 공급이 늦어 需用期를 놓쳐 백성들이 구입을 꺼려해도 강제로 판매하는 경우도 있었다.53)

세조 10년 8월에 梁誠之는 平安道 江界府의 糧儲가 매우 적은 것을 보고 州官에게 문의하니, 그것은 염의 배급이 순조롭지 못하여 다량의 米穀을 安州等地에 運搬하여 염과 바꾸기 때문이라는 사실을 듣고 교통이 편리한 安州와 그렇지 못한 江界 사이에 官에 의한 鹽·米易換制를 제안하였고, 더욱이 安州地方에서는 官鹽 數百石이 곳곳에 쌓여 있어 공급이 매우 충족한 데 비하여 江界地方에서는 공급이 매우 부족한 실정이라고 지적하고 있다.54) 이는 鹽의 생산량이 부족해서라기 보다는 염의 유통부문에 상인의 참여가 배제되고 관에 의한 유통이 원활하지 못한 데 그 원인이 있다고 보아진다.

한편 육로를 통하여 염이 운반될 때에는 沿道의 농민들이 동원되어 매우 어려움을 당했으니 "且輸運時 民又苦之"라고 한 데서 알 수가 있다. 이 같은 운수의 力役에 징발된 노동력은 雇賃이 지불되는 雇傭勞動力이라기보다는 무상의 강제노동이라고 생각된다.

맺음말

이상에서 조선초기의 鹽業에 대하여 鹽制의 정비과정과 생산공정 및 생산·유통관계 등을 고찰하여 왔다. 그 결과 우리는 다음과 같은 몇가지 사실을 확인할 수 있었다.

첫째, 朝鮮王朝의 鹽制가 방향은 太祖의 卽位敎書에 나타난 바와 같이 高麗朝에 이어 전매법 실시를 원칙으로 하였으나 제대로 실현되지

---

53) 『世宗實錄』卷112, 世宗 28年 4月 丙寅.

54) 『世祖實錄』卷34, 世祖 10年 8月 壬午 ; 梁成之, 『訥齊集』, 서울 : 亞細亞文化社, 1973, 185~186쪽.

못하고, 일부 私製鹽도 허용하는 부분적 전매제가 실시되다가 세종대에 와서 일시 생산 및 유통과정을 국가가 독점하는 全部專賣制가 성립되었다.

둘째, 초기의 생산방법은 煎熬法이 주류를 이루었고, 이 중 海水直煮法은 보다 원시적인 것으로 주로 동해안지방에서 사용되었으며, 서남해지방에서 성행한 鹽田式은 採醎作業이 다르기 때문에 그 생산과정이 어려웠고, 노동력도 전자에 비하여 많이 필요로 하였다. 당시의 생산방법으로는 연료문제가 매우 비중이 커서 연료의 확보량에 따라 염의 생산량이 규정된다고 하겠다.

셋째, 官의 官設製鹽場의 생산경영의 직접적 책임자는 鹽官이며, 염생산의 노동력은 專制國家의 경제외적 권력에 의하여 강제된 생산자들로서 주로 생산을 專擔한 鹽干과 現役服務者인 船軍들이었다. 船軍의 경우는 전생산량이 국가에 수납되었고, 良民과 賤民의 중간신분인 鹽干은 일정량의 생산을 강요당하고 그 중 일부를 급료조로 지급받아 생계를 유지하였다. 鹽干이나 船軍은 무거운 수탈로 사방으로 散亡하는 현상까지 일어났다.

넷째, 鹽制의 재정비과정에서 상인을 유통부문에 참여시키지 않고 관이 유통판매과정을 관장함으로써 가격의 독점, 抑賣 등으로 국가수입은 증대되었으나, 반면에 갖가지 폐단을 자아내고 또 수송의 곤란, 관리들의 농간으로 유통이 원활하지 못하였고, 특히 僻遠地에 대한 염의 공급은 마비상태에 놓이게 되었다.

III. 개항초기(1876~1885)의 일본인의 상업활동
－釜山港을 중심으로－

머리말

개항 이후의 일본의 침략에 관하여는 정치·외교·경제·문화 등 각 분야에 대한 연구가 이루어져 많은 저서·논문 등의 勞作이 나왔으며, 近者에는 李鉉淙씨의 『韓國開港場研究』, 韓㳓劤씨의 『開港期商業構造의 變遷』 등이 나왔다.[1] 그런데 유감스럽게도 개항초기인 1876년에서 1886년경까지에 걸친 일본의 한국에의 移住民에 대한 연구와 그들의 상업활동등에 관하여는 별로 연구되어 있지 않은 것 같다.[2] 가장 큰 이유는 자료를 입수하기가 곤란한 데 있다고 보아진다. 그러나 처음으로 한국에 침략의 거점을 마련하는 이 분야의 연구는 근대사연구에 극히 필요하다고 생각된다. 그럼으로써 일본의 後期의 정책, 특히 경제정책·상업형태 등의 변화도 또한 정확히 구명될 것이다. 先學들이 개척하지 못한

---

1) 李鉉淙, 『韓國開港場研究』, 서울 : 一潮閣, 1975 ; 韓㳓劤, 『開港期商業構造의 變遷』, 서울 : 서울大學校附設 韓國文化研究所刊, 1970.
2) 위의 『韓國開港場研究』, 『開港期商業構造의 變遷』에서도 冊의 분량상으로 극히 단편적인 서술에 그치고 있다. 그리고 정평 있는 일본의 細川嘉六, 『植民史』, 東京 : 東洋經濟新報社出版部, 1941에도 별 언급이 없다.

분야에 대한 연구에 감히 손을 대었으나, 역시 자료의 부족에 많은 隘路를 느꼈다. 미비하지만, 이 논문에서는 가장 일찍 개항한 부산을 중심으로 일본의 이민책과 함께 부산거류지에 있어서의 거류민의 실태에 역점을 두었으며, 다음으로는 일본상인의 활동에 대해 언급하였다. 그다음 순서로서는 일본상인이 收奪致富하여 일본자본주의를 육성하였던 법적 규제를 다루고 끝으로 일본상인의 수탈상을 다각적으로 검토하였다. 단 정치·외교교섭관계는 본 논고에서는 취급하지 않았다.

1. 일본인의 韓國移住實態

일본이 韓國의 개항을 강요한 목적은 여러 가지가 있겠으나, 적어도 당시의 몰락농민·영세상인·몰락사족의 배출구로 필요했기 때문이요, 또 일본자본주의 육성을 위한 자본축적을 도모하고 나아가서는 미래의 대륙침략을 전제로 한 植民地로서 한국을 지배하고자 하였음은 말할 필요가 없겠다. 따라서 일본은 이러한 목적을 달성하기 위해서 한국에 대해 군사력을 행사하기도 하고 정치적 압력을 가중하면서 경제적 침략과 일본인의 진출을 적극적으로 뒷받침하였던 것이다.

이민정책은 일본세력을 부식하고 식민지화를 추진하는 정책임에는 틀림없지만 일본의 정치·군사력의 침투력과 상관하여 진행되는 것이기 때문에 시점에 따라 차이성을 보이면서 점차 변모하는 것이다.

여기에서는 개항초기(1876~1885), 부산에 있어서 이민의 인구현상을 다루기로 한다.

부산이 개항한 1876년도부터 淸日戰爭이 끝나는 1895년도까지의 실태를 보면 다음과 같다.

<표 1> 韓國內 日本人居住狀況

年代	人數	年代	人數	年代	人數
1876(高宗13)	54	1883(高宗20)	4,003	1890(高宗27)	7,245
1877(〃 14)	345	1884(〃 21)	4,356	1891(〃 28)	9,021
1878(〃 15)	117	1885(〃 22)	4,521	1892(〃 29)	9,137
1879(〃 16)	169	1886(〃 23)	609	1893(〃 30)	8,871
1880(〃 17)	835	1887(〃 24)	641	1894(〃 31)	9,354
1881(〃 18)	3,417	1888(〃 25)	1,231	1895(〃 32)	12,303
1882(〃 19)	3,622	1889(〃 26)	5,589		

備考：『朝鮮總督府調査資料』第22輯(朝鮮の人口現象), 103~6쪽.

<표 2> 釜山內 日本人居住狀況

年代	人數	年代	人數	年代	人數
1876(高宗13)	82	1883(高宗20)	△1,780 1,780	1890(高宗27)	△4,344
1877(高宗14)	△273	1884(高宗21)	△1,750 1,750	1891(高宗28)	△5,224
1878(高宗15)	△410	1885(高宗22)	△1,896 1,896	1892(高宗29)	△5,110
1879(高宗16)	△922 700	1886(高宗23)	△1,957	1893(高宗30)	△4,750
1880(高宗17)	△1,426 2,066	1887(高宗24)	△2,006	1894(高宗31)	4,028
1881(高宗18)	△1,428 1,925	1888(高宗25)	△2,136	1895(高宗32)	4,953
1882(高宗19)	△1,519 1,519	1889(高宗26)	△3,033		

비고 : △표 붙은 것은 釜山府勢 및 1927年刊 『釜山教育五十年史』에 의거
      (『港都釜山』6號, 177~178쪽 재인용)
  표 없는 것은 『釜山府史原稿』第12卷 第1章(『釜山市誌』, 904쪽 재인용)

위의 통계에서 <표 1·2> 양자의 차이가 있음을 알 수 있다. 즉 1876
년도에서 1877년도까지는 <표 1>의 全國日本居留民數가 <표 2>의 釜
山居留民數보다 적다. 그리고 1886년도에서 1888년도까지의 수도 역시
그러하다.

뿐만 아니라 부산의 인구통계도 1879년도에서 1881년도까지 각 조사 통계는 차이를 보이고 있다. 이를 검토해 보면 <표 1>에 있어서 1879년 까지의 통계는 말할 것도 없거니와 1880년, 1886년에서 1888년까지의 통계도 크게 틀리고 있다.[3] 반대로 <표 2>의 것은 또 양 통계에 차이가 약간 있기도 하나 <표 1>에 비하면 정확한 것 같다.

<표 1>에 정확성이 없는 부분을 <표 2>의 것으로서 추리해 보면 다음과 같은 인구의 추세를 확인할 수 있다.

(1) 1877년도는 前年인 1876년보다 3.5배 가량 증가되고 그후 1879년 까지는 계속 增加率을 나타내고 있다. (2) 1880년에 들어서자 釜山도 그렇거니와 전국적으로 일본인 거류자수도 크게 증가하고 그 후는 격증하는 해는 없으나 역시 상승세를 보이고 있으며, 1893년에는 부산과 전국의 일본인의 수는 좀 감소되고 있다가 그 다음 해부터 또 증가를 보이고 있다.

인구의 증감현상은 일본 국내의 제요인과 한국 국내의 제요인에 의해 좌우되는 것으로, 한두 가지 이유로서 全般의 동태를 설명하기는 어려우나 몇 가지 필요한 조치와 당시의 시대적 상황과 연관하여 살펴보면,

<표 2>에 있어서 釜山의 경우 1977년부터 격증하고 있는 것은 그 해 10월에 朝日修好條規附錄 및 貿易章程이 발포되고, 또 10월 14일 그때까지 釜山渡航이 제한되고 있었는데 이것이 철폐되고 동시에 한·일무역허가령이 내린 것이 큰 이유인 것 같다. 그리고 1880년에 다시 격증하고 있는 것은 부산의 경우는 日本居留地內의 土地分讓 등의 조치가 또한 한 이유일 것 같다. 이와 함께 이 해 1880년 <표 1>의 경우 전국의 일본인수가 증가하고 있는 것은 이 해 元山에 처음으로 일본인의 이주가 허가되었기 때문이다. 그리고 1983년의 경우 <표 1>·<표 2>에서 각각 약간의 감소를 보이고 있는 것은 1984년에 甲午農民運動과 淸日戰爭이 발발되었던 것으로 그 사정을 알 수 있겠다.

---

3) 末尾의 附記 참조.

이상의 이민의 실태를 토대로 1876년부터 1879년까지를 1단계, 1880년에서 1885년을 2단계로 하여 일본의 이민정책을 중심하여 그 거류지의 상황을 좀 더 구체적으로 고찰할까 한다.

1) 제1단계(1876~1879)

1876년 朝·日修好條規에 의해 먼저 개항한 그 해(條規成立이 東萊府·八道에 통달된 것은 陽曆 3월 4일, 일본이 조규를 비준한 것은 3월 22일) 부산에 있어서 일본인의 진출은 놀라울 정도로 격증되고 있다.

그것은 다음의 기록에서 알 수 있다.

> 부산개항 직전인 1876年(高宗 3) 1월말 현재 日本人 釜山居住人口는 82名이었다. 그해 12月에는 日本人 視察者 居住者를 合하여 500名에 達하고 있었다.[4]

그러나 이 기록에서는 定着性을 가진 거류자의 수가 어느 정도인지 확실한 것은 알 수 없다. 이 해 10월에 渡航制限解除令이 나오고 가족동반도 허락되었으니, 그 때까지는 정착 거류민의 증가는 별반 없었고 대부분이 상업을 목적으로 하고 있는 시찰자가 아닌가 싶다. 그러니 거주자는 倭館時代부터 잔류하고 있던 對馬島人 소위 恒居倭人이라는 사람들이라 생각된다. 그리고 이 재류일본인들은 개항전과 같이 자치적 조직을 갖고 거주하고 있었던 것 같다.[5]

개항과 동시에 일인들의 도항 희망자가 많아지자 도항할 이들의 숙박체류에 편의를 돕기 위해 일본외무성은 개항 직후인 5월 15일(高宗 13, 明治 9) 草梁公舘官有建物의 이용을 허가하고 있다. 그 규칙을 살펴보면 다음과 같다.[6]

---

4) 『釜山府史原稿』第5號, 釜山府刊, 1923, 190쪽.
5) 위의 책, 190쪽.

第五十三號 明治九年五月十五日 御布告

第一條

官舍貸借는 每月宿代를 받는다.

第二條

宿代는 元金의 八分에서 一割까지로 制限하고 適宜參酌하여 받는다. 받는 額 중 七分은 上納하고 三分은 廳에 備置하여 修繕費에 充當한다.

第三條

宿舍新築分은 그 建物費의 總額 古家分은 買上價 또는 當時賣買할 때의 價格으로써 元金을 定한다.

第四條

宿代는 年으로 計算하되 收納은 月別로 割富한다. 但 十六日以後에 貸渡할 때. 또 十五日以前에 返還할 때는 半月分을 받는다.

이 규칙을 보면 부산에 내왕하는 일인들의 日本官有建物 사용에 대한 실태를 알 수 있겠으며, 그 官有建物의 임대료는 비교적 저렴하고 불하까지 받을 수 있었다.

그러나 개항이 되었다고는 하지마는 적어도 한일간에 교역할 수 있는 여건이 성숙되어 있지 않았기 때문에 일본 정부는 그해 10월까지는 양국간의 정치절충에 노력을 기울이고 일본인의 渡航 居留에는 보다 적극적인 시책이 없었던 것 같다.

그러던 중 韓日間에 추진되었던 修好條規附錄과 貿易規則이 양력 8월 24일에 성립되었다(공포일 10월 14일자 府). 그리하여 일본정부는 10월 14일 처음으로 太政官布告 제28호로서 日本人釜山渡航制限解除令과 함께 제29호로 日本人朝鮮貿易公許布告가 발포되었다. 한편으로 동년 10월 30일에는 釜山草梁管理官이 임명되었다. 그리고 일본인의 釜山渡航 移民事業이 궤도에 올랐던 것이다.

---

6) 위의 책, 184쪽.

이 포고의 내용을 살피기 위해 그 몇 가지 사료를 전재하면 다음과 같다.7)

太政官布告 第百二十八號

從前 朝鮮國貿易의 일은 對馬國人民에 限해 去來되었으나 本年 三月 第二十四號 布告 修好條規及 今般 第百二十七號 布告 修好條規附錄 그리고 貿易規則의 趣旨에 遵하여 一般人民 同國 釜山港에 渡航하고저 하는 者는 許可한다.

海外行免狀은 航海公證을 府·縣·廳 또는 支廳에서 引受渡航하면 可하고 旅行中 急히 渡航코저 하는 者는 本人이 自己 貫籍을 明白히 記錄하여 旅行中의 그 地方官廳에 屆出 許可를 받으면 可하다. 이를 布告한다.

但 釜山港의 開港의 場所는 追後 確定 布告할 것임.

太政官布告 第百二十九號

自今 朝鮮國貿易品은 輸出入品 共히 日本國內에서 諸物品을 運送할 때와 같이 생각하면 可하다.

輸出을 원하는 物品은 開港場稅關 其他 出航地의 區務所에서 荷物送狀에 檢印만 受하면 可하고 朝鮮國開港場派出의 日本管理官에게 그 送付狀만 提出하고 朝鮮地方에 輸入濟의 檢印만 받으면 可하다. 그리고 日本國에 歸着한 後 앞서 出船한 元地에 그 送狀을 屆出하면 된다.

朝鮮國에서 輸出하여 온 物品은 右送狀에 管理官의 檢印만 받으면 可하고 日本國의 各地에 揚陸할 때는 右檢印의 送狀을 그곳 稅關 또는 區務所에 提出한 後 揚陸하여야 한다. 그 뜻을 布告함.

이를 통하여 본다면 한국에 누구나 별다른 제한없이 극히 간단한 수적절차로 도항할 수 있게 되었다. 그리고 교역통상에 있어서도 수출입품

---

7)『官報』50日誌 제97호, 제98호 ;『釜山府史原稿』제5호, 160쪽.

에 대해서는 課稅도 되지 않았으니 다만 부산항 출입시에 상선의 頓稅만 지불하면 될 수 있었고 수출입품의 手續도 일본 본국에서 거래하는 것과 다름없는 정도로 간편하게 처리할 수 있도록 되어 있다. 이 포고는 일본인 진출에 획기적인 處措인 동시에 이로써 한국경제 침략의 출발점이 되었던 것이다. 그러니 이 양 포고는 그들에게 큰 의의를 가졌던 것이니, 이에 대하여『釜山府史原稿』의 집필자는 다음과 같이 평가하고 있다.[8]

嗚呼 今日 日東大和民族의 大陸發展의 基礎는 實로 이 兩 布告에 힘입었다고 하지 않겠는가? 그러하다. 釜山港이 大陸發展의 立脚이 되고 釜山이 오늘의 繁榮을 가져오게 한 것은 우리 宮本理事官이 議定한 兩約條(朝・日修好條規付錄・朝日貿易章程規則)의 惠澤이 아니고 무엇이겠는가, 지난 날을 追想할 때 누가 感觸하지 않겠는가.

한편 이 양 포고와 함께 일본인 妻子同伴 渡航이 일본정부로부터 허가되었다. 이 문제는 修好條規附錄 체결시 日本 宮本理事官이 趙講修官에게 제기하였으나 한국측에서 "彼我의 習俗이 不同함으로 他日 弊害가 생길것이라"(後述의 商眷召還書 참조)는 이유로 條文에서 刪去되었던 것인데, 일본에서 일방적으로 공인하였던 것이다. 그에 따라 일본인 家族同伴者가 계속 증가하게 되자 조선정부는 일본이 約條를 준수하지 않았다고 1877년 2월말 예조판서의 이름으로 소환요구를 하였다. 그 항의문을 보면 그 간의 내용을 알 수 있으니 이에 예거하면 다음과 같다.[9]

丁丑(1877년) 禮曹判書諭召還商眷書
大朝鮮國禮曹判書徐堂輔呈書大日本國外務卿閣下

---

8) 위의 책, 161쪽.
9) 同文彙考 附編.

　　謹玆照會者 古人不云乎 信近於義 言可復也 昨夏 貴理事官之派到
弊邦講定條規 而挈眷一款 非徒俗習之不同 亦關後弊之將大故竟乃抹
去 此爲金石之約者 想已被貴政府炤諒矣 近接我東萊府使所報 貴國商
販人 種種挈眷來留故 據前定規 屢度開諭 則謂有貴國公文 實難擅斷
云 此乃公幹之所永刊 條約之所不載 而公文之獨下於管理官保無是理
滋惑之極 庸玆開陳顚希深察 別致公文于管理官 俾商人眷屬之在鄙境
者 一同召還 得有如理事時 確定規約 使弊人民 感誦貴國以誠義相待
信順相孚 則其所感幸尤當倍蓰 繼祈貴國泰和 台候增禧 敬具

　즉 본문의 大意는 일본인 처자를 挈持來留하는 一件은 작년 여름(條
約附錄 체결시) 宮本理事官과 趙講修官이 商議할 때 피아의 풍속이 같
지 않음으로 他日에 폐해가 야기될 것이라는 이유로써 條規附錄條文에
서 刪去하였다. 그러나 東萊府使의 보고에 따르면 근래 도래하는 상인
등이 처자권속 등을 거느리고 왕래하고 있다고 한다. 따라서 동래부사로
부터 近藤 관리관에게 재삼 그 불가함을 교섭하였으나 管理官은 정부가
公許하였기 때문에 함부로 禁斷할 수 없는 것이라 하나 원래 약한 바의
修好條規에는 그 明文이 없다. 고로 관리관에 명하여 도래하여 온 부녀
자를 본국에 소환하고 誠信의 의리를 밝힐 것을 말하고 있다.
　이에 대하여 일본측은 소환불응의 書를 보내어 거부하고 있다.10) 이러
한 가운데 이 문제는 결국 묵살되고 말았다.
　이때부터 가족과 함께 일본인이 거류하게 되었던 것이다.
　한편 일본인의 도항자 거류자를 뒷받침하기 위해 상기한 바와 같이 10
월 23일 부산에 관리관이 파견되고 있다.
　이 釜山管理官의 파견 목적과 그 직무는 일본의 外務大丞 宮本小一
이 東萊府使 洪祐昌을 통해 조선의 예부참판에 보낸 1876년 11월 13일
附 書契 중에서 알 수 있으니 그 중 일부를 抄出하면 다음과 같다.11)

---

10) 위의 책.
11) 『日本外交文書』 第9卷, 第5 文書番號 110, 317쪽.

　　玆照會者　我政府一從修好條規第八款之旨　以外務七等出仕近藤眞
鉏　爲管理官　派遣貴國釜山港　該官所負荷者　即保護人民之權理　措辨
船泊　貨財　貿易等之事務　不使貴我人民之交誼　至背戾之要任也　若夫
將兩國政府現今所保存之和親情誼　能通暢傳敍者　亦在其職內也　故逢
有其所掌之事　則面商于東萊府伯　或移民照會　府伯亦能與之款接　以令
得便宜　是我政府之所望於貴國也　乃使下官告之於閣下　所希閣下啓聞
諸貴政府　認識其所職　下敎府伯　幸甚

즉 "日本政府는 條規 第八款을 遵하여 관리관을 파견하게 되고 이 관
리관은 일본인의 권리를 보호하고 선박, 貨財, 무역 등의 사무를 처리하
며 일본정부의 명을 傳敍하며, 交隣事務를 집행하는데 있어서는 東萊府
伯과 협상 도모한다고" 하고 있다. 여기에서 이 관리관은 居留民을 統理
하는 행정관, 商務官이요, 對韓外交를 담당하는 외교관의 직책도 아울러
갖고 있음을 확인할 수 있다.12)

이 관리관의 파견에서 지금까지 해결되지 못한 通商事務·居留地 문
제 등의 교섭이 구체화되어 있는데13) 여기에서는 먼저 居留地 문제에
대해 논급하겠다.

居留地商議는 修好第規 第4款과 同條規附錄 第3款에 의거한 것인데
1877년 1월 30일자로 東萊府使와 日本管理官 사이에 釜山口租界條約
이라는 이름으로 조인되었다. 그 세부적인 協議事項14) 등은 略하고 협
정서만을 예거하면 다음과 같다.15)

---

12) 「管理官으로서 擔當할 事務委付의 件」이라 하여 구체적으로 시달되어 있는데,
　　한 조항을 들면 "一, 貿易의 形況을 깊이 視察을 통하여 內外 共히 催進하여
　　새로운 사항이 있을 시에는 그 지방관에 협의하고 그 편의를 開興할 것을 구하
　　고 內地의 本省에 申報하여 그 방법을 구하여야 한다. 附輸出入貿易品의 月報
　　日本人民의 出入表는 可及 명세하게 調查申報하여야 한다"고 되어 商務官으
　　로서 重任이 負荷되고 있다(『日本外交文書』 第9卷 第5, 文書番號 109, 314쪽).
13) 이 論攷에서는 교섭관계는 언급을 避한다. 田保橋潔, 『近代 日鮮關係研究』 등
　　外交史關係의 논저를 참고하면 좋겠다.
14) 李鉉淙, 앞의 책, 993쪽 참조.

　爲相考事 朝鮮國慶尙道 東萊府所管 草梁項一區 古來爲日本國官民
居留之地 其幅員如圖 圖中 舊稱東舘 區內 家屋著赤色者三宇 係朝鮮
國政府構造 日本曆明治九年十二月十二日 朝鮮曆丙子年十月二十七
日 日本國管理官 近藤眞鋤 會同朝鮮國東萊府伯洪祐昌 照邊兩國委員
囊所議立 修好條規附錄 第三款旨趣 自今約地基 納租 歲金五拾圓 每
歲抄 完淸翌年租額 家屋 則日本曆明治十年一月三十日 朝鮮曆丙子年
十二月十七日 再經協議 除舊稱裁判家者外 以朝鮮國政府所溝貳宇 與
日本國政府所稱改造所及倉庫等六宇交換 以充兩國官民之用 嗣後 當
屬朝鮮國政府 家屋七宇 則黃色爲輪廓 以昭其別 地基亦屬焉 但地基
以朱劃之 其他 地基·道路·溝渠悉皆歸于日本國政府之保護修理 船
滄 則朝鮮國政府修補之 因倂錄副地圖 互鈐印 以防他日之紛拏如是.

　즉 별첨 지도에 명기한 草梁項의 한 구역(舊倭舘의 敷地)을 租借하고
租界地의 地租는 15원으로 정하고 그 납부방법은 1년 전에 豫納하기로
하였다. 그곳의 건물도 한일 양 정부 사이에 교환 매수 永代無償貸付로
처분하였다.

　이때 그들이 조차한 거류지 면적은[16] 조선측의 周尺으로 계산하여 측
량되었으며 東西三百七十二步 南北二百五十六步였는데 약 11만 평이
었다. 실로 이 지역은 그때부터 치외법권이 행사되는 일본의 專管租借地
가 설정되고 일본의 대한침략의 거점이 되었다.

　이 조차지의 확보에 따라 舊倭舘의 守文設門이 철폐도 되고(修好條
規 第4款에 따라) 한편 약정된 步行區間 10리의 규정에 의해 일본인의
활발한 상업활동도 행해졌던 것이다.

　이와 같이 사업이 행하여지는 한편 이곳에 도로의 개설 정리작업도
착수되어 갔다. 즉 1876년 11월 1일에는 郵便局이 설치되었다. 이를 『慶
尙道事情』(1904년 釜山領事館編)에는 다음과 같이 당시의 사정을 기록

---

15) 「韓日條約輯幷新約條草」(釜山市立圖書館所藏).
16) 앞의 『釜山府史原稿』第5號, 176쪽.

하고 있다.

本邦의 郵便은 1876年(高宗 13, 明治 9) 11月에 開始하였다. 當時는 帝國領事館內에 그 事務所를 設置하고 本邦의 汽船 浪花號는 每月 1回 本邦 釜山間을 往復하고 信書를 送傳하였다. 그 뒤 1878年 11月 以降은 그 郵便船의 往復이 每月 1回라 할지라도 馬關 長崎 五島 對州 間의 通航을 開始하여 一層 便宜를 增進하였다.

그리고 1878년 1월 21일에는 第一國立銀行支店(第一銀行의 前身)이 설립되어 이곳의 居住民, 왕래하는 일본상인의 경제활동을 크게 뒷받침하고 있다. 또 1877년 5월 1일에는 日本人小學校를 설립하고 있으며, 이는 이에 앞서 76년 11월에 설치된 병원과 함께 거주자의 정착성을 높이는 데 크게 도움을 주는 것이었다.

이상과 같은 조치 시설의 개설에서 일본居留地는 致富를 貪하는 일인에게는 憧憬의 對象이 되고 일본인 渡航者는 격증되고 어느덧 釜山租界地는 일시에 一大市場으로 화하였던 것이다.

在釜日本 近藤管理官이 1876년 12월 25일자로 外務部에 보낸「修好條規附錄條項實施 후에 있어서 近況報告中」에 다음과 같이 말하고 있다.17)

本月十六日부터 守設兩門撤廢에 內外人民은 至極히 鼓舞의 氣象을 갖입니다. 그후 每日每日 韓人居留地內에 구경 또는 商法을 위해 들어가는 자는 무릇 三・四百人을 헤아리게하고, 간혹 遠方에서 오는 者도 있음을 듣고 있읍니다. 이 즘 開店한 東京富屋・大倉屋兩店은 大抵 하루 平均 五十圓 程度의 買上高를 올리고 있읍니다. 昨今 한 두사람은 韓人居留內에 物品을 갖고 나가는 者도 있으며 路傍에 物件을 排列하는 者도 있읍니다.……舊來面目은 一變되었읍니다.

---

17)『日本外交文書』第9卷 第5, 文書番號 115, 336쪽.

라고 하는 데서, 거류지 설정에 따른 부산의 변화를 알 수 있다. 이는 우리측의 기록에도 나타나 있고 1877년(고종 14) 8월 拌接官 洪祐昌은 守門이 철폐된 뒤 倭館은 "어느덧 大場市를 이루게 되었다"고 말하고 있다.18)

이와 같이 1876년 10월까지는 渡航도 제한되어 있었고 또 경제활동을 뒷받침할 정치외교교섭이 추진되던 시기였으니, 일인 거류민 중에는 경제적 목적으로 일시 내왕한 시찰자들이 많았던 것 같고, 본격적인 이민은 역시 渡航許可制限이 철폐되는 10월 이후 같다. 그리하여 많은 이주자가 나타났지만 79년까지는 보다 많은 이민을 수용하기 위한 거류지의 확보와 제반 시설을 갖추는 시기였다고 하겠다.

2) 제2단계(1880~1885)

1880년에 들어서자 上揭한 거주자 통계표에서 보다시피 이주자들이 격증하고 또 이주자를 위한 시책이 활발히 추진되었다. 거류지 관리청의 명칭도 1880년 領事館으로 개칭되고 管理官도 領事로 개명되었으며, 그 권한도 한층 강화되었다. 이를 뒷받침하기 위해 이 해 5월 14일附로 在朝鮮領事舘訓令이 제정되었으며19) 이어 이는 다음 1881년 居留地編成規則으로 공포되었다.20) 이와 같은 조치는 날로 증가하는 거류민에 대한 통제를 꾀한 조치였다.

領事舘의 개설과 더불어 종래 居留地機關에 맡기고 있던 保安事務를 인계하고는 警察官吏를 두었다. 이 영사관의 기능에 대하여 日鮮通交史에서는 다음과 같이 말하고 있다.21)

---

18) 『日省錄』第196冊, 高宗 14年 8月 4日 條.
19) 『日本外交文書』第13,卷 文書番號 156號 附屬書, 415쪽.
20) 李鉉淙, 앞의 책, 171~172쪽 참조.
21) 『日鮮通交史附釜山史』, 釜山 : 釜山甲寅會刊, 1916, 112쪽.

明治 13年(1880) 管理廳을 廢하여 새로히 領事舘을 設置하고 近藤
眞鋤를 領事에 任하고 駐在시켰다. 釜山居留地는 專管이었음으로 領
事는 行政事務에만 統轄할 뿐만아니라 立法·司法의 二大權及 在留
禁止命令權도 아울러 掌握하고 있었다. 居留地公共的事項은 그 監督
下의 自治機關을 處理하였으며 警察事務는 直屬된 釜山警察署에 委
託하고 司法事務 中 檢事의 職務에 관한 것은 領事 命令下에 舘員 또
는 警察官吏로써 이를 處理케 하고 裁判은 領事가 直接 擔當하였다.

한편 이 영사관의 설치와 함께 同年 1880년 4월 일본인에게 조계지 地
所 대여가 공포되었다. 이 대여규칙을 보면 다음과 같다.22)

第一條
무릇 地所를 拜借하려고 하는 者는 區名 町名 番號 繪圖面을 添付
하여 出願許可를 얻어야 한다.
第2條
무릇 拜借地는 一家一名一宅地에 限하고 商業上의 事情에 따라 그
밖의 添地를 要하는 者는 事實을 調査한 위에 이를 許可할 수 있다.
第3條
地所拜借許可에 있어서는 그에 相當한 手數量을 收納하고 拜借人에
게 土地券을 附與한다. 但 當分間은 從前과 같음.
第5條
地所拜借人은 拜借許可日로부터 三十日內에 地基를 開拓하여 6개
月內에 家屋을 建築하여야 한다. 만약 三十日 以內에 土地를 開拓하
지 않거나 또 6개월內에 家屋建築을 着手하지 않을 時에는 拜借의 效
力을 喪失한다.
第6條
拜借地를 讓渡할 時는 雙方連署로서 地券名代替를 出願하여야 한

22) 李鉉淙, 앞의 책, 197쪽에서는 "1894年에 釜山日本帝國專官居留地 地所貸渡規
定을 定하여"라고 되어 있는데 實은 이는 1880年 4月 近藤領事에 의해 布達되
었으며, 그후에도 몇 차례 改正되고 또 1892年(明治 25) 8月에 布告되었다.

다. 但 遺蹟相續에 關係되는 것은 相續人과 二名 以上의 親戚 또는 保
證人이 連署하여야 한다.

이 地所貸渡規則에 의하여 租界內의 地所는 일본인에 한하여 借用,
讓渡, 貸與할 수 있었으니 거류지는 일본영토화되었던 것이며 그들은 그
안에서 相續讓渡, 登記(地券)에 관한 課金과 수수료를 받을 수 있는 租
稅徵收權도 행사하고 있다. 이때 移住者의 수용의 폭을 확대하기 위해
토지소유량을 제한하고 함께 토지점유시부터 7개월내에 건축하여야 한
다는 강력한 규제를 두고 있다. 이 법적조치는 거류지에의 일본인의 유
치에 크게 자극되었다고 보아진다.

그리고 그들은 다시 居留地의 확대를 도모하고 1880년 7월 3일에는
釜山의 北濱一帶를 新租界地로 확보할 수 있었고 이어 1883년에는 租
界地 10里 이내의 토지를 매수할 수 있게 되었으며 1885년(고종 22)에는
日本代理公使 高平小五郎과 督辦交涉通商商務 金允植 사이에 絶影島
의 일부의 토지 70間 四方 4千9百坪이 日本海軍用地로 租借되었다. 이
로써 釜山의 중심 要地는 그들이 점유한 바 되어 1885년에는 부산은 일
본의 도시로 화하였던 것이다.

이 거류지의 확대 地所의 매도 등은 일본인 이민이 격증하게 된 계기
가 되었던 것이었다.

거기에다 居留地市街地 整理事業도 본격화하여 1880년 11월에서
1889년 2월에 걸쳐서는 伏兵山墓地와 龍頭山 중간에 介立하였던 兵陵
地 일대를 굴취하여 舊도로를 확장하고 新도로를 개설하여 거류지의 幹
線路로 삼았으며 釜山의 西邊 富民洞, 大新洞 방면에 뻗쳐나갈 수 있게
하였다. 상수도 설비도 착수되었다. 개항후 출입하는 軍監 船舶과 居留
民이 격증하는 경우에 그 시설은 시급한 과제였으니 1880년 처음으로 寶
水川 上流로부터 竹筧으로 導水시설을 하였다.

그리고 통신·금융시설도 더욱 확충되어 1884년(고종 21, 明治 17) 丁
抹大北部電話會社에 의하여 일본 長崎에서 釜山間 海底電線施設이 완

공되고 同年 2월 25일에는 旣設郵便局과 합병하여 郵便電信局도 설치하여 電信事務를 개시하였다. 이는 군사정치면에서의 그들의 침략역할을 했지만 한편 이곳 일본 常民의 경제활동에 크게 공헌하였던 것이었다.

금융시설도 전자의 제일은행에 이어 旣設된 우편국에서 1880년 5월부터 郵便爲替事務를 받아 금액 30圓 限度定에서 本國－釜山間에 송금할 수 있도록 조치하였으며 또 同年 7월부터는 거류민의 우편저금 사무를 개설하고 있다.

그 외 경제활동을 지원하기 위한 商工會議所 등이 차례로 설립되었다. 이와 같이 일본상인의 왕래 이민에 대한 뒷받침에서 일본거류민의 수는 증가해 왔으니 거주자들은 상호의 복지 이익증진이란 구실로 자치기관도 점차 확충하여 갔다. 그 초기의 변천을 日鮮通交史에서 보면23) 다음과 같다.

　　이 居留民들도 開港과 同時에 從來 倭舘時代 町代官에 屬하였던 '商會所'란 機關을 '居留地會議所'라 改稱하고 또 商會所의 頭取인 '用番'을 그대로 '居留地會議所用番'이라 稱하고 그 機關을 自治機關으로 하여 居留民 相互의 福祉增進을 위해 行政 訴訟事務를 맡게 하였다. 上記의 用番은 1876年 10月 保安事務를 委任받고 있었다. 當時 居留地 草梁公舘에는 아직 居留民保護의 警察官도 派遣되어 있지 않았기 때문에 이 居留地會議所에 保安事務가 委任되었던 것이다. 이 保安擔當은 '見廻役'이라는 職名을 가진 者가 맡고 居留地의 巡察, 非違를 團束케 하였던 것이다. 그러나 이 制度는 1880年 領事館開設과 함께 警察官의 配屬을 보자 廢止되고 後年 居留地會議所도 釜山居留民團이라는 이름으로 改名되었다.

이리하여 1885년경 釜山은 일본 영토의 일부 같은 인상마저 주었을 정도로 변모하였던 것 같다.

　이에 대하여 1884년 당시에 美國人 Allen의 印象記에도 釜山은 "완전히 일본인의 것처럼 보였다"[24]하고 있으며 또 몇 년 뒤의 모습이기는 하나 서울의 英國領事舘員 T. Watters는 1887년 당시의 부산항의 모습이 그의 눈에는 일본의 식민지나 다름없이 비쳤으며, "일본인은 부산에 商舘이나 商店을 갖고 있었을 뿐만아니라, 내륙 각지에 있어서도 그 代理店을 갖고 있었으며, 釜山에 있어서 무역은 완전히 일본인 수중에 들어 있음"을 말하고 있다.[25]

3) 일본인의 성분

　초기에 이주해왔던 일본인은 그 출신지는 어디며, 또 어떠한 계층과 성분을 가졌던 자인가를 살펴보고자 한다.

　이에 대하여 1880년(고종 17, 明治 13)에 편찬된 日本商務省의 商況年報에는[26]

　釜山港은 종래 對馬島 등지의 無賴人이 이주하여 生을 異鄕에서 도모하는 자가 많다고 하고 있다. 이러한 상황은 1894년 淸日戰爭까지만 해도 그러한 듯 1893년 당시의 日本居留民에 대하여 일본인 末永純一郎이라는 자가 언급한 것을 보면[27]

　　畢竟 居留民의 七八分까지는 이를테면 對州와 五島등지 한편으로는 馬關의 漁民 혹은 大工木工左官(土役工)이라는 種類의 무리가 渡航하여 無知蒙昧한 韓人에 대하여 여러 가지의 手段으로 겨우 店舗 하나를 차지하여 인제 商人같이 되었다는 것이 많다.

---

24) Norace N Allen, Diary, September 14, 1884 ; 韓㳓劤, 앞의 책, 47쪽 인용.

25) B. C. R : Miscellaneous series, No.84 Report of a visit to pusan ano Yoensan morch, 1888, by T. Watters ; 위의 책, 47쪽 인용.

26) 日本農商務省(明治 13年度 第4款).

27) 「戰爭餘譚 朝鮮在留의 日本人」, 『日淸戰爭實記』 第1編, 明治 27년 8월.

이렇게 볼 때 초기 釜山居留民은 對馬島人을 主로 하는 長崎人이 대부분인 것 같고 그들은 주로 零細極貧農 어민출신이며 浮浪輩에 가까운 인간이었던 것이다. 이에 대하여 역시 1895年 12月 服部種次郎의 朝鮮視察歸國演說文에[28]

　　(居留民)중 紳商도 있을지 모르지만 돈 4圓쯤만 모으면 故鄕으로 돌아가서 安穩하게 살겠다는 그런 생각을 가진데 지나지 않는 사람뿐이기 때문에 나라를 위해서든지 또는 事業이라는 생각같은 것은 조금도 없읍니다.

라고 하고 있으며 또 1894年(明治 27年 10月) 日本議會에서 발언한 田口那吉 議員의 말에[29]

　　朝鮮같은 데로 가서 貿易을 營爲하는 者는 결코 我國의 紳商이라는 者는 아닐 것이다. 이름이 알려져 있는 者가 아니라 반드시 집도 없고 地面도 없는 地方長官에게 알려져 있지 않는 "裏店"에 있다든가 혹은 負債를 많이 지고 있다든가 하는 者가 營爲하는 것이다.

라고 하였으니 그들의 성분을 역력히 알 수 있겠다. 그 외에도 이와 같은 기록은 많다.[30]

　그 때문에 일본은 그들을 통제하지 않으면 한국의 침략을 수행하는데 지장이 있었던 것이었다. 여기에 1882年(高宗 19, 明治 15) 2月 30日 附로 釜山領事 近藤眞鋤의 이름으로 그 거류민에 대해 違警罪目이란 고시까지 나왔던 것이다. 告示文 중 風紀에 관한 몇 가지 조목을 보면 다음과 같다.[31]

---

28)「朝鮮의 外國貿易輸入」,『朝鮮彙報』(8).

29)『日淸戰爭實記』第9編, 明治 27년 11월.

30)『日本外交文書』第22卷, 第9 朝鮮關係雜件 文書番號 186號 附免書, 435~439쪽,「渡韓者에 制限을 制定하는 議」에 仔細히 記述되어 있다.

① 裸体 또는 아랫도리를 露出하는 등의 醜態를 보이는 者.
② 밤12時 以後 歌舞音曲 또는 싸움으로 他의 安眠을 妨害하는 者.
③ 市街에서 便所가 아닌 곳에서 大小便을 보는 者.
④ 浴室에서 沐浴하는 者가 浴室門을 열어 놓거나, 窓門에 가리게를
　 하지 않은 者.
⑤ 人家에 接近되어 있는 곳에서 銃器를 發砲하는 者.
⑥ 모든 사람들의 自由를 妨害하는 驚愕할 만한 일을 한 者.

　이 고시문을 통하여 일본거류민들의 만행을 살필 수 있으며, 이 밖에
도 그들의 소행 등에 관한 것은 양국의 기록에 많이 볼 수가 있다.32)

2. 日本商民을 뒷받침한 법적 근거

　1876년 2월 江華島條約 체결 후 일본은 계속 침략적인 약조를 강요하
였다. 당시 우리나라 정치자의 저항이 없었던 것은 아니나, 차례로 그들
의 요구에 굴하여 일본의 군사적 정치적 침략이 날로 심하게 되었지만,
한편 경제적 침략도 함께 진행되었던 것이다. 그들과 맺은 조약 중 釜山
에 관한 사항을 중심으로 거주지 문제와 경제분야에 치중하여 살펴 볼까
한다.
　제일 먼저 체결된 1876년 2월 26일의 江華島條約(韓日修好條規)은
全文 12條項으로 나누어졌으며 중요한 경제조항은 다음과 같다.33)

　(1) 釜山港을 開港하여 通商케 하며, 그밖에 京畿·忠淸·全羅·慶尙
　　·咸鏡의 五道 중에서 通商에 便利한 港口 2個所를 物色하여 二十

31) 앞의 『釜山府史原稿』 第6號, 176쪽.
32) 後記 註 50)·51) 참조.
33) 朝日修好條規 및 同付錄 貿易11則 朝日通商章程 및 稅制는 일반적으로 알려
　 져 있는 것이기 때문에 출처를 밝히지 않는다.

個月以內에 開港할 것이며 開港場에서는 日本人民에게 土地를 賃借하고 家屋을 建築케 하며, 朝鮮人民의 家宅을 質借할 수 있다(第四款, 第五款).

(2) 日本은 朝鮮國의 沿海 島嶼 岩礁를 自由로 調査測量하며 海圖를 作成할 수 있다(第七款).

(3) 朝鮮의 各開港地에는 日本商民官을 設置코 兩國交涉案件은 地方長官과 相議處理케 한다(第八款).

(4) 兩國人民은 各自 自由로 貿易하되 兩國官吏는 이를 干涉 制限 禁止하지 못한다. 兩國人民이 欺罔衒賣 또는 貸借償還하지 않을 時에는 兩國의 官吏는 嚴重히 該當商民을 取締하고 債務를 追辨시킨다. 但 兩國政府는 이를 代償하지 않는다(第九款).

(5) 開港場에서 日本人의 犯罪가 朝鮮人民과 關係되는 경우에는 日本官員이 日本法律에 따라 裁判하고, 朝鮮人의 犯罪가 日本人과 關係될 때에는 朝鮮官員이 朝鮮法律에 따라 裁判한다(第十款).

(6) 別途로 通商章程을 設立하고 兩國商民의 便宜를 提供하며 自今六個月內에 兩國別로 委員을 任命하고 商議定立케 한다(第十一款).

즉 이상의 條項에 따라 釜山에 먼저 일본상인이 진출 거주하게 되었고 또 일본상인은 任意貿易이라는 조항을 내세워 한국관리가 양국 인민의 무역에 간섭하는 것을 배제할 수 있게 되었으며, 동시에 생산자인 농민과 직접 거래할 수 있게 되었다. 그리고 沿海 島嶼調査는 차후의 후보지 물색과 군사적 목적에서 행해진 것이었다. 한편 貿易細則의 협정에 시일의 遲廷을 미리 방지하기 위해 시한을 설정하고 있다.

그후 11款에 따라 1876년 8월 24일에는 江華島條約을 보완하는 修好條規附錄11款과 貿易規則十則이 체결되었다. 이를 보면 다음과 같다.

(1) 通商各港에 있어서 日本國人民 地基를 租借하고 住居하고저 할 때는 各其地主와 相議하여 價格을 定한다. 朝鮮政府에 속하는 土地는 朝鮮人民이 官納할 경우와 同一한 稅額을 내어 居住한다. 釜山

草梁港 日本舘에는 從前 守門設門이 設置되었으나 今後 이를 廢徹하고 새로이 定하는 境界上에 標를 세운다. 他二港도 이에 準한다 (第三款).

(2) 嗣後 釜山港에 있어서 日本人民의 行步道路의 里程은 埠頭에서 起算하여 東西南北各直徑十里朝鮮里法으로 定한다. 東萊府中에 있어서는 里程밖에 있을지나마 特別히 할 수 있다. 이 里程內에서 日本人民은 隨意行步하여 其他의 産物 及 日本物産을 賣買할 수 있다(第四款).

(3) 議定한 바 있는 朝鮮各港에 있어서 日本人民은 朝鮮人民을 雇用할 수 있다. 朝鮮人民이 其政府의 許可를 받을 時에는 日本國에도 來渡할 수 있다(第五款).

(4) 朝鮮各港에 있어서 日本人이 死亡한 時는 適宜의 地에 埋葬할 수 있다(第六款).

(5) 日本人民은 日本의 諸貨幣로써 朝鮮人民所有物과 交換할 수 있다. 또 朝鮮人民이 交換買得한 日本諸貨幣로써 日本諸貨物을 買入하기 위해 朝鮮의 指定된 諸港口에서 人民이 相互通用할 수 있다. 日本人民은 朝鮮의 銅貨幣를 使用運輸할 수 있다. 兩國人民은 私錢을 鑄造하는 者 있으면 其國의 法律에 비추어 處理해야 한다(第七款).

(6) 朝鮮人民이 日本人民으로부터 買得한 貨物 또는 贈與받은 物品은 隨意使用하여 無倣하다(第八款).

(7) 通商規則은 修好條規와 함께 同一한 權利를 有한다. 兩國政府가 遵守하여 違反됨이 없이할 것이나 此各款 中 兩國人民 交際貿易上에 實地 障碍가 생겨 改革하지 않으면 안된 事項이 認定될 時에는 兩國政府는 그 議案을 作成하여 一個年前에 通知하여 協議定한다.

이상 (1)에서 일본인의 居留地租借와 釜山의 關門撤去로서 일본인의 定住가 구체적으로 약정되었고 이에 따라 거류지 문제의 협의가 진행되었으며 (2)에서는 釜山에 있어서 일본인의 步行里程十里가 規裁되고 東萊府中에는 임의로 출입하여 통상할 수 있게 되었으며 (3)에서는 조선인

을 고용하는 것이 허가되었으니, 이는 개항초기의 通商交易에 필요불가
결의 일이고 보행제한의 조치를 극복할 수 있는 길이요, 일본인의 內地
行商을 보조하는 역할을 하게 된 것이다. (4)는 墓地權은 釜山 등 개항
지에 정착성을 한층 더 뒷받침한 것이지만 부산의 경우는 露國의 伏兵
山租借를 제지하는 데 이용되기도 하였다.

(5)에 있어서는 일본화폐의 사용권이다. 이는 일본이 한국을 同一 시
장화하고자 한 데 목적이 있겠고 일본인에 의한 한국물화의 취득을 더욱
용이하게 행하기 위한 조치였다.

(6)은 조선관원의 일본물화유통에 대한 간섭을 배제하기 위한 조치이
다.

(7)은 이 조약에서 미비한 것, 추후에 야기되는 사태를 미리 예측하고
이에 대비하는 조치였다.

그리고 貿易規則十一則은 上記의 무역관계를 좀더 구체화하여 보충
한 것인데 이를 보면 다음과 같다.

(1) 日本政府에 屬하는 諸船舶은 港稅를 納付하지 않는다(商船의 경
우는 支拂).
(2) 朝鮮政府가 人民의 諸物品을 不開港場의 口岸에 運輸하려고 할
時에는 日本商船을 雇用할 수 있다. 雇主가 萬若에 人民인 경우는
朝鮮政府의 免狀을 對照하여 雇使하여야 한다(第八則).
(3) 兩國이 現在 定한바 있는 規則은 兩國 商民의 貿易現況에 따라 各
委員이 事情을 酌量하여 商議改正할 수 있으니 兩國委員은 各各調
印하여 卽日로 遵守시킨다.

이 규칙에서는 일본상선의 수출입의 수속의 절차, 조선관리의 商品臨
檢, 日本商船의 入港噸稅, 阿片輸入禁止 등을 규정하고 아울러 (1)에
있어서는 일본정부 소속 선박에 대해서는 港稅를 지불하지 않아도 좋겠
금 되어 있고 (2)에서는 일본상선이 한국내 어디든지 자유로 출입할 수

있게 한 것이다. 그런데 통상조약에 꼭 규정되어야 할 관세문제가 논의
되고 있지 않다.

그것은 당초 그들 일본정부가 한국측에 무관세로 교섭할 것을 예정하
고 있었던 것이다.

이 通商條約 체결을 위해 渡鮮하는 일본대표 宮本小一에게 일본정부
가 내린 訓令을 보면[34] "輸出入은 모두 無稅로 하되 만일 朝鮮側이 굳
이 反對할 때에는 一律的으로 從價五分까지는 양보해도 좋다"는 것이
었다. 從價 五分의 課稅라는 것은 일본이 당초 歐美로부터 강요 당하여
맺은 불평등조약에서 결정된 것으로 일본이 수입하는 어떠한 상품이라
도 從價五分밖에 課稅할 수 없었다. 일본으로 보아서는 지극히 불리할
것으로 간주되고 있었던 것이다. 그럼에도 불구하고 그들은 이를 한국에
강요하였던 것이다.

당시 우리 위정자들은 관세에 대해 상식이 없었고 따라서 조선측은
無關稅를 그대로 동의하였던 것이다. 이는 통상조약에는 규정되지 않았
으나 1876년 8월 24일 修好條規附屬往復文書에

> 我(日本)人民이 貴國으로 輸送하는 각 物件은 我海關에서 輸出稅를
> 賦課하지 아니하고, 貴國으로부터 我(日本)內地에 輸入하는 物産도 數
> 年은 我海關에서 輸入稅를 賦課하지 않기로 內議로 決定하다.[35]

라 되어 있다. 이 附屬文書는 조약과 동일한 효력을 갖는 것으로써 무관
세는 修好條規附錄 및 貿易規則과 함께 시행되었던 것이다. 그 후 조선
정부가 무관세 규정은 他外國에 관례 없는 부당한 것임을 알자 1878년 9
월에 이 문제를 제기하였으나 일본은 무력행사까지 감행하며 중지된 바
도 있으며[36] 그 후 1881년에 일본에 파견되었던 紳士遊覽團도 일본의

---

34) 田保橋潔, 앞의 책, 643쪽.
35) 田保橋潔, 위의 책, 648쪽.
36) 田保橋潔, 위의 책, 648쪽.

招聘外交에 弄絡 당하여 한국에 불리한 通商新約을 회의 정립함으로써
己造金銀幣 米造金銀類 常用衣類는 航海隨身自用之物로서 售賣品이
아니라는 명목으로 모두 免稅物로 간주되고 米·麥·大豆는 無條件無
稅라는 進國細則이 기초되었던 것이다.[37] 그 후 이 無關稅는 1883년 7
월 25일 韓日通商章程及細則 체결시 7년만에 어느 정도 稅權이 회복되
었다. 그러나 이 海關細則에 보면[38]

> 輸入은 八種으로 區分하고 藥材及 日本人의 生活에 必要한 食料·
> 日用雜貨 家具는 從價稅 一〇〇分五, 洋酒·時計·裝飾品·寶石類는
> 從價 一〇〇分二五乃至三〇, 一般의 商品은 從價稅 一〇〇分八과 一〇〇
> 分一〇을 規定하였다. 免稅品은 貨幣·金銀地金·旅客携帶品·農具
> ·學術에 關한 器具이다. 다음 輸出稅는 原則으로 從價 一〇〇五分, 貨
> 幣·金銀·地金·砂金을 免除로 規定하였다.

고 하고 있어 역시 일본이 韓國物貨의 輸入에서 渴望하던 수입품의 大
宗인 金·銀은 역시 免除하고 있다.
　한편 이 조규에서는 最惠國待遇도 승인되고 있다.
　그 외에도 그 간 조일간에는 商議에 새로운 문제가 야기될 때마다 일
본은 침략적인 요구를 강요 체결하기도 하였다.
　어쨌든 일본은 1883年 7月까지 治外法權을 위시하여 內地旅行權, 일
본화폐의 通用, 無關稅 規定 등으로 近世西歐 重商主義時代의 手法을

---

37)「通商新約(辛巳信行時)」, 서울大中央圖書館所藏古圖書. 여기에 의하면 條款
　　序頭에 大朝鮮某官 大日本國某官 各奉委任 合同會議 訂立各條列於左라 하
　　여 第1款에서 第2款에 미치고 있으며 다음과 같은 大朝鮮國海關稅則이 附記
　　되어 있다.
　　進國稅則
　　第一類 己造金銀幣 末造金銀類 常用衣具類 凡爲航海隨身自用之物 非售賣件
　　皆免稅(韓沽劤, 앞의 책, 45쪽에서 인용).
38) 田保橋潔, 위의 책, 648쪽.

이 땅에서 행사하여 이 나라의 經濟秩序의 破壞을 敢行했던 것이다.

3. 釜山居留地를 중심한 유통구조

釜山 개항 후의 商業貿易은 거류지를 거점으로 행해졌다.

1) 開港場交易

개항초 일본상인과 거래함에 있어서 독점적 지위를 갖고 있던 것은 客主였다. 그들은 비교적 풍부한 자본을 갖고 官權을 배경으로 유통망을 장악하고 있었으며, 또 物貨의 집산지에서 都賣(都買)行爲, 委託行爲, 委託販賣, 受託買業을 행하는 한편, 宿泊・倉庫・高利貸業을 兼하고 있었다.

특히 개항장의 客主는 일본상인과 직접 거래했던 자로서, 종래부터 상업에 종사하던 倭商(倭舘을 상대로 한 商人)과 개항 이후에 이곳에 나타난 각지의 客主 및 他 개항장의 客主 등이었다. 그 외 개항장에는 開城商人등의 私商들도 역시 商去來에 干與하고 있었다.

개항 당시(1885년까지) 이곳 부산개항장에는 몇 명의 客主나 私商 등이 있었는지 구체적으로 알 수는 없으나 1889년 당시의 기록에 의하면 釜山港 客主數는 44名이고[39] 부산을 중심으로 한 지역의 客主數는 160명 정도였다고 하고 있다.[40]

이 客主는 각지에서 운반되는 물화를 두고 物主인 各地商人들과 居留地 일본상인 사이에서 物貨賣買를 周旋하여 수수료인 口錢을 취하였던 것이며, 상거래를 독점하였던 것이다.

---

39) 『慶尙道關草』第3冊, 乙丑 6月23日 東萊府報 ; 韓㳂劤, 앞의 책, 174쪽 인용.
40) 日案 第16號 大日本代理公使近藤照會, 明治 26년(1893) 7月 9日一庚寅 5月23日.

이는 1876년 8월 修好條約附錄 체결시 일본의 宮本 대표가 한국측 대표 趙寅熙에게 제출한 다음의 書에도 볼 수 있다.[41]

從前貴國准行貿易者 限爲數名 除商譚都中及經允商民之外 他人不得復行之 嗣後宜寬裕使人人得行之 且或限制數量 或甲 止販某貨 不得買某物等 其所爲類似權酷 宜阻絶莫復行.

즉 "從前 貴國에 있어서는 通商을 准行하는 者를 數名으로 한정하였고, 商譚(都中配屬의 通譯)都中 및 許可를 얻은 人民 외에는 通商하지 못한다."

그러면 당시 어떠한 유통경로로 하여 물화가 집중되었던가? 대표적인 형태는 定期市였다.

朝鮮朝 말기부터 이 부산을 중심한 외곽 농촌에 있던 定期市를 들면 다음과 같다.[42]

東萊(釜山包含) : 邑內場 · 左水營場 · 釜山場 · 禿旨場
梁山 : 邑場 · 黃山場 · 龍塘場 · 甘同場
彦陽 : 邑內場 · 柳木停場
金海 : 邑場 · 雪倉場 · 省法場 · 新門場 · 盤松場
昌原 : 邑場 · 自如場 · 馬山場 · 完巖場 · 新村場 · 安民場 · 毛三場 · 江漁場
機張 : (記錄을 찾지 못하였음)

그 외 전국적으로는 약 1,000여 개의 定期市가 있었다.

---

41) 「修好幷貿易書及韓日條約輯」, 釜山市立圖書館所藏. 이 글에 있는 都中 及 經允商民은 客主, 旅客 등을 지칭한 것 같다.
42) 『慶尙南道輿地集成』, 慶尙南道誌編纂委員會刊, 1963 ; 『東萊邑誌』, 『梁山郡邑誌』, 『彦陽縣邑誌』, 『金海邑誌』, 『昌原大都護府誌』 참조 인용. 機張縣은 邑誌에 場市가 기록되어 있지 않음.

이 시장에는 역시 그 지방의 客主가 定住하여 유통의 중심이 되어 있었고 委託販賣와 수집도 행하고 있었다. 여기에 仲買商人들이 수입품이나, 화폐로써 이 시장에 나아가 그 곳 客主와 거래하고 또 위탁하여 物貨를 매입하여 거류지의 客主에 委託되어 일본상인에게 매도되었던 것이다.

한편 일본상인이 직접 한국인을 고용하여 물화의 買集도 할 수 있었다. 이는 修好條規附錄 4款에 입각하고 있다. 그리고 일본상인이 직접 농민에서 물화를 매입하는 경우도 있었다.

이상과 같은 일반적인 搬出經路는 産地의 客主→ 仲買人→ 開港場 客主→ 居留地 일본상인[43]의 형태였다. 이는 일본상품의 판매경로 유통과정이기도 하였다.

1880년 12월말 현재의 거류민의 職業調査에서 이 貿易仲買商數를 보면 다음과 같다.[44]

專業兼業 戶數		專業兼業 戶數	
·貿易商	34	·仲買	152
·船間屋兼貿易	2	·小賣雜貨兼仲買	3
·仲買兼貿易	3	·質屋兼仲買	3
·小賣雜貨兼貿易	4	飮食店兼仲買	3
·小賣兼貿易	2	旅籠業兼仲買	1
仲買兼小賣	8	仲買兼雜業	1
小賣雜商	34	·小賣兼雜業	1
小賣業旅籠屋	1	質屋	4
國立銀行	2	料理屋	15
海濱會社	1	飮食店	13
船間屋	3	旅舘兼飮食店	1
·貿易兼仲買	5	椎	11
		諸工	43
		計 248戶	

43) 吉野誠,「朝鮮開國의 穀物輸入에 대하여」,『朝鮮史硏究論文集』, 1975, 41쪽.
44) 앞의『釜山府史原稿』第5號, 160쪽.

위의 실태에서 보면 248戶의 일본거류자 중 직접 商業貿易에 종사하지 않은 旅舘 料理店 飮食店 銀行 船問屋[船舶業 海潰會社 質屋(典當鋪)]을 제외한 상업 무역에 종사한 戶數는 159호이다. 이중 무역에 종사한 것(兼業 包含)은 50戶이고 仲買人(兼職包含)은 170戶에 亘하고 있으며 小賣雜業(兼職包含)은 50戶이다.

이것을 볼 때 1880년 당시의 상업구조는 무역이 주된 것이었고 小賣店에 의한 일본상품의 판매형태는 거의 행하고 있지 않고 있음을 알 수 있는 동시에 仲買業에 종사하는 수가 현저히 많은 것은 일본상품 내지 韓國物貨가 그들의 손으로 통해 일본무역상으로 유출된 유통과정의 특색을 단적으로 시사하고 있다.

한편 旅舘 遊廓 料理店이 많이 생기고 있다. 『釜山通交史』에 의하면[45] 1877년에 松井旅舘(問屋業兼船宿) 大池旅舘이 설립되고 있으며 요리점은 1883년에 東京亭이 開店되고 1885년에는 大小 18戶가 개점되고 있었다고 한다. 이는 역시 중매업이 성하고 거류자 아닌 상인선원의 출입이 많았다는 것을 뜻하고 있다. 이와 같은 것을 종합하여 볼 때 1885년까지의 居留地貿易은 한국의 客主, 私商 등과 일본상인 간에 행해지는 교역형태임을 알 수 있다.

그리고 이 시기에 있어서 제조업이 거의 없는 것은 일본의 경제발전단계에 비추어 발달하지 못하였음은 상식적인 일이지만 역시 『釜山通交史』工業編의 제조 업종 및 공장명을 조사해 보아도[46] 1885년 전까지는 釀造工場(1883年 今西酒造場, 1886年에 山本醬油釀造場) 1개밖에 없다. 그러니 이것은 居留地 일본인에게 소비되는 것이고 한국과는 관계되지 않는 것이다.

2) 內地交易

---

45) 『釜山通交史』, 323쪽.
46) 앞의 『釜山通交史』, 288쪽.

주로 居留地의 客主와 일본상인 간에 거류지에서 거래하던 상업형태에서 일본상인 스스로 內陸地方에 행상하여 그곳 客主, 商民과 物貨를 거래하는 형태로 발전해 갔다.

1876년 7월 6일의 朝日修好條規附錄 第4款에 의해 당초의 일본인 보행의 범위는 釜山埠頭에서 起算하여 東·西·南·北 朝鮮里法으로 10里로 제한되고 東萊府中만은 자유로 왕래할 수 있으며 여기서는 隨意로 토산물이나 일본산물을 매매할 수 있도록 되어 있었다. 이 좁은 범위에서만 활동을 허용받고 있던 그들은 1883년 7월 25일 議訂朝鮮國間行里程約條에 의해 보행 구간이 확대되어 東은 機張, 西는 金海, 南은 鳴湖, 北은 梁山에 이르고 다시 1884년 11월 29일에는 上記 里程約條附錄이 약정되고 이에 따라 보행 구간은 동은 南倉, 서는 昌原, 馬山浦, 三浪津, 북은 彦陽, 남은 天城島(加德)까지 확대되었다. 그리고 1885년 약정된 朝鮮國內地旅行取締規則에 의해 일본인은 허가를 받고 국내 각지에도 자유로이 여행할 수 있게 되었다.

그 결과 100리 내의 行商도 점차 성해졌다고 믿어진다. 그러나 1885년도 당시 어느 정도의 行商交易이 행해졌는지는 확실히는 알 수 없다.

約條가 체결되기 전부터 그들의 각내지 密行密輸가 행해졌다는 것은 다음 사실에 미루어 짐작할 수 있겠다. 즉 統記에 의하면 "朝鮮政府는 1884年 7月 이들 일본인의 未通商海口의 船貨湊集의 地名과 각기 그 情形을 勘驗馳啓케 하였다"[47]고 하며 또 "昌原·金海·密陽 등 沿江浦口에 미쳤다"[48]고 하고 있으며 1884년 11월 釜山港牒報에 의하면 "釜山港 碇泊 중의 日本飛船 1隻 商人 2名이 物貨를 싣고 統營 晋州등지에 向發하였다"[49]는 것은 이를 알려주고 있다.

47) 統記 第3冊, 高宗 21年 8月 20日條.
48) 統記 第3冊, 高宗 21年 9月 26日條.
49) 統記 第3冊, 高宗 21年 11月 8日條, "前略 本年十月初六日 本港留日本飛船一隻 商賈二人 將物貨 發向統營晋州等地 査章程 第三十三款 有不通商口密行賣買 或希圖密行賣買者 商貨入官 罰船長五十萬文等語 請飭知貴國釜山領事

그 외에 各地에서 일본인과의 韓國住民과 충돌이 발생하였다는 것으로도 짐작이 간다. 즉 "1884年 11月 金海에서는 韓國人이 일본인 商家에 持劍突入하여 男女 2名을 刺傷하였다"[50]고 하고 또 1885년 9월 東萊府使의 보고에 의하면 "本港에서는 通商 以後로 일본인의 行路行旅에 임의로 往來하며 鬪鬨·竊發의 弊가 許久하며 破殯偸死 割生入頭의 殘酷相을 빚어낸다"[51]는 사례가 있다고 하였다.

이와 같이 그들이 內地行商을 도모하였다는 것은 개항장에서 客主와의 거래에서 보다 産地 物貨가 低廉했다는데 있었던 것이니 지리나 그 외 諸種의 장해가 있음에도 불구하고 이를 감행했던 것이다. 따라서 내지에서의 활동의 범위가 확대되면서부터 더욱 한국의 都賈制度[52]에 대한 是非가 가일층 야기되었던 것이 아닌가 싶다.

한편 1882년 이후 한국은 구미제국 및 중국과 통상관계를 맺게 되고 여기에 그들의 仲繼交易은 크게 위협을 받게 되었다. 특히 한국정부의 뒷받침을 받는 淸商人은 그들에게는 위협이었다.

淸商의 활동이 仁川·元山의 경우보다 미약했다는 釜山에도 1883년 11월경에는 淸商人이 정착하게 되었고[53] 또 1884년에는 釜山·元山·仁川港에 청국의 거류지가 역시 설정되고 理事府가 설치되었다.[54] 여기에 그들은 淸商에 대한 견제책과 함께 지금까지의 일본상인의 重商主義的 收奪交易에 대한 검토, 상인들에 대한 통제가 강화되었던 것이다.

이상과 같은 유통구조에 지대한 위치를 점하고 일본상인의 경제활동을 뒷받침한 것은 日本領事舘商業會議所였다. 특히 개항후 행상의 步行里呈이 제한되고 있을 당시에는 더욱 그 영사관의 뒷받침이 컸다. 그들

舘 査覈照章辨理事".

50) 『統記』第2冊, 高宗 21年 1月 6日條 및 『日省錄』高宗 21年 閏5月 3日條.
51) 『統記』第7冊, 高宗 22年 9月 3日條.
52) 韓㳓劤, 앞의 책, 172~185쪽.
53) 『釜山府史原稿』第5號, 249쪽.
54) 『釜山府史原稿』第5號, 918쪽.

은 內地旅行權을 갖고 있었기 때문에 시장에 관한 정보제공처였기도 하였다. 그리고 일본정부의 경제정책의 자료를 수집하는 기관이었기도 하였다.

그것은 上述한 바 있는 영사의 직무에 명시되어 있지만 그 구체적 사례를 들면, 1881년 8월 伴接官 洪祐昌은 日本管理官의 행적에 관하여 다음과 같이 말하고 있다.[55]

管理官은 公事行次 밖에도 그들의 遊賞이라고 일컬어 혹은 10名 혹은 7, 8名이 成群作黨하여 빈번히 城府안을 往來한다. 그 行路가 三十里쯤 되는데 그 사이에 商女 饌婦는 만나기만 하면 놀라 蒼黃히 피해 달아나고……

이에 의하여 管理官이 調査次 출타하였음을 알 수 있거니와 또 1877년 11월 10일에는 草梁公舘員 山之城一行은 전라도 진도까지 조사차 나아가고 있다.[56]

이들의 선밀한 시장조사에서 나온 대응책 건의안은 그들이 본국에 보고한 기록에도 많이 수록되어 있다. 그리고 그들의 居留商民에 대한 구체적 지시사항도 또한 많다.(下記 商人活動 參照)

그리고 상업활동의 중추적 기관은 개항 직후부터 갖고 있었지만 1879년에는 釜山商業會議所가 설립되고 있다. 이는 일본국내 東京 大阪 商業會議所가 설치된 1년 후에 개설된 것으로 그 목적한 바는 "韓日貿易에 關한 一切의 利害得失을 商議하고 또 貿易商 官廳의 諮問에 應答하고 兼하여 物品陳列所를 管理"하고 있으며 그 회원은 在港貿易業者・銀行業・海運業・問屋商(仲買商)의 四營業者로써 조직하고 있다. 1885년 2월에는 조직을 개편하고 일반 在港商人도 회원을 삼고 있다. 그리고 기구에는 內外狀況調査委員, 輸出入物品調査委員 등을 두고 있다.[57]

55) 『日省錄』 第172冊, 高宗 12年 10月 27日 28日條.
56) 『同文彙考附篇』. 이는 開港地 探索이 主目的이었다.

이 기관은 일본인이 한국 경제시장을 침투해 가는데 지대한 역할을 다했던 것이다.

4. 日本商民의 교역실태

1) 不平等 교역

전술한 바와 같이 개항 직후 부산항에 있어서 일본상인들의 활동은 治外法權을 빙자하여 위협·공갈·폭행으로 무역에 종사하여 한국에 대한 경제적 침략을 자행하였으니 그 실태를 보기로 한다.

당시 우리나라는 교통·운수기술 등의 미발달로 각 시장권에 있어서 가격조직이 달라 제상품의 교환비례가 비등가적이었고, 도량형도 통일되지 못한 실정이었다. 따라서 이 같은 상황은 日本商民들에게는 이윤추구에 가장 호조건이 되어 그들은 물화의 구입 및 판매시에 商略的이고 기만적인 수법으로 폭리를 취하였다.

일본인 香川源太郞이 저술한 「韓國案內」에는 釜山에 있어서의 이 같은 실태를

當時에 있어서 貿易市場의 狀況은 如何하였는가를 보면, 市場에는 一定한 秩序가 없고 物價의 標準도 없었다. 假令 甲家에서 購入한 大豆 一俵가 四斗 八昇인데 乙家에서 購入한 경우에는 一俵가 五斗 二昇이 되기도 하고, 더욱이 그 價格은 同一함과 같은 奇現象을 나타내기까지 하였다. 度量衡이 統一되지 못하고 物價의 標準이 없음을 奇貨로 삼아 狡猾한 日本商人들은 갓가지 手段을 써서 暴利를 보고, 심한 경우에는 物品을 交易할 때에 大小 두개의 桝(되)를 갖고 팔 때에는 容積이 적은 되를 사용하는 者도 있었다.……모든 交易上에 있어서의 實態가 이와 같았기 때문에 我商人은 暴利를 貪하는 것도 實로 容易한

---

57) 『釜山通交史』, 277쪽.

일이었다.

고 하여 물가의 표준이 없고 도량형이 통일되지 못하였음을 기화로 暴利를 취하는 日商들의 간교한 거래방법을 말하고 있으며 또 그는 계속하여,

　　本邦人(日本人) 相互間에 競爭이 일어나고 그 競爭의 結果, 드디어
　　는 同胞의 非行을 살펴 韓國人에게 告하고 他人의 營業에 障碍를 주
　　어, 自己 個人의 信用을 넓히려고 企圖한 나머지 서로 他人의 缺点을
　　偵探하고 서로 으르렁대는 奇態를 보였다.58)

고 하였다.

　이와 같은 약탈적 수법에 의한 상거래가 심해지자 1879년 2월 19일에 釜山駐在日本管理廳은 奸商人取締令을 발표하니 일본거류민과 한국상인 간의 상거래에 있어서 紛擾가 생길때는 그 情狀 여하를 불문하고 退官 處分한다는 것을 示達하였고 또 일본인 상호간의 경쟁에 대해서도 반성을 촉구하고 앞으로 엄중히 取締할 것을 거류민들에게 令達하고 있다.59) 日本管理廳에 의하여 이 같은 조치가 취해지지 않을 수 없었던 것은 그만큼 일본상인들의 作弊가 심하였음을 실증하는 것이라 하겠다.

　일본인들은 이 같은 수법으로 한국상인들로부터 米·豆등 곡물과 牛皮·地金 등의 物貨를 구입하여 본국으로 搬出轉賣하는 한편 자본주의적 공장제품인 綿製品·日用雜貨 등을 한국인에게 팔아 막대한 이윤을 올려 자본을 축적하여 갔다.

　고종 15년(1878) 5월에 부산항의 실태를 보고한 暗行御史의 狀啓에 의하면

---

58) 香川源太郎,「韓國案內」, 東京 : 靑木崇山堂, 明治 35年, 332~333쪽.
59)『釜山府史原稿』第6號, 釜山市立圖書館藏, 174쪽.

見今倭人所住處 爲六十餘戶 新建爲 十五六戶 女倭來接 爲四五十
口 近來彼人 無常出入 我商相屬往來 其技巧眩眼之交易 專以換取我
物爲主 我物則米穀·牛隻·皮革·鐵鼎利用厚生之資 豈可以我有用
彼無益乎.60)

라 하여 우리나라의 수출품이 주로 利用厚生之資임과 또한 양국의 교역
에 있어서 한국으로부터의 수출무역이 주였음을 말하고 있다.

이는 韓國物産은 대부분이 농산물 등 원료품으로 영업에 위험이 적고
또 이득이 많았기 때문에 일본인이면 누구나 경쟁적으로 이에 종사하고
드디어 在韓일본상인으로서 專業者가 되지 않은 자가 없을 정도로 되었
으며 위험이 적은 영업이기에 금융의 지원도 쉽게 얻을 수 있었고 은행
또한 이들에게 12分의 편의를 주었기 때문이다.

이런 실태를 일본인의 『韓國産業視察報告書』에서

日韓交易에 從事하는 在韓邦人은 日本商品을 韓人에게 賣渡하여
얻은 利益으로 生活한다기보다는 오히려 日本貨物의 賣却으로 얻은
利益에다 自己의 資金을 더하여 韓國産物品을 購入하여 그것을 日本
에 轉賣하여 얻은 利益으로 생활하여 가는 것이다.61)

라 한 바 같이 그들은 주로 韓國物産을 일본에 轉賣하여 暴利를 얻었으
니 이에 대하여서는 개항 직후 부산에 건너와 釜山開港事務處理에 종사
한 바 있는 石幡貞은 『朝鮮歸好餘錄』에서

일찍이 듣는 바에 의하면 我(日本) 物品價格 100圓하는 것을 가지고
그들(朝鮮)의 砂金 및 牛皮·海草 등과 바꾸어 大阪에 轉送하면 때로
는 300圓이 된다.62)

---

60) 『備邊司謄錄』第259冊, 高宗 15年 7月 19日 條.
61) 谷崎新五郎, 『韓國産業視察報告書』, 大阪 : 商工會議所, 明治 37年, 30쪽.
62) 石幡貞, 『朝鮮歸好餘錄』卷之一, 1878(明治 11), "釜山百詠 互欺規利條 曾聞

고 하였고 또 姜德相은 그의 논문에서 일본인들은 韓國米를 1石에 대하여 40錢 내지 45錢이라는 廉價로 구입하여 그것을 日本大阪市場에서 6圓~8圓으로 팔아 巨利를 얻는다63)고 하였다.

한편 수입품의 경우를 보면 1877년 7월 1일부터 1882년 6월 30일까지 5개년간에 한국에 대한 일본으로부터의 수입총액은 4,603,437원으로, 그중 일본제 상품은 11.7%에 불과하고 대부분은 英國製 상품을 주로 한 외국상품이었다.64)

즉 일본의 對韓國輸出貿易은 先進資本主義國家의 상품을 중계무역하는 중간상인적 성격을 띠고 있었다. 더구나 11.7%에 불과한 일본제상품은 조잡하기 짝이 없었고 한국인의 수요를 고려하여 제작한 물건이 아닌 그들의 賣殘品을 들여오기까지 하였다. 日人의 보고에 의하면

　　釜山에서 購入한 남비(鍋)의 琺瑯이 단 한번의 使用에 完全히 베껴져버려, 화가 나서 버릴려고 남비를 들자 손잡이가 떨어져 버렸다. 더욱이 그 粗雜品에는 韓人의 需用을 생각해서 特別히 만든 것이 아니고, 大部分이 本邦人(日本人)의 使用에 不適當한 賣殘品이었다.65)

고 말하고 있으며 또

　　니켈時計에 金멕키를 칠하여 팔아먹거나 廢物이 되어 있는 機械를 讓渡한다든지 이 같은 例는 대단히 많았음으로, 韓人은 점차로 속았다는 것을 깨닫게 되어 한 사람에 전하고 두 사람에 전하여 누가 말한다는 것도 아니게 日本人은 만만하게 信用할 수 없는 놈들이라는 感情을 품게 되었다.66)

以我物品價百圓者 貿彼沙金及海草等物 轉送諸大阪 則時或抵三百圓".
63) 姜德相, 「李氏朝鮮 開港直後에 있어서의 朝日貿易의 展開」, 『歷史學硏究』 265號, 1962에서 '輸出入品目의 分析과 貿易構造'.
64) 露國大藏省編, 『韓國誌』, 東京 : 農商務省山林局, 明治 38年, 113~115쪽.
65) 谷崎新五郎, 『韓國産業視察報告書』, 大阪商業會議所, 明治 37年, 38쪽.

고 하였다.

이 같은 일본상인들의 약탈적이었던 교역의 실태는 개항 전후의 釜山港 무역통계를 보면 더욱 명백하여진다. 개항전 부산왜관에서 극히 제한된 범위내에서 이뤄졌던 한일무역액은 <표 3>[67]과 같다.

즉 수출입 총액이 10만원을 다소 초과하는 정도였던 것이 개항후 급속도로 증가되기 시작하였다. '롱포오드'가 日本稅關의 韓·日貿易報告書에서 발췌한 통계에 의하면 다음 <표 4>와 같다.[68]

釜山에 이어 두 번째로 원산항이 개항된 것이 1880년 4월이었으니 위 표에서 79년도까지의 통계는 부산항의 수출입총액이라 할 수 있겠다. 이와 같이 부산항의 무역은 해마다 급증하여 갔던 것이다.

<표 3> 韓日貿易額

年度	輸 出 額	輸 入 額
1873年	52,383圓	59,664圓
1874年	55,935圓	57,522圓
1875年	59,787圓	68,930圓
1876年	82,572圓	81,374圓

<표 4> 韓日貿易額

年度	輸 入	輸 出	合 計
1877. 7. 1~78. 6. 30	228,554圓	119,538圓	348,092圓
1878. 7. 1~78. 12. 31	142,618圓	154,707圓	297,325圓
1879	566,953圓	677,061圓	1,244,014圓
1880	978,013圓	1,373,671圓	2,351,684圓
1881	1,944,731圓	1,882,657圓	3,827,394圓

참고로 개항후 9년째인 1885년도의 釜山貿易總額 및 무역품의 내용을 보면 다음과 같다.[69]

---

66) 東邦協會 編纂, 『朝鮮彙報』, 東京 : 明治 26年, 175쪽.
67) 위의 『韓國誌』, 110쪽.
68) 『韓國誌』, 112~113쪽.

輸入總額	386,946圓	輸出總額	485,043圓
重要品目		重要品目	
金　布	233,320圓	金	143,870圓
寒冷紗	39,931圓	牛　皮	130,467圓
甲斐絹	7,777圓	大　豆	38,394圓
白　銅	7,249圓	米	19,855圓
丁　銅	3,804圓	煎海鼠	15,641圓
荒　銅	3,759圓	布海苔	10,206圓

　　한편 부산의 일본상인들은 일본정부의 국가적 보호 아래 이루어진 거류지에서의 정상적인 교역을 통해서 뿐만 아니라 私貿易(密貿易)도 공공연히 행하여 큰 이득을 보았다.

　　개항후 일찍이 부산에 와서 巨富가 된 일본인 大池忠助는 당시의 상황을 회고하여 다음과 같이 말하고 있다.

　　……自己도 1876年부터 公貿易人으로 허락을 받았으나 自己의 돈벌이는 낮에는 할 수 없었으므로 모두 밤에 하였다. 이를 私貿易(密貿易)이라 하는데 居留地官吏들은 모르는 체하여 公公然한 秘密의 形態로 행해지고 朝鮮官憲들도 별로히 꾸짖지 아니하였으나, 如何튼 暗暗裡에 하지 않을 수 없었다. 그런데 이 私貿易은 20割 내지 30割의 利益이 올랐으므로 고되기는 하였으나 자는 것도 잊어버리고 하였다. 쌀 그 밖의 物品을 가져오는 朝鮮人도 실은 禁止하는 것을 무릅쓰고 오는 것이었다. 私貿易人인 日本人이 많은 利得을 보고 있는 것을 모르고 있는 것은 아니었다. 또 이들을 무마하여 두어야 할 商業上의 必要가 있었으므로 때때로 돈을 빌려주지 않으면 안되었다. 돈을 빌려주면 갚으려 하지 아니하므로 不得已 밤을 이용하여 草梁・釜山津 方面으로 回收督促을 위해 나간다. 개(犬)는 콩콩 짖고 四方・八方으로부터 돌이 날아와 많은 혹이 생겨 흉한 꼴로 도망쳐오는 일이 한 두 번이 아니었다.[70]

---

69) 『釜山府史原稿』 第6號, 229쪽.
70) 釜山府編, 「大池忠助翁의 옛 이야기」, 『釜山』(釜山開港50年記念特輯號), 1926년 참조.

즉 밀무역과 고리대업을 통하여 致富하였음을 말하고 있다.

밀무역의 방법은 주로 야간을 이용하여 거류지 밖에서나 각자의 문전에서 대기하고 있다가 한국인이 갖고 오는 米·大豆등 物貨를 거래하거나, 부산항 내에 정박 중인 선박내에서 이뤄졌다.[71]

이 같은 밀무역은 단속에도 불구하고 성행하기만 하였다.[72]

더욱이 앞에서 본 바와 같이 개항후 부산에 거류하는 일본인들은 紳商들이 아니었고 무식하며 질이 좋지 못한 영세상인들이었으니, 상도덕이나 상업적 신용 등이 있을 수 없었다. 그들은 국가권력의 배경하에서 백주 대로상에서 총기를 난사하기도 하고, 심지어는 경찰행세를 하는 등[73] 횡포를 일삼고 약탈적인 교역을 전개하였던 것이다.

다음으로 개항 직후인 1877년경에 사용된 우리 상인과 일본상인 간의 商品去來契約樣式을 중심[74]으로 그 거래의 구체적인 내용을 살펴 보기로 한다.

물물교환방식을 取하여 거래할 때는 일본상인과 부산항 지정상인 간에는 다음과 같은 계약서를 작성하였다.

約 條
朝鮮國何某 與日本國何某 互議立物品交換約條 如左
第一條
一. 朝鮮國何某 於日本曆何月何日 卽朝鮮曆何月何日 可將左開物品 盡數遞付於日本國何某
牛皮 何百張 每一斤定價韓錢六十文
沙金 何百兩 每十錢定價韓錢九貫文
第二條

---

71)『釜山府史原稿』第6號, 184쪽.
72)『備邊司謄錄』第259冊, 高宗 15年 7月 19日條, "遠近牟刊之輩 轉相交易 甚至 有憑籍公貿 而乃於昨冬以來 彼旣執言 潛貿我穀 禁止不得 云云".
73)『釜山府史原稿』第6號, 140쪽.
74) 釜山市立圖書舘藏,「新約後管理官與東萊府使約條草」에 例示된 것임.

一. 日本國何某　既接受前件物品　隨卽可將左開物品　盡數遞付於朝
鮮國何某

日本米　何百俵　每壹俵　日本樑　三斗三升三合三勺　此定價　韓錢　壹貫
二百文

西洋木　何百本　每壹本　日本尺長何丈何尺巾　此定價　韓錢　貳貫文
第三條

一. 此約確定　俱遵守　不可毫有違　若有愆期一日以上者　須納總價十
一　變約者　納三一　是爲罰金
第四條

一. 日本國何某所販物品　以海路輸送　風波不虞　如或遭有　海嘯颱風
等　貨船覆沒　若避危占港　差退日期　有確據者　不出罰金

右　相互捺印　各換一通爲證

　　　　　　日本曆 明治　　年　　　月　　　　日
　　　　　　　　朝鮮國　釜山港 在留
　　　　　　　　日本國　地名商
　　　　　　　　　　姓名　　　　　　　　　　㊞
　　　　　朝鮮曆　　　　年　　　月　　　日
　　　　　　　　朝鮮國　東萊府 所轄
　　　　　　　　地名
　　　　　　　　　　姓名　　　　　　　　　　㊞

즉 계약서에는 교역품목과 그 수량·가격 및 계약위반 시에 관한 벌
칙등을 기재하고 쌍방이 날인하여 각각 한 통씩 갖도록 하였다. 이때 가
격 책정에 있어서 변동하는 국제시세에 어두웠고 수량계산에 밝지 못하
였던 한국상인들이 狡猾한 일본상인들에게 속은 것은 자명한 일이라고
하겠다.

당시 거래에 있어서는 현금불과 延拂의 두 종류가 있었다. 延拂이란
외상거래 형식으로 物貨를 한국상인에게 先貸하는 경우를 말한다. 일본
상인과의 거래가 現金拂로서 성립될 때는 별문제이나 연불거래에 있어

서는 더욱 문제는 심각하였다. 이런 경우는 한국상인과 보증인이 연서한 다음과 같은 借品證을 받았다.

借品證之事

一. 海黃絹　　百匹
價四百貫文
右如數恩借　確有據也　則須於某月某日　卽日本曆(某月某日)　照其價額還上　此時當計一日利子千一　併子母完償之　若有負債主延滯違限　或破産失踪等情事　則保全人辨償之　無毫缺欠債主　爲此謹簽爲憑

　　　　　朝鮮國東萊府所轄
　　　　　地名
　　　　　年　　　月　　　日
　　　　　　　　負債者 何某　　　　㊞
　　　　　　　　同地名
　　　　　　　　保全人 何某　　　　㊞

日本國　東京　商在朝鮮
　　　　嚴原

　　　　　釜山居留商
　　　　　　　　　債主 何某公　前

이에 의하면 약속된 기일에 先貸받은 價額을 상환할 때는 그 간의 이자(1일 1000분의 1)와 원금을 상환토록 하여 先貸金에 대한 이자를 計上하였고, 負債主가 채무를 이행 못할 경우에는 그 책임을 전적으로 보증인이 지도록 하였다.

뿐만 아니라, 延拂去來時에는 반드시 저당물을, 그것도 주로 토지를 담보로 잡고 물품은 先貸하였으니 채무를 이행 못했을 때의 한국상인들은 두말할 나위도 없이 탈취당하지 않으면 안되었다.

借品抵當證之事

一. 海黄絹　　百匹

此價四百貫文

　右如數恩借　確有據也　則須日本曆某月某日　朝鮮曆某月某日　照其價額還上　此時當計一日利子千一

　併子母完償之　若或愆此期　須將所有田　或畓俱必詳念(上中下地位)

何負何結　歸于債主　任意賣細　面無毫有違言

　於是係全人　連署　以證左焉

　　　　　　　　　　朝鮮國　所轄

　　　　　　　　　　地名

　　　　　　　　　　負債主　姓名　　　　　　　　　㊞

　　　　　年　　　月　　　日

　　　　　日本國　地名

　　　　　朝鮮國　釜山港居留

　　　　　　　　　　　　債主　何某公　前

그리고 貸借上 만약에 상환의 의무를 수행하지 못할 경우에 대해서는

　　대개 有力한 仲介人을 保證人으로 삼기 때문에 큰 애로는 없으나 萬
　若 借主에 대하여 返辨의 義務를 履行못 할 때는 抵當이 있으면 이를
　잡고, 無抵當일 때는 그 각 親屬에 强壓하여 償還하는 習慣이 있다.[75]

고 하였으니 族徵까지도 자행하였음을 알 수가 있다.

　또 채무가 기한내에 이뤄지지 않을 경우에는 日本管理官을 통해서 東
萊府使에 항의·최촉까지 하였다. 개항 직후에 체결된 부산에 있어서의
韓·日 양국 상인의 訴訟處理條規[76]가 바로 그것으로 이 條規는 江華

---

75) 林武一, 『朝鮮案內』, 東京：築地活版所, 明治 24年, 34쪽.

76) 이 訴訟(欺罔衒賣·貸借不償等) 處理條規는 1876年에 作成된 「新約後管理官
　與東萊府使約條草」(釜山市立圖書舘藏)에 실려있는 것으로 그 內容은 다음과
　같다.

島條約 第9款에 근거하여 작성된 것이며 치외법권적 정신에 일관되어 있어서 일본관리관의 강권이 그대로 일본상인들의 상거래를 보장하였던 것이다.

2) 換錢業

개항후 일본화폐의 유통권을 얻게된 일본상인들은 우리나라 상품시장의 미발달에 따른 화폐제도 특히 鑄貨制度의 미숙과 교환비례의 비등가적인 면을 이용하여 양국 화폐의 환전과정에서 막대한 이윤을 추구하고 한국인을 수탈하여 갔다. 일본인이 한국내에 있어서의 화폐유통권을 얻게 된 것은 개항 직후인 1876년 8월 24일에 조인된 朝・日修好條規附錄에 의한 것으로써 同條規附錄 第7款에

> 日本國人民은 日本의 諸貨幣로써 朝鮮國人民의 所有物과 交換할 수 있다. 또 朝鮮國人民은 交換하고 買得한 日本의 諸貨幣로써 日本國의 諸物貨를 買入하기 위해 朝鮮國指定의 諸人民相互에 通用할 수 있다.
> 朝鮮國의 銅貨弊는 日本國人民이 隨意로 使用하고 輸出入할 수 있으며 兩國人民으로서 敢히 私私로이 鑄錢하는 者는 각각 그 나라의 法律을 適用한다.

고 하여 개항장에서의 일본화폐의 自由通用權과 한국화폐의 일본 본국으로의 搬出權을 강제로 얻어 갔다.

이리하여 개항 이후 일본상인과의 거래는 대개 韓錢(葉錢)을 위주로

兩國商民 以欺罔衒賣 貸借不償等 交涉案件 互相訴訟者 照修好條規 第九款
旨趣 會商辨理條件 開列于左
一. 日本人民 訴朝鮮人民者 係貸借 不償等案件 可將訴帖及證票謄本 呈管理
官 管理官隨卽審問 察無差違則捺印以繳送東萊府伯 副以移文照會 府伯乃嚴
拏該逋商民 令追償債欠 若其違約口角紛結者 則解諭董督以歸于伸理辨償

하고 일본화폐와는 언제나 시세로써 교환하여 사용하게 되었다. 당시 日貨는 本位貨幣인 1원 은화가 대량으로 우리나라에 흘러들어와 개항지에서 널리 유통되었으며 우리나라에서는 肅宗때부터 여러 관서에서 분산 발행되었고 또 그때부터 전국적으로 사용되어 온 常平通寶가 주였다.

이 무렵의 외국의 本位貨幣는 金이나 銀과 같은 귀금속으로 주조되었고 일본 또한 銀本位의 화폐였는데 비하여 우리나라의 엽전은 銅과 같은 비금속으로 주조되어 가치가 적은데 비하여 부피만 크고 따라서 가치에 비하여 무게가 무거운 등 많은 불편이 따르게 마련이었다.

1892년 8월에 부산항에 왔던 일본인 漢詩家인 末廣重恭은 그의 시찰기인 『北征錄』에서

> 朝鮮에서 가장 不便을 느끼는 것은 韓錢이다. 居留地內에서는 日本貨幣로서도 괜찮았으나 地方에 나가면 韓錢을 準備하지 않으면 안된다. 우리나라의 25圓에 해당하는 韓田을 運搬하기 위해서는 한 匹의 말을 사용해야 한다. 最近 我國人이 釜山에서 陸路로 京城에 가려고 했다. 途中에 旅館이 不便하기 때문에 모기장, 이불, 蠟燭, 食器, 食品등을 運搬하기 위해 말을 必要로 했고, 새로이 세 匹의 말을 빌려 용돈과 宿泊費로 支拂할 韓錢을 운반할 준비를 하였다.[77]

고 하여 韓錢의 불편함을 말하고 있다.

또한 우리나라의 葉錢은 지방간에 있어서도 부등가적이었으니, 京城·仁川地方에서는 葉錢 1枚를 거의 5文으로써 通算하여 錢 1貫文이라고 할 때에는 葉錢 200枚에 해당하나, 釜山·木浦·元山 등지에서는 거의 1枚 1文으로 通算하였기 때문에 錢一貫文은 1000枚에 해당되는 실정으로 각 지방에 따라 계산법을 달리하였다.[78]

한편 우리나라의 화폐의 주조는 정부만이 아니고 농민들에게도 私鑄

---

77) 釜山市史編纂委員會, 『港都釜山』 第7號, 釜山 : 新興印刷所, 1969, 378쪽 인용.
78) 釜山駐在日本領事舘편, 『在釜山 日本領事舘內 慶尙道事情』, 釜山, 1905 참조.

를 허용하였던 관계로 주조권이 분열되고 惡貨, 濫鑄등이 심하여 국내의
총주조액도 파악못하였을 뿐 아니라 가격의 도량표준도 다른 등 폐해가
백출하였다.

1879년 7월 6일에 일본공사 花房義質과 講修官 洪祐昌과의 사이에
있었던 韓錢의 流通高나 농민의 私鑄造에 관한 문답을 보면 다음과 같
다.

> 花房 : 現在 貴國의 錢貨의 通貨量은 얼마나 되는가?
> 洪 : 詳細히 알 수 없다.
> 花房 : 元製造高를 알면 把握이 可能하지 않은가.
> 洪 : 政府만이 鑄造하는 것이면 分明히 알 수 있으나, 我國에서는 納稅
>   時에 百姓들에게도 鑄錢을 許容하는 일이 있다.
> 花房 : 그러나 其數에는 定額이 있지 않겠는가.
> 洪 : 數量을 定하지 않는다. 或은 1個月 或은 2個月間 鑄造를 許可하
>   는 것이다.
> 花房 : 그 1個月이란 1日의 鑄造量을 基準하여 日數를 許容하는가.
> 洪 : 分明치 않다. 元來 納稅額에 따라서 鑄錢을 許可하는 것이다.
> 花房 : 私鑄錢稅는 얼마나 되는가?
> 洪 : 百文을 鑄造하면 10文, 或은 15文의 稅를 받는다.
> 花房 : 그러면 其稅를 納付하고 鑄錢을 許可하는가.
> 洪 : 大略 그와 비슷하다.
> 花房 : 그렇다면 더욱 分明히 해야 한다. 그 面에 關한 調査가 있었으
>   면 좋겠다.
> 洪 : 우리나라에서는 錢貨를 많이 만들면 物價가 곧 騰貴하기 때문에
>   많이 鑄造하지 않는다.[79]

우리나라에서는 貨幣量이 부족했을 뿐만 아니라 선진국의 本位貨幣
처럼 自由鑄造나 自由溶解가 철저히 금제되어 있지 않았기 때문에 銅의

---

79)『釜山府史原稿』第5號, 250~251쪽.

가격이 상승하면 곧 용해되던지 외국으로 수출되어 그 유통량이 급격히
감소되기도 하였다.

따라서 流通界는 銅의 시장가격이 변동할 때마다 혼란에 빠졌으며 외
환시세가 자주 변동하였다. 당시 한국화폐인 葉錢과 일본화폐인 1圓銀
錢과의 교환비율 즉 韓錢시세를 보면 韓錢 1貫文에 日貨 1원을 기준시
세로 하고 이를 10할이라고 하였는데, 이 韓錢時勢가 高宗 31年(1894)
11월에 부산과 원산에서는 25할로 등귀하여 韓錢 1貫文이 日貨 2圓 20
錢과 교환되었다고 한다.[80]

이러한 前近代的인 한국화폐의 불편함을 들어 일본은 한국에 있어서
의 金銀貨使用과 日貨通用促進을 다음과 같이 강력히 요구하여 왔다.

交易은 貨幣로써 媒介로 삼는다. 그러나 貴國에 있어서는 貨幣가 不
足하고 또 使用이 不便할 뿐 아니라 그 賣買에 있어서 難点 또한 많다.
修好條規附錄 第7款에 記載되기를 兩國의 貨幣는 相互 通用키로 되
어있는데 지금에 이르기까지 아직 實效를 못보고 있다. 그러므로 貴政
府는 더욱이 國民을 啓蒙하여 貨幣流通에 장애가 없도록 할 것이며 또
金銀貨幣를 만들어 交易에 便利를 圖謀하기 바란다.[81]

이에 대하여 한국정부에서는

貴國(日本)貨幣를 我國에 通用하는 것은 條約中에 있는 것이나, 우
리나라는 아직 日本貨幣에 익숙치 못한 關係로 반드시 弊害가 생길 것
을 생각하니 매우 念慮된다. 그리고 貨幣鑄造의 件은 約條에 없는 것
으로 가장 至難한 일이다. 貴國貨幣와 我國貨幣로써 相互 通用하면
商人들에게는 不自由함이 없을 것이다. 造幣의 件은 取下해 주기를 바
란다.[82]

80) 崔虎鎭, 『韓國貨幣小史』, 서울 : 瑞文堂, 1974, 179쪽.
81) 『釜山府史原稿』第5號, 244~245쪽.
82) 『釜山府史原稿』第5號, 250쪽.

고 답하여 日貨유통으로 인한 혼란을 우려하고 특히 금은화 주조에 대
해서는 난색을 표시하였다.

그러나 우리나라에 있어서도 근대화폐의 발행은 국가적으로 요청되어
드디어 高宗 19년(1882) 7월 25일 領議政 洪淳穆의 啓請에 따라 鑄錢은
戶曹에서 專管檢察하고 또 金銀 各貨幣는 萬國通行의 화폐와 통상의
편의를 위하여 앞으로는 金銀錢 및 紋錢을 京外에 통용할 것을 명하였
다.[83]

이리하여 최초의 근대화폐인 銀貨(大東銀錢)가 발행된 후로 우리나라
의 화폐제도는 몇 차례의 변경을 보게 되고 신화폐도 계속 발행되었으나
그 유통범위는 대개 서울·인천지방에 국한되고 부산항 부근에는 여전
히 일본상인과의 거래에는 엽전이 주가 되고 일본화폐와는 항시 시세로
써 교환되었다. 그 환전시의 韓錢의 시세는 輸出貿易이 부진하거나, 일
본거류지에서의 韓錢需用이 완만할 때나, 諸稅金이 징수될 때 또는 諸
稅金으로 징수되던 韓錢이 日本居留地에 回來하여 일본화폐의 교환이
많을때, 他港의 시세가 저락하여 부산항에 많은 量의 回送이 있을 때는
하락이 되고 이에 反할 때에는 대체로 騰貴하였다.[84]

가장 먼저 개항되어 日貨의 진출이 빨랐던 반면에 우리나라의 근대화
폐 통용이 늦었던 부산지방에서는 일찍부터 일본인들이 韓錢 즉 엽전의
賣買를 영업 목적으로 하는 韓錢賣買受託者組合[85]을 만들어 환전과정
을 통하여 기만적인 수법으로 商業利潤, 讓渡利潤을 추구하여 자본을
축적하여 갔다.

더욱이 일본상인들은 지불수단으로서의 화폐의 기능에 비추어 그 경
영을 단순한 환전보다는 한층 앞선 형태인 어음(手形)제도를 통하여서
도 폭리를 보았으니 釜山駐在 일본영사관에서 편찬한 「在朝鮮日本領事

83) 國史編纂委員會, 『高宗時代史』 II, 서울 : 探究堂, 1968, 360쪽.
84) 앞의 「在釜山 日本領事館內 慶尙道事情」 참조.
85) 註 83) 참조.

館內慶尙道事情」[86]에 다음과 같이 기록되어 있다.

　往昔에는 本邦(日本)商賈는 오로지 직접 韓人과 賣買去來를 하고 있어 所謂 今日의 穀物仲介業과 韓錢仲介業을 兼한 形態로서 한편으로는 購買할 穀物等의 價格을 정하는 동시에 다른 한편으로는 本邦貨幣와 韓錢을 交換하여 購買品의 支拂에 充當하였으나 그 뒤 점차 貿易이 增進됨에 따라 我商人은 必要할 때마다 本邦貨와 韓錢을 交換하는 煩勞를 避하여, 미리 韓錢時勢가 低落한 때를 보아 이를 購入하고, 그 現錢을 自己가 引受하지 않고 賣主인 韓人으로부터 一種의 預受證(어음)을 받아 保管하였다가 他日 我商人이 穀物이나 그 밖의 物品을 買入할 때 그 代償으로서 現金에 代하는 該 預受證으로써 支拂했다. 이것이 韓錢 어음의 濫觴이다.……그리하여 어음 去來가 많은 경우는 韓錢價格이 騰貴할 때이며 또한 信用없는 商人이 發行한 것은 去來가 빠르며 信用있는 商人이 發行한 것은 去來가 緩慢하였다. 其他 韓錢賣買를 專業으로 하는 者는 그 價格의 高下에 따라 去來를 달리 함으로써 그 流通期間은 처음부터 一定치 않았으나 長期의 것이라도 1個月을 넘지 않는다.

즉 韓錢時勢가 下落할 때에 구입하여 賣主인 한국인으로부터 預受證인 어음을 받아 두었다가 韓錢價格이 上昇할 때 그 어음을 사용하여 필요한 物貨를 구입한다고 하였다. 우리나라 貨幣의 시세변동이 많음을 교묘히 이용하여 일본인 환전상들은 많은 이득을 보았다고 하겠다.
　참고로 당시 부산지방에서 사용되었던 韓錢어음의 몇 가지 예를 들면 다음과 같다.[87]

---

86) 本資料는 1905년 釜山 駐在 日本領事舘에서 편찬한 2권으로 된 筆寫本이며 현재 釜山市立圖書舘에 소장되어 있다.
87) 앞의 「在釜山 日本領事舘內 事情」에 收錄되어 있음.

```
┌──────────────────────────────────────┐
│                            No. ____  │
│  某          可  右       一    韓    │
│  殿          申  正       .          │
│              候  二       韓    錢    │
│       年      也  預       錢    手    │
│                  リ       但          │
│       月  住      保       貫    形    │
│                  管       文          │
│       日  所      致       也          │
│                  置         正        │
│          某      候         規        │
│              ㊞  間         錢        │
│                  本                    │
│                  證                    │
│                  引                    │
│                  換                    │
│                  渡                    │
└──────────────────────────────────────┘
```

```
┌──────────────────────────────────────┐
│          店 商 何 何        No.____  │
│                                        │
│  某        替  右      一            記 │
│  殿        相  韓      .      內      │
│            渡  錢      韓      渡      │
│       年    可  正     錢              │
│            申  二      可              │
│       月    候  預     貫   現         │
│            也  リ      文   錢         │
│       日      保       也   月  月  月  │
│          某    管           日  日  日  │
│              ㊞ 致                      │
│                置                      │
│                候                      │
│                間                      │
│                此                      │
│                證                      │
│                引                      │
└──────────────────────────────────────┘
```

3) 高利貸業

재래의 자연경제적 농촌적 자급자족경제로부터 탈피를 못하고 있던 한국사회가 개항후의 새로운 상품·화폐경제에 말려들게 되자 화폐형태에 있어서의 "富가 不足되는 현상"이 일어났다. 특히 당시에는 어음제도

등이 아직 미발달한 형편이었기 때문에 대개의 거래는 현금 중심으로 이뤄지지 않을 수 없어 더욱 貨幣財産이 부족하였다. 이를 이용하여 부산에서도 일본인들에 의한 高利貸業이 성행하게 되었다. 당시의 상황을 일본인 末永純一郞은 다음과 같이 말하고 있다.

　韓人은 貯蓄心이 없다는 것과 빌리고 난 뒤 갚지 않는 거만한 根性이 있어, 매우 金錢에 대한 慾心을 내어 빌려주기만 하면 얼마든지 빌린다고 한다. 그래서 마음씨가 나쁜 居留民은 不動産이나, 貴金屬 같은 것을 抵當으로 잡고, 놀랄만한 高利의 돈을 빌려 준다. 그 중에는 利子가 十日 一割이라는 것이 있어서 利子에 利子가 쌓여 三個月로서 元金만큼의 利息을 올린다고 한다. 期限이 지나면 抵當物을 가차없이 길이들려 이로 인하여 紛議가 일어난다. 紛議가 일어나지만 約束이니까 하는 수 없이 언제나 債主의 勝利로 돌아가게 되어, 韓國人은 不平에 차지만 不得已 갖고 있던 土地등을 引渡하게 된다. 이 高利貸의 弊는 領事館의 詮議로 現在에는 相當히 減少되었다고 하지만, 韓人이 金錢을 빌리는 것은 그대로 줄어들지가 않았다.[88]

고 하여 高利貸의 실정을 말하고 있다. 高利貸業은 복잡하거나, 위험성이 따르지 않았으니 일본인 移住者들은 한국에 있어서 유일한 직업으로 생각하였다고 해도 과언은 아니다. 일본거류민 열사람이 있는 곳에는 반드시 高利貸業者 2, 3명은 있는 것이 보통이라 하였으니[89] 부산항의 정확한 통계는 알 수 없으나 이로 미루어 최초의 개항지이니 만큼 그 성행상은 가히 짐작할 수가 있겠다.

　더욱이 일본인 貸金業者들의 목적하는 바는 그 利子에 있었다기보다는 擔保物에 있었으니 처음부터 擔保物인 토지·가옥을 뺏을 목적으로 금전을 빌려 주고 기한이 되어 한국인 債務者가 상환하러 오면 고의적

---

88) 前揭『朝鮮彙報』, 174~175쪽.
89) 崔虎鎭,『近代朝鮮經濟史』, 東京 : 慶應書房, 昭和 18年, 230쪽.

으로 避하여 기한을 넘기게 하고, 경과된 후에는 擔保物을 아무런 비용을 들이지 않고 강제압수하여 갔다.[90]

이리하여 韓國人들은 빌린 금전을 정당하게 상환하려 해도 일본상인들의 惡辣한 흉계에 의하여 한번 말려들면 하는 수 없이 그 토지나 가옥을 빼앗기기 마련이었다.

더욱이 그들은 담보물로서는 가옥이나 귀금속보다도 토지를 주로 하였으며 토지를 중히 여기는 한국인의 관습을 역이용하여 수탈하기도 하였다. 일본인 神戶正雄은 그의 「朝鮮視察談」에서

> 約 千圓짜리 田畓을 擔保로 잡고 150圓을 貸付하여……手段으로 沒收하였더니 그 父親이란 사람이 3倍 450圓을 내겠다고 그 田畓을 돌려달라고 哀願하였으나 拒絶당하였기 때문에 드디어 사람을 中間에 넣어 裁判沙汰가 된 일이 있었읍니다. 이러한 事件은 表面化되지 않고 解決되는 경우가 매우 많았다고 생각됩니다.[91]

라고 말하고 있다. 그러니 한국인으로서 토지를 저당하여 일본인들로부터 돈을 빌린 사람은 결국에 가서는 거의가 저당으로 빼껴 버리거나 그렇지 않으면 그 빚을 갚기 위하여 달리 전매하여 高利貸에의 의무를 다하지 않으면 안되었고, 더욱이 곤궁한 사람의 경우에는 가령 50냥의 가옥을 저당하여 2, 30냥의 돈을 빌려 쓰고 갚지 못할 때에는 몇 년 뒤에는 가옥을 인도하겠다는 약조를 하는 경우도 때로는 있었다.[92]

한편 한국인 채무자들이 계약을 이행치 못할 경우에는 흔히 불법적인 체형을 가하기도 하였으니 「朝鮮歸好餘錄」에

> 대개 逋債를 督促하는 데는 말을 많이 할 필요가 없었다. 그가 오는

90) 藤村德一, 『居留民之昔物語』, 東京 : 昭和 2年, 190쪽.
91) 崔虎鎭, 앞의 책, 227쪽.
92) 鈴木信仁, 『朝鮮紀聞』, 東京 : 明治 18年, 162쪽.

것을 보아 즉시 잡아서 2, 3日間 묶어 매어두면 그 親戚이나 姻戚들이 돈을 보내와 갚아 주는 것이니 이것이 上策이 되고, 毆打하여 피를 흘리는 것은 中策이고, 證券을 잡고 요구하는 것을 下之下의 方法이다.[93]

라고 하였다.

이와 같은 일본상인들의 약탈적인 貸金業이 성행하고 그에 따른 폐해가 심해지자 고종 29년 3월 右議政 鄭範朝는

　　近年以來 京外의 浮浪之輩가 各國商民과 연줄을 대어 商業을 한다고하여 錢貨를 借得하고 或은 物貨를 取하여 모두 消融해버려서 期日內에 갚지 못하고 償還하기에 이르러서는 家屋·田畓을 팔고 그 家族을 侵徵하기 되어 蕩敗하게 되는 者가 많으니 이것은 우리 國民의 支撑할 수 없는 弊가 되는 것이다. 外國人이 謀利로써 시작하여 마침내는 我國人의 狼狽로서 끝나게 되어 이로 因하여 爭訟이 紛紛하여 그치지 않고 受侮하게 되는 것이 이보다 甚한 것이 없었다. 大抵 通商이라는 것은 貨幣로써 交易하는 것을 指稱하는 것으로 放債 一款은 애당초부터 章程에 記載된 바가 아니다. 要컨대 外務督辨에 命令하여 八道·五郡에 關飭을 내리고 京城에서는 坊曲에 榜을 붙여서 이제부터 다시는 負債를 圖謀하지 못하게 하고 理事府와 각 公館에도 역시 照會해서 通商하는 외에 放債取息하지 못하게 해야 한다.[94]

고 하여 高利債로 말미암은 한국상인들의 蕩敗相을 말하고 條約에도 없는 放債取利를 금지할 것을 啓請하고 있다.

그러나 일본인들에 의한 고리대업은 감소는커녕 날이 갈수록 더욱 심

93) 前揭 『歸好餘錄』 卷之一, "釜山百詠 三策督逋條 盖督逋償者 不須多費言語 覘其來至 直結邦縛之兩三日 則甚親姻交來納錢辨償 是爲上策 毆打見血 爲中策 執左券相要 下之下者者".
94) 備邊司謄錄 第273冊, 高宗29年3月10日條.

해지기만 하였다.

맺음말

이상의 기술을 요약하면 다음과 같다.

(1) 이민 이주에 관해서 보면

1877년에 와서 이민 왕래자가 격증되고 있으며 또 1880년에 다소 증가하다가 82년에는 壬午軍亂의 여파 때문에 약간 감소되고 있다. 그리하다가 83년에 다시 증가하고는 85년에 또 상승세를 보이고 있다.

여기에 77년에 증가하고 있는 것은 1876년 10월 14일 일본인 朝鮮貿易公許布告와 釜山渡船制限解除令이 발포되었기 때문이었다. 따라서 76년 10월까지는 부산에 거류하는 자는 종래부터 있던 대마도인과 통상을 도모하기 위한 일본인의 來往者들이었다. 사실상 그때는 일본인의 가족동반도 허가되지 않고 있다. 그 때문에 이 시기는 별로 移民을 뒷받침하는 조치는 없었고 旅行 留宿者의 편의를 도모하기 위한 釜山草梁公舘官有建物의 이용을 허가하는 정도에 그치고 있다.

그러다가 1877년에 와서는 管理官이 派遣勤務하게되고, 居留地租借가 설정되고 移住者 定住를 위한 기본시설이 마련되어 보다 많은 移民을 뒷받침할수 있는 준비가 행해졌다. 한편 商人活動도 또한 점차 盛하게 되었다.

그후 1880년에 들어가서는 領事舘制度가 실시되고 보다 이민책이 강력히 추진되어 거류지의 拂下規定이 발포되고 새로운 租借地의 確保 租界10里內의 토지매매까지 할 수 있도록 되었다. 그리고 通信施設 居留地의 정비, 거류민의 통제책도 널리 講究되고 前期에서 보다 일본인의 유치 활동이 뒷받침되어 移民의 증가를 보고 있다. 동시에 이 시기에 들어서면 부산은 완전히 일본의 도시로 변모되고 있다.

(2) 당시의 일본이주자의 성분을 보면 對馬島 長崎縣 등지의 零細商

人 農民, 浮浪輩가 많았다. 따라 이것을 당시의 경제활동을 이해할 수 있고 일본의 자본주의의 침투과정에 문제점을 던져 주고 있었다.

(3) 法的 規制 및 流通構造에 대하여 보면

初期 일본상인을 뒷받침한 법적 규제는 治外法權, 일본화폐의 通用, 無關稅措置에서 일본상인이 편리한 지점을 확보하고 있었고, 한편 流通構造에서는 일본상인과 농민간의 거래도 있었지마는 주로 韓國官에서 허가받은 客主 仲買人을 통한 유통경로로 갖고 있었다. 일단 각지의 物貨도 그들 손에서 貿易商으로 건너갔다. 그 형태는 당시의 日人居留民의 營業種別의 분석에서도 이해할 수 있었다. 거기에다 그들의 교역범위가 제한되어 있었고 1883년에 비로소 확대되고 있으니, 그때까지는 居留地內에 한정된 교역이었으나 83년 7월, 84년 11월의 里程約定에서 步行區行이 확대되어 100里까지 行商을 하게 되니 內地交易이 활발해지고 있다. 그러나 일본인은 法網을 이용하기도 하고 또 밀수로 그 이전부터 미개항 포구까지 활동하고 있었다. 한편 1882년 이후 淸商의 進出에 크게 위협을 받게 되어 그 間의 重商主義收奪에 대한 대책을 강구하지 않을 수 없게 되고, 한국의 자유교역에 대한 문제 또한 크게 제기하는 단계에 이르게 된다.

이 상품의 유통에 적극적으로 기여되었던 것은 領事舘 商業會議所였고 특히 보행제한되고 있었던 당시 영사 등은 內地旅行權까지 갖고 그의 情報는 日本商業活動에 크게 뒷받침되고 商業會議所 역시 상인 상호의 協力 商業情報提供處로서 크게 기여하고 있었음을 알 수 있다.

(4) 일본인의 商業活動 특히 수탈방법에 있어서는

한국상품의 交換比例가 비등가적이었고, 도량형이 통일되지 못한 점을 이용하여 약탈적이고 기만적인 방법으로 매집한 물화를 일본 본토에 전매해서 폭리를 얻었고, 또 밀무역도 성행하여 당시의 무역은 한국으로부터의 輸出貿易이 주였다. 특히 양국 상인간의 商品去來契約樣式을 통해서 보면 일본상인들은 한국인에 대하여 物貨의 외상거래였던 先貸方

式을 취하여 한국인이 저당으로 잡힌 토지 가옥 등을 收奪하여 갔으며, 이 같은 일본상인들의 不法商去來는 訴訟處理條規에 의하여 日本管理官의 强權으로 보장되기까지 하였다.

또 그들은 釜山韓錢賣買受託者組合을 만들어 우리나라 상품시장의 미발달에 따른 화폐제도의 미비에서 오는 交換比例의 비등가적인 면과 韓錢의 시세변동을 이용하여 換錢過程에서 이윤을 추구하였을 뿐 아니라 換錢보다 앞선 형태인 어음을 통하여서도 이득을 보았다.

또 개항후 한국상인의 화폐부족을 奇貨로 그들에 의한 貸金業이 성행하였고, 더욱이나 한국인들이 정당하게 채무를 이행하려 해도 고의적인 계략으로 담보물을 빼앗아가 韓國商人은 蕩敗되고 한국의 경제는 큰 혼란에 빠지게 되었다.

附記

(1) 1876에서 1880年의 統計에 있어서는 <표 1>(全國)의 수가 <표 2>(釜山)의 수보다 적다. 여기에서 우리는 <표 1>, <표 2> 어느 것이 틀리고 있음을 알 수 있다. 몇 간의 史料를 제시하면

(ㄱ) 『釜山府史原稿』 第5號 第10卷, 190쪽의 「釜山의 自治母胎」라는 條項에는 다음과 같이 말하고 있다. 즉 "日本人民의 釜山에 渡來하는 者 날로 많고 1876년(明治 9年) 12월에는 그 視察者 居住者를 合하여 居留人口는 500名에 達하려 한다. 1876년(明治 9年) 1月末 현재의 居留官民人口는 82名……"

여기에서 개항 직전인 1876년 1월 82명, 개항한 同年 12월에 500명이었음을 알 수 있다.

그리고 『日本外交文書』 第12 卷9 朝鮮關係雜纂 130 附屬書一, 「朝鮮國 釜山港居留人虎列刺病患者一覽表」, 130쪽 중 "1879년(明治 12年) 7월 중 居留民人口는 840명"이라고 되어 있다.

또 『日本外交文書』 第13卷 第8 文書番號 153號, 1880년(明治 13年) 12월 11일 井上 外務卿이 三條 太政大臣에게 보낸 報告 「朝鮮國釜山元山津魯領浦潮港에 대한 定期航海開設을 위한 汽船買入의 일에 관한 上申及決濟」에서 "居留本邦人民의 槪數는 釜山 2,000人, 元山津 300人"이라고 되어 있다.

이 몇 건의 자료에서 釜山居留民은 1876년에 500명, 1879년에 840명, 1880년(釜山·元山을 合하여)은 2,300명으로 되어 있다. 이것을 <표 1>의 1876년의 54명, 1879년 168명, 1880년 835명에 비해 보면 <표 1>과는 너무나 거리가 있어 一見하여 그 표가 틀렸다는 것을 알 수 있다. 반대로 <표 2>는 어느 정도 정확하다는 것을 확인할 수 있겠다.

(2) 그리고 여기에서 주의하여야 하는 것은 1879년까지의 일본인 거주자는 주로 釜山에 한정되고 있었다는 사실이다.

일반적으로 원산 개항은 1879년 5월로 규정하고 있으나 실은 1880년 5월이다. 그 仔細한 交涉經緯는 田保橋潔의 『近代日朝關係의 硏究』上卷, 993~716쪽에 仔細히 紹介되고 있는데, 이는 『日本外交文書』 第13卷, 399쪽, 文書番號 138, 1월 28일 「太政官布告」, 「朝鮮國元山津開港布告의 件」 附記 明治 12년 12월 19일付 外務卿上申書 第2號의 다음의 記錄으로 確認을 할 수 있다.

1876년(明治 9年) 2월 我國과 朝鮮國 사이에 체결한 修好條規 第5條의 趣旨에 따라 兩國 人民의 通商을 위하여 朝鮮國에 開港할 二港 중 咸鏡道 元山津을 1880년(明治 13年) 5월 1일부터 개항하게 되었음을 布告하는 일

但 右期日부터 渡航하는 자는 1876년(明治 9年) 10월 第128號 第129號布告를 留意할 것

1880年(明治 13年) 1月 28日

右大臣 岩倉具視

　거기에 1880년 5월까지 일본정부는 元山居留에 뒷받침하는 諸般施設을 준비하고 있기는 하지마는 그해 그렇게 정비되지 못하고 있었다. 이것은 前揭書『日本外交文書』第13卷 第8,「朝鮮開港에 關한 件」에 잘 나타나고 있지만 앞서본 바와 같이 1880년에 300명에 불과한 수로서도 짐작할 수 있다.

　때문에 <표 1> 1876~1880년의 全國日本居留者는 새로이 자료를 수집 작성되어야 겠고 최소한 1876년에서 1879년까지의 수는 <표 2>의 부산을 주로 참작하고 80년수는 <표 2>의 부산의 수에 약간의 원산의 수를 합하여 보면 實數의 근사치가 나오겠다.

　(3) <표 1>의 1886, 1887, 1888년의 통계 역시 <표 2>의 釜山居留人數보다 적고 그 당시의 역사적 상황을 볼 때 갑작스럽게 격감할 하등의 이유가 없다. 그러니 1885년이 4,521명이고 1889년이 5,589명이고 보니 역시 86, 87, 88년은 4,521명에서 5,589명 사이에 약간의 상승세를 보이고 있었다고 보아진다.

　(4) 이 <표 1>의 통계자료는 朝鮮總督府의 조사자료이고 보니 일반 학계에서도 자료의 價値性을 檢討하지 않고 그대로 引用解釋하는 경향이 있다. 李鉉淙,『韓國開港場硏究』, 175쪽에는 上揭의 통계를 들고 그에 대한 설명으로서 다음과 같이 말하고 있다.

　"위의 <표 Ⅵ>에서와 같이 日本人移住는 高宗 1881년부터 增加率을 보이기 시작하고 있다. 그러나 甲申政變 후인 1886년부터 3년간은 현저하게 줄어들어 일시적으로 하향성을 보이다가 1889년부터는 상향성을 보이면서 이전의 증가율에 따르고 있으며, 淸日戰爭이 끝나는 1895년에 상당히 증가하고 있다"고 하였으며 同書 312쪽 다음에 <표 Ⅷ-Ⅰ> 日本人年度別 移住增加表를 역시 위의 통계에 의해 작성하고 있다.

　이 한국 개항초기에 관한 통계자료의 이용에 자료의 可信性 檢討가 선행되어야겠다는 것과 함께 통계자료의 해석에 있어서도 그 당시의 역사적 환경을 고려하여 검토 설명되어야겠다. 이 논문에 직접 관계 있는 것이 아니기 때문에 仔細한 언급은 피하겠으나, 일본에서 비교적 많이 읽혀지고 있는 山邊健太郎 著,『日韓倂合小史』(東京 : 岩波書店, 1966年 初版, 1974年 10月 11版) 41~42쪽에서는 朝日貿易의 現況을 구체적으로 설명하는데, 원산 개항이 실지로 행해진 것이 1880년 5월이고, 인천 개항이 1883년인 것을 고려하지 않고 條約調印을 기준으로 삼아 그대로 그해 通商이 행해진 것으로 생각하였기 때문에 크게 그릇된 해석을 하고 있다.

Ⅳ. 일제하(1920~1930년대) 梁山地域의 사회운동

머리말

3·1운동 후 일제의 武斷政治가 이른바 文化政治로 바뀌면서 우리나라에서는 전국적으로 日帝治下에서 벗어나려는 抗日·救國을 목적으로 한 靑年團體를 비롯한 수많은 社會團體가 생겨났다. 이 중 특히 그 활동이 활발하였던 것은 청년운동과 농민운동이었다. 따라서 이러한 사회운동에 관한 각 지방의 연구사례는 당시 항일·구국운동의 全體相을 파악하는데 필수적이며 불가결한 부분이 되는 것이며, 이에 대한 연구자의 관심도 크게 마련이다. 그러나 지금까지의 연구는 주로 公式的·일반적인 것이었으며 각 지방의 사례연구는 부진한 실정이다.[1]

梁山地域의 경우를 보면 다른 지방과 마찬가지로 청년단체가 제일 먼저 결성되어 그 밖의 여러 사회단체의 성립에 크게 공헌하였다. 梁山地域의 사회운동 중 특히 주목되는 것은 농민조합운동이었다. 이 농민운동은 1930년대 전반기를 정점으로 하여 전국 각 지방에서 전개된 赤色農民組合運動의 일환으로서 약 300여 명의 농민들이 양산경찰서를 습격한 사건으로 발전되는데, 이는 당시 경남지방에서 일어난 최대규모의 것이

---

1) 예컨대 농민운동의 경우를 보면 1930년대 전국적으로 68개의 적색농민조합이 결성되어 활동하였는데(표 참조),

적색농민조합의 지역분포

었다. 그러나 이에 대한 연구는 되어 있지 않았다.[2]

본고는 1920년대에서 1930년대 초에 걸쳐 양산지역의 民衆들이 현실
생활에서 요구되는 절실한 상황을 해결하기 위해 전개하였던 여러 형태

全羅南道	光陽, 順天, 康津, 海南, 光州, 羅州, 長成, 麗水, 務安, 濟州島
全羅北道	沃溝, 井邑, 扶安
慶尙南道	梁山, 金海, 咸安, 宜寧, 晉州, 昌原, 固城, 蔚山, 三千浦, 統營
慶尙北道	奉化, 榮州, 金泉, 安東, 倭館, 義城, 慶州, 醴泉
忠淸北道	永同
京 畿 道	水原, 平澤, 楊平
黃 海 道	載寧
江 原 道	襄陽, 三陟, 江陵, 蔚珍, 高城
平安南道	安州, 江西, 龍岡, 价川
平安北道	龍川, 新義州
咸鏡南道	定平, 洪原, 高原, 永興, 咸興, 端川, 北靑, 文川, 咸州, 甲山, 利原, 德源, 元山, 安邊, 豊山
咸鏡北道	明川, 吉州, 城津, 漁大津, 穩城, 會寧, 鏡城

* 자료 : 유세희, 「한국농민운동사」, 『한국현대문화사대계』6, 고려대 민족문화
연구소, 1981, 313~314쪽.

이에 관한 연구는 다음의 논문이 발표되었을 뿐이다.

飛田雄一, 「定平農民組合の 展開」, 『朝鮮史叢』5·6合倂號, 靑丘文庫, 1982 ;
飛田雄一, 「永興農民組合の 展開」, 『朝鮮1930年代硏究』; 飛田雄一, 「金海農
民組合の 展開」, 『朝鮮民族運動史硏究』1, 靑丘文庫, 並木眞人, 「植民地下
朝鮮に於ける地方民衆運動の 展開」, 『朝鮮史硏究會論文集』20, 1983 ; 강정
숙, 「日帝下 安東地方 農民運動에 관한 硏究」, 『韓國近代農村社會와 農民運
動』, 열음사, 1985 ; 이준식, 「日帝下 端川地方의 農民運動에 대한 硏究」, 연세
대학교 석사학위논문, 1985 ; 김정숙, 「1934-1937년 明川農民의 革命的 進出」,
『歷史科學』3호, 1958.

2) 본고를 집필하고 있던 중 양산농민조합에 관한 논문이 발표되었다.
趙成雲, 「日帝下 梁山農民組合에 대한 硏究」, 東國大學校碩士學位論文, 1989.
그런데 이 논문에서는 두 가지의 오류를 범하고 있다. 첫째는 靑年會의 創立이
기록상에 보이는 것은 1927년 6월 9일자 동아일보라 하였는데 동지 1920년 7월
22일자에 의하면 동년 7월 15일에 이미 창립되고 있으며, 두 번째는 이 지방의
대표적인 사회운동가였던 全赫(全秉健)을 러시아 모스크바 東方勞動公産大學
을 졸업한 것으로 기술하고 있는데 이는 일본문을 잘 해독하지 못한데서 온 것
이다. 同大學을 졸업한 사람은 機張 출신인 共産主義者 朴容善이었다(주 45)
참조).

의 사회운동 중 靑年運動과 農民運動을 중심으로 살펴봄으로써 이 지방의 抗日·救國운동과의 관계를 밝혀보고자 한다. 본고를 작성함에 있어서 앞으로의 양산지역사 연구에 도움을 주고나 입수된 자료를 가급적 많이 수록하려고 하다 본의 아니게 논지의 전개가 산만해졌음을 부언해 둔다.

1. 지리·사회적 환경

梁山郡의 지리·사회적 환경을 1924년의 『郡勢一班』(梁山郡廳 刊, 筆者所藏)에 나타난 기록을 중심으로 살펴보면 다음과 같다.

(位置)
梁山郡은 경상남도의 동북부에 위치하고 동북은 蔚山郡, 서북은 密陽郡, 서쪽은 洛東江을 사이에 두고 金海郡과 접하고, 남쪽은 東萊郡과 인접한다.
梁山郡 총면적은 31,502㎢이고 7개 면(梁山, 東, 上西, 下西, 上北, 下北, 熊上), 58개 洞里로 구성되어 있으며, 洞里名을 보면 다음과 같다.
(洞里名)
梁山面 : 中部, 南部, 北部, 明谷, 北亭, 山幕, 多芳, 新基, 虎溪
東　面 : 法基, 余洛, 內松, 錦山, 開谷, 沙松, 石山, 架山
上西面 : 魚谷, 校里, 佳村, 曾山, 由山, 凡魚, 華鶴
下西面 : 龍塘, 內浦, 大里, 花濟, 院里, 泳浦, 善里, 西龍
上北面 : 所土, 大石, 小石, 石溪, 上森, 左森, 內石, 外石, 新田
下北面 : 芝山, 蓮池, 畓谷, 草山, 三帥, 三甘, 白鹿, 龍淵
熊上面 : 梅谷, 平山, 檢谷, 周南, 龍塘, 德溪, 周津, 召周, 三湖
*비고 : 中部, 南部, 北部洞 이외는 里이다.
(官廳)

郡廳 : 郡守1, 郡屬(일본인 3, 한국인 6), 雇員(일본인 1, 한국인 8), 産業技手(일본인 5, 한국인 1), 傭人(급사 2, 소사 1)

警察官署 : 警察署(梁山面 北部洞)

　　　　　　駐在所(물금, 원동, 석계, 통도사, 삼호리, 여락리)

裁判所 : 釜山地方法院 양산출장소(양산면 북부동)

郵便所 : (梁山面 北部洞, 上西面 華學里)

(敎育)

한국인교육(40) : 공립보통학교(4), 私立通度寺學林(1), 사설강습회(7), 서당(28)

일본인교육 : 공립소학교, 사립소학교(3개)

(各組合 및 契會)

양산금융조합, 양산군축산동업조합, 양산수리조합, 양산학교조합, 물금학교조합, 國有地垈買受人組合, 備荒貯蓄契, 堤堰契, 畜牛奬勵契, 一紀鋪, 양산군농회, 재향군인양산분회, 慶南矯風會梁山分會, 草鞋契, 種牛契

(市場)

읍내시장(양산면 북부동, 개시일 음력 1, 6일)

물금시장(상서면 화학리, 〃 5, 10일)

신평시장(하북면 연지리, 〃 3, 8일)

석계시장(상북면 석계리, 〃 5, 10일)

원동시장(하서면 원리, 〃 2, 7일)

서창시장(웅상면 삼호리, 〃 4, 9일)

(人口)

1921년에서 1936년까지의 양산군의 호구 변동은 다음의 <표 1>과 같다.

<표 1> 梁山郡 現住戶口

國籍 戶·人口數 地域 年度		韓國人		日本人		其他外國人		計		비고
		戶數	人口	戶數	人口	戶數	人口	戶數	人口	
1921	梁山	7,276	38,425	185	651	6	7	7,467	39,083	
	慶尙南道	339,055	1,738,049	17,308	69,750	204	762	356,567	1,808,561	
1924	梁山	7,173	37,102	164	595	(中國人) 5	10	7,336	37,607	*中國人 2戶 4名은 梁山面,
	慶尙南道									3戶 6名은
1926	梁山	7,585	38,824	158	578	6	18	7,749	39,420	上西面에
	慶尙南道	366,433	1,882,771	18,991	77,548	413	1,612	385,837	1,961,931	거주함
1927	梁山	7,460	38,876	151	563	7	20	7,618	39,459	
	慶尙南道	364,484	1,880,134	19,200	78,838	415	1,560	384,099	1,960,532	
1936	梁山	7,611	41,380	143	512	6	25	7,754	41,917	
	慶尙南道	377,773	2,115,553	21,572	96,926	314	1,849	399,692	2,214,406	

* 1924년은 『郡勢一班』(梁山郡廳 刊行)
  기타 연도는 『道勢一覽』(慶尙南道刊―부산시립도서관 소장) 참고

1921년 總戶數는 7,467호, 人口 39,083명인데 15년 후인 1936년이 되면 戶數는 7,754호로서 대체로 비슷하나, 人口는 41,917명으로서 1921년에 비하여 다소 증가하고 있다. 이 가운데 일본인의 경우는 1921년에 185戶, 651명이었던 것이 점차 감소되어 1936년에는 143戶, 512명으로 감소되고 있는데 감소된 戶口는 부산 등 타지방으로 이주하였다고 생각된다. 그리고 이들 일본인은 주로 양산군의 중심인 양산면과 낙동강에 연해 水上交通과 육상교통(경부선철도)이 편리한 上西(원동)를 중심으로 거주하고 있었다(<표 2> 참조).

<표 2>

面名	日本人	韓國人	計	面名	日本人	韓國人	計
양산	53	932	985	상북	9	963	972
동	5	815	820	하북	6	946	952
상서	71	1,035	1,106	웅상	1	963	964
하서	19	1,518	1,537	계	164	7,172	7,336

* 1924년 『梁山郡勢一班』

2. 靑年團體運動

다른 지방과 마찬가지로 양산에서도 1920, 30년대에 다양한 사회단체
가 활약하였는데 그 중 청년단체가 제일 먼저 창립되었다. 어떠한 과정
을 거쳤는지는 알 수가 없으나 1920년 7월 15일 梁山靑年會가 임시의장
全錫準의 사회로 200여 명이 참석한 가운데 창립총회를 개최하였다. 총
회는 崔學鮮의 경과보고, 琴錫浩의 취지설명과 내빈축사가 있은 뒤 규
칙통과와 임원선출의 순서로 진행되었고, 이때 선출된 임원은 다음과 같
다.[3]

　　會長 : 金哲壽,[4] 理事 : 琴錫浩, 庶務部長 : 崔學鮮,[5] 智育部長 : 咸悅,
　　體育部長 : 嚴柱和, 評議員 : 崔商翕 외 14인.

이 총회에서 양산청년회의 유지를 위한 義捐金이 즉석에서 3,000圓이
나 모금되었다. 즉석에서 3,000圓이란 거액의 의연금이 거출된 것으로

---

3) 『동아일보』, 1920. 7. 22.

4) 金哲壽의 號는 春齋이며, 本籍은 梁山郡 上北面 上森里, 1896년 5월 4일 생이
　다. 비교적 부유한 가정에서 태어나 1913년 釜山第二商業學校를 졸업하고 그
　해 7월 日本 東京의 慶應大學에 留學하였는데, 유학 중 「동경 2・8독립선언」
　의 작성에 代表委員으로 선출되엇다. 이로 인하여 9개월의 형을 받고 옥고를
　치루었다. 1920년 4월 만기 출옥한 그는 고향으로 돌아와 梁山靑年會의 창립을
　주도하였고, 중앙에서 朝鮮靑年會聯合會의 상임위원으로 선임되어 민족운동의
　구심점으로 활약하였다. 日帝의 皇民化 정책이 강행될 때 그에 앞장설 것을 강
　요당하였으나 이를 거부하고 山中에 은거하였다가 광복 후 美軍政立法議員,
　제2대 경남도지사, 自由民報社長, 3.1同志會理事長 등을 역임하고 1977년 5월
　18일 별세하였다(『梁山郡誌』, 梁山郡 刊行, 1989, 206~210쪽).

5) 號는 晩焦, 本籍은 梁山郡 梁山邑 南部洞 319, 1881년 4월 4일에 출생하였다.
　一生을 抗日獨立 民族運動으로 시종하였다. 前半은 抗日鬪爭 民族自主運動으
　로 3・1운동을 위시하여 농민조합, 청년회, 신간회 양산지부장 등으로 갖은 刑
　苦를 겪어가며 계속 활동, 光復 후에는 反共 투쟁에 앞장서 1948년에는 大統領
　의 감사장을 받기도 하였다(『梁山郡誌』, 212쪽).

보아 郡內에 있는 상당수의 有産者·지식층이 양산청년회에 참여하고
있었다고 생각된다. 실제 창립총회에서 체육부장으로 선출된 嚴柱和와
평의장으로 선출된 崔商翕은 大地主의 子弟이었고, 회장으로 선출된 金
哲壽는 새로운 문물에 접할 수 있었던 在東京留學生이었으며, 이외에
在京留學生 및 在鄕靑年知識人이 다수 참여하고 있었다. 당시 양산에서
는 대표적인 지주와 지식인들이 참여한 청년회를 중심으로 민족운동의
역량을 결집하고 있었던 것이다.

창립된 양산청년회의 主義·綱領은 알려지지 않고 있으나 이 무렵 결
성된 조선청년연합회의 그것과 같지 않았나 생각된다. 그것은 당시 회장
인 김철수가 양산의 대표로 연합회의 창립에 간여하고 있었고, 그 후 연
합회의 집행위원회 상무위원으로 활동하였기 때문이다. 참고로 조선청년
회연합회의 主要綱領을 보면 다음과 같다.6)

主要綱領
吾人은 世界改造의 機運에 卽應하야 各人의 天賦한 生命을 창달하
며 民族의 固有한 生榮을 發揮하기 爲하여 다음의 강령을 定함.

一. 社會를 革新할 事.
一. 世界에 知識을 廣求할 事.
一. 健全한 思想으로 團結할 事.
一. 健康을 增進할 事.
一. 産業을 振興할 事.
一. 世界文化에 貢獻할 事.

그리고 동년 8월에는 양산불교청년회가 창립되었다.7) 그리고 양산청

---

6) 독립운동사편찬위원회, 『독립운동사자료집 14-대중투쟁사자료집』, 1978, 474~
550쪽.
7) 『동아일보』, 1920. 8. 21.

년회가 결성된 다음 해인 1921년 7월에는 청년회에서 夏期郡內巡廻講演
을 개최하여 위생, 교육, 종교 등 문제를 주제로 하고 연사에는 엄주화,
금석호 등이었다. 이로 인하여 僻地村民의 계몽에 크게 기여하였다.[8] 8
월 18일에는 梁山勞動夜學을 개설하였다. (梁山勞動夜學校) 開校 當時
입학생은 약 50명이었으나, 1924년에는 약 80명으로 늘어났다. 연한은 3
년이었으며, 과목은 漢文, 朝鮮語와 勞農思想講話였으며 설립 목적은
農民思想鬪士를 養成하는 데 있었으며 당시 講師로는 嚴基弼, 琴哲權
등이었다.[9] 8월 20일에는 「사회를 발전함에는 金錢이 騰學文」이란 주제
로 토론회를 개최하였으며, 1922년 5월 19일에는 少年部第一回懸賞討論
會를 개최하였는데 그 주제는 「現今 朝鮮은 自學이냐 指導냐」이었다.[10]

다음 해인 1923년 3월 25일에는 물산장려회 강연이 있었는데 강사로
는 全秉健, 嚴柱和, 李基周[11] 등이었다. 4월 22일에는 第6回 靑年會定
期總會가 개최되어 임시의장 금석호의 사회로 각 부 사업보고와 規則改
正 통과가 있은 뒤, 梁山新設幼稚園에 대한 적극적인 지원문제 등을 결
의하고 任員을 개선하였다. 피선된 任員은 다음과 같다.[12]

---

8) 『동아일보』, 1921. 8. 2.

9) 朝鮮憲兵隊司令部, 『挽近に於ける鮮內勞動農民運動情勢』, 635쪽.

10) 『동아일보』, 1921. 9. 2.

11) 號는 佚石, 本籍은 梁山郡 梁山面 北部洞이며 1899년 12월 23일 생이다. 가난
한 집안에서 태어나 남과 같이 학문을 배울 처지가 못되어 학벌은 없으나 生來
총명하고 명석한 두뇌의 소유자였다. 1919년 1월에 그는 上京하여 李甲成, 吳
祥根 등의 집으로 출입하면서 3·1운동에 참가하였다. 그 후 그는 즉시 고향인
梁山으로 돌아와 청년동지들과 梁山義擧에 참여하였다. 1920년 그는 金喆壽,
嚴柱和, 琴錫浩, 崔學鮮 등과 梁山靑年會를 조직하였고, 1927년에는 崔學鮮 등
과 함께 新幹會 梁山支會를 조직하고 총무간사로 선출되어 활동하였다. 그 후
결성된 농민조합의 상임이사로, 1930년에는 협동조합을 결성하고 상임이사로
선출되었다. 광복후 1960년 민선 경남도지사를 역임하였고, 1978년에는 「社團
法人 3·1동지회」의 이사장으로 활동하였다(『梁山郡誌』, 210~214쪽).

12) 『동아일보』, 1923. 5. 28 및 『동아일보』 1923. 5. 2.

執行委員長 琴錫浩, 執行委員 權得龜(당시 양산보통학교 교사, 母는 婦人會長 金珍子), 崔學鮮, 嚴柱和, 李基周, 鄭鎭壽, 徐尙健, 全秉健.

그리고 동년 4월 23일에는 양산청년회에서 양산유치원을 위해 강연회를 개최하였는데 문예부 상임위원인 전병건의 사회로 시작되었다. 이 강연회에서 권득구는 「아동심리」, 김철수는 「아동교육에 대하여」라는 강연을 하여 청중에게 많은 영향을 주었다. 7월 26일에는 양산청년회음악단의 연주가 개최되었는데, 청중 1,000여 명이 모여 대성황리에 마쳤고, 8월 17일에는 소년부에서 父兄들에게 禁酒運動을 전개하였다.[13]

1925년 3월 18일에는 新興同友會가 결성되었다. 이 신흥동우회의 창립에 대해서는 『동아일보』 1925년 4월 9일자에 다음과 같이 보도되고 있다.

지난 3월 18일 梁山有志靑年의 발기로 新興同友會를 조직한다함은 旣報와 如하거니와 翌 19일 경찰당국으로부터 미리 探知하고 인쇄한 선언과 강령을 돌연히 압수함으로 그 이유를 물은 즉 선언과 강령이 불온할 뿐 아니라 이러한 단체는 현제도를 파괴하는 것이니 道當局에 문의한 후 처리하겠다기에 기대하고 있엇는데 본월 6일에 동발기인 대표를 불러 말하기를 道에 문의한 결과·이러한 단체는 치안유지법안이 未久에 실시되면 물론 금지될 터이니 미리 금지한다 함으로 同대표로부터 그러면 선언과 강령이 업드라도 不成文으로 창립하겠다고 하엿으나 집회까지 허가치 못하겟다 함으로 부득이 금지를 당하엿다는데 일반은 당국의 無理와 沒理解함을 분개할 뿐아니라 此에 대한 상당한 方針을 연구하리라고……

이에 의하면 日帝의 심한 탄압이 가해졌음을 알 수가 있다. 그 후 4월 25일에는 양산청년회 14회 정기총회가 김철수의 사회로 개최되고 경과

---

13) 『동아일보』, 1923. 8. 20.

보고와 임원선거, 회칙개정이 있은 뒤 기타토론토의에서 ① 會館修築에 관한 건, ② 회원정리에 관한 건, ③ 시민육상경기대회 주최에 관한 건 등이 처리되었고, 임원으로는 위원장 엄주태, 의원 洪起業, 이기주, 전혁, 文幕, 검사위원에는 김철수, 鄭鎭壽가 선출되었으며, 5월 11일에는 청년 수십 명이 동아일보 양산지국에 모여 讀書俱樂部를 조직하였다.14)

1926년 7월 4일에는 梁山의 無産靑年 18명이 모여 勞友同盟을 창립 하였다. 이들 無産靑年은 생계유지와 단결을 도모코져 勞友同盟의 창립 총회를 양산유치원에서 개최하였다. 이때 참가한 회원의 이름을 알 수가 없으나 그때의 규칙강령은 동아일보에 다음과 같이 게재되고 있다.15)

> 一. 본동맹은 회원의 相互親睦 互相扶助와 階級意識의 涵養을 期함을 목적함.
> 二. 본동맹은 無産階級에 處한 年令 20歲 以上 朝鮮人男子로서 組織 함.

이를 미루어 볼 때, 1926년이 되면 양산의 청년운동에 사회주의 사상 이 전파되었음이 명확하다.16)

1927년 6월 8일에는 양산청년회가 긴급총회를 개최하고 그 이유는 알 수 없으나 임원 전원의 사표를 수리하고 새 집행위원을 다음과 같이 선 출하였다.17)

金琪午 全秉翰 白龍寬 田二豊 權淵龜 金龍浩 鄭鎭虎

새로 선출된 임원들의 그 이후의 활동을 통해 볼 때 이때 사회주의 사

---

14) 『동아일보』, 1925. 4. 9 및 5. 15.
15) 『동아일보』, 1926. 7. 5.
16) 전혁(전병건)이 1927. 11. 밀양신간회 강연회에서 「자본주의사회의 이면」이라는 주제로 강연을 하였음에서도 알 수가 있다(『동아일보』, 1927).
17) 『동아일보』, 1927. 6. 8.

상을 접한 이들과 종전의 청년회를 이끌어 온 민족주의 진영의 사람들과
의 알력에 의한 것이 아닌가 생각된다.

동년 7월 15일에는 창립 8주년 기념식이 위원장 전병한의 개식사와
김철수의 청년회의 변천과정과 思潮변천 및 청년운동의 역할 등의 설명
이 있었고, 앞으로 한층 더 새로운 방향으로 운동을 강화하자고 결의하
였고,18) 이어 8월 1일에는 집행위원회를 개최하고 다음과 같은 사항을
결의하고 있다.19)

    1. 유학생 초대 개최의 건
    2. 梁山研樂會 주최 음악대회 후원의 건
    3. 夏期 특별강좌 개최의 건
    4. 夏期 웅변대회 개최의 건

한편 양산청년회에서는 소년운동에도 관심을 갖고 앞으로 민족을 지
도할 인재양성에 주력하였다. 즉 동년 8월 13일 위원회를 개최하여 소년
운동을 한층 더 진흥하기 위하여 책임위원으로 권연구, 김용호, 김기오를
선출하고, 집행위원장 전병한의 사표를 수리하고 후임위원장에 金瑛駿
을 선출하였다.20)

9월 9일에는 청년회의 긴급총회가 개최되었는데 그 이유를 동아일보
는 다음과 같이 보도하고 있다.21)

富豪 裵永復이 지난 6일 청년회원 金武善을 언쟁 끝에 구타하고, 배
씨는 도리어 자기에게 무단히 폭행을 했다 하여 경찰에 고소를 하여 김
무선을 구금케 하였다. 이 문제로 긴급총회를 소집하여 그 사실을 조사
하기 위해 金永駿, 田二豊을 배영복과 면담케 하였다. 그러나 배영복은

18) 『동아일보』, 1927. 7. 19.
19) 『동아일보』, 1927. 8. 2.
20) 『동아일보』, 1927. 9. 8.
21) 『동아일보』, 1927. 9. 16.

그 문제에 대해서는 아무런 답변을 하지 않고 청년회를 모욕하고 회원 전체를 죽이겠다고 함으로 긴급총회를 개최하였다.

동년 10월 18일에는 양산청년회가 해체되면서 양산청년동맹준비위원회가 발족되고, 11월 17일에는 양산청년동맹이 창립되었다. 의장에는 엄주화, 부의장에 김기오와 서기 2명을 선출하고 다음과 같은 결의를 하였다.[22]

決議
1. 我等은 歷史的 必然으로 전개될 新社會建設役軍養成을 기함.
2. 我等은 견고한 단결로서 勞動大衆의 當面의 이익을 위하여 적극적 ○○○을 기함.
3. 我等은 朝鮮大衆의 정치적·경제적·민족적 이익 획득을 기함.

이 결의문에는 노동·농민계급(무산대중)을 위한 운동이라는 의식이 반영되어 있다. 이 무렵 사회주의는 운동의 방향을 정치투쟁으로 전환하였으며, 이에 따라 동년 8월 조선청년총동맹을 결성하고 기존의 조직체를 府·郡 단위의 청년동맹으로 개편해 갔다. 이러한 분위기 속에서 양산에서도 동년 11월에 청년동맹이 창립되었다. 그 후 양산청년동맹은 군내의 하부조직을 신속하게 확대하여 갔다. 즉 동년 12월 25일에는 上西面에 있는 勿禁勞動夜學館에서 임시의장 전혁의 사회로 上西面支部를 창립하고 다음과 같은 토의를 하였다.[23]

1. 敎鍊 문제에 관한 건
2. 農民 및 勞動 문제에 관한 건
3. 會館建築에 관한 건

22) 『동아일보』, 1927. 12. 5.
23) 『동아일보』, 1927. 12. 31.

　4. 勞動夜學에 관한 건
　5. 在滿同胞擁護同盟에 관한 건

　그리고 1928년 1월 12일에는 熊山面支部가 창립되고 支部長에는 鄭
寅遠을 선출하였다.24) 1월 14일에는 梁山面支部가 창립되었으며25) 2월
5일에는 下北面支部가 결성되면서 다음과 같은 사항을 결의하고 있
다.26)

　1. 同盟圓敎鍊에 관한 건
　2. 農民運動에 관한 건
　3. 新幹會 지지에 관한 건
　4. 民衆文庫 설치에 관한 건
　5. 會館建立에 관한 건
　6. 三總解禁에 관한 건

　그리고 동년 3월 18일에는 청년동맹 제2회 정기총회가 개최되고 조선
청년총동맹의 지시에 따라 강령과 규약을 통과시키고 임원을 개선하여
집행위원장에 전혁(전병건), 집행위원 鄭石權 외 9명, 검사위원 홍기업
외 2명을 선출하였다.27)

　그러나 창립 후 청년동맹의 활동이 여러 가지 사정으로 침체되어 가
자 1929년 1월 28일에는 비공식적으로 청년 수십 명이 회관에 모여 동맹
원교양, 소년운동 촉진, 농민운동 등 여러 가지 문제에 대한 토론을 전개
하기에 이른다. 이 토론회에서 이론이 분분하였으나 결국 금후부터는 어
떠한 어려움이 있더라도 이를 극복하고 보다 적극적으로 추진할 것을 합
의하고 집행위원장 김용호의 사회로 다음과 같이 결의하였다.28)

---

24)『동아일보』, 1928. 1. 12.
25)『동아일보』, 1928. 1. 18.
26)『동아일보』, 1928. 2. 10.
27)『동아일보』, 1928. 3. 25.

① 新春講演會 개최

주제 「농촌여성·소년문제」: 연사 전혁, 권연구, 전백으로 함

② 소년훈련

매일 아침마다 朝起會를 열어 매 일요일을 少年週日로 정하야 훈련을
행한다.

③ 文盲退治

여자노동야학생으로 하여금 隊를 지어 여러 가지 선전 삐라와 포스타
를 걸고 旗行列을 행함

④ 농민조합촉성

농민조합은 수년 전부터 설립할려고 준비하였으나 부득이 보류하였는
데 오는 음력 正月 二日부터 조합원 모집에 착수함.

그 후 청년동맹 양산지부에서는 12월 7일 同支部會館에서 제2회 임시
대회를 개최하고 다음과 같은 사항을 결의하였다.[29]

① 재정문제 ② 임원개선 ③ 班조직의 건 ④ 월례회 개최의 건

그리고 1930년 9월 14일에 양산청년동맹에서는 제6회 임시대회를 姜
在權의 사회로 개최하고 임시의장으로 徐命瓚을 선출하고 임원을 개선
하였다.[30]

집행위원장 : 姜在權

집행위원 : 朴正勳, 李德雨, 徐命瓚, 金殷泰, 李永健, 申東業, 鄭錦子,
徐貞順

후보 : 嚴淇直, 禹石雲

28) 『조선일보』, 1929. 2. 4.
29) 『동아일보』, 1929. 12. 12.
30) 『동아일보』, 1930. 9. 17.

다음으로 그밖의 사회운동단체로서 梁山婦人會·槿友會·新幹會 등을 살펴보기로 한다.

양산 부인회는 1922년 8월 30일에 창립총회를 임시의장 權銀海의 사회로 개최하고 임원에는 회장 金珍子, 부회장 郭仁順, 총무 裵淑眞, 재무 嚴良必과 裵順伊, 서기 權銀海와 鄭小浩, 그리고 간사로서 方月年, 李順伊, 崔今玉, 金聖伊를 선출하였다.[31] 그 후 양산부인회에서는 夜學을 개설하여 주민들의 계몽에 힘썼다.[32]

다음 해 1923년 4월 23일에는 권은해씨의 사회로 정기총회가 개최되어 다음과 같이 임원을 개선하였다.[33]

    회장 곽인순, 부회장 엄양필, 총무 배기영, 재무 구세연 외 1명, 간사
    이명만 외 4명

당시의 상황을 부인회의 설립에 참여하였던 권은해[34] 여사는 다음과 같이 말한다.

    양산부인회 창립식 때 제가 사회를 보았습니다. 회장은 양산보통학교
    선생인 권득구의 어머니 김진자씨로 했습니다. 이 분은 진주의 큰 지주
    집안 출신인데 시집와서 집안이 망해 채소장사를 해가며 4남매를 공부
    시켰지요. 이것이 지역에 모범이 된다 생각했고, 또 말도 잘해서 우리가
    회장으로 모셨습니다. 기장에서 청년회 할 때도 그랬지만, 일은 우리들
    이 해도 회장이나 대표는 모두 웃어른들로 모셨습니다. 그리고 총무는

---

31) 『동아일보』, 1922. 9. 22.
32) 『조선일보』, 1923. 2. 9.
33) 『조선일보』, 1923. 5. 3.
34) 機張 출신으로서 현재 87세이다. 3·1운동의 참여로부터 사회운동에 투신하여
    경남 女性同盟委員長, 北韓最高人民會議의 代議員을 역임하고 현재 기장읍
    기장초등학교 앞에서 살고 있다. 권은해 여사에 관한 것은 한상구, 「일제시기,
    해방직후 경남지역 사회주의 운동의 맥」, 『역사비평』 8, 1990년 봄, 계간 8호,
    역사문제연구소, 369~402쪽 참조.

배기영씨가 맡았습니다. 배기영씨는 양산 최고의 운동가인 전혁씨의 부
인이지요. 김해 사람으로 친정집 배경도 좋았는데 일제 때 경남도의원
을 지낸 배인환씨의 질녀였어요. 저는 서기를 맡았습니다.

부인회는 주로 부잣집 며느리들이 회원이었지요. 계몽사업하고 관혼
상제의 일을 도와주기도 하고, 다른 지방에서 수해나 재난이 일어나면
義捐金을 모아서 전달하기도 했습니다. 부인회에서 한 큰일은 夜學인
데, 부인회가 10여 년간 經常費를 댔습니다. 보통학교 교실을 빌어서
농부들이나 사회단체에서 활동하는 사람들의 아이들을 데려다가 가르
쳤습니다. 이 夜學은 경상남도 學務課에 제 이름으로 등록했는데, 양산
에 와서도 관청이나 경찰에 가서 허가받는 일은 모두 제가 가서 했고,
夜學의 선생님들은 고을의 고등학교를 마친 남녀 청년들이 돌아가면서
했지요. 그리고 有志들의 발기로 유치원을 청년회관에서 개설했는데,
당시 유지들이 120마지기를 청년회에 기부했었지요. 이 유치원의 운영
도 부인회에서 했습니다. 그 때 유치원 선생으로 중앙보육학교에서 2명
이 왔는데 그 중에 한 명이 박차정이었습니다. 박차정은 동래출신으로
김약수, 김두봉씨와 모두 친척 간이었고, 나중에 김원봉씨와 결혼했지
요. 박차정은 2차대전 때 중국에서 죽었는데, 해방이 되자 김원봉씨가
유골을 가지고 부산에 내려왔기에 저와 박용선이 나가서 대접을 한 적
이 있습니다.[35]

이를 미루어 볼 때 당시의 양산부인회는 양산청년회의 활동을 보조하
는 역할을 한 것 같다.

다음으로 근우회 지회를 보면 1929년 6월에 창립되었다. 근우회는
1927년 5월에 창립된 부녀단체로 부녀들의 단결과 지위향상을 위해 조
직된 신간회의 자매단체로 활동하다가 1931년 신간회 해체의 영향으로
기세가 꺾여지더니 그 후 자연해체되고 말았다. 권은해 여사는 당시의
상황을 다음과 같이 말하고 있다.

---

35) 한상구, 앞의 논문에서 인용.

근우회 창립할 때 제가 대회 의장을 보았죠. 支會長은 전혁의 부인 배기영씨가 했습니다. 창립대회때 박호진(朴昊辰, 근우회 중앙집행위원)이 서울에서 내려와 연설을 했는데, 내용은 사회주의 학설에 관한 것이었습니다. 그는 창립대회가 끝난 뒤 "이렇게 잘 해낼 줄은 몰랐다" 고 칭찬하더군요. 그러나 박호진은 일제 말에 친일을 해서 해방 후 얼굴을 드러내지 못했지요.

근우회는 제가 지금 기억나기론 부인회가 했던 것을 그대로 했던 것 같아요. 근우회가 나오니까 부인회 회원이 모두 근우회 회원이 되었습니다. 근우회 집회였든가 어느 때엔가, 경찰서에 토의안을 가져갔는데 그 내용이 집회 결사 언론 출판 농토획득에 대해서 그리고 자유결혼이냐 강제결혼이냐는 등 7가지였습니다. 그때 일본놈에게서 오늘은 갑하고 살고, 내일은 을하고 살 것이냐고 더러운 모욕을 받았던 것이 생각납니다.36)

양산 신간회지회는 1928년 3월 19일 양산청년동맹회관에서 개최하여 임원에는 支會長 김철수, 부회장 최학선, 간사 서상건 외 14명을 선출하고 다음과 같은 토의를 하였다.37)

一. 회원모집의 건
一. 경제조사전문위원회 설치의 건
一. 勞農 문제의 건
一. 파벌주의 배격의 건
一. 협동조합 설치의 건
一. 班常관념 근본적 철폐의 건
一. 회관 문제의 건
一. 기회주의자 懲治의 건

---

36) 한상구, 앞의 논문에서 인용.
37) 『동아일보』, 1928. 3. 25.

그런데 신간회 창립은 원래 1928년 1월 13일 양산청년동맹회관에서 양산청년동맹회원들과 有志 數人이 會合하여 양산 지회의 설치를 결의하고 전혁, 김기오, 엄주화, 변한준, 김철수를 준비위원으로 선정하였다. 그런데 양산경찰서는 2월 10일로 예정되었던 양산支會의 창립대회를 2월 7일 갑자기 금지시켰으며, 이에 대응하여 준비위원들은 김철수, 전혁을 교섭위원으로 하여 경찰당국과 교섭하였다. 그런데 이들의 교섭은 성공하지 못한 것 같다. 그 후 경상남도에서 신간회지회의 설립이 금지되자 이에 대한 대응의 차원에서 신간회 중앙회에서 申興雨를 파견, 교섭한 결과 양산을 비롯한 김해, 통영 支會의 설립은 온당하게 하면 허용키로 하고 울산 支會의 설립은 본부의 지휘대로 하면 허용한다는 것이었기 때문이다.38) 이와 같이 하여 신간회 양산支會는 설립되어 양산청년동맹 등과 함께 활동하게 되었다.

그후 1929년 2월 16일 신간회 양산지회에서 제1회 임시대회를 열고 회장에 최학선을 선출한 후 협동조합 설치, 농민운동 촉진, 간이도서관 설치 및 班組織 등을 토의하였다.

그 후 1931년 신간회가 해체될 때 양산지회에서도 동년 4월 16일 양산청년동맹회관에서 임시집행부 의장 금석호와 서기 강재권을 중심으로 제4회 정기총회를 개최하고 해체 여부를 거론하였지만 당시의 정세를 감안할 때 신간회의 해체는 시기상조라는 견해가 다수 의견으로 채택되어 활동을 계속하기로 하였으나 그 후 日帝의 탄압으로 소멸되고 말았다.39)

한편 梁山記者同盟은 1931년 5월 26일 梁山 通度寺에서 창립대회를 개최하고 설립되었다. 준비위원 李元起의 사회와 최학선의 개회사가 있

---

38) 독립운동사편찬위원회, 『독립운동사자료집 14-대중투쟁사자료집』, 1978, 474, 550쪽.

39) 『조선일보』, 1931. 4. 25 참조. 이 날의 토의사항은 解消問題(신간회 해체) 批判의 件을 필두로 하여 會員 敎養의 件과 農民團體 組織의 件 등으로 보도되어 있다.

은 후 임시집행부를 구성하였는데 의장에 최학선, 서기에 李鳳在가 피선되어 이들이 議事 진행을 맡았다.

柳東烈의 경과보고, 전혁의 취지설명이 있은 뒤 김철수, 田二豊 등의 의미심장한 내빈축사가 있었고 임원선거에 들어가 집행위원에 이원기, 文致善, 李永弼, 全赫이 선출되었다. 토의사항에 들어가 地主·小作人 문제와 官公吏非行事件 調査문제를 토의코자 하였으나 임석경찰관에게 금지당하고 記事統一에 관한 문제와 농촌경제조사의 건을 토의하고 있다.[40]

梁山協同組合은 1930년 4월 5일 양산청년동맹회관에서 崔學鮮의 사회로 개최되었다. 全赫의 취지설명과 金龍浩의 경과보고가 있은 다음 임원으로 組合長에 최학선, 專務 文致善 등을 선출하였다.[41]

이 協同組合은 중앙의 勞動總同盟과 긴밀한 연락을 취하며 소작농민의 權益을 도모하고 日人地主와 투쟁하기도 하였다.

3. 農民組合運動

1) 양산군 농민의 생활실태

먼저 양산군의 農家戶口構成을 보면 <표 3>과 같다.

1921년 양산군의 총호수는 7,467호, 인구는 39,083명(<표 1> 참조)이고 그 중 농가호구 수는 6,438호, 34,715명으로 전호수의 86.2%를 점유하고 있다(이 중에는 일본인 72호, 293명이 포함됨). 이는 경상남도 평균치 77.7%보다 훨씬 높게 나타난다.

1924년의 경우를 보면 농가 호구수는 거의 변동이 없다. 그러나 1936년에는 약 2%가 감소되고 있는데, 한국인 농가호수는 다소 증가하고 있

---

40) 『동아일보』, 1931. 6. 1.
41) 『동아일보』, 1930. 4. 6.

는데 반해 일본인은 크게 감소되고 있다. 이는 앞의 現住人口에서 언급한 바와 같이 이웃 부산지방 등으로 이주하였거나 상업 등 다른 업종으로 전환하였기 때문이라 생각된다.

<표 3> 농가호구구성

區分		1921		1924		1936	
		梁山	慶南	梁山	慶南	梁山	慶南
韓國人	戶數	6,366	275,135	6,269		6,496	268,969
	人口	34,422	1,457,300	33,175			
日本人	戶數	72	2,018	76		26	1,651
	人口	293	8,691	294			
合計	戶數	6,468	277,153	6,345		6,522	298,614
	人口	34,715	1,465,991	33,469			
專業·兼業別 戶數	專業	5,748	29,392	5,716		5,904	270,273
	兼業	690	60,771	629		619	28,341
地主·自作·小作別戶數	地主	71	7,290	80			
	%	1.1	2.6	1.3			
	自作	403	37,397	315		558	43,353
	%	6.3	13.5	4.9		8.6	14.5
	自作兼小作	1,255	90,299	1,301		1,991	87,618
	%	19.5	32.6	20.5		30.5	29.3
	小作	4,709	142,177	4,649		※3,974	153,758
	%	73.1	51.3	73.3		60.9	51.2
耕地面積 (町步)	總面積	7,135.2	276,322.2	7,138.0			
	自作	1,238.6	114,113.0	1,240.8			
	%	17.4	41.3	17.4			
	小作	5,896.6	162,209.2	5,897.2			
	%	82.6	58.7	82.7			
農家戶當面積(畝)	畓	7.4	5.7	7.4			
	田	3.8	4.2	3.9			
總戶敎에대한 농가호점유비	(%)	86.2	77.7	86.5		84.1	74.7
備 考						※피용자 184名포함	

* 1921년, 1936년의 통계는 『慶尙南道道勢一覽』, 1924년의 통계는 『梁山郡勢一斑』의 것임.

다음으로 階層別 農家構成을 보면 1921년에 지주 1.1%, 자작농 6.3%,

자작겸 소작농 19.5%, 소작농 73.1% 로 소작농의 경우 그 점유비는 경상남도나 전국의 평균치 <표 4>보다 월등히 높게 나타나고 있다. 이는 양산지역의 농민생활이 다른 지역보다 어려웠음을 나타낸다고 하겠다.

<표 4> 土地의 所有面에서 본 農家 構成의 추이(單位 : 家口)

年度	地主	自作農	半自作農	小作農	火田民	農業雇傭人	計
1914	46,754	567,517	1,065,705	911,261	―	―	2,593,237
	(1.8%)	(22.0%)	(41.1%)	(35.1%)			(100%)
1919	90,386	525,830	1,045,606	1,003,003	―	―	2,664,825
	(3.4%)	(19.7%)	(39.3%)	(37.6%)			(100%)
1924	102,183	525,689	934,208	1,142,192	―	―	2,704,272
	(3.8%)	(19.5%)	(34.5%)	(42.4%)			(100%)
1930	104,004	504,009	890,291	1,334,139	37,514	―	2,869,957
	(3.6%)	(17.6%)	(31.0%)	(46.5%)	(1.3%)		(100%)
1934	―*	542,637	721,661	1,564,294	81,287	103,225	3,013,104
		(18.0%)	(24.0%)	(51.9%)	(2.7%)	(3.4%)	(100%)
1939	―	539,629	719,232	1,583,358	69,280	111,634	3,023,133
		(17.9%)	(23.7%)	(52.4%)	(2.3%)	(3.7%)	(100)

* 高麗民族文化硏究所,『韓國現代文化史大系』, 1964, 299쪽에서 轉載

1924년에는 지주 1.3%, 자작농 4.9%, 자작겸소작농 20.5%, 소작농 73.3%로 1921년에 비해 지주의 경우는 같고 자작농은 감소, 자작겸소작농은 다소 늘고 있으나 소작농은 거의 같은 비율을 나타내고 있다. 다음으로 1936년의 경우를 보면 지주는 기록되어 있지 않고, 자작농이 8.6%로 1920년대에 비하여 크게 증가되고 있다. 이는 지주를 자작농에 포함시켰기 때문이라 생각된다. 그리고 자작겸소작농은 다소 증가되고 있으나 소작농은 감소되고 있다. 이는 1930년대 경제공황으로 자작농층 이하의 하강분해가 나타나는 전국적 양상(<표 4> 참조)과 다르게 나타나는데, 이 점은 여러 각도에서 구명되어야 할 문제라고 생각된다.

다음으로 경지면적의 계층별 점유상황을 보기로 한다. 통계에 나타나는 1921, 24년의 경우를 보면 거의 같은 수치를 보이고 있는데 그 중

1924년의 통계를 보면 총경지면적 7,138町步 중 소작지가 5,897.2町步로 86.5%를 점유하고 있으니, 이는 1.3%에 불과한 지주 80호가 양산군의 농경지를 대부분 소유하고 있었다고 하겠다. 그리고 농가 一戶當 경지 면적을 보면 畓 7.4畝, 田 3.9畝(計 11.3畝)로 매우 영세한 상태이다.42)

다음으로 1930년의 양산지역 地主種別에 따른 소작인 戶數를 보면 <표 5>와 같다.

<표 5> 地主種別에 따른 小作人戶數

구분	戶數	비율(%)
日本人會社經營農場	557	11.3
韓國人·日本人共同經營農場	120	2.4
日本人個人地主	746	15.2
寺領地	1,486	30.2
契 所有地	12	0.2
鄕校所有地	87	1.8
面所有地	85	1.7
部落所有地	8	0.2
不在地主所有地	1,819	36.9
기타	2	0.04
계	4,922	100.00

* 朝鮮總督府, 『朝鮮の小作慣行』下, 속편 83쪽.

<표 5>에 나타난 바를 보면 일본인 지주(한국인·일본인 공동경영농장 포함)의 소유지에서 소작하고 있는 戶數는 1,423호로 총호수 4,922호의 약 30%이다. 그리고 不在地主 중에는 일본인 지주도 포함되어 있으므로 양산군 농민의 1/3이상이 일본인 소유지에서 소작하고 있었음을 알수 있다. 그리고 寺領地를 소작하는 호수가 30.2%로 나타난 것은 巨刹인 通度寺가 있었기 때문이다.

이들 소작지를 다시 郡內와 郡外로 나누어보면 다음의 <표 6>과 같

---

42) 町步―3,000坪, 反步―300坪, 畝―30坪으로 계산하면 양산의 농가 1호당 경지 면적은 339坪에 불과하다.

다.

<표 6> 官內·外 地主의 小作地 面積 比率(%), (1930)

	郡內地主의 小作地	道內地主의 小作地	道外地主의 小作地
양 산 군	57	33	10
경상남도	68	22	10

 * 朝鮮總督府, 『朝鮮の小作慣行』下, 속편 2~4쪽.

 <표 6>에 의하면 郡內지주의 소작지 면적이 全郡內 소작지 면적의 57%, 郡外의 不在地主가 43%로 거의 절반 가까운 경작지가 不在地主의 소유임을 알 수 있다. 그러기 때문에 不在地主의 代理人格인 舍音 (마름)의 횡포에 대한 이 지방 소작인들의 불만이 심하였다. 농민조합이 결성된 1931년 4월 제1회 집행위에서 결의한 4개항 중에 池舍音에 관한 건이 있는 데서 알 수가 있다(본책 508쪽의 양산농민조합 4개항 참조).
 다음으로 이 같은 양산군 농민들의 비참한 생활상을 보기 위해 1930년의 통계에서 나타난 春窮民 戶數를 보기로 한다(<표 7> 참조).

<표 7> 梁山郡內 春窮民 戶數(1930)

	춘궁상태에 있는 농민호수	호수	비율(%)	비고
자작농	25	434	5.3	생계곤란으로
자작겸소작농	693	2,548	27.2	임금노동을 하는
소작농	1,191	3,312	36.0	소작농민 호수
계	1,909	6,294	30.3	1,878호

 * 朝鮮總督府, 『朝鮮の小作慣行』下, 속편 117쪽.

 <표 7>에 의하면 양산지역 농가의 약 30%가 춘궁상태에 있는 것으로 나타나고 있으나 소작농의 경우는 1,878호가 생계곤란으로 임금노동을 하고 있으니 소작농은 거의 全戶가 춘궁상태에 있었다고 보아야 할 것이다. 양산지역의 농민도 당시의 전국적인 현상과 마찬가지로 절대빈곤

상태에 있었다고 하겠다.

이 같은 양산지역 농민들의 생계를 어렵게 만든 요인에는 여러 가지가 있겠으나 그중에서도 대표적인 것이 소작관계(소작료, 소작권, 作權料)와 수리조합비 문제였다.

먼저 소작관계를 보기로 한다. 소작료는 일정한 액수를 미리 정하는 定租, 수확전에 대략 수확량을 추산하여 소작료를 정하는 執租, 그리고 실제 수확량에 의거하는 打租 등 세 가지였는데 打租인 경우는 수확량의 50%에서부터 심한 경우는 90%의 소작료를 징수하였다. 이와 같은 상황에 대하여 한 조사는 다음과 같이 기술하고 있다.

> 적은 경지를 다수의 소작농민들이 조금이라도 더 많이 얻으려고 하는 데로부터 경지의 쟁탈전이 시작된다. 그리하여 지주로 하여금 漁夫之利를 취하게 하는 삼각관계가 발생한다. 소작인들은 지주의 환심을 사기 위하여 그에게 선물을 하며 無償勞力을 제공하며 또 高率의 소작료 납부를 약속하고 소작권을 획득하려 한다. 지주는 종래의 소작인들에 대하여 소작인 不納 또는 계약 不履行의 구실로 소작권을 빼앗는다.[43]

고율의 소작료 외에도 소작인들은 種子代, 비료대, 운반비 등을 부담하는 경우가 많았고, 소작관리인인 마름(舍音)의 행패를 감당해야만 했다. 양산의 경우를 보면 소작료에 대해서는 농민조합 창립 때 채택된 議案에 「최고 소작료 제정 및 諸公課金 지주 부담의 건」(『동아일보』, 1931. 4. 4 및 4. 10), 「소작료는 4할로 할 것」(『동아일보』, 1931. 10. 30) 등으로 나타나고 있고, 소작권에 관해서는 『조선일보』(1931. 4. 15)에 의하면 「양산소작동맹 惡德地主 응징코 作權料 철폐 요구」란 제목 아래 다음과 같이 보도되고 있다.

양산군내 토지 500여 斗落은 日人地主 橋本勝, 100여 두락은 須藤弘

---

43) 高麗大民族文化研究所, 『韓國現代文化史大系 Ⅳ』, 1964, 298쪽.

太(양산학교 조합 관선이사이며, 양산번영회부회장)가 각각 소유하고
있었는데 橋本은 갑자기 토지의 소작권 일체를 順藤에게 일임하여 작
권료 斗落當 평균 3圓을 받도록 하고 작권료를 내지 않으면 소작권을
박탈한다고 소작인들을 협박하는 악랄한 수법을 썼다. 더욱이 春耕期
가 임박한 시기를 이용한 것이었다. 이는 소작인들에게는 死活이 걸린
문제였다. 이때 소작인들은 소작동맹을 결성하여 이 같은 惡德地主에
끝까지 항쟁하고 만일 이 기회를 이용하여 不正小作人이 진출할 때는
적극적으로 조치 응징하기로 결의하였다. 그리하여 爲先 순서를 밟기
위해 3월 27일 대표자들이 惡德地主 須藤을 방문하고 이 문제의 善處
를 요구하였으나 아무런 효과가 없었으므로 양산군수에게 50여 소작인
의 가족 300여 명이 진정을 하였고 3월 30일에는 대표들이 道廳에 가서
惡德地主의 횡포함을 호소하고 조속히 해결해 줄 것을 요구하였다. 당
시 慶南小作官이었던 日人 市之澤은 법령으로는 어쩔 수 없으나 지
주에게 경고하여 최선의 해결책을 모색하겠다고 하여 소작인들을 돌려
보냈다. 이때 소작관이 군수에게 다음과 같은 3개 조건을 즉시 해결하
도록 하였다. ① 作權料受取전폐할 것 ② 소작료 增收치 못할 것 ③ 소
작권 이동치 못할 것

　　이에서 보면 소작권으로 인한 농민들의 불안함, 그리고 日人地主의
惡德함을 알 수가 있다. 그 후 이 결과가 어찌되었는지 확실히 알 수 없
으나 원만히 해결되지 못했기 때문에 양산경찰서 습격사건이 일어났던
것이라 생각된다.
　　다음으로 양산수리조합으로 인한 과중하였던 부담에 대하여 『조선일
보』(1930. 10. 11)에는 다음과 같이 보도되어 있다.

　　양산수리조합은 원래가 負債가 과중하고 따라서 부과액이 매우 높아
米價가 그다지 하락되지 않을 때라도 일년 수확으로서 조합비와 모든
公課金을 물고 보면 부족액이 여간 아니었는데도 불구하고 今番의 米
價는 극도로 低落되어 파멸의 기로에 선 양산 농민은 이 수리조합 負
債로 인하야 파멸에 파멸을 당하겠으므로 이 대책을 강구하기 위하여

지난 7일 오전 10시에 지주총대인회(地主總代人會)를 개최하고— 진정
위원을 선정하여 교섭케 하였다.— 당시의 조합비 反當 평균부담액과
一等地收支計算表는 다음과 같다고 한다.

<수리조합비 反當 평균 부담>
反當 12圓 坪當 4錢5厘 一等地 生産籾 4石
石當 6圓 60錢 6割 2石4斗 15圓 84錢
<지출부>

水税	23圓 37錢
諸公課	1圓 50錢
管理費	1圓 50錢
半肥料代	1圓 80錢
利廻	3圓 00錢
支出總額	22圓 17錢
差引負債額 反當	15圓 33錢

그리고 이때의 水税減納運動에 대하여 위원의 한 사람인 지주 서상근
씨는 다음과 같이 말한다.

본래 양산수리조합이 불량조합이란 것은 당국으로서도 인정하는 바
와 같이 종래에도 불평이 적지 아니하였으나 이다지 이런 공황이 아니
었음으로 감세하여 왔다. 그러나 이제 전 수확물을 다 주고도 또 다시
그만한 부채가 생기며 예를 들자면 1등지의 坪當 수입이 5錢3厘가 되
는데 지출은 10錢4厘가 되니 다 팔기 전에는 水税를 충당할 도리가 없
으니 이것을 그대로 묵인할 수 없는 것은 사실이다. 위원회의 결의와
같이 전 조선적으로 동일한 처지에 있는 분과 제휴하여 최후까지 이 운
동에 매진하려 한다.

고 하여 수리조합비 문제에 따른 농민생활의 어려움을 말하고 있다.
다음으로 1924년 양산의 면적 및 납세별 토지소유자들의 현황을 보면

<표 8>과 같다.

<표 8> 面積及納稅別土地所有者現況(1924 : 梁山郡勢一班)

	韓國人	日本人	其他外國人	計
150町步 以上 500圓 以上	1 4	1 2	· ·	2 6
100町步 以上 200圓 以上	2 14	· 5	· ·	2 19
70町步 以上 100圓 以上	1 28	1 9	· ·	2 37
50町步 以上 50圓 以上	2 70	1 10	· ·	3 80
20町步 以上 30圓 以上	17 120	9 17	· ·	26 137
10町步 以上 10圓 以上	33 678	11 42	· ·	44 720
5町步 以上 5圓 以上	96 1,068	16 52	· ·	112 1,120
1町步 以上 3圓 以上	1,179 961	64 24	· ·	1,243 985
5反步 以上 1圓 以上	1,301 2,621	43 61	· ·	1,344 2,681
1反步 以上 50錢 以上	4,479 1,519	77 15	· ·	4,556 1,534
1反步 以下 50錢 以下	3,074 3,102	53 39	1 1	3,128 3,142
計	10,185 10,185	276 276	1 1	10,462 10,462

   토지소유자들의 면적 분포를 보면 10町步 이상은 한국인 56명, 일본인 23명, 모두 79명인데 일본인이 29%를 점유하고 있다. 1924년의 농가호구 구성표 <표 3>을 보면 지주가 80호로 나타나는데 10町步 이상의 토지를 소유했던 이들이 아닌가 한다. 최고의 토지소유량은 150町步 이상으로 이에는 한국인, 일본인이 각각 1명으로 되어 있다. 최하인 1反步 이하는

모두 3,128명으로(한국인 3,074명, 일본인 53명, 기타 외국인 1명) 전체 토지소유자의 29.9%를 점유하고 있다. 끝으로 양산지역을 비롯한 한국 농민들의 비참한 생활상을 『조선일보』(1928. 3. 8)의 사설을 보면 짐작할 수가 있다.

春耕 시기가 앞으로 박도하여 왔다. 수확기에 있어서 분배 문제로 농촌에 떠돌던 불안 공기가 침식된 지 몇 달이 지나지 못하여, 근일에 번번히 일어나는 소작권의 이동이 또 다시 농민의 생활을 위협하고 있다. 조선 안에 있어서 가장 대규모의 농지개간을 경영하는 東洋拓植會社의 농지에서 일어난 두어 가지 예를 먼저 들어보자. 密陽郡 下南里에 있는 東拓 소유지는 본시 未墾地와 田地이던 것이 수리조합의 조직과 아울러 소작인의 勤한 노력으로 畓으로 改耕된 지 불과 3년의 일이었다. 그러나 去月 하순에 이르러 소작정리라는 명목 아래 開墾에 有功한 소작인 89명의 소작권을 剝奪하였다고 하는데 이러한 비운에 빠진 자들은 거개 窮農들이라고 하며, 그의 가족 4, 5백명의 참상은 이를 데가 없다고 한다. 또 하나는 陜川에 있는 東拓所有地의 舊小作人의 소작권을 무조건으로 9할이나 이동하여 통곡성이 그치지 않는다고 한다.— 이러한 농민의 대부분은 2, 3斗落의 소작을 가지고 겨우겨우 호구를 하여가는 窮農들이며 단결이 못된 未組職 군중들이다. 그러므로 불리한 소작조건 아래서도 오히려 근소한 소작권을 유지하여 목숨만 건지려고 애를 쓰고 있는 그들이다. 이러한 무리들이 春耕期를 앞에 두고 갑자기 대규모로 농지가 박탈됨은 이 어찌 등한시할 문제이랴! 동척에서 일컫는 그 이동의 구실이 없지 못할 것이나, 이것이 다만 窮農을 정리하여 비교적 大農에게 더 붙임으로서 그의 이익을 더한다든지, 또는 농민의 생활상 압박과 그의 無力한 지위를 이용하여 이리저리 이동함으로써 差利를 壟斷한다든지 하는 純然한 營利上 추구에서 나왔다고 하면, 그의 그칠 줄 모르는 誅求搾取의 태도는 참으로 허용치 못할 일이다.

2) 농민조합의 결성

1920년대 우리나라에서는 전국적으로 小作人組合·농민조합 운동이 활발히 전개되었다. 이 시기에 양산지역에서도 농민운동이 있었다고 생각되나 그에 관한 자료를 찾지 못하였다. 양산의 농민조합운동에 관해서는 1931년에 결성된 이른바 赤色農組인 양산농민조합의 결성에서 비롯된다. 그 결성 과정을 보기로 한다.

1931년 4월 4일 양산청년동맹회관에서 200여 명의 조합원이 참석한 가운데 창립되었다. 이때 임원으로 집행위원장 李貴元, 위원에는 朴武實, 朴今俊, 金喜洙 외 19명을 선출하였다. 그리고 綱領과 議案을 보면 다음과 같다.[44)]

綱領
一. 본 조합은 無産農民의 일상이익의 획득을 기함
一. 본 조합은 견고한 단결과 의식적 교양과 훈련의 철저를 기함
一. 본 조합은 노동운동과의 유기적 연락을 圖謀함

議案
一. 최고소작료제정 및 諸公課金 지주 부담의 건
一. 惡德地主 및 고리대금업자 퇴치의 건
一. 舍音制 철폐의 건
一. 最低日賃 제정의 건
一. 소작권 확립의 건
一. 협동조합 지지의 건
一. 白衣 撤廢의 건

당시 우리나라의 농민조합이 강령을 갖는 경우는 드물고 대체로 소작인들이 지주에게 요구한 사항이 강령의 역할을 하였는데 양산의 경우는 강령과 의안이 분명하게 나타나고 있다. 강령에는 無産農民의 權益獲得,

---

44) 『동아일보』, 1931. 4. 10.

조합원의 공고한 단결과 노동운동과의 유기적인 관계를 도모하는 것을
목적으로 하고, 의안에는 無産農民들의 死活이 걸려 있는 소작료문제,
惡德地主, 고리대업자의 퇴치, 舍音制의 폐지 등 농민들의 현실적인 요
구사항이 광범하게 포함되어 있다. 조합원의 자격에 대해서는 아무런 언
급이 없지만 이웃 김해농민조합의 경우를 보면「소작농, 자작농, 被庸者
에 한함」(『동아일보』, 1929. 1. 10)이라고 한 것을 보아 양산의 경우도 그
와 같다고 생각된다. 이는 지난 날의 소작인조합이나 소작인동맹이 소작
인을 중심으로 조직되었던 것과는 달리 자작농까지 포함하여 보다 광범
한 농민층을 그 대상으로 삼고 있다.

　그런데 이 양산농민조합의 결성에는 이 지방의 사회운동가였던 全赫
(全秉健)45) 등의 영향이 크게 작용하였다. 후술할 양산경찰서 습격사건

----

45) 全赫(全秉健)에 관한 자료에 의하면 그의 履歷은 다음과 같다.
　1919년(21세) : 3·1운동의 주도자로 2년의 징역형을 받음(독립운동사편찬위,
　『독립운동사자료집』 5, 1973)
　1923년(25세) : 양산물산장려강연회 강사, 청년회 6회 총회 집행위원(『동아일
　보』, 1923. 3. 25 및 4. 22)
　1927년(29세) : 양산청년동맹 議長(『조선일보』, 1927. 12. 23)
　1928년(30세) : 경남청년연맹집행위원, 이 결성관계로 28년 9월 구속됨.(『조선일
　보』, 1928. 9)
　1929년(31세) : 金海農組 결성을 위해 활동하다 검거되어 2일간 구류되었다가
　강제퇴거 당함.(『동아일보』, 1929. 3. 6)
　1930년(32세) : 모스크바 東方勞動者共産大學을 졸업하고 돌아온 朴容善(러시
　아 이름은 코로스키이며, 一名 朴光善, 朴光一, 朴貞植)과 조선공산당 재건운
　동으로 귀국한 韓斌(1928년 모스크바 국립대학에 입학, 1929년 4월 동대학 퇴
　학) 등과 부산에서 화합하여 공장노동자를 중심으로 공산당 재건을 꾀함.(김준
　엽, 김창순, 『한국공산주의운동사』 5, 청계연구소, 1986, 323~324쪽)
　1931년(33세) : 梁山記者同盟 집행위원(『동아일보』, 1931. 6. 1), 조선공산당협회
　(ML계 조선공산당 재건운동단체의 하나)의 權門衡으로부터 경남동부농민조합
　의 조직책임자로 위임받음.(慶尙南道警察部, 『高等警察關係摘錄』, 1936. 9)
　1932년(34세) : 梁山農民組合 위원장, 北部洞 東亞日報支局長, 경찰서 습격사
　건의 배후조종으로 검거됨.(『동아일보』 1932. 7. 20 및 7. 26)
　1933년(35세) : 慶南東部赤色農組事件으로 4년형 받음.

이 있은 뒤 수사과정에서 그 사실이 밝혀지고 있다. 즉 日帝의 官邊文書[46])에 의하면 다음과 같이 말하고 있다.

> 양산경찰서 습격사건의 裏面에는 유력한 좌익분자가 介在한 비밀결사의 조직이 있는 것으로 인정하여 査察을 엄히한 결과 前記 騷擾事件의 주모자의 한 사람인 全秉健은 昭和 5년(1930) 1월 30일 露西亞 莫斯科東方勞動共産大學을 졸업한 본적 東萊郡 機張面 大羅里 朴容善과 공모하여 朝鮮共産黨 재건을 양산에서 획책하고 同郡 北部洞 申學業方에서 김용호, 변한준, 이기주, 이봉재, 김장호 등과 함께 (1) 사유재산제도를 부인할 것. (2) 조선을 일본제국의 기반으로부터 벗어나게 할 것 등을 목적으로 한 비밀결사를 조직하여 양산농민조합을 획득하고 소작인을 선동하여 목적수행을 위해 오로지 실천투쟁에 노력해 온 확실한 증거를 얻어 각각 검거하였다.

그런데 여기에서 말하고 있는 비밀결사란 赤色農民組合慶南東部委員會를 말한다. 조선에서 적색농조를 결성하게 된 첫 번째 계기는 1928년 12월에 나온 이른바 「코민테른 12월 테제」일 것이다. 12월 테제에는 조선공산당 재건을 위해 파벌싸움을 해소하라는 것 외에 농민대중을 기반으로 한 당조직을 만들 것 등이 제시되고 있다. 이 12월 테제에 의해 공산주의자들은 농민의 조직화에 주력했는데 특히 새로운 적색농조를 결성하는 방법에 의해 만들어진 농조에 이 12월 테제의 영향이 컸다고 말할 수 있을 것이다.

두 번째 계기는 1932년대 적색농조의 극좌적 방침을 촉진시켰던 계기라고도 말할 수 있는 것으로서 1931년 5월 신간회 해소에서 보이는 바와 같이 공산주의자가 비합법운동으로 이행해 가는 과정에서 농촌에 적색농민조합이 조직되어 가게 된다.[47])

1936년(38세) : 3월 25일에 출옥.

1945년(47세) 이후 : 梁山郡 人民委員長

46) 慶尙南道警察部, 위의 책, 94~95쪽.

양산의 경우를 보면 ML파였던 권대형을 중심으로 한 조선공산당재건협의회의 조종을 받았다. 즉 경남적색농민조합건설동부위원회의 각 지역의 오르그였던 최여봉, 한성봉, 전병건, 신학업 등이 東部 5郡의 조직을 책임맡았는데 양산의 책임자는 전병건이었다. 이와 관련하여 實刑을 받은 사람은 다음과 같다.[48]

全秉健 징역 4년(치안유지법 위반, 범인은닉죄, 소요죄)
崔汝鳳 징역 3년(치안유지법 위반)
韓聖鳳 징역 2년(치안유지법 위반)
申學業 징역 2년(치안유지법 위반)
徐鳳伊 벌금 20원(상해죄)

경남동부위원 중에서 全赫이 가장 많은 刑量(4년)을 받은 것으로 보아 그의 적극적인 활동을 짐작할 수가 있겠다.

3) 농민조합의 활동

양산농민조합이 결성된 다음날인 1931년 4월 5일에 제1회 집행위원회를 개최하여 다음과 같은 4개항을 결의하고 있다.[49]

① 東拓小作契長에 관한 건
② 嚴地主의 小作權 회수의 건
③ 池舍音에 관한 건
④ 조합원 가입금에 관한 건

이 결의문에는 양산농민들의 현실적 요구가 담겨 있다. 즉 일제의 한

---

47) 飛田雄一, 「定平農民組合の 展開」 참조.
48) 慶南警察部, 앞의 책 참조.
49) 『동아일보』, 1931. 4. 11.

국 토지 침탈기구였던 東拓과 대지주의 잦은 소작인 교체로 인해 야기
된 소작권 안정 문제와 횡포가 극심했던 舍音 문제 등이다.

  그리고 다음날 梁山少年同盟이 창립되었다. 그런데 6월에 소년동맹원
폭행사건이 일어나 양산지역을 긴장케 하고 있다. 이 사건에 관해 日帝
의 관변기록에는 다음과 같이 기록되고 있다.[50]

  昭和 5년(1930년) 11월 양산면은 舊韓國 시대로부터 池, 嚴, 全氏 一
派와 裵氏 一派의 알력이 그치지 않았다. 좌익분자를 망라한 농민조합
은 池, 嚴, 全氏 一派와 연결되어 항시 裵氏 一派와 매사에 충돌하고
있었는데, 裵永復의 사위인 崔智澤외 3명과 농민조합 소년부원이 충돌
하였다. 소년부원은 농민조합을 배경으로 6월 11일 崔智澤 외 3명을 상
해하였기 때문에 검거된 후 송치되었다. 이 결과로 소년부원 李永健은
징역 6개월에 집행유예 3년, 姜在福 외 3명은 벌금 50圓의 판결을 받았
다. 이로 인해 양자의 알력이 심화되더니, 드디어 최지택측의 田二豊은
9월 8일 오후 9시경 양산면 남부동에서 농민조합 소년부 崔守鳳과 충
돌하자 그를 보복적으로 살해하고 그밖의 소년부원 姜在福, 禹基雲 두
사람을 빈사상태에 이르는 중상을 입혔다. 그러자 농민조합의 간부들은
이 사건이 배영복의 사주에 의해 시작된 것으로 선전하고, 池, 嚴, 全氏
일파 일천여 명을 규합하여 피해자인 崔守鳳의 가족을 앞세워 그 시체
를 배영복의 집으로 메고 들어가 매우 심한 행패를 부려 큰 소요를 일
으켰기 때문에 주모자를 검거하여 진무하였다.

  그러나 당시의 상황을 경험한 權銀海 여사의 증언과는 많은 차이가
나고 있다. 권여사는 다음과 같이 당시를 술회하고 있다.[51]

  배영복은 경남자동차회사를 운영했고 4千石 秋收를 하는 大地主였습
니다. 배영복은 3·1운동 때 만세도 안 부르고 水災 義捐金이나 양산지

50) 慶南警察部, 앞의 책 참조.
51) 한상구, 앞의 논문에서 인용.

역 일에 대한 기부를 잘 하지 않아서 일찍부터 주민들이나 청년동맹의 미움을 받고 있었지요. 그런데 서로 사돈간인 배영복과 최상흡이 술을 먹고 있던 식당에 마침 李基周가 들어갔는데, 그들에게 인사를 안했던 겁니다. 이기주는 전혁에게 배워서 '부르조아'하면 벌레처럼 여겼던 사람이니까 그럴 법도 한데, 최상흡이 이를 밉게 보고 때렸단 말입니다. 이렇게 되니까 전혁이 달려오고 또 배영복 아들이 달려오고 해서 큰 싸움이 났던 겁니다. 전혁이 자신을 때리지 왜 이기주를 그리했느냐고 분해하면서 농민조합에 가서 사람들을 모았고 다른 지방의 청년동맹사람들도 불러 모았습니다. 그때 온 고을에 청년들 몰려다니는 소리가 가득 찼습니다. 그리고 배영복은 양산의 큰 지주였던 엄주화, 엄두태 집안의 사위였는데, 엄씨네 재산을 그가 관리했기 때문에 엄씨 측과는 사이가 좋지 않았습니다. 이런 사건이 나자 엄주태가 자기 소유의 산판을 급히 팔아서 큰 돈을 전혁에게 주었습니다. 전혁은 그 돈으로 부산에서 侠士인 이백골까지 불러왔지요.

그 때 농민조합에서는 "경찰서장 타도! 배영복 최상흡 타도!"라는 전단을 만들어 지역을 분담해 매일 뿌리고 붙이고 하였습니다. 이렇게 해서 드디어 전혁이 배영복을 찾아가 '사회에 참여할 것', '소작료 3년동안 받지 말 것', '구금된 청년들을 석방할 것'이라는 3가지 조건을 제시해 마침내 배영복의 항복을 받았습니다. 그리고 지영진, 엄주화, 엄주태와 양산의 전씨 집안은 사회활동에 적극적이었고 많은 돈을 기부했습니다. 또한 소작인들에게 소작료도 작게 매기고 그들을 잘 위해 주었습니다.

양산지주의 진보성을 강조한 권은해씨의 증언을 통해 보면 이 사건은 유지들 간의 치졸한 알력 때문이 아니라 민족운동적인 경향을 가졌던 양산의 지주, 유지들의 활동에도 합류하지 않던 대지주 배영복에 대한 지역 전반의 반감이 신간회 해소, 농민조합의 결성, 계급·정치투쟁을 중시하는 운동방향의 전환 등이 있었던 당시의 분위기 속에서 대중적 투쟁으로 폭발한 것으로 보아야 할 것이다.[52]

---

52) 한상구, 앞의 논문 참조.

다음 해인 1931년 10월 25일에는 흉작인데도 불구하고 지주들이 높은 소작료를 요구하였기 때문에 농민조합에서는 이에 응하게 되면 굶어 죽게 될 것이라 하여 東拓을 비롯한 지주들에게 다음과 같은 통고문을 보냈다.53)

　① 小作料는 4할로 함
　② 地稅는 지주 부담
　③ 운반은 18町步 이상에는 일체 비용을 지주 부담으로 함
　④ ○○ 철폐
　⑤ 種子豫納 철폐
　⑥ 소작계약 및 强制組合貯蓄 철폐
　⑦ 斤量 철폐
　⑧ 地稅 品種 指定 철폐

이 내용은 당시 이 지방 농민들의 절실한 현실적 요구를 담은 것이었다.

이 양산농민조합의 통고문 사건으로 1931. 10. 27일 집행위원장 吳聖哲, 간부 김용호, 김장호, 변한준, 소년동맹원 朴英桓 등이 검거 되었으나 11월 5일 불기소로 석방되었다.54)

그리고 1932년 2월 24일에는 제3회 농민조합 정기대회가 개최되었는데 집행위원장에 전혁, 집행위원에는 신영업 외 15명을 선출하고 다음과 같은 토의를 하고 있다.55)

　① 耕作權 확립의 건
　② 小作料에 관한 건

---

53) 이 油印物은 조합원 김용호, 변한준, 박영석 등이 양산면 사무소의 등사판을 빌려 인쇄하여 日人地主 高松節治 등 지주와 소작인들에게 배부한 것이다.
54) 『동아일보』, 1931. 11. 9.
55) 『동아일보』, 1932. 3. 3.

③ 最低賃金 제정에 관한 건

이 정기대회에서 「소작료에 관한 건」의 토론 중 소작료가 4할로 결의
되려 하자 임석 경찰관이 이를 저지하였다. 이때 조직부장 李鳳在는 이
를 항의하다가 양산경찰서에 연행되어 25일간의 구류처분을 받았다. 그
후에도 농민조합은 일제의 계속적인 탄압을 받았다. 3월 15일 조합간부
신영업 외 17명이 검거되어 그 가운데 7명은 구류, 9명은 과료처분을 받
고 있다.56)

당시 한국에서는 보통 '打租'의 형태로 소작료가 징수되고 있었는데
소작료는 5할 이상이었다. 따라서 농민조합이 소작료 4할을 요구한 것은
종래의 소작관행에 대한 변혁을 요구하는 매우 적극적인 것이었다.

이들 농민조합의 간부들이 구속되자 1932년 3월 16일(이날은 양산 장
날이었다) 오후 9시 30분경 농민 약 300명이 구속자의 석방을 요구하며
양산경찰서를 습격하였다. 이때 경남경찰부에서는 사태의 위급함을 알고
부산, 동래 두 경찰서의 무장경관을 급히 파견하여 실탄 발포로서 군중
을 해산하였는데, 이때 北部洞 184번지 尹福伊(당시 57세)가 중상을 입
고 곧 사망하였다.57) 이 경찰서 습격 사건의 주모자를 색출하기 위해 각
지에 수배령을 내려 엄중히 수색한 결과 검거된 사람은 다음과 같다.58)

吳明五, 朴相植, 梁明浩, 韓東善, 李永健, 崔月洛, 張○○, 安昌鉉, 白
元日, 崔學閏, 崔成道, 崔道台, 金正俊, 文守東(女), 吳岳伊(女)

그러나 이 중에는 주모자는 없었다. 이들은 이미 사건 후 도피하였기
때문이었다. 한편 이들을 검거한 日帝는 부산형무소로 호송하려고 하였

---

56) 『京城日報』, 1932. 3. 18.
57) 이때 그를 뒤따라 부인도 5남매를 남겨 두고 목매어 자살하였다(『동아일보』,
    1932. 3. 18).
58) 『조선일보』 1932. 3. 21 및 3. 24.

다. 이에 3월 17일 농민조합소년부 50여 명은 제2차 습격단을 조직하여 새벽 3시경 양산경찰서 유치장을 다시 습격하였다. 이로 해서 소년 30여 명, 농민 17명이 검거되어 부산형무소로 송치되었다. 이때 구속된 사람은 다음과 같다.[59]

少年部 : 韓東○, 金外德, 朴文奎, 金章浩, 金達守, 李永根 외 23명
農組幹部 : 金龍浩, 李鳳在, 李基周, 田榮業, 洪達五, 林致鳳, 全赫 외 10명
農民部 : 鄭尙奎 외 16명

그리고 3월 24일에는 주모자로서 도피중이던 양산농민조합 전위원장 전혁(34세)을 부산 초장동에서, 동래 해운대에 숨어있던 김용호(18세)와 이들이 도주할 때 자동차를 제공한 서부자동차 운전수 鄭冀鈺(27세)을 검거하여 부산지방법원으로 송치하였다.[60] 이 사건으로 받은 형량은 다음과 같다.[61]

金章浩 징역 2년, 金外得 징역 2년, 李萬春 징역 1년,
李禧佑 징역 1년, 李价得 징역 1년, 韓東善 징역 1년,
姜萬守 징역 1년, 崔達守 징역 1년, 鄭鎭永 징역 1년,
林壽萬 징역 1년, 鄭冀鈺 징역 6개월, 梁明浩 벌금 50圓,
咸成寬 벌금 50圓, 安上水 벌금 50圓, 金泰根 벌금 50圓

이와 같이 하여 양산농민조합 사건은 일단락되었으나 그 후 일제의 탄압에 의해 그 활동은 중지되고 말았다.

---

59) 『동아일보』, 1932. 3. 20.

60) 『동아일보』, 1932. 4. 8 및 『조선일보』, 1932. 3. 28.

61) 조선총독부 부산지방법원 형사부, 판결문 소화 7년(1932) 형공 제652호.

맺음말

이상에서 1920~30년대에 전개된 梁山地域의 社會運動에 관해 살펴
보았다. 이 지방에서는 3·1운동 후 제일 먼저 청년회가 결성되어 救國
·抗日운동을 전개하기 위해 教育·文化 활동을 활발히 전개하여 地方
民들을 계몽하였으며, 이 지방 民衆들의 現實生活에서 나타나는 구체적
인 요구사항을 해결하기 위해 적극 노력하였고, 그밖의 사회단체의 성립
을 주도하였다. 그 후 사회주의사상의 영향을 받아(青年同盟의 성립) 그
지도층이나 구성원도 달라지고 勞農계급을 위한 운동으로 바뀌어 갔다.

한편 梁山地域의 농민운동의 경우를 보면 1931년 4월에 青年運動, 新
幹會運動 등의 영향으로 농민조합이 결성되면서 본격적인 농민운동이
전개되었다. 이 농민운동에서 주목되는 점은 朝鮮共産黨再建運動과 관
련되어 조직되었으며 대규모의 경찰서 습격사건으로 발전되고 있었다는
점이다. 이는 당시 남부지방에서는 거의 볼 수 없었던 일이었다. 이 농민
운동은 日帝와 日人地主를 비롯한 惡德地主에 대한 농민들의 抗爭·抗
日運動[62]이었다는 점에 그 의의를 찾을 수 있겠다.

---

62) 양산농민조합 사건이 있은 직후 이 사건을 내용으로 한 「鬪爭情報」라는 유인물
이 많이 살포되었는데 그 내용에는 "日本○○主義走狗蠻行某 蠻行" 등이 있
다. 이로 미루어 볼 때 抗日農民運動으로서의 성격을 명확히 알 수가 있다(『조
선일보』, 1932. 4. 7).

찾아보기

516

520

522

524

528

530

민족문화 학술총서를 내면서

21세기의 새로운 미래를 향해 나아가는 현 시점에서 한국학 연구는 새로운 전기를 맞이하고 있다. 한국은 물론이고, 아시아·구미 지역에서도 한국학에 대한 관심은 고조되고 있으며 여러 분야에서 다각도로 심층적인 분석이 이루어지고 있다. 이러한 추세에 발맞추어 우리나라의 한국학 연구자들도 지금까지의 연구를 기반으로 하여 방법론뿐 아니라, 연구 영역에서도 보다 심도 있는 연구가 요청되고 있는 형편이다. 따라서 우리는 동아시아 속의 한국, 더 나아가 세계 속의 한국이라는 관점에서 민족문화의 주체적 발전과 세계 문화와의 상호 관련성을 중시하는 방향에서 연구를 진행해야 할 것이다.

본 한국민족문화연구소는 한국문화연구소와 민족문화연구소를 하나로 합치면서 새롭게 도약의 발판을 마련한 이래 지금까지 민족문화의 산실로서 중요한 역할을 수행해 왔다. 그런 중에 기초 자료의 보존과 보급을 위한 자료총서, 기층 문화에 대한 보고서, 민족문화총서 및 정기학술지 등을 간행함으로써 연구소의 본래 기능을 확충시켜 왔다. 이제 이러한 성과를 바탕으로 한국학 연구자의 연구 성과를 보다 집약적으로 발전시켜 나아가기 위해서 민족문화 학술총서를 간행하고자 한다.

민족문화 학술총서는 한국 민족문화 전반에 관한 각각의 연구를 체계적으로 정리함으로써 본 연구소의 연구 기능을 극대화하는 역할을 할 것으로 기대한다. 또한 본 학술총서의 간행을 계기로 부산대학교 한국학 연구자들의 연구 분위기를 활성화하고 학술 활동의 새로운 장이 되기를 바란다.

아울러 본 학술총서는 한국학 연구의 외연적 범위를 확대하는 의미에서 한국학 관련 학문과의 상호 교류의 장이자, 학제간 연구의 중심 기능을 수행함으로써 명실상부한 한국학 학술총서로서 자리잡을 수 있도록 해야 할 것이다.

1997년 11월 20일

부산대학교 한국민족문화연구소

지은이 | **박용숙**
부산대학교 사범대학 역사교육과 교수 역임
1995년 8월 정년퇴임
현재 부산대학교 사범대학 사회교육학부 명예교수

조선후기 향촌사회사 연구
박 용 숙 지음

초판 1쇄 발행   2007년 1월 12일

펴낸이   오일주
펴낸곳   도서출판 혜안
등록번호   제22-471호
등록일자   1993년 7월 30일

㉠ 121-836 서울시 마포구 서교동 326-26번지 102호
전화 · 3141-3711~2 / 팩시밀리 · 3141-3710
E-Mail hyeanpub@hanmail.net
ISBN 89 - 8494 - 296 - 0   93910
값 32,000원